KB043089

200년 동안의 거짓말

200년 동안의 거짓말
과학과 전문가는 여성의 삶을 어떻게 조작하는가

초판 1쇄 발행 2017년 7월 19일

초판 2쇄 발행 2018년 8월 10일

지은이 바버라 에런라이크·디어드러 잉글리시

옮긴이 강세영·신영희·임현희

펴낸이 김선기

펴낸곳 (주)푸른길

출판등록 1996년 4월 12일 제16–1292호

주소 (08377) 서울시 구로구 디지털로 33길 48 대륭포스트타워 7차 1008호

전화 02–523–2907, 6942–9570~2

팩스 02–523–2951

이메일 purungilbook@naver.com

홈페이지 www.purungil.co.kr

ISBN 978–89–6291–416–0 93330

• 이 도서의 국립중앙도서관 출판예정도서목록(CIP)은 서지정보유통지원시스템 홈페이지(http://seoji.nl.go.kr)와 국가자료공동목록시스템(http://www.nl.go.kr/kolisnet)에서 이용하실 수 있습니다.(CIP제어번호: CIP2017014946)

• 이 책은 한국출판문화산업진흥원의 출판콘텐츠 창작자금을 지원받아 제작되었습니다.

• 이 책의 인세는 전액 대구이주여성인권센터에 후원됩니다.

For Her Own Good

Two Centuries of the Experts' Advice to Women

200년 동안의
거짓말

과학과 전문가는 여성의 삶을 어떻게 조작하는가

바버라 에런라이크 · 디어드러 잉글리시 지음

강세영 · 신영희 · 임현희 옮김

푸른길

우리들의 어머니,
파니타 잉글리시와 이사벨 이슬레이에게

차 례

19세기 후반 산업 혁명이 가져온 급격한 사회 경제적 변화 속에서 미국 여성들은 자신들이 어디에 있어야 하며 무엇을 해야 하는지 혼란에 빠졌다. 여성의 개인적 좌절은 점차 여성 문제라는 이름으로 사회적 이슈가 되었고, 다양한 분야의 전문가들이 이 문제에 해법을 제시했다. 지난 200년 동안 여성의 삶을 좌우한 전문가들의 해법은 과학에 근거한 것이었지만, 본질적으로 성차별주의였다.

새로운 중간계급 전문가들은 의료, 심리학, 가정과학, 육아 영역에서 여성들과 함께 협력과 갈등, 신뢰와 배반의 드라마를 연출했다. 20세기 중반이 되자 여성들은 여성운동이라는 역사적 사건을 통해 의식화되었고, 전문가들을 제치고 스스로 이 드라마의 주인공이 되어 무대 중앙에 서게 되었다. 여성과 전문가 사이의 로맨스가 끝난 것이다. 여성을 위한다며 온갖 미심쩍은 조언을 일삼은 전문가들의 '200년 동안의 거짓말'이 종말을 고했고, '여성의 삶을 조작하던 과학과 전문가'의 실체가 낱낱이 드러났다.

전문가들은 산업혁명으로 인해 이전 시대의 사회를 지배하던 질서가 더 이상 사람들의 삶을 지배할 수 없는 상태, 즉 가부장제의 폐허 속에서 등장한다. 산업혁명 이전 사회를 지칭하는 구질서는 가부장제가 주요 특징이었던 데 비해 산업화로 대변되는 새로운 질서는 시장 경제가 생활 전반을 재조직하는 절대적 원리로 자리 잡은 사회였다. 전문가들을 반긴 것은 구질서의 사회와 단절되고 새로운 질서 속에 길을 잃은 듯했던 여성들이었다. 이렇게 시작되는 전문가와 여성의 관계를 보는 저자의 관점은 아래와 같이 이해할 수 있다.

먼저 저자들은 여성에게 주어진 과학적 전문가의 조언은, 과학이라는 허울을 쓴 성차별주의에 지나지 않는다고 비판했다. 그러나 저자들은 관찰과 탐구의 방법인 과학 그 자체에 대한 신뢰를 잃은 적은 없었다. 왜냐하면, 과학과 합리성은 권력자만 가지고 있는 유일한 특성이 아니라 사이비과학의 신화를 폭로하기 위한 저자들의 도구였기 때문이다.

또한 저자들은 전문가들이 여성문제의 해법으로 처방한 '가정중심성'을 여성들이 적극적으로 수용한 이유는 구질서의 가부장적 지배 권력을 넘겨받은 과학적 전문가가 새로운 지배자가 되었기 때문이라고 주장한다. 이러한 설명은 사회 질서의 대전환에도 불구하고 지속되는 여성 종속을 끊임없이 재생산되는 권력체계인 가부장제의 작동 때문으로 보는 페미니스트들의 일반적인 인식과는 매우 다르다고 저자들은 밝히고 있다.

저자들은 또 여성과 전문가의 관계가 여성과 남성의 관계와 다르지 않았으며, 따라서 전문가의 여성 지배가 남성우월주의적 지배라는 특징을 가지고 있었다고 주장한다. 그러나 과학은 여성이 구질서에서 축적한 기술과 네트워크를 파괴했지만 동시에 구질서에서 수 세기 동안 여성을 묶었던 속박과 가부장적 권위에 맞섰다. 이러한 이유로 저자들은 여성과 전문가의 관계가 일종의 로맨스였다고 주장한다.

제1장 '가부장제의 폐허 속에서'는 전문가가 등장한 역사적, 사회 경제적 배경을 분석한다. 저자들은 산업 혁명 이전 사회를 구질서라고 부르고 구질서의 사회생활을 통합적이며 가부장적이며 여성중심적이라고 규정한다. 구질서의 삶은 단순했고, 일과 가정 또는 공적인 것과 사적인 것 간의 구분은 없었다. 또한 구질서는 절대적 권력을 가진 가부장적 지배가 특징이었으며 그 안

에서 여성은 자신의 본성이나 운명에 대해 의문을 가질 수도 가질 필요도 없었다. 마지막으로 구질서에서 여성의 기술과 노동은 생존에서 불가피했기 때문에 여성은 결코 무력하거나 의존적인 사람이 아니었고, 자신의 삶에 주어진 선택으로 고통스러워 할 필요가 없었다. 여성 의문 같은 질문은 애초에 생길 수도 없었다.

그에 비해 새 질서인 산업화는 시장경제의 승리를 가져왔다. 삶은 시장이 지배하는 '공적' 영역, 그리고 친밀한 관계가 중심이 되는 '사적' 영역이라는 두 개의 대립적인 영역으로 나뉘게 되었다. 구질서를 지배했던 가부장제가 붕괴되고 동시에 여성중심이던 삶이 파괴되면서 여성에게 적합한 사회적 위치와 기능에 대한 의문, 즉 여성 문제가 제기되었다. 두 영역 사이에 낀 여성이 어떤 해답도 없이 좌절하고 있을 때, 새 질서가 낳은 계급인 부르주아 출신의 남성 전문가들은 여성의 진정한 본성과 역할에 대해 대답하기 시작했다.

여성 문제에 대한 해법은 '페미니스트 해법'과 '가정적 해법' 단 두 가지가 있었다. 저자들은 서로 상반된 이 두 해법 모두 새로운 형태의 남성우월주의 이데올로기에서 나와 나란히 성장하지만, 19세기 초부터 현재의 여성해방운동이 등장할 때까지 압도적으로 우세한 해법은 낭만적으로 가정을 예찬했던 가정적 해법이었다고 주장한다.

페미니스트 해법은 여성을 남성과 동등한 발판 위에서 현대 사회로 받아들이는 해법이었으며, 여성을 배제하지 않는다면 시장을 반대하지 않을 뿐 아니라 거의 무비판적이었다. 그러나 저자들은 페미니스트 해법이 과학의 비판적 정신을 공유했음에도 불구하고 남성의 세계인 시장의 편에서 여성의 세계를 본다는 점에서 남성우월주의적이었다고 주장한다. 반면 가정적 해법은 가정과 가족을 삼켜 버리는 시장에 대한 공포에서 출발했으며, 시장이라는 야만스런 혼란으로부터 인간이 돌아올 피난처는 바로 신비로운 여성이 지키는 가정이라고 보았다. 가정적 해법은 페미니스트 해법보다 더 명백하게 남성 우월주의를 수용했으며 이 책에 등장하는 과학적 전문가들은 죄다 여성마저 '경제적 인간'이 되어서는 안 된다고 한 가정적 해법을 옹호했다.

제2장과 제3장은 전문가의 등장을 보여 준다. 제2장 '마녀, 치료사, 신사 의사'에서 저자들은 과학적 전문가 그룹에 대한 옳음, 신화에 대한 사실의 당연한 승리가 가져온 결과가 아니라 남성 대 여성, 계급 대 계급이 대치하는 격렬한 투쟁 속에서 등장했다고 말한다. 여성의 전통적 지혜와 남성의 전문지식이 치료에 대한 권리를 놓고 충돌했고, 그 과정에서 여성의 기술은 파괴되었으며 폭력과 억압으로 여성 치료사를 제거함으로써 경제적 이익까지 확보한 남성 전문가가 승리했다.

제3장 '과학 그리고 전문가의 부상'은 19세기 후반에 의사들이 과학에 주목함으로써 의료 분야에서 상업주의와 성 문제를 해결하고 나아가 독점적인 의료전문직으로 확립되는 과정을 보여 준다. 과학은 신성한 국가적 가치가 되었고 나아가 일종의 세속화된 종교가 되었다. 과학이 의료와 결합하고 여기에 성공한 자본가의 돈이 지원되면서 의사들은 비로소 도덕적이며 권위 있는 전문가 집단이 되었고, '비과학적'인 여성 산파를 의료 분야에서 쫓아냄으로써 남성적이며 과학적인 의료의 승리가 완료되었다.

제4, 5, 6, 7장은 전문가 지배 시대를 다룬다. 제4장의 의사, 제5장의 가정과학자, 제6장의 양육 전문가, 제7장의 정신분석학자는 제각기 다른 방식으로 여성과 만났지만 이들은 모두 여성을 문제시하거나 여성에게 책임을 떠넘기는 방식으로 여성을 구석으로 몰았다. 그 결과 여성들은 죄의식에 시달리거나 최악의 경우 피학적이 되었다. 반면 전문가들은 어떤 경우에도 책임과 실패를 회피할 준비가 되어 있었다.

제4장 '병의 성 정치학'에서 저자들은 19세기 중·후반 미국과 영국의 중상

류층 여성을 휩쓴 흥미로운 유행병이 성 정치학의 결과임을 보여 준다. 허약병으로 불린 이 증후군은 질병이리기보다는 하나의 생활양식으로 표현될 정도로 널리 퍼져 있었다. 이런 여성의 병약성은 하류 계급 여성들에게는 나타나지 않았기 때문에 여성의 병은 계급적 현상이었음을 알 수 있었다. 중상류층 여성에게 기대하는 삶의 방식 때문에 이 계층에 해당되는 여성들은 쉽게 병들었고, 그 병은 다시 그녀로 하여금 기대되는 방식대로 살아가게 하는 경향이 있었다. 남편에게 전적으로 의존하는 연약하고 부유한 숙녀는 모든 계급의 여성들에게 이상적 여성상이 되었으며, 상업적 위기에 처해 있던 의사들은 자신들의 이익을 실현하기 위해 이 여성 환자에게로 덤벼들었다.

제5장 '세균과 가사노동의 생성'에서는 가정주부를 과학적 전문인으로 격상시키고자 했던 가정과학자와 여성의 로맨스를 보여 준다. 19세기 초는 여성으로 하여금 행동주의라는 새로운 정신에 따라 가정주부가 되는 것에 집중하게 했고, 주로 여성으로 구성된 가정과학 전문가들은 가정관리가 전업이라는 생각을 정교하게 다듬고 있었다. 그러나 전문가들의 기대와 달리 가정주부는 전문가로 격상되는 대신 점차 과학적 연구의 대상이 되어 가고 있었다.

제6장 '아동의 세기'는 아동이 사회적 관심의 중심이 된 시대와 그에 부응해야 했던 과학적 모성을 다룬다. 아동 사망률과 출산율이 감소하고 가구 내에서 아동 노동이 더 이상 필요 없게 되자 아동은 갑자기 인생의 특별하고 매력적인 단계로서 모두의 주목을 받기 시작했다. 아동에 대한 책임은 어머니에게 부과되었으며, 과학적 모성에 대한 요구가 등장하게 되었다. 그러나 육아 과학은 남성우위론자의 과학이었고, 아동의 어머니보다 전문가의 연구와 판단이 육아에 더 중요하다고 보았다.

제7장은 20세기 육아를 지배한 관대함의 정신과 모성애를 과학적 전문 지식의 한 영역으로 주장한 전문가들에 대한 얘기다. 20세기 육아 기술은 관대

함의 정신에 지배당하게 되었다. 이전의 행동주의자와 달리 아이들의 충동은 좋으며 또 아이들은 자신을 위해 무엇이 좋은지 실제로 안다고 주장했다. 어머니는 그런 아이를 사랑하기만 하면 되는 것이었다. 따라서 관대함의 전문가가 요구한 어머니의 사랑은 자연의 힘이자 본능이었고 이런 이유로 또 다른 전문가인 정신분석가의 역할이 필요하게 되었다. 정신분석 전문가는 관대하게 길러진 아이와 잘 어울리는 어머니는 여성의 생물학적 본능을 통해 구성된 어머니이며, 아이의 실패는 여성의 불완전한 본능 때문이라고 보았다.

제8장은 개인주의를 강조하게 된 시대적 상황과 전문가의 추락을 다루고 있다. 1960년대와 1970년대의 미국 사회는 개인주의에 가치를 둘 것을 주장하고 개인적 만족을 찾는 데 일생을 바칠 것을 권하는 사회였다. 그런 사회에 새롭게 등장한 여성은 옛날의 가정중심적 이상과는 근본적으로 다른 사람이자, 자신만의 전문가, 자신만의 '라이프 스타일'을 추구하는 사람이었다. 이와 같은 개인주의적 배경하에서 새롭게 등장한 대중심리학은 남자에게든 여자에게든 인간 유대를 전적으로 거부하는 것처럼 보였다. 가정에 대한 낭만적 이상은 더 이상 설 자리가 없었고, 가정중심성을 관측하던 전문가의 위상도 추락하기 시작했다.

후기는 1960년대 말 이후 2000년대에 이르기까지 페미니즘의 영향력을 다룬다. 1960년대와 1970년대에 대중매체는 미국 여성의 해방을 축하하기 시작했다. 여성들은 주방과 아이를 걱정할 필요가 없었고 이제 오로지 자기 자신만 위하며 살 수 있게 된다. 1970년대 말에 이르면 여성들은 직업을 통해 집을 벗어나도 살아갈 수 있었고, 여성들의 독립은 마침내 여성을 가정에 유폐시켰던 이데올로기를 파괴할 수 있는 추진력을 발휘했다. 그러한 추진력은 여성 문제를 해결했고 그 문제에 대해 150여 년간 전문가들이 제공한 가정적 해법은 이제 종말을 맞이하고 있었다.

전문가는 '등장'해서 '지배'했으며 '추락'했다. 그렇지만 저자들이 경고했듯이, 여성과 전문가의 로맨스가 끝났다고 해서 전문가가 사라진 것은 아니다. 오늘날에는 이전보다 더 많은 전문가들이 여성들에게 조언을 쏟아 낸다. 우리에게 필요한 것은 피할 수 없는 전문가의 조언 속에서 어떤 것이 제대로 된 것이며 근거에 의한 조언인지 따져 보는 것이다. 또 그것이 우리 삶에 어떤 영향을 미치는지 살피며, 선택적으로 받아들이고 필요한 추가 정보를 요구하는 것이다. 이 과정에서 특히 세심하게 주의해야 할 때는 그러한 조언들이 '과학'의 이름을 내세울 때이다. 그런 의미에서 저자들이 다룬 지난 200년 동안과 마찬가지로 21세기 초반인 지금에도 이 책이 주는 교훈, 즉 여성의 삶을 전문가가 좌우하려는 시도를 경계하고 그 맥락을 주시하라는 메시지는 여전히 유효하다. 서문 말미에서 저자들이 다시 말한다. "전문가가 아무리 많은 학위를 당신에게 보여 주더라도, 그들이 아무리 많은 연구를 인용할지라도, 당신 스스로 더 깊이 탐구하고, 당신 자신의 실제 생활 경험에 가치를 부여하고, 스스로 생각하라." 옮긴이들도 여기에 동의하면서, 변화를 가져오기 위해 여성이 주장하고 행동할 필요성을 강조한 미국의 흑인 페미니스트 오드리 로드(Audre Lorde, 1934~1992)의 다소 긴 진술을 덧붙이고 싶다. "나는 내게 있어서 가장 중요한 것은 반드시 말로 표현되어야 하고 다른 사람과 나누어야 한다는 것을 자꾸만 되풀이해서 믿게 되었습니다. 설사 그로 인해 내가 상처를 받고 또 사람들이 오해한다 할지라도 말입니다. 입 밖으로 내서 말하는 것이 다른 어떤 것보다도 더 내게 이익이 됩니다. … 침묵을 언어와 행동으로 바꾸어야 합니다. … 나의 침묵은 나를 지켜 주지 못했습니다. 당신의 침묵도 당신을 지켜 주지 못할 것입니다(Audre Lorde, "The transformation of silence into language and action," in [Sister Outsider: Essays and Speeches], Trumansburg, NY: Crossing Press, 1984)"

번역 작업을 하는 동안 옮긴이들의 공통된 관심은 이 책이 한국 사회에 얼마나 설명력 혹은 시사점이 있을 것인가 하는 것이었다. 미국에 비해 훨씬 짧은 압축적 산업화와 그에 따른 사회적, 문화적 변화를 거치면서 한국 여성이 무엇을 해야 하는지 역시 급격한 변형 과정을 거쳤다. '취집'이라는 말이 유행한 적이 있었지만 이제 여성의 직업은 결혼 시장에서 중요하게 고려되는 조건이 되었다. 노동 시장 진입 후에는 여전히 '선택적 이탈'을 하고, 결혼 후에는 자녀 양육을 위해 책과 TV와 인터넷에 등장하는 전문가들의 조언에 의지한 채 자녀 최우선주의의 삶을 사는 모습이 이 책에 나오는 '미들타운'의 100년 전 어머니들과 다르지 않다.

남성적 야망을 꿈꾸어 보지만 험난한 현실 속에서 후퇴하여 또 하나의 선택지인 가정의 수호신이 되는 것은 어쩌면 남성보다 선택지가 많아 좋은 삶인 것 같기도 하지만 바로 여기에서 '2류 시민'으로서의 '종'적 특성이 시작된다. 이 책은 전문가와 여성의 로맨스가 이제 끝났다고 혹은 적어도 여성이 그 로맨스에 더 이상 휩쓸리지 않는다고 주장하지만 한국에서는 아직도 로맨스가 진행 중인 것 같다.

이 책은 여성, 전문가, 과학에 관해 학술적이고 전문적인 내용을 담고 있다. 그러나 이 책은 동시에 이런 분야의 지식에 관심을 가진 일반 독자들에게도 흥미를 불러일으킬 만큼 충분히 대중적이고 일상적인 내용들로 가득 차 있다. 더욱이 저자들의 유머와 재치 있는 글솜씨는 책을 읽는 사이사이에 입가에 웃음을 띠게 하는 매력을 발산한다. 다만 우리의 번역 작업이 원서의 이런 글맛을 충분히 담아낼 수 없어 아쉬울 따름이다. 최선을 다했지만 불가피했을 번역 오류나 우리말 어휘 부족은 어쩔 수 없는 우리의 한계임을 미리 고백한다.

이 번역서의 원본인 *For Her Own Good: Two Centuries of the Experts'*

Advice to Women(Barbara Ehrenreich & Deirdre English, New York: Anchor Books, 2005)을 처음 공부하고 번역하려고 마음먹은 지 무려 9년이 지나서야 비로소 번역서로 나오게 된 것은 우리를 아끼고 응원해 준 많은 분들의 도움이 없었다면 불가능했을 '기적'이다.

번역을 시작한 지 얼마 되지 않아서 샌프란시스코로 무작정 찾아간 우리 중 한 명을 반기며 격려해 준 UC 버클리 대학 잉글리시 교수님(원서의 공저자), 수년 전 완성한 번역초고를 폐기하려 한다는 얘기를 우연히 듣고 작업을 마치라며 우리를 다그친 대구이주여성인권센터 강혜숙 대표님, 든든한 출판사를 소개시켜 주고 누구보다 기뻐해 주신 여성주의상담연구회 이덕희 선생님, 넘치는 열정에 비해 부족함 투성이의 원고를 기꺼이 출간해 주신 ㈜푸른길 김선기 대표님, 결국 한 권의 책으로 나올 수 있게 만들어 주신 이교혜 편집장님, 마지막으로, 일일이 나열할 수 없지만, 번역 작업 내내 그리고 일상에서 페미니스트로서 신념을 잃지 않게 멀리서 가까이서 우리와 동행해 준 모든 페미니스트 벗들이 바로 '기적'을 만들어 낸 사람들이다. 이 모든 분들께 진심으로 감사드린다.

옮긴이 일동

  원하든 원치 않든 조언은 도처에 널려 있다. 베스트셀러 목록에도, 뒤쪽으로 "역사서"와 "문학서"가 빽빽이 꽂혀 있는 서점의 자기개발서 코너에도, 잡지에도, 그리고 옛날에는 "여성란"으로 불렸으나 지금은 "생활"이나 "여가"로 불리는 지역 신문의 지면에도 있다. 최근까지만 해도 우리 선조들은 구혼, 결혼, 육아에서 문제점을 해결하고 인생의 여러 전환점을 통과하는 데 이웃과 친지들에게 의존하곤 했다. 그러나 오늘날 우리는 의사, 심리학자, 치료사, 그리고 가장 최근에는 "라이프 코치"에게 더 의지하는 경향이 있다. 다이어트 책을 읽는다고 날씬해지지 않고, 아동 발달을 이해하는 것이 자녀와 함께 시간을 보내는 것만 못하며, TV에 나오는 잘나가는 대중심리학자가 파탄에 빠진 결혼을 구원해 줄 수 없다는 것을 알면서도 우리는 싸구려 정보에 코를 박고 있다. 특히 그 정보가 "전문가"가 제공하는 최고의 정보라는 제목이 붙었을 때는 더욱 그렇다.

  여러 면에서 우리가 전문가를 신뢰하는 것은 이해할 만한 현상이다. 고등교육을 받고 숙련된 사람인 전문가들은 할머니나 이모들보다 훨씬 더 훌륭한 조언을 줄 수 있을 것처럼 보인다. 전문가들의 지침이 암묵적 혹은 노골적으로 과학적 연구에 바탕을 두고 있기 때문에 전문가들은 객관적이고 편견에 치우치지 않은 듯한 인상을 준다. 간혹 전문가들이 틀린 것으로 판명되면 그것은 단지 전문가의 조언의 토대가 되는 과학이 매달 매년 진화하기 때문이며 새로운 연구가 오래된 연구를 위협하기 때문일 뿐이다. 전문가들도 별 뾰족한 수가 없고 더 나은 방법도 없다. 그런데도 우리는 믿도록 부추겨진다.

그러나 이러한 우리의 신뢰는 자꾸만 배신당했다. 우리 사회에서 조언을 하는 전형적인 집단이자 종종 더 수상한 조언을 하는 다른 직업을 본받으려 하는 직종인 의료 전문직을 생각해 보라. 예를 들어 박사학위가 있는 사람들은 대부분 **박사**라는 호칭을 꺼리는데도 현재 인기 있는 조언자들은 스스로를 "필 **박사**Dr. Phil" 또는 "로라 **박사**Dr. Laura"로 부른다. 의학의 매력 중 한 가지는 자연과학에 기초를 두고 있다는 것인데 자연과학은 편견, 이데올로기, 주관적 판단의 여지가 전혀 없어야 한다.

하지만 의사들은 일상적으로 실수를 한다. 의사들은 대체로 약을 처방할 때 주로 실수를 하는데 그로 인해 매년 9만 8000명이 사망한다. 의사들의 그토록 엄청난 실수는 의학 교육과 의사들의 작업 환경을 재검토하도록 촉구한다. 과학적이라는 의학의 주장과 관련해 더 경악할 일은 의사들이 아무런 과학적 근거 없이 자신들의 편견과 들어맞는 신념에 집단적으로 뛰어들거나 이윤을 위한 진료 행위를 했던 경우이다.

최근에 있었던 호르몬대체요법HRT 스캔들은 언뜻 보기에는 정말로 지식인이기에 범하는 실수처럼 보인다. 여성의 유병률이 낮은 관상동맥 심장병은 폐경과 함께 발병률이 높아진다고 한동안 알려져 있었고, 폐경이 에스트로겐 분비를 감소시키기 때문에 에스트로겐 보충제로 심장병을 막을 수 있다고 생각하는 것은 당연했다. 초창기 연구는 이런 추측을 입증하는 것처럼 보였으며, 2000년이 되자 1500만 명이 넘는 미국 여성들이 에스트로겐을 함유한 호르몬 보충제를 먹고 있었다. 의사들은 HRT가 심장질환을 막을 뿐 아니라 골다공증과 알츠하이머도 예방하는 동시에 젊고 주름 없는 외모도 유지시키게 될 것이라고 주장하면서 HRT를 열성적으로 권했다. 마침내 의사들이 치료법을 손에 넣었기 때문에 그들은 자연스러운 상황인 폐경을 "에스트로겐 결핍 장애"로 말하기 시작했다. 그 후 HRT가 사실은 심장질환, 유방암, 알츠하이 머의 위험을 증가시킨다는 것을 보여 주는 새로운 연구들이 등장했다. HRT 유행으로 야기된 사망 건수는 아직 집계조차 되지 않고 있다.

새로운 자료가 쌓이면서 의사들은 신속히 방향을 바꿨다. 그러나 중년 여 성은 매력이 없고 자연스럽지 못하고 "병적"이기조차 하다는 명백히 비과학 적인 관점이 역사적으로 공표되지 않았다면, 과연 의료 전문가가 매우 제한 된 연구에 기초해 HRT를 채택하고자 애당초 그렇게 열성적이었을까 의심스 럽다. 의사들이 HRT를 처방하도록 제약회사가 부추기기는 했지만 여성들의 생명을 담보로 하는 이러한 거대하고 무모한 실험에 제약회사를 끌어들이는 데는 분명 의사들의 검증되지 않은 편견이 일조했다.

과학의 탈을 쓴 편견의 또 다른 예는 이 책의 초판이 나온 직후에 발생하였 다. 1970년대 후반 저명한 스트레스 전문가 한스 셀리에Hans Selye 박사를 포 함한 의사들은 집 밖에서 일하면 관상동맥 심장병에 더 잘 걸릴 수 있다고 여 성들에게 경고하기 시작했다. 여자들이 남자처럼 일하고자 한다면 남자처럼 죽을 수 있다는 것이었다. 일부 심장병 전문의들은 페미니즘 덕분에 자유를 얻은 여성들 사이에 심장병이 "유행"한다는 증거를 내놓기까지 했다. 당시의 상식으로는 그러한 결과가 그럴싸해 보였다. 남자들은 직업 스트레스 때문에 훨씬 더 심장병에 걸리기 쉬운 것처럼 보였고, 이제 여성들이 어리석게도 그 스트레스를 자신들의 삶에 보태고 있었던 것이다. 그러나 우리 중 한 명(바버 라 에런라이크)이 잡지 ≪미즈Ms.≫에서 의뢰받아 조사한 바에 따르면 이것 은 모두 거짓이었다. 남녀 모두 심장병 발병률이 감소하고 있었고 여성들 사 이에서 *더 빨리* 감소하고 있었으며, 가사에 전념하는 여성이라고 해서 더 안 전하지는 않았다. 사실 집에서 부모 노릇만 해 본 적 있는 사람이라면 누구도 부모라는 직업이 스트레스 없는 직업이라고 생각할 수 없었을 것이다.

우리가 처음 여성에 대한 전문가의 조언에 대해 탐구하기 시작했을 때인 25년 전에는 논리적인 편견을 알아차리는 데 그다지 많은 노력이 필요치 않았다. 의사든 심리학자든 또는 가정과학자처럼 보다 주변화된 전문가든, 그들이 했던 조언은 모두 여성에게 가정중심성을 강조했다. 결혼, 자녀 양육, 가정관리는 여성의 타고난 천직이었고 이 길에서 벗어나는 것은 전혀 바람직하지 못했다. 일반인들도 같은 말을 했을지 모르지만, 전문가들은 자신들의 주장을 뒷받침하기 위해 엄숙하고 위협적인 과학의 권위를 가지고 말했다. 경력을 쌓거나 적어도 재정적 독립 가능성을 이루기 위해 노력하는 젊은 여성 세대 일원으로서 우리는 여성들이 직면하는 모든 문제마다 끊임없이 주어지는 전일제 모성이라는 처방에 화가 났다. 우리가 특히 분개한 측면은 사실상 그런 조언들이 오래되고 전통적인 선입견을 승인하기 위해 걸핏하면 생물학과 심리학을 들먹이며 스스로를 "과학"으로 위장했다는 점이었다.

우리는 19세기부터 지금까지 과학이라는 미명하에 여성들이 받아들이도록 요구받아 온 오류를 폭로하기 위해 이 책을 썼다. 우리는 1800년대에 갓 등장한 의료직이 고안한 여성의 허약함이라는 신화, 즉 여성이 선천적으로 약하다거나 여성 생애 주기의 모든 국면은 위험으로 가득 찼다는 의사들의 주장을 검토하는 것으로 책을 시작했다. 그 신화에 따르면 생리는 휴식과 격리가 필요한 주기적인 병이고 임신은 고질적이고 장애를 유발하는 병이며 폐경은 일종의 "죽음"이었다. 존경받는 주류 의사들에 의해 교묘하게 만들어진 이 이론에서 볼 때 책을 읽는 것이나 열정적인 대화를 포함해 어떠한 종류의 육체적 도전이나 지적 도전도 여성의 건강을 위험에 빠뜨리는 요소였다. 유일하게 건전한 권고는 조용하고 가정중심적인 삶이었다. 이러한 관점은 여성이 공적 삶에 부적합하다는 의사들의 거리낌 없는 견해 속에서 1970년대까지도 계속됐다. 예를 들어 1970년 상원의원 허버트 험프리Hubert Humphrey의 주치의였던 에드가 버만Edgar Berman 박사는 여성들은 "심한 호르몬 불균형" 때문에 대통령이 될 수 없다고 선언했다.

이어서 우리는 가사와 가정관리의 현대적 개념을 만들어 낸 20세기 초 가정과학자들의 생각을 검토하면서 여성들이 가정에 유폐된 채 어떤 일을 *해야 한다*고 여겨졌는지 탐구했다. 그들 자신도 여성이었던 가정과학자들은 진보가 더딘 가정 영역에 논거와 실험 결과를 제시하며 자신들을 과학적 개혁자로 선보였다. 동시에 이들은 자신들의 이념적 목표를 완전히 공개했는데, 그 목표란 가사를 대학 교육을 받은 여성들조차도 도전할 만한 전일제 직업으로 여기도록 만드는 것이었다. 5장에서 우리는 가정과학이 여성의 역할에 관해 철저하게 보수적인 개념을 지지하기 위해 실제 과학—특히 세균병인설—을 활용한 방법을 살펴볼 것이다.

가정중심성은 또한 육아와 부부 관계도 포함하고 있는데 우리는 이 분야 역시 여성의 독립에 반대하는 편견으로 오염되어 있음을 발견했다. 7장에서는 아이들이 생물학적 어머니가 아닌 다른 사람의 돌봄 속에서는 고통 받을 것이라고 주장하기 위해 전쟁고아에 대한 연구가 어떻게 남용되었는지를 보여 줄 것이다. 또한 육아에 대한 전문가의 조언이 어떻게 이리저리 변해 왔는지 추적하는데, 그런 온갖 변덕은 어머니에게 자녀의 모든 요청을 긴급하고 정당한 요구로 받아들이도록 한 20세기 중반의 관대함 논의에서 정점에 달했다. 모성에 대한 이 피학적 관점은 곧바로 여성으로 하여금 자신을 부정하게 만들었는데, 이러한 여성의 자기부정에는 성적 수동성과 모든 종류의 야망을 병적인 "남근 선망"의 표출로 보고 완전히 단념하는 것이 포함됐다. 전문가들이 한때는 이상형으로 칭송했던 피학적 주부를 결국은 어떻게 공격하게 되는지도 살펴볼 것이다. 전문가들은 여성이 너무 극단적으로 수동적이어서 또는 너무 광 적이고 남자를 개입하려 해서 지니들과 함께 있게 될 수 없니고 실성야있나.

연구를 하는 내내 우리는 대체로 즐거웠지만 분노 또한 느끼시 않을 수 없었다. 우리 중 한 명(바버라 에런라이크)은 생물학 연구자로 교육받았고, 다른 한 명(디어드러 잉글리시)은 심리학의 역사를 연구하는 대학원생이었기 때문에 우리는 당연히 과학을 신뢰했다. 선입견과 싸우고 오랫동안 지속되어 온 신화를 씻어 내려 하는 우리 편에 과학이 있다고 생각했다. 그러나 우리는 과학이 일련의 성차별주의적 선언들을 기꺼이 장식하고 있었으며, 여기에 대해 과학자들이 아무런 실망감도 표현하지 않았다는 것을 알아냈다. 과학이 비이성적 전통에 반대하는 계몽정신을 대변한다는 점을 생각해 볼 때 이성에 대한 과학의 헌신이 여성에게까지 미치지 못했다는 것을 알게 된 것은 지적 충격이었다.

우리가 책을 썼던 시대는 인습 타파에 적기였다. 우리는 의문의 여지 없는 애국자들로 키워졌으나 국방부와 대통령이 결정한 베트남전쟁 수행에 반대할 용기를 냈던 세대다. 민권운동은 인종에 대한 수백 년 된 구호들을 비웃으며 1970년대 내내 우리 주위에서 소용돌이 치고 있었다. 당연히 우리는 갑작스럽게 성장해 미국의 부엌과 기숙사에서 거리로 쏟아져 나온 여성해방운동에서 상당한 위치에 있는 회원이었다. 우리 젊은 페미니스트들은 남자들에게 순종하도록 키워졌지만 우리의 삶을 속박해 온 근거 없는 전제들을 꿰뚫어 보는 능력을 의미하는 "의식"에 실질적 개혁만큼이나 높은 가치를 두었다. 의식고양집단에서 여성들은 오래된 신화와 충돌하고 권력에 대한 새로운 감각을 불러일으키는 "깨달음의 순간들"을 흥분하여 얘기했다. 우리는 먼저 이 책 내용의 일부분을 『마녀, 산파, 간호사: 여성 치료사의 역사Witches, Midwives and Nurses: A History of Women Healers』와 『불평과 장애: 병의 성 정치학Complaints and

Disorders: The Sexual Politics of Sickness』이라는 두 개의 소책자 형태로 발간했다. 여성들이 적어도 자신의 앞을 가로막고 있는 장애물을 볼 수는 있었다는 것을 나타내기 위해 이를 글래스 마운틴 팸플릿Glass Mountain Pamphlets이라고 이름 붙였다.

과학이라는 허울을 쓴 성차별주의에 도전한 것은 우리뿐만이 아니었다. 우리가 이 책과 또 그보다 앞서 팸플릿을 만드는 동안 보스턴여성건강서공동체Boston Women's Health Book Collective는 『우리 몸 우리 자신Our Bodies, Ourselves』을 발간했다. 그런 도전 중 몇 가지만 언급하자면, 바버라 시맨Barbara Seaman은 에스트로겐 수치가 높은 초기 경구피임약을 강매하다시피 했던 의료 전문직을 공격했고, 앤 코에트Ann Koedt는 "질 오르가슴 신화The Myth of the Vaginal Orgasm"라는 제목의 논평에서 질 오르가슴 신화를 뒤집었으며, 필리스 체슬러Phyllis Chesler는 『여성과 광기Women and Madness』에서 성차별적 정신의학을 공격했다. 그러나 "과학적" 성차별주의에 대한 우리의 비평에는 다른 사람들보다 좀 더 나아간 측면이 하나 있다. 우리는 단지 과학적 사례들에만 초점을 맞추기보다 조언을 하는 전문가의 토대 바로 그 자체에 의문을 제기했다. 예를 들어 의료는 의학 교육에서 과학적 권위를 주장하기 위해 화학과 생물학에 의존하지만 이러한 과정이 의학적 치료와는 거의 관계가 없고 부유한 백인 남자에게 그 업무를 한정하고자 한 그 직업의 역사적 욕망과 상당히 관계가 있다는 것을 3장에서 주장한다. 과학은 편견을 가진 조언을 정당화하는 데뿐만 아니라 엘리트 직업의 특권을 창조하고 유지하는 데 오용되었으며, 엘리트 집단은 1870년대와 마찬가지로 1970년대에도 백인 남성이 90퍼센트 이상을 차지하고 있었다.

중요한 것은 우리가 관찰과 탐구의 방법인 과학 그 자체에 대한 신뢰를 잃은 적은 없었다는 것이다. 이 책이 처음 출판된 후 약 10년 동안 많은 페미니스트 학자들은 과학 자체가 일종의 이데올로기라는 "포스트모던" 관점을 수용했다. 그 관점에 따르면 합리성과 과학은 인종차별주의와 남성우월주의의 시녁 도구였다. 1980년대에 우리는 왜 그러한 결론을 내리기를 주서하느냐는 질문을 자주 받았는데 답은 간단했다. 과학과 합리성은 권력자만 가지고 있는 특성이 아니라 사이비과학의 신화를 폭로하기 위한 *우리의* 도구이기도 했기 때문이었다. 『마녀, 산파, 간호사』에서는 19세기와 그 이전의 여성 치료사가 결국 나중에 그들을 밀어냈던 남성 의사보다 실제로 더 과학적이었거나 적어도 경험에 더 근거를 두었음을 보여 주는 방식을 강조했다. 이 책에서 우리는 아기의 부서진 쇄골을 치료하는 데 의사들의 쓸모없는 조언을 거절하고 스스로 성공적인 방법을 생각해 낸 젊은 어머니 엘리자베스 캐디 스탠턴Elizabeth Cady Stanton의 사례를 소개한다. 나쁜 과학에 대항한 확실하고 진실한 해법은 더 과학적이 되거나 적어도 상식적이 되는 것이다.

이 책이 미신 타파에 앞장선 페미니스트 계열의 많은 책들과 다른 또 하나의 이유가 있다. 우리는 얼토당토않은 이론과 명백히 전문가 자신들한테만 이득인 조언에서 쉽게 허점을 발견했지만 그것에 만족하지 않았다. 그 대신 이른바 전문가라는 사람들이 왜 그러한 이론을 퍼뜨렸는지, 더 중요하게는 왜 그렇게 많은 여성이 적극적으로 그 조언에 동조했는지 알고자 했다. 이야기가 시작되는 19세기 후반은 여성에게 위대한 약속의 시기였다. 점점 더 많은 교육을 받기 시작했던 중간 계급 여성에게는 특히 그러했다. 예를 들어 옷 만들기, "아주 기초적인 재료로" 음식 만들기 등 여성을 가정에서 소진시킨 많은 일들은 여성이 다른 목적을 추구할 수 있게끔 자유를 줄 산업으로 넘어가고 있었다. 가능성이 싹트는 바로 그 순간, 전문가들은 왜 여성에게 가정에 헌신하는 구속적인 삶을 제안했으며, 또 왜 그렇게 많은 여성이 그것을 받아들였는가?

1장에서 조목조목 설명한 우리의 답은 정통 페미니스트 입장에서조차 벗어나 있다. 보편적이자 지금도 우세한 페미니스트 관점에서 봤을 때 여성의 "가정화"는 수세기 동안 스스로를 재생산하기 위해 어떤 방식이든 고안해 내는 권력의 고전적 시스템, 즉 가부장제의 작동을 대변한다. 그에 비해 우리의 연구는 매우 다른 해석을 제시했다. 전문가의 지배 시대를 열어 준 것은 가부장제의 지속이 아니라 바로 가부장제의 *해체*였다는 것이다. 19세기 후반과 20세기의 산업화, 도시화, 시장경제의 성장은 전통적인 성별 관계를 혼란에 빠뜨렸고 쉽게 해소되지 않을 의문들을 제기했다. 몇몇 여성이 시작했던 것처럼 만약 여성이 자본주의 시장에서 혼자 벌어먹고 살 수 있었다면 여성은 왜 전통적 결혼의 경제적 의존을 받아들여야 했는가? 만약 여성이 빵을 굽거나 빨래를 삶는 데 하루를 보낼 필요가 없었다면 삶에서 여성의 임무는 무엇이었는가? 근육과 키의 생물학적 차이가 더 이상 명백하게 구별되지 않는 세계에서 여성이라는 것, 여성적이라는 것은 무엇을 의미했는가? 불안감이 이러한 의문을 뒤덮었고, 전문가들은 급속하고 예측 불가능한 사회 변화에 직면한 자신들의 불안감에서 생겨난 답을 이미 준비하고 있었다.

이 책을 쓴 이래 많은 변화가 있었는데 대부분은 확실히 더 좋은 쪽이었다. 여성운동가로서 이 책의 주제 중 어떤 것은 이제 단지 역사적 관심사일 뿐이라고 언급하는 것이 자랑스럽다. 예를 들어 이제는 더 이상 남성이 지배하는 의료직에서 성차별주의가 지속된다고 말할 수 없다. 왜냐하면 이제 미국 의사들의 약 1/4이 여성이며 여자 의사는 여성의 허약성이나 피학성 같은 신화를 부추기는 것 같지는 않다. 그리고 비록 가정과 개인의 모든 문제에 대해 "전문가"의 조언이 비 오듯 계속 퍼부어지고 있기는 하지만 오늘날 여성을 전통적인 가정적 역할로 돌려보내려는 시도는 훨씬 덜하다. 실제로 8장에서 우리는 1970년대에 막 시작되던 변화를 추적하고 있다. 그 변화는 전업주부라는 이상에서 벗어나 극단적으로는 이기적 개인주의로 나타나지만 여성이 남성과 마찬가지로 독립이라는 새로운 가치를 지향하는 것이었다. 엄청난 규모의 미싱이 노동 인구로 신입하는 것과 미싱노 남성서님 미싱을 싲새 실 것이라는 새로운 기대와 같은 변화를 우리는 후기에서 논의할 것이다. 그러나 이러한 모든 변화에도 불구하고 지금도 여전히 사이비과학 이론과 조언의 공격이 계속된다는 사실에 주목할 필요가 있다. 최근 몇몇 사례를 보자.

- 이혼의 위험에 관한 신화: 이혼은 자녀에게 웬만해서는 바람직한 경험이 아니긴 하지만, 일부 "전문가"들은 아이들에게 미치는 이혼의 장기적 영향에 대해 엄청나게 과장했다. 2000년에도 한 유명 심리학자는 이혼한 가정의 자녀는 성인이 되었을 때 대체로 심각한 문제가 있고 신경과민이 된다고 주장하는 연구를 발표했다. 그 함의는 명백하다. 자녀를 위해 저 불행한 결혼을 지속하라는 것이다. 그러나 비평가들이 지적했듯이 이 심리학자의 방법론은 결함이 너무 많아 사기처럼 보일 정도다.

- 유방암에 관한 신화: 낙태 반대론자들은 낙태가 유방암의 위험 요소라는 어떠한 증거가 없는데도 오랫동안 그렇게 주장해 왔다. 또는 "긍정적 태도"가 유방암에서 살아남을 가능성을 높일 수 있다는 걸으로는 그럴듯한 생각도 있다. 한 소규모 연구가 말기 유방암 치료에서 일종의 희생자 비난 태도를 갖게 만들면서 그런 식으로 제안했는데 치료가 효력이 없다면 그것은 틀림없이 환자의 나쁜 태도 때문이라는 것이다. 이런 소식이 모든 의사들에게 전달되지는 않은 것 같지만, 최근 연구들은 그런 긍정적 태도가 환자의 생존에 별 영향을 미치지 못한다는 점을 발견했다.

- 여성의 진화적 역할과 생물학적 유산遺産에 관한 신화: 1960년대 후반부터 "사회생물학자들"은 선사시대 여성들이 베이스캠프를 유지하는 것 이상은 거의 아무것도 하지 않은 반면 인류의 거의 모든 진보는 남성 사

냥꾼이 성취했다는 진화 이론을 전파했다. 여성들이 선사시대에 이루었던 다른 혁신의 중요성과 마찬가지로 선사시대 사냥에서 여성의 역할이 중요했음을 보여 주는 엄청난 증거에도 불구하고 대중문화는 사냥꾼 남자와 채집가이자 양육자인 여자에 대한 선언으로 가득 차 있다. 남녀 간에 근본적으로 정신적 차이가 있다는 것을 배제할 수는 없다. 하지만 사회생물학자들과 진화심리학자들에 의해 강조되는 남녀 차이는 20세기 중반 도시 근교 가정의 성별 역할에 너무나 정확하게 딱 들어맞는 것 같다. 이것은 문제의 과학자들이 자신들이 선호하는 생활방식을 먼 과거에 투사했을 뿐임을 보여 준다.

사람들, 특히 교육받은 중간 계급 여성들은 어쩌면 짝을 찾는 것에서부터 아이를 기르고 자신들을 변화의 주체로 생각하기까지 삶에 도전할 가장 좋은 방법을 계속 찾을 것이다. 전통적 방법보다 신선한 정보의 가치가 더 인정되는 현 사회에서 그들은 자신들을 도와줄 "전문가"에게 계속 의지할 것이다. 심지어 그런 새로운 정보를 추구하지 않는 사람들조차도 현재 TV, 인터넷, 인쇄 매체를 통해 퍼부어지고 있는 수억 달러의 조언 산업에 의지할 가능성이 있다. 책을 쓴 지 25년이 지난 지금 *For Her Own Good*의 핵심적 교훈은 우리가 처음 글을 쓰기 시작했을 때만큼 유효하다. "과학"이라는 이름으로 주장되어 온 선언에 대해 근본적으로 회의를 품어야 할 필요는 아직도 존재한다. *우리의* 조언은 여전히 진실을 담고 있다. 전문가가 아무리 많은 학위를 당신에게 보여 주더라도, 그들이 아무리 많은 연구를 인용할지라도, 당신 스스로 더 깊이 탐구하고 당신 자신의 실제 생활 경험에 가치를 부여하고 스스로 생각하라.

For Her Own Good

제1장

가부장제의 폐허 속에서

"일어나서 뭐라도 한다면 기분이 좀 나아질 텐데." 엄마가 말했다. 나는 처량하게 일어나 쓰레받기와 작은 빗자루를 들고 바닥을 쓸어 보려 했으나 곧 기진맥진해져 청소 도구를 떨어뜨렸고 주체할 수 없는 수치심으로 다시 눈물을 흘렸다.

쉴 새 없이 열심히 일했던 나는 어떤 일도 할 수가 없었다. 나이프와 포크조차 들 수 없을 정도로 너무 허약했고, 먹을 수도 없을 정도로 지쳤다. 읽을 수도 쓸 수도 없었고, 그림도 그릴 수 없었고, 바느질도 할 수 없었고, 대화를 할 수도 들을 수도 없었으며 아무것도 할 수 없었다. 하루 종일 긴 의자에 드러누워 눈물을 흘렸다. 눈물이 양쪽 귀로 흘러내렸다. 울다 잠들었고 한밤중에 울면서 깼으며 아침에는 침대 끄트머리에 앉아서 울었다. 더없이 지속되는 고통 때문에. 육체적으로는 전혀 문제가 없었다. 의사들은 나를 진찰했지만 아무 문제도 발견하지 못했다.[1]

때는 1885년, 샬롯 퍼킨스 스텟슨Charlotte Perkins Stetson은 딸 캐서린을 낳은 직후였다. "모든 천사 같은 아기들 중에서 내 아기는 최고이자 천상의 아기였다." 그렇지만 젊은 스텟슨 부인은 계속 울었고 아기에게 젖을 물릴 때 "눈물이 셋가슴 위로 흘러내렸다. …

의사들은 "신경쇠약"이라고 말했다. 그녀는 "점점 커지고 어두워지는 구름이 짙은 안개처럼 마음을 휘젓고 다니는 것"을 느꼈다. 안개는 샬롯 퍼킨스 스텟슨(이후 길먼Gilman)의 삶에서 완전히 걷힌 적이 없었다. 수년 후, 페미니스트 작가이자 강연자로서 한창 활발하게 경력을 쌓고 있을 때에도, 그녀는 정신적으로 명해져 가장 작은 결정조차 할 수 없었던 그때와 똑같은 무기력함에 압도당하곤 했다.

무기력증은 샬롯 퍼킨스 길먼이 겨우 25살이었을 때 갑자기 닥쳤다. 그때는 원기 왕성하고 지적이었으며 삶의 앞날이 활짝 열려 있는 것처럼 보이던 때였다. 무기력증은 동시대를 살았던 젊은 제인 애덤스Jane Addams에게도 덮쳤다. 애덤스는 부유했고, 여자치고는 교육을 많이 받았으며 의학을 공부하고자 하는 열망이 있었다. 그러나 1881년, 21살의 애덤스는 "신경쇠약"에 걸렸다. 신경쇠약은 7년 동안이나 그녀를 무기력하게 만들었고, 시카고 빈민가에 있는 헐 하우스Hull-House에서 일하기 시작한 한참 후까지도 오랫동안 그녀를 괴롭혔다. "하찮다는 생각, 에너지를 잘못된 곳에 쏟는다는 생각"에 사로잡혔고, 앞선 세대의 여성들이 당연하게 받아들였던 가족 안에서 "적극적이고 감정적인 삶"으로부터 자신이 소외되는 것을 느꼈다. 후에 애덤스는 다음과 같이 썼다.

'나는 누구인가, 나는 어떤 사람이 되어야만 하는가를 묻는 것에 지쳤고 나 스스로에게 진절머리가 났다'는 것은 의심할 여지 없는 진실이었다.

마거릿 생어Margaret Sanger는 또 다른 예다. 생어는 20살에 행복한 결혼을 했고 적어도 겉으로는 폐결핵을 잘 이겨 내는 것처럼 보였다. 그러다 갑자기 그녀는 침대에서 일어나지 않고 대화조차 거부했다. 바깥세상에서는 시어도어 루스벨트Theodore Roosevelt가 "정력적인 삶"이라는 슬로건으로 대통령 선거에 출마해 있었다. 그러나 친지들이 마거릿 생어에게 무엇을 하고 싶은지 물었을 때 그녀는 "아무것도 하고 싶지 않아."라고밖에 대답할 수 없었다. "가고 싶은 곳은 없니?"라고 재차 물었을 때도 "아무데도 가고 싶지 않아."라고 답할 뿐이었다.

엘렌 스왈로Ellen Swallow(후에 엘렌 리처즈Ellen Richards가 됨. 20세기 초 가정과학운동 창시자)는 24살 때 쓰러졌다. 그녀는 원기 왕성했을 뿐만 아니라 심지어 매혹적인 젊은 여성이었다. 제인 애덤스와 마찬가지로 스왈로는 어머니가 살았던 지나치게 가정적인 삶과는 멀리 떨어져 있다고 느꼈다. 짧은 독립생활을 끝내고 집으로 돌아왔을 때 그녀는 너무 약해서 집안일을 거의 할 수 없었다. 일기장에 "아파서 누웠다…", "오, 너무 피곤해…" 또 다른 날은 "불행해." 그리고 다시 "피곤해."라고 적었다.

그들은 마치 성인으로서의 삶에 접어들자마자 앞으로 나아가기를 거부하는 것 같았다. 자신들의 인생에서 갑자기 멈춰 섰고 무기력해졌다. 문제는 할일이 부족해서가 아니었다. 제인 애덤스와 마찬가지로 샬롯 퍼킨스 길먼 역시 자신의 상태가 좋아지지 않는 것에 대해 "심한 수치심"을 느꼈다. 그들은 가족을 책임져야 했으며 제인 애덤스를 제외하고는 모두 돌봐야 할 가정이 있었다. 그들은 과학, 예술, 철학과 같은 분야에 흥미를 가진 여성들이었고 모두 열정적인 이상주의자들이었다. 그러나 한동안 그들은 더 이상 생활을 계속해 나갈 수 없었다.

그렇다면 19세기의 새로운 세계에서 여성이 할 일은 무엇이었는가? 자신들의 어머니나 이모처럼 가정의 따뜻함 속에서 삶을 꾸리는 것이었는가? 아니면 "근대"라고 부르기를 자처하고 있던 세계의 강박적 행동주의 속으로 뛰어드는 것이었는가? 아니 쩌이든 맛기 않는 옷처럼 우스꽝스럽게 보이기 않았을까? 사업, 정치, 과학이라는 "남성의 세계"에 여성이 맞추고자 했다면 분명 제자리가 아니었을 것이다. 역사적 측면에서 볼 때 여성이 산업과 진보라는 위대한 행진으로부터 고립되어 집 안에 머물러 있었다면 그것은 더더욱 제자리가 아니었을 것이다. 헨리 제임스Henry James는 『여인의 초상Portrait of a Lady』의 여주인공에 대해 "총명하고 관대했다. 그것은 아주 자유로운 본성이다." 그러나 "그런 그녀가 무엇을 하려고 했을까?"라고 썼다.

샬롯 퍼킨스 길먼과 제인 애덤스 세대 이전에도 분명히 그 질문은 있었고, 다른 여성들은 그 해답을 갖고 있지 않았기 때문에 좌절할 수밖에 없었다. 겨우 100년 전쯤에야 비로소 서구 세계에서 이 개인적 딜레마가 흥미로운 대중적 이슈로 등장한다. **여성 의문**Woman Question(이후 여성 의문은 문맥에 따라 여성 문제로 번역하기도 했다─옮긴이) 또는 "여성 문제woman problem"가 그것이다. 샬롯 퍼킨스 길먼이나 제인 애덤스의 불행처럼 사람을 무능하게 만드는 우유부단함은 19세기와 20세기 동안 수만 명의 여성들 사이에서 증폭된다. 소수는 자신들의 무기력함을 분노로 바꿔 개혁운동가가 되었지만 이름 모를 많은 여성들은 영원히 우울하고 당혹스럽고 아픈 채로 남아 있었다.

남성들, 즉 의사, 철학자, 과학자 같은 "기존 체제"의 남성들은 끊임없이 쏟아져 나온 책과 논문에서 **여성 문제**를 언급했다. 여성들이 새로운 의문과 의혹을 발견하고 있는 동안, 남성들은 오히려 여성 그 자체가 문젯거리라는 것을 발견하고 있었다. 바빠 돌아가는 산업 세계의 관점에서 봤을 때 여성은 변종이었다. 여성은 남성의 세계에 포함될 수 없었고 자신들의 전통적인 장소에도 더 이상 적합해 보이지 않았다. "1년 동안 여성에 관해 얼마나 많은 책이 쏟아지는지 아는가?" 버지니아 울프Virginia Woolf는 어느 강연 자리에서 여성

청중들에게 물었다. "남성이 얼마나 여성에 관해 많은 책을 쓰는지 알고 있는 가? 당신은 아마도 우주에서 가장 많이 거론되는 동물일 것이라는 사실을 알고 있는가?" 남성적 관점에서 **여성 문제**는 통제의 문제였다. 여성은 탐구되고 분석되고 해결되어야 할 어떤 것, 즉 사회적 쟁점, 사회 문제가 되었다.

이 책은 의사, 심리학자, 가정과학자, 육아 전문가 등 새로운 전문가 계급이 **여성 문제**에 대해 지난 백 년 이상 고심하여 도출한 과학적 답변에 관한 것이다. 남성 전문가들과 아주 드물지만 여성 전문가들은 샬롯 퍼킨스 길먼, 제인 애덤스, 그리고 다른 많은 이들이 직면했던 고통스러운 딜레마에 대해 스스로를 권위자로 내세웠다. 여성의 진정한 본성은 무엇인가? 더 이상 여성의 전통적 기술이 자랑스럽지 않은 산업 세계에서 여성은 무엇을 *해야 하나?* 최초로 등장한 새로운 전문가는 의사였다. 의사는 인간의 생물학적 영역과 관련된 모든 지식을 내세워 여성의 신체기관으로 인한 사회적 결과에 대해 판단을 내리고, 여성에게 "자연스러운" 인생 계획을 처방한 최초의 전문가였다. 의사들에 이어 더 특화된 전문가 집단이 등장했는데, 이 집단들은 제각기 여성 삶의 일부 영역에 대한 지배권을 주장했다. 모두 자신들의 권위가 직접적으로 생물학에 근거해 있다고 주장했다. 이 책의 전반부에서는 전문적 권위의 한 패러다임인 의학에 초점을 맞춰 정신의학 전문가들의 등장을 추적할 것이다. 후반부에서는 전문가들이 가사와 육아의 가장 사소한 부분에 이르기까지, 여성의 가내 활동을 규정하기 위해 자신들의 권위를 어떻게 사용했는지 살펴볼 것이다. 또한 전문가의 *쇠퇴*와 **여성 문제**가 마침내 새로운 해답을 찾아 다시 제기된 때인 현재에 이르기까지 각 주제 영역에서 전개된 내용을 살펴볼 것이다.

여성과 전문가 사이의 관계는 여성과 남성 사이의 관례적 관계와 별반 다르지 않다. 전문가들은 과학적으로 "올바르게" 사는 길을 약속하면서 여성 고객들에게 접근했고, 여성들은 의존과 신뢰로 응답했다. 상류층과 중간 계급이 가장 열렬히게, 가난한 여성들은 좀 더 더디게 받아들였다. 전문가의 권위는 기술을 공유하는 오랜 네트워크, 어머니 세대의 축적된 민간전승 지식 등 여성의 자율적 지식의 원천을 파괴하거나 부정하는 것에 근거해 있었기 때문에 여성과 전문가의 관계는 결코 동등한 관계가 아니었다. 그 관계는 **여성 문제**에 대한 전문가의 해답이 전혀 과학적이지 않고, 기껏해야 객관적 진실인 양 외양을 꾸민 남성우위적 이데올로기라는 것을 여성들이 알기 시작한 지금까지 지속되었다. 왜 처음에 여성들이 "과학적인" 답을 찾으려 했는가와 왜 결국 그 답이 여성들을 배신했는지는 역사적으로 서로 맞물려 있다. 다음 절에서 우리는 **여성 문제**의 기원으로 거슬러 올라간다. 당시는 과학이 신선한 힘이자 해방을 가져오는 힘이던 때였고, 여성이 미지의 세계로 밀려들어 가기 시작한 때이자 여성과 전문가 사이의 로맨스가 막 시작된 때였다.

여성 문제

여성 문제는 후세대들이 그 변화의 규모를 지금도 거의 파악하지 못하는 역사적 전환기에 제기되었다. 역사적 전환기란 바로 "산업혁명"이었으며, 이는 "혁명"이라는 단어로도 부족하다. 스코틀랜드의 산악 지대에서부터 애팔래치아 구릉지까지, 독일의 라인 강 유역에서부터 미시시피 계곡에 이르기까지 공장에 노동력을 공급하느라 마을 전체가 텅 비었다. 사람들은 무력에 의해, 또는 훨씬 교묘하게 배고픔과 빚 때문에 가족, 친척, 교구라는 고전적 보호망에서 뿌리 뽑힌 채 땅에서 갑자기 쫓겨났다. 수세기 동안 지속돼 온 안정된 농경 생활이 파괴되는 데는 로마제국이 몰락하는 데 걸렸던 시간의 1/10밖에 걸리지 않았다. 오랜 사고방식과 낡은 신화, 낡은 규칙은 아침 안개처럼 걷히기 시작했다.

사회 혼란을 기록하는 사람이라기보다는 대체로 불온한 선동자로 여겨졌던 마르크스Marx와 엥겔스Engels는 이러한 대격변의 본질을 파악한 최초의 인물들이었다. 구시대는 사라지고 있었고 새로운 시대가 막 태어나고 있었다.

고착되고 경직된 모든 관계는 아주 오래 전부터 존중되어 온 관념 및 견해와 함께 해체되고, 새로 생겨나는 모든 것은 미처 자리를 잡기도 전에 이미 낡은 것이 되고 만다. 모든 단단한 것은 녹아서 공기 중으로 사라지고, 모든 신성한 것은 세속적으로 되고, 인간은 결국 다른 사람과의 관계와 삶의 실제적인 조건을 냉정하게 바라볼 수밖에 없게 되었다.[2]

남자와 여자 사이, 부모와 자녀 사이, 부자와 가난한 자 사이 등 모든 "고착되고 경직된 관계"가 의문시됨에 따라 한때는 생각조차 할 수 없었던 놀라운 가능성이 열렸다. 150년 이상 지난 현재도 혼란은 여전히 가라앉지 않고 있다.

산업혁명 이전 사회를 **구질서**Old Order라고 하자. 역사학자들은 수세기에 걸친 농경 시대의 삶을 **구질서** 전반에 걸쳐 진화하고 변화하는 왕실 계보, 국경선, 군사 기술, 패션, 예술, 건축 등에 따라 여러 "시대"로 구분할 것이다. 역사는 만들어진다. 역사 안에는 정복과 탐험, 새로운 무역 항로가 있다. 그럼에도 불구하고 역사라는 가시적인 드라마 전반에서 평범한 일을 하는 보통 사람들의 삶은 거의 변하지 않고, 변한다 하더라도 아주 천천히 변한다.

판에 박힌 일상이 하루의 대부분을 차지한다. 늘 그랬듯이 씨앗을 뿌리고 옥수수를 심고 논을 매고, 선박은 항상 그랬듯이 홍해를 항해한다.[3]

바로 이 지점에서 일상을 "질서"로 만드는 양식이 나타난다. 역사 속의 뛰어난 인물, 군사적 모험, 왕가의 흥보 깊은 신동식인 역사식 골서티와 비교해 볼 때 이러한 구질서의 양식이 단조롭고 반복적이라면, 이 또한 계절, 파종, 인간의 재생산 주기와 같은 단조롭고 반복적인 자연스러운 사건들에 의해 만들어지기 때문이다.

구질서의 사회생활은 일관성 있는 세 가지 양식으로 나타난다. **구질서**는 *통합적*이다. 물론 삶이 복잡하고 예외적인 소수의 사람들은 늘 있었으며 그들은 따분한 생계유지와 일상적인 노동의 차원을 뛰어넘었다. 그러나 대다수 사람들에게 삶은 나중에 등장할 "산업사회적 인간"을 매료시킬 정도로 단일하고 단순했다. 구질서의 삶은 다른 "범위"나 다른 "영역"의 경험, 즉 "일"과 "가정", "공적인 것"과 "사적인 것", "신성한 것"과 "세속적인 것"으로 나뉘지 않는다. 음식, 의복, 도구의 생산은 아기가 태어나고, 아이들이 자라고, 부부가 함께하는 곳과 한 공간에서 이뤄진다. 가족관계는 감정 영역으로 격리된 것이 아니라 노동관계이다. 성적 욕망, 출산, 질병, 노환 같은 생물학적 삶은 생산과 일이라는 집단 활동에 직접적으로 영향을 미친다. 의례와 미신은 생물학과 노동, 몸과 땅의 통합성을 확인시켜 준다. 생리 중인 여성은 빵을 구워서는 안 되고, 임신은 봄 파종기에 가장 권장되며, 성적 일탈은 농작물에 황폐와 파멸을 가져올 것이라는 등등이 그것이다.

섹스, 애정, 공동 노동에 의해 결합된 가족과 마을의 인간관계는 무엇보다 중요하다. 소작농의 재산이 도시에 있는 상인의 결정과 연결되는 외부 "경제"는 아직 없다. 만약 사람들이 굶주린다면 그것은 곡물 가격이 떨어졌기 때문이 아니라 비가 오지 않았기 때문이다. 장터는 있었지만 아직 평범한 사람들의 기회와 활동을 지배하는 *시장*이 되지는 않았다.

구질서는 *가부장적*이다. 가족을 지배하는 권위는 한 명 혹은 여러 명의 나이 많은 남자에게 주어져 있다. 아버지인 그는 가족의 노동과 구매, 결혼을 통제하는 결정을 내린다. 아버지의 지배 아래에서 여성은 복잡한 선택을 할 필요도 없고 자신의 본성이나 운명에 대해 의문을 가질 필요도 없다. 오직 순종만이 법이다. 19세기 초 미국의 어느 목사는 결혼하는 신부들에게 다음과 같이 조언했다.

> 항상 여러분들의 진정한 상황을 명심하고, 사도의 말씀을 영원히 가슴에 새겨 두십시오. 여러분의 의무는 복종입니다. "복종과 순종이 삶의 지혜이며 그 보상으로 평화와 행복이 당신에게 주어질 것입니다." 신과 인간의 법으로 맺어진 남편은 윗사람입니다. 그러니 결코 남편이 당신에게 이 사실을 상기시키게 하지 마십시오.[4]

가부장적 가족 질서는 마을과 교회, 국가의 통치 방식으로 확대된다. 집에는 아버지가 있고, 교회에는 신부나 목사가, 그 정점에는 지역 귀족인 "마을의 아버지들"이나 청교도 사회에서 말하듯 "공화국을 돌보는 아버지들"이 있고, 그 모든 것 위에는 "하느님 아버지"가 있었다.

따라서 **구질서**의 가부장제는 사회조직과 종교의 모든 단계에서 강화되었다. 이는 여성이 피할 수 없는 절대적인 것이었다. 거역하는 여성은 (공식적인 승인하에) 몰래 두드려 맞거나 마을의 "아버지들"에 의해 공개적으로 처벌을 받았고, 스스로 살아가려고 애쓰는 여성은 누구나 마구잡이로 남성에게 폭력을 당하곤 했다.

그러나 아버지의 법은 강요에 기반을 둔 것만은 아니다. 가부장적 권위는 아이들 각각의 마음속에 정당화되어 일종의 아버지중심적 종교 형식을 취한다. 종교는 아버지의 지배를 하늘로 투사하고 그로써 아버지의 지배는 최고의 자연법이 되어 그 위엄을 지상에 있는 아버지에게로 되비춘다.

그는 여성의 윗사람이자 가정의 우두머리이며, 여성은 손경으로 그에게 순종할 의무가 있다. 그녀 앞에서 그는 하느님과 동격이다. 그는 하느님의 권위를 그녀에게 행사하고 하느님이 제공한 이 땅의 과실들을 그녀에게 제공한다.[5]

그렇지만 **구질서**가 *여성중심적*이라는 것은 산업사회의 관점에서는 거의 상상조차 할 수 없을 정도다. 여성의 기술과 노동은 생존을 위해 불가피한 것이었다. 여성은 항상 부차적이기는 했지만 무력하게 의존적인 사람은 결코 아니었다. 나중에 산업사회의 여성들은 여성 조상들의 충만하고 생산적인 삶을 부러워하며 되돌아보곤 했다. 식민지 미국에서 여성의 일을 생각해 보라.

딸과 하녀들의 도움으로 채소밭에 씨를 뿌리고 가축을 기르고 젖소를 돌보는 것은 아내의 의무였다. 아내는 끼니를 준비하는 것은 물론, 우유를 크림, 버터, 치즈로 만들었고, 가축을 도축했다. 일상적 집안일 외에 여자 농부는 슬레이트 지붕을 얹고, 피클과 통조림을 만들고, 겨울 동안 가족이 마시기에 충분한 양의 맥주와 과실주를 만들었다.
여성의 일은 이것으로 끝나지 않았다. 가족에게 옷을 입히기 위해 부지런히 바늘을 놀렸을 뿐만 아니라 양털을 빗고 물레를 돌리며 의복이라든가 실, 뜨개실, 옷감 생산에도 참여했다. 손수 만든 초가 집 안을 밝혔고, 직접 제조한 약은 가족의 건강을 회복시켰으며, 수제 비누로 집과 가족은 깨끗해졌다. …[6]

구질서에서 여성이 중요했던 것은 그녀의 생산적인 기술 때문만은 아니었다. 여성은 병을 고치는 약초와 열에 시달리는 아이를 진정시키는 노래와 임신 기간에 지켜야 할 주의 사항을 알고 있었다. 특별한 기술이 있는 여성은 이 집에서 저 집으로, 이 마을에서 저 마을로 명성이 자자한 산파이자 약초 치료사, "현명한 여성"이 되었다. 모든 여성이 아이를 키우고 일상적인 병을 치료하고 환자를 돌보는 기술을 어머니와 할머니로부터 배우는 것은 당연하게 여겨졌다.

따라서 **구질서**에서는 어떠한 **여성 문제**도 있을 수 없었다. 여성의 일은 그녀에게 꼭 맞았고 여성이 따르도록 되어 있던 권위의 계열은 분명했다. 여성의 기술과 노동에 그토록 크게 의존하고 있던 세상에서 여성은 스스로를 "부적합한 사람"으로 인식할 수 없었다. 가부장적 질서 안에서 여성의 삶은 전통적으로 이미 결정돼 있거나 그렇지 않다면 아버지나 남편이 *여성을 위해* 모든 중요한 결정을 했을 것이기에 여성이 자신의 삶의 방향에 대해 고통스러운 결정을 내리는 것은 상상도 할 수 없었다. **여성 문제**는 산업 시대가 도래하여 **구질서**의 "고착되고 경직된 모든 관계"를 몇 세대에 걸쳐 전복시킬 날을 기다리고 있었다. 그때가 되면 생물학적 삶과 경제적 삶, 공적인 삶과 사적인 삶의 통합성은 파괴될 것이고 옛 가부장들은 왕좌에서 쫓겨날 것이었다. 동시에 여성의 오래된 권력도 빼앗기게 될 터였다.

산업화는 사회 변화와 관련이 있기는 했지만 직접적인 원인은 아니었다. 근본적인 사회 변화의 원인은 **시장**경제의 승리였다. **구질서**에서 생산은 음식과 쉼터에 대한 인간의 욕구, 이용 가능한 자원과 노동의 한계 등 자연적 요소에 의해 지배되었다. 이따금 잉여물이 팔리거나 물물교환이 되기도 했다. 그러나 **시장**경제에서는 상업적 교환 법칙이 인간의 노동과 자원의 사용을 결정한다. 가계 생산이라는 국지성은 깨지고, 북부 사람에서 남부 사람으로, 시골 사람에서 도시 사람의 생계로 연결되는 경제적 상호의존의 광대한 네트워크 통로가 만들어졌다. **시장**이라는 이 의존적 네트워크는 중세 후기 전 기간 동안 조금씩 기반을 다져 가고 있었다. 그러나 노시의 생성, 이 초기 자본주의가 만들어지는 데는 오랜 시간이 걸렸다. 95퍼센트 이상 대부분의 사람들은 여전히 **구질서**의 "자연 경제" 아래에서 살았다. 19세기가 되어서야 산업화와 근대 자본주의의 발달로 인해 평범한 사람들의 삶을 지배했던 자연을 **시장**이 대체했다. 가격은 한때 강수량과 기온이 그랬던 것처럼 확실히 생존을 통제하고 있었으며, 심지어 제멋대로인 것처럼 보였다. 불황은 국경을 넘나들며 가장 순박하고 가장 보잘것없는 희생양을 찾아내는 기아나 전염병과 동일한 수준의 대재난이었다.

시장의 승리로 인해 구질서를 규정한 기존의 삶의 양식은 돌이킬 수 없게 산산이 부서졌다. 생산과 가족생활, 일과 가정의 오랜 단일성은 어쩔 수 없이 무참히 깨졌다. 이제 가구는 더 이상 가족 구성원들을 공동 노동으로 함께 묶어 주던 자급자족 단위가 아니었다. 생산이 공장으로 들어가 버리자 가구에는 가장 사적인 생물학적 활동만이 남았다. 먹고, 섹스하고, 잠자고, 어린아이를 돌보고, (제도적 의료가 등장할 때까지) 출산과 죽음을 관장하고, 환자와 노인을 보살피는 등등. 삶은 이제 두 개의 다른 영역으로 나누어져 경험된다. 궁극적으로 시장이 지배하는 노고勞苦의 "공적" 영역, 그리고 친밀한 관계와 개별적인 생물학적 존재의 "사적" 영역이다.

이 새로운 세계 질서는 어떤 중립적인 분할선을 따라 구분되는 단순한 구획으로만 여겨지진 않는다. 두 영역이 표방하는 기본적 가치 측면에서 볼 때 두 영역은 서로 *대립적인* 관계이며, 둘 사이의 경계는 도덕적 긴장으로 가득 차 있다. **시장**은 가장 근본적인 작용 측면에서 탐욕과 욕심을 비난하는 대신 (적어도 원칙적으로는) 이타주의와 무욕을 찬양하며 수세기를 이어 온 종교적 도덕성에 도전한다. **구질서**에서 상업은 불명예스러운 것이었고 이자를 받고 돈을 빌려주는 것은 고리대금으로 비난받았다. 그러나 새로운 질서를 지배하는 **시장**은 냉정한 무관심으로 모든 도덕적 범주를 깨끗이 지워 버린다. 이윤은 다른 사람들이 처한 가난의 대가로 취득될 뿐이며, 인간적 애정, 아량, 충성심의 여지는 없다. 이윤, 손실, 파산, 투자, 판매 같은 시장의 가장 위대한 드라마는 일련의 숫자로 매우 적절하게 다시 계산될 수 있고, 가장 빛나는 순간은 회계장부에 기록되며, 인간적인 비용은 "재무 상태"에 아무런 영향을 미치지 못한다.

시장과 마주한 상태에서는 사람에 대한 모든 "인간적" 요소는 사적 영역으로 죄다 밀어 넣어져야 하며, 사적 영역에 남아 있는 개인적이고 생물학적인 활동에 최대한 녹아들어야 한다. 시장에서 거부된 사랑, 자발성, 돌봄, 즐거움은 가정이나 사적 생활에서만 기대할 수 있다. 감정은 가정의 정서적 고귀함을 과장하고, 가정의 생물학적 현실을 번드르르하게 꾸밀 수도 있다. 그러나 사적 생활은 거의 필연적으로 **시장**의 가치를 전복시킨다. 사적 생활에서는 매 끼니처럼 당장의 인간적 욕구를 충족시키는 것 외에 다른 목적으로 생산되는 것은 없으며, 사람들은 자신의 시장 가치가 아니라 실제 "자신으로" 평가된다. 또한 서비스와 애정을 공짜로 받거나 공짜는 아니더라도 적어도 받을 수는 있다. 매일 두 영역 사이를 오가야 하는 남성들에게 사적 생활은 이제 "외부" 세계의 냉정함과 비인간성에 비례해 정서적인 호소력을 갖게 된다. 남성들은 일터에서 거부당한 육체적 욕구와 **시장**에서 금지된 인간적 유대를 가정이 충족시켜 주기를 기대한다.

그와 동시에, 삶을 "공적" 영역과 "사적" 영역으로 나누는 힘은 여성의 위치와 기능에 의문을 제기했다. 꿈에도 생각지 못했던 가능성들이 열리면서 가부장제의 철권 지배는 흔들렸다. 그러나 동시에 **구질서**의 경제가 의존했던 여성적인 기술은 갈기갈기 찢겼다. 가장 억압적인 환경에서조차 여성 존엄의 원천이었던 기술은 세서되고 있었다. 이러한 번화기 어성이 지역에 가져온 무슈적인 힘의를 생각해 보라. 그것은 여성중심적 질서의 종말이었다. 식물 세작, 의복 제작, 식품 저장 등 여성의 전통적인 생산 기술이 공장으로 넘어갔다. 노동 계급 여성들은 자신들이 오래전부터 하던 노동을 이제 공장에서 하기 위해 새로운 산업 세계 속으로 들어갔는지도 모르지만 더 이상 그들이 생산 과정을 좌우할 수는 없었다. 그들은 옛 기술을 잊어버리게 될 것이었다. 뒤에 나오겠지만, 본질적으로 여성적인 활동이었던 치료 영역조차 곧 상품으로 변해 **시장** 속으로 휩쓸려 들어가게 될 것이었다. 집에서 만든 약초액은 다국적 제약 회사의 화학약품으로 대체되고, 산파는 산과 의사와 외과 의사로 대체된다.

동시에 그것은 아버지 지배의 종말이기도 했다. 물론 남성들은 가부장적 특권으로 산업과 상업의 새로운 공적 세계가 자신들의 것이라고 주장할 수 있었다. 그러나 가부장적 사회관계의 오래된 네트워크는 새로운 경제에 의해 돌이킬 수 없이 훼손되었다. 생필품 생산이 집 밖에서 이루어지면서 위계적인 가족구조를 유지하고 있던 유기적 연대가 느슨해진다. 아버지는 집에서 이루어지는 생산 과정을 더 이상 지휘하지 않으며, 이제 자신의 아들, 딸, 심지어 아내와 똑같은 임금 노동자일 뿐이다. 그는 복종을 요구하며 아내와 아이들 위에 군림하고, 여전히 강력한 가부장적 종교의 승인을 기원할지도 모른다. 그러나 아버지가 아무리 큰소리친다 하더라도 이제 "지상의 과실"을 가져다주고 가족의 생산 노동을 지시하는 것은 바로 기업이다. 20세기 초, 역사가 아서 칼훈Arthur Calhoun은 이혼과 유기가 증가하고, 남성이 집에 있는 시간이 줄어들고, 아내와 아이들의 독립성이 증대하는 사회 현상에 주목하면서, "원시적인 가부장제는 오직 촌구석에서만 유지될 수 있다."고 결론 내렸다. 가족 내의 가부장적 권위의 쇠퇴는 20세기 초 사회학 연구의 지속적인 주제였다.[7]

생활의 공사 영역 분리, 여성중심성과 가부장제의 쇠퇴 같은 변화를 단지 산업혁명의 결과로만 여겨서는 안 된다.* 그러한 변화는 굴뚝과 증기 기관, 철도와 조립 라인만큼이나 19세기 북유럽과 북아메리카에서 일어난 삶의 대격동적 재조직을 *의미*했다. 그것은 총체적이고 혁명적인 재조직화였다. 가계 생산을 근간으로 조직된 사회에서 대규모 공장 생산을 중심으로 조직된 사회로, 계절과 기후가 지배하던 사회에서 **시장**이 지배하는 사회로 가는 것은 사회생활의 핵심에 영향을 미치는 것이며 가장 깊이 박혀 있던 전제들을 뿌리째 뽑는 것이다. "자연스러웠던" 모든 것은 전복되었다. "인간 본성"으로 믿어 의심치 않았던 것이 갑자기 원시적인 것으로 인식되었고, 수세기 동안 인간의 운명으로 받아들였던 것이 더 이상 받아들여질 수 없게 되고 대부분의 경우 가능조차 하지 않게 되었다.

본성과 사회적 기대에 의해 항상 남성의 삶보다 훨씬 제한돼 왔던 여성의 삶은 혼란에 빠졌다. **구질서**에서 여성들은 가구의 공동 노동에 참여함으로써 생존할 수 있었다. 집 바깥에서는 생계를 유지할 수 있는 방법이 없었고 여성을 위한 삶도 없었다. 여성은 나이와 계급에 따라 아내, 어머니, 딸, 하녀, "노처녀" 이모가 될 수 있었지만, 이는 가족 위계 속의 단계일 뿐이다. 여성들은 가족이라는 밀집된 인간 울타리 내에서 태어났고, 자랐고, 나이를 먹었다.

그러나 비록 대부분의 여성들과는 거리가 멀지라도 **구질서**의 붕괴와 더불어 선택도 가능하다는 낌새가 보이기 시작했다. 이제 여성이 **시장**으로 들어가서 (비록 남성보다 낮은 임금일지라도) 노동을 생계 수단과 교환하는 것이 가

---

* 일군의 페미니스트 작가와 달리 우리는 "가부장제"라는 단어를 남성 지배를 의미하기 위해 사용하는 것이 아님을 기억하길 바란다. 우리는 가족과 사회생활에 대한 특별한 역사적 조직 체계를 지칭하는 것으로 "가부장제"를 사용한다(39쪽 참조). 따라서 우리가 "가부장제의 쇠퇴"에 대해서 이야기할 때 남성 지배가 쇠퇴하고 있다고 주장하는 것은 결코 아니며, *남성 지배*가 다른 역사적 형태를 띠고 있을 뿐임을 주장한다.

능해졌다. 볼셰비키 지도자 알렉산드라 콜론타이Alexandra Kollontai가 존경을 표했던 여성들처럼 유럽에서, 러시아에서, 미국에서, 산업이 더 많은 노동자를 요구하는 곳이면 어디에서든지 "독신 여성"이라는 새로운 물결이 일어났다.

그들은 생존을 위해 끊임없이 고군분투하며 돈을 벌고, 사무실에 앉아 하루를 보내고, 전신기를 열심히 두드리며 카운터 뒤에 서 있는 소녀들과 여성들이다. 독신 여성, 그들은 대담한 상상력과 계획으로 가득 찬 새로운 마음과 정신을 가진 여성들이다. 그들은 과학과 예술의 전당을 가득 메우고, 정력적이고 활기찬 발걸음으로 저렴한 강습과 임시 사무직을 찾아다니며 거리를 메운다.[8]

일하는 여성으로 **시장**에 들어가는 것은 낮은 임금과 끔찍한 노동 조건, 고독과 불안감을 의미할지도 모른다. 하지만 그것은 또한 가족의 통제로부터 벗어날 수 있다는, **구질서**에서는 상상도 할 수 없었던 가능성을 의미하기도 했다.

그러나 가족의 친밀성 속에서 살다간 어머니를 보았던 여성들에게 이렇게 원자화되고 독립된 존재는 결코 "자연스러운" 것으로 보이지 않았다. 물론 남편과 아이들이 삶의 중심인 가구는 여전히 있었다. 그러나 이제 생산 노동을 하지 않기 때문에 가구 규모는 이전보다 훨씬 축소되었다. 샬롯 퍼킨스 길먼 같은 여성들은 더 이상 여성 특유의 기술에 중심을 두지 않고 단지 생물학적 삶에만 집중하는 가정생활에 어떤 존엄이 있을 수 있는지 의문을 제기했다. 19세기의 몇몇 거침없는 페미니스트 분석가들은 **시장** 논리에 냉소적으로 응수했다. 일이 없는 아내와 생계부양자 남편의 관계는 성매매와 별반 다르지 않다는 것이다. 여성의 전통적 삶의 방식과 표면상으로는 비슷할지라도 그러한 존재 방식이 어떻게 "자연스러운" 것일 수 있겠는가?

이러한 것들은 18세기 후반과 19세기 초반, 여성들에게 열리기 시작한 모호한 선택지였다. 물론 각자가 처한 상황 때문에 대부분의 경우 "선택"은 불가능했다. 어떤 여성들은 자신의 노동으로 인해 가족이 붕괴된다 하더라도 어쩔 수 없이 임금 노동을 찾아야 했으며, 또 어떤 여성들은 아무리 직업을 원하고 필요로 하더라도 가족을 돌봐야 하는 불가피한 책임에 묶여 있었다. **구질서**의 붕괴는 모든 여성을 의문의 여지 없이 단일한 운명으로 묶어 두었던 양식을 깨뜨렸다. 변화의 영향으로 서로 상반된 두 가지 측면이 나타났다. 여성이 진보했다거나 퇴보했다고 어느 한쪽으로 쉽게 판단할 수는 없다. 심지어 흑인 가정부, 수공업자의 아내, 여공 등 모든 여성을 포함할 수 있는 방식으로 판단한다고 가정하더라도 말이다. 변화는 본래 모순적이다. 여성은 산업자본주의 덕택에 끊임없이 반복되는 가구 생산 노동에서 자유로워졌으나 동시에 여성 존엄의 유일한 원천이었던 기술을 빼앗겼다. 산업자본주의는 가부장제의 억압을 느슨하게 함과 동시에 임금 노동이라는 사슬로 여성을 옥죄었다. 스스로 자립할 수 있는 일부 독신 여성들을 "자유롭게" 했으나 다른 여성들을 성적 노예로 징발했다. 그 외에도 예는 많다.

여성 문제가 등장하도록 물질적 토대를 제공한 것은 바로 이처럼 전진이기도 하고 퇴보이기도 한 변화들이었다. 고된 노동에 시달리는 가난한 계급의 여성부터 보호받는 상류 계급의 딸들에 이르기까지 **여성 문제**는 여성들이 일반적으로 당면한 개인적 경험과 관련된 것이었다. 금지된 것에 맞설 수 있다는 가능성의 자각, 낡은 의무에 저항하는 기회, 외적 강제에 대항하는 본능의 문제였다. **여성 문제**는 근대 세계에서 여성이 어떻게 살아남을 것인가, 여성이 무엇이 될 것인가 하는 바로 그 질문이었다. 신경쇠약으로 젊은 시절을 허송했던 여성들, 힘든 노동과 성적 착취로부터 처음으로 "해방"을 맛본 여성들,

출산과 양육으로 체력이 고갈되는 동안 일기에 마음을 털어놓았던 여성들, 즉 우리의 증조할머니와 고조할머니들은 평생을 **여성 문제**와 함께 살았다.

새로운 남성우위론

여성 문제는 여성들 사이에서 본질적 딜레마로 등장함과 동시에 학자, 정치가, 과학자 들이 심사숙고해야 하는 "이슈"가 되어 공적 삶의 영역으로 진입했다. 그 문제에 대해 프로이트Freud보다 더 분명하게 인식한 사람은 없다.

> 역사적으로 사람들은 여성성의 본질이라는 수수께끼를 풀고자 골머리를 앓았다. … 당신이 남성이라면 당신은 이 문제에 대한 걱정에서 벗어날 수 없다. 당신이 여성이라면 여기에 해당되지 않는다. 바로 당신 자신이 그 문제이기 때문이다.[9]

이 문구가 마치 깔보는 것처럼 들릴지 몰라도 *가부장적* 사고의 전형은 아니다. 프로이트는 자신이 살던 시대의 **여성 문제**에 대한 강박관념을 보편적이고 시대를 초월한 현상으로 묘사한다. 옛 가부장들이 그러한 의문을 스스로 제기하지는 않았을 것이다. 그들에게 여성의 본성과 목적은 수수께끼가 아니었기 때문이다. 그러나 하늘에 계신 아버지가 관장하는 고정된 위계적 사회질서를 신봉하는 오랜 사고방식은 프로이트가 위의 글을 썼던 시기에 이미 신뢰를 잃어 가고 있었다. 기술의 "기적"은 성자의 위엄을 몇 배나 능가했고, 공단의 굴뚝은 교회의 첨탑보다 더 높아졌다. 새로운 시대는 인간 사회와 인간 본성을 설명하는 새로운 방식을 필요로 했다. 지난 3세기에 걸쳐 그 방식은 받아들이는 것이 아니라 의문을 제기하는 것으로, 종교적인 것이 아니라 과학적인 것으로 전개돼 왔다. 프로이트의 수수께끼는 가부장적 시대로 역행하는 전통을 대변하지 않는다. **여성 문제**가 무엇인가를 분석한 후, 그에 대한 의미심장한 해답의 초안을 작성한 프로이트의 정신은 가부장적 권위에 *맞서* 투쟁하는 새로운 질서의 등장과 함께 탄생했다.

1600년대에서 1800년대까지의 서구 역사를 하나의 단순한 비유로 압축한다면 한때 전지전능하셨던 아버지를 타도하는 드라마일 것이다.* 정치, 과학, 철학을 지배했던 하나의 주제는 바로 왕, 봉건 영주, 교황, 그리고 가족 내 아버지로 대변되는 가부장적 권위의 구질서에 대항하는 투쟁이었다. 다시 말하자면 **구질서**는 인간과 무관한 무력의 무게로 무너진 것이 아니라 실존하는 인간의 저항으로 무너졌다. **시장** 자체는 이해할 수 없는 내부 압력의 결과로 팽창하는 추상적인 "체계"가 아니었다. 시장은 어떤 특정한 시기에 경제적 관계망을 통해 활동하는 진짜 인간으로 이루어져 있었다. 이 네트워크의 확장은 교역에 대한 봉건적 제한, 수공업에 대한 길드의 제한, 고리대금과 영리 추구에 대한 종교적 금지 등 가부장적 권위가 부과한 속박을 넘어서는 적대적 대결을 매 단계마다 요구했다. 기업이 지배하는 지금과는 아주 달라서 당시 부상하고 있던 중간 계급의 구성원들인 "부르주아"가 아직은 "지배 계급"이 아니라 반역자였던 때다. 영국, 미국, 프랑스의 혁명에서 부르주아는 무기를 들었고, 보통 사람들로 하여금 교역과 개인적 영리("행복 추구")를 제한했던 힘에 맞서게 했다. 프랑스혁명은 부친 살해, 즉 국왕 시해(그리고 덜 극적이긴

---

* 이러한 시각에서 프로이트의 오이디푸스 콤플렉스 이론은 역사적 의미를 가진다. 프로이트는 승리한 부르주아의 "아들들"이 등장하고, 전통 사회의 권위였던 "아버지들"이 쇠락했던 시대에 살았다. 그는 아들들의 심리적 기질에서 투쟁, 즉 시기, 죄의식, 아버지처럼 되고자 하는 노력의 흔적을 포착할 수 있었다. 지적인 면에서 프로이트 자신은 그 "아들들" 중에서 가장 대담무쌍한 아들에 속했다.

하지만 똑같이 중요한 교회 폐쇄)라는 극단적 집단행동을 연출했다. 의기양양한 혁명가들은 이미지의 명예를 벗어 버리고 자신들이 자유 시민들로 구성된 *형제*임을 선언했다.

부상하고 있던 중간 계급의 혁명가들이 왕과 사제의 목을 치며 **구질서**의 상업 규제에 대항해 난동을 부리는 동안 사상가와 성직자는 새로운 시대에 적합한 사고 체계를 개발하는 중이었다. (특히 영국과 미국에서) 철학은 **선**과 **진실** 추구를 포기하고 **시장**경제의 물질주의 및 개인주의와 실용적으로 화해했다. 종교는 **시장**을 윤리의 사각지대로 돌리고 종교 자체를 사생활의 문제로 국한시켰다. 그러나 **시장**을 지배했던 남성의 성향과 **시장**의 상황을 가장 잘 맞아떨어지게 만든 사고방식은 철학이나 종교가 아니라 바로 과학에서 나왔다.

과학은 가부장적 이데올로기에 대한 지적 공격에 앞장섰다. 17세기 초, 갈릴레오Galileo가 지구가 우주의 중심인지 아닌지를 놓고 종교재판에 회부된 이래 과학은 모든 영역에서 종교적 교리 및 전통적 권위와 대립하거나 적어도 경멸하는 입장을 취했다. 갈릴레오와 그를 따랐던 과학자들은 별, 조수, 암석, 동물, "인간" 자체처럼 관찰 가능한 모든 세계가 자유로운 연구 영역이라고 주장했다. 그것은 마치 상인이 시장을 종교적 또는 봉건적 간섭이 없는 세속적 영역으로 간주하는 것과 같았다. 뉴턴Newton의 물리학, 라부아지에Lavoisier의 화학, 나중에 등장하는 다윈Darwin의 생물학은 자연을 설명하기 위해 신이나 다른 불가해한 힘을 필요로 하지 않았다. (아마도 그 시발점에서는 필요로 했겠지만.) 과학은 **시장**과 함께 성장했다. 과학은 경험적 사실에 대한 충성, 실리적인 실용주의, 수적 개념 등 상업 정신의 가장 혁명적인 부분을 취해 물질세계의 이해와 지배를 위한 정밀 도구로 만들었다.

과학은 낡은 가부장적 이데올로기를 조롱했고 가부장제의 주장을 맹렬히 비난했으며, 오늘날 우리가 알고 있는 것처럼 그 이데올로기를 각종 의례, 전설, 아이들을 재울 때 들려주는 베갯머리 이야기의 유물로 만들어 버렸다. 18세기와 19세기의 과학은 가부장제의 전통적 장식물인 귀신, 수수께끼, 미신 숭배의 공공연한 적이었으며 혁명가들의 오랜 친구였다. 카를 마르크스Karl Marx 같은 사회주의자들과 샬롯 퍼킨스 길먼 같은 페미니스트들은 불의와 지배에 대항하는 해방의 힘인 과학의 열광적인 신봉자였다. 한 파리코뮌Paris Commune 참가자는 "오래전에 우리가 이루었던 것을 결코 잊지 말자."며 "과학과 철학이 폭군에 대항해 싸웠다."고 선언했다.**10**

수세기 동안 폭군을 지지했던 가부장적 이데올로기를 물리치게 된 것은 **시장**과 함께 일어난 비판적이고 과학적인 정신 덕택이다. 그러나 가부장적 권위 구조에 반대한다는 것이 반드시 의도나 정서 면에서 *페미니스트*가 된다는 뜻은 아니다. 사실 새로운 시대에 등장한 세계관은 명백히 *남성우위*적이었다. 그것은 **시장**에서 그리고 경제적 혹은 "공적" 생활의 영역에서 도래한 세계관이었다. 그 세계관은 본질적으로 여성의 외부에 있으며 여성을 오로지 "타자" 혹은 이방인으로 볼 뿐이었다.

당연히 가부장적 이데올로기도 여성들을 종속시켰다. 그러나 **구질서**에서는 생활이 분리된 영역으로 나눠져 있지 않았기 때문에 여성이 살던 영역 외에 다른 영역에서 가부장적 이데올로기가 형성된 것은 아니다. 그러나 새로운 남성우위적 논리는 여성과 거리가 먼 영역에서 등장한다. 그것은 성별로 분리된 세계의 절반인 남성의 영역에서 유래한다. 그것은 어떤 타고난 남성적 편견을 반영하는 것이 아니라 그 영역의 논리와 전제를 반영하는데, 그것은 바로 자본주의 시장의 논리와 전제이다.

인간 본성에 대한 남성우위론자들의 관점은 거의 자동적으로 여성과 여성의 본성을 배제한다. 대중 여론이나 학습된 과학이 표현하든지 표현하지 않든지, 그것은 생물학적 남성과 남성 본성에 편향되어 있을 뿐 아니라 특히 자본주의적 인간, 애덤 스미스Adam Smith가 묘사한 "경제적 인간"에 편향되어 있나. 섬세한 인간은 왠게 피로운 존재다. 18세기 물리학의 작고 단단한 원자처럼 경제적 인간은 각기 자신의 길에 묶여 원자화된 다른 무리와 단지 우연히 교류하면서 자신의 궤도 위에 놓인 공간을 통과한다. 이기심이라는 절박한 심정이 그를 움직이며 오직 합리적이고 계산적인 지성이 그를 이끈다.

경제적 인간에게 시장의 무생물, 즉 돈과 (돈을 대변하는) 상품은 살아 있으며 신성하게 여겨질 정도다. 반대로 엄밀하게 "합리적" 관점에서 봤을 때 **시장**에 영향을 미치고 개인의 경제적 이해에 영향을 주는 것을 제외하면 진짜 살아 있는 모든 것들은 가치가 없다. 고용인은 "생산 요소"이며, 좋은 아내는 "자산"이다. 성공한 경제적 인간인 자본가는 생명—인간의 노동과 수고—을 생명 없는 자본으로 끊임없이 바꾼다. 자본가의 입장에서는 이것이 탁월하게 합리적이고 건전하며 "인간적인" 활동이다. 궁극적으로 **시장**의 법칙은 인간 본성의 법칙으로 여겨진다.

이런 관점에서 보면 여성은 불가사의한 이방인으로 등장할 수밖에 없다. 여성은 "다른" 영역, 즉 사적 삶의 영역에 거주하거나 거주하게 돼 있다. **시장**의 입장에서 봤을 때 이 영역은 침체된 전前 산업사회의 구석진 곳처럼 보이거나 "진짜" 인간 세계에서 정상적인 것을 모두 반대로 보이게 하는 거울 나라처럼 보인다. 이제 그 영역에 남겨진 제한된 기능은 여성의 인격에 속하게 되고 여성을 시대착오적인 사람 또는 정상성의 이상한 역전처럼 보이도록 만든다. 생물학적으로나 심리학적으로 여성은 **시장**의 기본 원칙과는 모순되는 것처럼 보인다. **시장**은, 생명을 창조할 수 있고 실제로 생명을 창조하는 여성의 인간적 활동과 욕구를 죽은 것 즉 상품으로 변형시킨다. 경제적 인간은 인간미 없는 경제관계 네트워크를 통해서만 다른 사람들과 연결되므로 개별적이며 단세포적이다. 그러나 여성은 생물학적 관계 외에는 어떠한 개인적 정체성도 다른 사람들에게 인정받지 못한 채 가족 속에 파묻혀 있다. 경제적 인간은 완벽한 이기심으로 행동하지만 가족 내부에 있는 여성은 *주고받는 보상 원칙*에 근거해 관계를 맺을 수 없다. 여성은 주기만 한다.

남성우위적 관점에서 봤을 때 여성은 훨씬 원시적 단계의 인간일지도 모른다. 그것은 여성의 지성이 남성보다 더 낮다는 명백한 증거가 있기 때문이 아니라 사랑을 베풀고 사랑을 주는 여성의 본성 때문이다. 그것은 그 자체로 더 낮은 지성의 증거처럼 받아들여진다. 루소Rousseau의 이상적 여성처럼 그의 "고결한 야만인noble savage"은 인정과 배려심이 많다. 또한 다윈은 다음을 발견했다.

> 여성은 대개 더 친절하고 덜 이기적이기 때문에 심적 성향이 남성과 다른 것처럼 보인다. …
> 일반적으로 직관력, 빠른 인지력, 어쩌면 모방력은 여성에게 훨씬 현저하게 두드러진다. 그러나 이런 재능의 어떤 면은 기껏해야 수준이 더 낮은 종의 특성이며 따라서 수준이 더 낮은 과거 문명의 특성이기도 하다.[11]

여성 특유의 것으로 보이는 것은 모두 이성적이고 과학적인 지성에 대한 도전이 된다. 자율적인 리듬과 생식력을 지닌 여성의 몸은 남성우위론자의 시선으로 보자면 탐험되고 개척되어야 할 자연 세계의 또 다른 부분인 "미개척지"로 보인다. 이 낯선 영토를 연구하기 위해 19세기에 등장한 부인과학이라는 새로운 과학은 여성의 몸은 원시적일 뿐만 아니라 심각하게 병적이라고 결론 내렸다(4장 참조). 당연히 여성의 정신 또한 물질의 내부 성분이나 우주의 생성처럼 알아야 하는 과학적 수수께끼가 된다. 미국의 심리학자 스탠리 홀G. Stanley Hall은 여성의 정신을 "미개척지"라고 지칭했고, 프로이트는 "여성성의 수수께끼"라고 씀으로써 하나의 성만 온전히 정상으로 만든 자연의 이 성인 불교형에 골몰했던 과하자든은 대벼했다

여성이 어떤 변칙적인 것, 즉 "분제"라는 빌건은 본질적으로 남성우위적 인식이었다. 가부장적 이데올로기는 여성을 열등하기는 *하지만* 가정에서부터 하늘에까지 확장되는 전체적 위계와 항상 유기적으로 연결되어 있다고 보았다. 그러나 이제 이러한 연결 고리는 끊어졌다. 수세기 동안 인간 사회의 조직 원칙이었던 가부장적 이데올로기는 갈기갈기 찢겨 혼란에 빠졌다. 그렇지만 여성은 가부장적 이데올로기의 몰락으로 해방된 것이 아니라 어떻게든 해결해야 할 사회적 이슈이자 호기심이 되었다.

페미니스트 해법과 가정적 해법

새로운 남성우위 이데올로기의 틀 안에는 **여성 문제**에 대한 단 두 가지 해법이 있다. 우리는 그것을 "페미니스트" 해법과 "가정적" 해법이라고 부를 것이다. 많은 사람들은 쉽게 "페미니스트" 해법과 "남성우월주의" 해법으로 부를 것이다. 그러나 그렇게 간단한 문제가 아니다. 이 둘은 서로 *상반되지만* 같은 배경에서 나와 남성우위 문화의 발달 과정에서 서로 등을 맞댄 채 함께 성장했다. 언제 어느 때나 각 "해법"을 지지하는 사람들이 있었고, 둘 중 어느 쪽도 완전히 무력화되지는 않았다. 그러나 19세기 초부터 현재의 여성해방운동이 등장할 때까지 결국 한 가지 해법이 북미와 서구 문화를 전반적으로 지배하게 된다. 압도적으로 선택된 해법은 주로 가정적 해법이었고, 경제적 영향과 과학적 권위를 통한 설득에 힘입어 실제 삶에서 작동하게 된다.

페미니스트 해법은 아주 간단히 말하자면 남성과 동등한 발판 위에서 여성

을 현대 사회로 받아들이는 것이다. 여성들이 어떤 의미에서 "배제되는" 것이 문제라면 "포함되도록" 함으로써 그 문제를 해결할 수 있다. 페미니즘은 과학의 비판적 정신을 공유한다. 페미니즘은 여성의 열등성에 관한 가부장적 신화를 조롱하고 사회가 임의적으로 발명한 근대의 "성역할"을 비난한다. 그뿐만 아니라 남성과 여성이 동등하며 가능한 한 기능적으로 호환될 수 있는 사회 질서를 꿈꾼다. 명석함이 넘치는 프랑스혁명의 시대에 태어나 모든 사회운동이 성공하는 분위기에서 자랐기 때문에 페미니즘은 급진적 이데올로기이다. 페미니즘은 18세기 프랑스와 미국 혁명가들조차 위험한 극단주의로 여겼던 중간 계급의 자유주의적 이상, 즉 개인의 자유와 정치적 평등을 그 귀결점으로 삼는다.

그러나 아이러니하게도 페미니스트 관점은 남성우위론과 공통점이 있다. 페미니스트 관점은 **시장**의 편에서 여성의 *세계*를 본다. 페미니스트 관점은 여성의 세계에 대해서는 비판적이지만 **시장**이 여성을 배제한 경우가 아니라면 **시장**에 대해서는 거의 무비판적이다. 샬롯 퍼킨스 길먼은 가정은 "원시적"이며, 여성은 가정에 감금된 결과 거의 다른 종으로 분리될 정도로 "발달이 정지되어" 고통 받고 있다고 주장했다. 당대의 가장 유명한 페미니스트 중의 한 명인 베티 프리단Betty Friedan은 가정은 "덫"이며 주부는 마음과 정신이 위축된 상태임을 발견했다. 그러나 페미니즘은 "여성의 영역"에서 그럴싸한 이유로 (여성의 영역 안에 있는 여성들이 보기에는 그럴싸하지 못한 이유로) 꽁무니를 빼자마자 남성이 규정한 공적 영역으로 너무나 열렬히 달려갔다. 샬롯 퍼킨스 길먼의 정신을 이어받은 남아프리카공화국의 페미니스트 올리브 슈라이너Olive Schreiner는 "우리 여성들은 요구한다."며 다음과 같이 썼다.

… 우리는 명예롭고 사회적으로 유용한 인간의 노고, 즉 **아이들**에 대한 **여**

성 노동의 온전한 절반에 대해 우리의 몫을 가지겠다. 우리는 그 이상을 요구하지도, 그 이하를 받지도 않을 것이다. 이것이 바로 우리의 "**여성 권리**"이다[12]

페미니스트들은 그 "노고"의 본질과 그것이 누구에게 이득이 되는지에 대해서는 거의 의문을 제기하지 않는다. 길먼은 여성들이 사업이나 전문직 같은 "성취감을 주는" 직업으로 진입하는 것을 보았고, 프리단은 그것이 한층 더 강도 높게 진행되는 것을 보았다. 그러나 이들은 여성에게 가능한 직업이 가지는 더 큰 사회적 목적에 대해서는 물론이거니와 모든 여성들이 사업과 전문직 같은 직업을 구할 수 있는지에 대해서도 아무런 관심이 없었던 게 분명하다. 당시 지배적이었던 페미니스트 프로그램은 여성을 남성의 세계에 빠르게 통합시키기 위해 필요한 부수적인 변화(이를테면 주간 보육 서비스)를 수반한 일종의 동화同化 프로그램이었다.

가부장적 권위에 대한 이데올로기적 공격은 페미니스트의 목표를 상상할 수 있는 것으로 만들었고 산업혁명은 그 목표가 달성될 수 있는 것으로, 나아가 당연한 것으로 여기도록 만들었다. 여성이 이전에 했던 노동의 대부분은 이제 공장에서 이루어지게 되었다. 그렇다면 남아 있는 가사라고 그렇게 되지 말라는 법이 있는가? 길먼은 여성의 잡일을 물려받을 식당, 유치원, 청소업체는 "사업체 형태"로 만들어져야 한다고 주장했다. "미발달 산업의 서툰 상태"에서 자유로워져야 가족은 자발적 개인들의 연합체가 될 것이었다. 여성은 더 이상 다른 사람들과의 성적·생물학적 연결에 의해서만이 아니라 공적 세계에서의 독자적인 노력에 의해 정체성을 갖게 될 것이었다. 19세기의 관점에서는 이러한 발달은 저절로 일어날 것처럼 보였다. 기계는 성별 간 근육 차이의 중요성을 없애고 있었으며, 공장은 가정보다 훨씬 더 효율적인 것으로 입증되고 있었다. **시장**은 이미 의복 제작에서부터 음식 준비에 이르기까지 수많은 여성의 일을 인계받았다. 시장이 가정과 가족을 삼켜 자율적이고 무성적인 개인으로 되뱉어 내는 것을 무엇이 막을 수 있었겠는가?

여성 문제에 대한 또 다른 해법, 바로 가정중심성을 고무시킨 것은 대부분 그러한 전망에 대한 공포였다. 남성우위 정신과 일치하는 가정적 해법 지지자들은 여성을 남성의 세계에서 반쯤 벗어나 있는 변칙적인 상태로 인식한다. 페미니스트들은 이런 상황에 반기를 들었지만 가정중심성 예찬론자들은 그 안에서 편안함을 찾는다. 가정중심성 예찬론자들은 여성이라는 신비를 소중히 간직하고 여성을 외부와 차단시킴으로써 여성을 계속 신비한 상태로 두*자*고 주장한다.

페미니즘이 합리적 사고라는 더 큰 역사적 흐름에 연결되는 것처럼 "가정중심성 숭배"는 18세기와 19세기의 "낭만주의운동"과 함께 등장했다.* 합리주의는 새로운 산업자본주의 시대를 환영했으나 낭만주의는 산업자본주의를 혐오하며 피했다. 어느 대도시를 둘러봐도 알 수 있듯이 산업혁명은 심미적 비극이었다. 녹초지는 하룻밤 사이에 블레이크Blake의 시야를 괴롭힌 "어둡고 악마적인 공장"에 밀려났고, 시골 마을, 숲, 개울은 산업적 "진보"의 맹공으로 사라졌다. 산업자본주의 시장 세계에서 인간관계는 애덤 스미스가 예언했던 비인격적 선의를 결코 성취할 수 없었다. 사회 질서를 원활하고 공정하게 운

---

* 페미니스트운동은 합리주의와 낭만주의 사이에서 오락가락했다. 미국 페미니스트 1세대[수전 앤서니(Susan B. Anthony), 엘리자베스 캐디 스탠턴 등]는 성적 합리주의자(sexual rationalist)에서 못 벗어났지만 1880년대와 1890년대에 성장한 2세대는 망설임 없이 성적 낭만주의(sexual romanticism)를 찬양했다. 이들은 여성이 투표권을 가져야 하는 것은 여성의 *권리*이기 때문이 아니라 여성이 "종(種)의 수호자"인 어머니이기 때문이라고 주장했다. 20세기 후반의 페미니즘은 압도적으로 합리주의자였지만 밑바탕에는 낭만주의를 내포하고 있었다. 페미니스트들은 "통합"을 거절했고 기술사회 이전에 존재했던 모계제의 부활이나 여성의 지배를 열망했다. 여성들은 기술의 "진보"에 희망을 걸거나 멀리 떨어진 상상 속의 과거에서 정당성을 추구했다. 모두 페미니즘이라는 이름으로.

영할 것으로 믿었던 스미스의 "보이지 않는 손"은 파산한 사업가, 굶주린 노동사, 빵을 빼앗긴 노부인 고통을 덜어 주는 데는 미치지 못했다. 그 세계는 봉건 시대의 자비로운 온성주의와 "노블레스 오블리주"로 결코 조절되지 않는 냉엄한 세계였다. 중간 계급의 혁명이 남성을 자유롭게 했지만 그 자유는 흥하거나 망하거나, 성공하거나 성공을 이룬 사람들에 의해 짓밟힐 고독한 권리 안에 있었다. 낭만적 정신은 구질서에 대해 혹은 상상 속의 구질서에 대해 향수를 불러일으켰다. 구질서 사회는 아직 원자화되지 않았고, 신뢰와 상호 필요로 유기적으로 연결돼 있었으며 "비이성적" 열정의 온기로 활기를 띠고, 파괴되지 않은 자연의 아름다움으로 풍요로운 사회였다.

낭만주의적 관점에서 봤을 때 페미니스트 프로그램보다 더 혐오스러운 것은 없었다. 가정의 마지막 허드렛일을 없애고 여성을 일터로 내보냄으로써 가정을 와해시키는 것은 산업사회의 공포로부터 마지막 피난처를 제거하게 될 터였다. 공동 식당과 탁아 서비스, 가사 서비스는 냉정하게 조직화된 산업 세계의 운용 방식을 삶의 가장 친밀하고 사적인 부분까지 강요하기 때문에 가정은 혐오스러운 공장의 전초기지로 판명이 나거나 공장 그 자체가 될 것이었다. 여성을 자유롭게 한다는 것은 **시장**이라는 거친 세계에서 남성의 정신적 파괴를 막아 준 유일한 부분을 없애는 것이었다. 여성이 "경제적 인간"의 여성 판본이 된다면, 즉 자신만의 궤도를 쫓는 인간이 된다면 그때는 정말로 사랑 없고, 온정 없는 세계가 될 터였다. "고독한 별 아래 욱신거리는 사지에 의해 정복될 운명에 처한 험악하고 얼어붙은 광야"[13]처럼 경제적 인간 앞에 펼쳐져 있는 고독한 전망은 피할 수 없는 현실로 받아들여져야 했을 것이다.

당연히 이것은 낭만주의자들이 할 수 없었던 것이다. 인간은 **시장**이라는 야만스러운 혼란으로부터 피난처가 있어야 하며 "경제적 인간"으로서 고독한 목표를 위해 위안이 있어야 한다. 가정이 그 피난처이며 여성이 그 위안이 된다. 영국의 비평가이자 작가인 존 러스킨John Ruskin은 낭만주의자들이 "여성의 영역"에서 찾고자 했던 것을 정확하게 그려 냈다.

이것이 가정의 진정한 본질이다. 즉, 가정은 평화의 장소이다. 모든 상처뿐만 아니라 모든 공포와 의심과 분열로부터 피난처가 된다. 그렇지 않다면 그것은 가정이 아니다. 바깥 삶에 대한 불안이 가정을 파고든다면, 적대적인 바깥세상이 남편이나 아내에 의해 집 문지방을 넘어 들어온다면, 생각의 일관성이 없고 알 수 없고 사랑이 없다면 그것은 더 이상 가정이 아니다. 그때 가정은 위에 지붕을 얹고 안에 불을 지핀 바깥세상의 일부일 뿐이다. 그러나 가정이 신성한 장소, 순결한 신전, 가정의 신이 지켜 주는 화목의 신전인 한 … 그 이름을 회복하고 가정이라는 칭송을 충족시킨다.[14]

사적인 삶과 생물학적 존재의 세계가 여기서 신성한 광채로 가득 채워지게 된다. 여성이 순결하게 일생을 보내고 있는 이 "신전"에 시장의 속삭임이 침입하게 내버려 뒤서는 안 된다.* 마치 그 세계의 바깥에서는 아무 일도 일어나지 않는 것처럼 기묘하고 가정중심적 형태를 띤 가부장제가 이곳에 보존될

---

* 19세기의 낭만적 향수는 여성을 보호하지 않았다. 유럽-아메리카 자본주의가 팽창하면서 발견한 원시민족은 산업국가의 여성들처럼 시장 밖의 어두운 곳에서 살고 있었다. 낭만적 상상으로 보면 그들은 시장이 부정한 인간성을 대체로 여성과 공유했고 목가적 단순함으로 세상을 기쁘게 했다. 심리학자 스탠리 홀의 말에 따르면 "거의 모든 야만인들은 많은 측면에서 아이, 또는 덩치만 어른인 청소년 같다. … 그들은 천성적으로 상냥하고, 평화로우며, 애정이 넘치고, 근심걱정이 없고, 거의 전적으로 친절하다. 우리가 알고 있는 결점은 우리가 만든 것이다. 야만인들은 감정적이고, 정서적이며 충동적인 삶을 살고 있다. 그들을 잘 아는 사람들이나 루소와 같은 시각에 대해 편애를 갖지 않은 사람들로부터 나온 여러 증언들에 따르면, 전형적인 야만인을 알게 되면 그들을 사랑하게 된다."는 것이다.[15]
홀은 그들을 "혹사시키고 상업화시키는" 제국주의적 시도를 비난했다. 그들은 "아동기의 파라다이스 속에 남아" 시장 바깥에 머물러 있어야 한다. 왜냐하면 그들의 신선한 매력이 없다면 "지구상의 가정은 정말로 황폐한 상태로 남게 될 것이기" 때문이다.

것이다. 낭만적 정신은 **시장**에 대해서는 열정적으로 그리고 인간적으로 거부아시킨 이 은밀하고 내키지 않는 바항만을 받아들인다. 그러므로 **시장**을 전복시키는 것이 아니라 **시장**으로부터 도망쳐 여성의 품 안으로 들어가는 것이다. 러스킨의 이상적 가정을 신성하게 만드는 신은 채권자와 우상 숭배자를 쫓아낼 수 있는 복수심에 불타는 가부장이 아니라 단지 "가정의 수호신"일 뿐이다.

　낭만적 상상력은 열정에 가득 차 러스킨의 "순결한 신전"을 차지하기에 손색없는 여성을 만들기 시작했다. 지침은 간단했다. 모든 면에서 여성은 **시장**과 대조를 이루어야 하며 경제적 인간의 정반대 편에 있어야 한다. 그런데 우리가 볼 때 이 낭만적 구조에는 실질적 토대가 존재한다. 즉, 여성의 돌봄 안에는 힘이 있는데, 이 힘은 **시장**의 가정假定과 법칙에는 모순되며 **시장**에 적대적이다. 그러나 낭만주의자들은 대부분의 경우 **시장**의 비인간성에 대해 실제적인 공격을 하지 않았고, 마찬가지로 여성의 진정한 힘과 욕구를 발견하는 데에 아무런 관심도 없었다. 여성에 대한 낭만적 해석은 19세기 중반에 인기를 누렸던 16인치 허리와 너비 3피트짜리 치마만큼 인공적이다. 경제적 인간은 합리적이다. 따라서 낭만적 여성은 직관적이고 감정적이고 양적 추론이 불가능하다. 경제적 인간은 경쟁적이지만 낭만적 여성은 부드럽고 순종적이다. 경제적 인간은 이기적이지만 낭만적 여성은 자기를 내세우지 않고 피학적이기까지 하다. 빅토리아 시대의 한 유명한 시는 이 모든 부정의 결과를 묘사하고 있다. 이 시는 모든 면에서 ("경제적인" 것의 반대인) "인간적"인 것이되어야 했지만 결국 여사제라기보다 애완견에 훨씬 더 가까운 인간 이하의 피조물로 여성을 그린다.

　한때 기쁨으로 떨렸던 그녀의 영혼,

누구의 눈이 그녀의 아름다움을 소유했던가,

이제 생각하네, 그들이 감히 어떻게 쳐다볼지

그에게만 속한 것을.

재능을 빼앗는 무례함이

그녀의 사랑스러운 가슴을 기쁘게 하네.

복종의 황홀함이 그녀의 삶을

천상의 안식 속으로 들어 올리네.

예전의 그녀는 남아 있지 않네.

그녀가 죽을 때는 아기로 돌아가네,

그리고 그녀가 가진 모든 지혜는

현명한 그를 사랑하는 것이라네.*16

위의 시를 읽고 웃어넘길 수 없는 페미니스트라면 짜증 섞인 냉소로 대응할 수 있다. 낭만적 갈망을 지닌 사랑스러운 아내는 사실 남편에게 재정적으로 의존하며 보호받고 있을 뿐이라고. 샬롯 퍼킨스 길먼은 그런 아내가 생활비를 버는 가정부와 창녀의 조합이라고 주장했다. 올리브 슈라이너의 여주인공 린달은 도전적으로 선언한다.

---

* 오늘날 이런 유의 낭만주의자의 감상을 가부장적 이데올로기와 혼동하는 것은 흔한 일이다. 그러나 여성에 대한 이 두 가지 관점은 근본적으로 양립할 수 없다. 가부장제의 여성들은 지나치게 감상적인 연약한 피조물이 아니었다. 그들은 엄연한 노동자이자 든든한 동료였다. 또한 낭만주의자들은 여성을 신전의 수호자로 만드는 것을 꿈꿨지만 가부장적 이데올로기는 한순간도 여성이 도덕적으로 우수하다고 생각하지 않았다. 가부장적 이데올로기는 여성이 도덕적으로 *열등하고*, 성서를 해석하고 전하는 데 남자에게 전적으로 의존하고 있다는 전제에 토대를 두고 있다. 낭만주의는 고풍적 이미지에 깊이 의존했으나 이것은 향수일 뿐이다. 낭만주의는 구질서의 연장이 아니라 새로운 시대의 산물이다.

… 자신을 팔아 버린 여자는 거리의 아무에게도 정절을 지킬 필요가 없다. 빈가의 새로운 성性을 얻기 위해서라 하더라도 마찬가지다. 둘 다 같은 방법으로 빵 값을 빌고 있다.[17]

페미니스트 관점이나 단순히 합리주의자의 관점에서 보자면 인정받는 "재능을 빼앗는 무례함"을 "황홀"하고 "기쁘게" 감싸 주는 것은 경제적 현실을 거스르는 거부이다. 페미니즘은 가족관계에 대해서는 지나치게 냉소적이고 **시장**의 "자유로운" 상호관계는 지나치게 적극적으로 받아들이기 때문에 곤란에 처할 수도 있다. 그러나 페미니즘은 **시장**이 만들어 낸 세계를 인식할 수 있는 용기를 가지고 있으며 유쾌하지 못한 사실을 슬쩍 외면하지도 않는다.

한편, 낭만주의는 본질적으로 거짓말과 회피에 몰두한다. 현실과 다르게 미화된 가정은 성적 낭만주의자들을 **시장**에서 탈출하게 만든다. 가정에 대한 강렬한 욕구—정확하게는 탈출 욕구—는 가정 내 인간관계의 현실에 대해 거짓말을 하게 만든다. 마르크스와 엥겔스는 자본주의의 승리가 "마침내 [사람들로 하여금] 자기의 생활 상태와 서로의 관계를 냉정한 눈으로 바라볼 수밖에 없게 만든"다며 성급하게 기뻐했다. 낭만주의는 감정을 현혹시키고 바깥 산업 세계의 광경에 레이스 장막을 쳐 아늑한 꿈을 꾸게 한다. 그 꿈속에서 남성은 남성이지만 여성은 은혜롭게도 남성이 아니다.

과학 그리고 가정중심성의 승리

승리한 것은 19세기 빅토리아 시대의 이상에서부터 20세기 중반의 페미니스트의 신비에 이르기까지 가정적 해법 형식을 취한 낭만주의였다. 미국과 유럽에서 **구질서**의 지각변동이 끝났을 때, 안정되고 재생산이 가능한 삶의 방식인 "질서"로 다시 한 번 불릴 만한 무엇인가로 사회가 재형성되기 시작했을 때, 그 새로운 "질서"는 여성과 가정이라는 낭만적 구상에 크게 의존해 있었다. 지배 이데올로기는 여성을 영원한 이방인으로, 가정을 불쾌하고 "현실적" 인 남자들의 세계에 대한 목가적 피난처로 정의했다. 가정중심성은 대다수의 남성들과 아주 많은 여성들에게 심리적인 위안이 되었기 때문만이 아니라 초기 산업 시대의 성적 낭만주의자들이 결코 예견하지 못했던 실용적 이유 때문에 승리했다. 나중에 밝혀졌듯이 여성의 가정중심성은 그 당시 성장하고 있던 경제적 요구와 아주 잘 맞아떨어졌으며, 그 경제는 더 큰 발전을 위해 개별적 가구 소비라는 경제 유형에 점점 의존했다. 이미 여성은 가정적 이데올로기에 적응했기 때문에 산업이 여성을 필요로 할 때 훨씬 사용하기 편한 노동자로 자신을 만들어 둔다. 여성은 전형적으로 순종 그리고/또는 돌봄을 요구하는 직종에서 낮은 임금을 받으며 일을 해야 하고, 일이 없어지면 자신이 "속한" 곳으로 곧바로 돌아간다.

새로운 성적·경제적 질서에 대한 정당성은 부단한 노력을 통해서만 확보되었다. 본질적으로 가정적 해법의 정당성은 **시장**의 가정과 법칙을 직접 적용하는 것으로는 확보될 수 없었다. 남성 노동자와 여성 노동자, 남성 소비자와 여성 소비자, 남성 소유자와 여성 소유자, 남성 투자자와 여성 투자자로 구별할 수 있는 (또는 백인과 흑인으로 구별할 수 있는) 시장의 논리는 아무것도 없다. 실리적인 자본가의 관점에서 봤을 때 유일하고도 중요한 구별은 돈으로 측정될 수 있느냐 없느냐이다. 인간의 해부학적 차이나 피부색의 다양성은 회계장부에서는 아무런 차이가 없기 때문이다. 또한 페미니스트들이 항상 날카롭게 지적해 왔듯이 당시 부상하던 중간 계급이 한때 군주에 맞서 힘차게 외쳤던 "권리"와 "자유"라는 새로운 혁명적인 사상에 젠더는 안중에도 없었다. 사실 산업 세계의 교리와 그 세계를 지배하던 계급의 정치적 이상은 페미니즘을 위한 도데를 열었다. 가정적 해법은 전형적인 남성의 일상 세계 밖에서 정당성을 찾지 않으면 안 되었고, 그 정당성은 경제적 현실이나 정치적 이상주의보다 더 높은 어떤 권위로부터 나오는 것이었다.

그 권위는 바로 과학이었다. 150년이 넘는 기간 동안 **여성 문제**에 대한 가정적 해답은 정치적, 심미적, 도덕적 용어가 아닌 과학의 언어로 명확하게 표현될 수 있었다. 여기에 고통스러운 아이러니가 있다. 과학은 선입견, 어리석음, 혼란이 어디에서 등장하든지 간에 그것과 맞서는 혁명적인 힘이었다. 그러나 **구질서**가 점차 과거로 사라지고 "부상하는 중간 계급"이 새로운 지배 계층이 되었듯 과학도 사회 질서와 화해했다. 가정중심성을 옹호하기 위해 등장한 과학은 완벽한 적통은 아니지만 한때 왕과 교황의 권위에 도전했던 과학의 나약한 후손이었다.

전문의, 심리학자, 가정과학자, 부모 교육가 등 과학적 전문가들은 가정적 해법의 변호를 떠맡았고, 저마다 과학적 지식으로 특화된 부분을 주장했다. 그들의 직업은 이러한 주장에 의존하고 있었다. 과학과 연결되지 않으면 결코 합법성을 갖지 못하며, 귀 기울여 줄 청중도, 기술을 팔 시장도 없다. 그러나 앞으로 설명하겠지만 과학은 전문가 자신들의 손에서 이상하게 비틀려 결국 옛 모습을 찾을 수 없을 정도로 변해 버렸다.

한때 과학은 견고했던 권위를 공격했다. 그러나 새로운 과학적 전문가는 권위 그 자체가 되었다. 그의 업무는 무엇이 *진실인가*를 추구하는 것이 아니라 무엇이 *적절한가*를 선언하는 것이었다.

여성의 삶에 권력을 행사하는 전문가의 등장은 재빠르지도 쉽지도 않았다. 여성들이 서로에게 전수해 왔던 오랜 네트워크는 파괴되거나 신뢰를 상실해야 했다. 거대한 부의 권력이 정보와 기술의 경생적인 원천에 대항하여 발동

되어야 했다. 과학의 권위는, 과학이 비판적 방법론이 아니라 마치 새로운 종교인 양 드높여져야 했다. 많은 여성들은 오랜 지혜와 풍습에 더 강하게 집착하거나 더 급진적으로는 상호지지와 연구라는 새로운 네트워크를 조직하면서 저항했다.

그러나 20세기 초 그렇게 많은 여성들이 전문가를 환영하고, 찾아내고, 전문가의 영향력을 증진시키기 위한 조직을 만들지 않았다면 전문가는 승리할 수 없었을 것이다. 전문가를 받아들인 사람들 중에는 잘 속아 넘어가는 여성들과 보수적인 여성들뿐만이 아니라 자립적이고 진보적인 여성들, 심지어 페미니스트들도 있었다. 전문가들은 "과학적"이었고, 오직 과학만이 무지와 편견을 이길 수 있는 것처럼 보였다. 과학은 **구질서**의 가부장적 권위와 수세기 동안 암묵적으로 여성을 묶었던 속박의 그물망에 맞서지 않았는가? 이것이 바로 여성과 새로운 전문가들 사이의 "로맨스"의 토대였다. 과학은 진보와 자유의 편에 서 있었다. 과학의 지시를 무시하는 것은 분명 "어둠의 시대"에 남아 있는 것이었고, 과학의 명령을 따르는 것은 역사적 전진에 동참하는 것이었다. 샬롯 퍼킨스 길먼, 엘렌 리처즈, 마거릿 생어, 그리고 논쟁적일 수 있지만 제인 애덤스 모두 각자의 방식으로 과학의 진보와 과학을 대변하는 전문가에 대한 확고한 신봉자였다. 사실 전문가들이 과학과 여성을 배반했다는 것을 여성들이 깨닫고 전문가와 여성들 사이의 "로맨스"가 깨지는 데는 두 세대가 더 지나야 했다.

전문가의 등장

제2장

마녀, 치료사, 신사 의사

의사, 심리학자, 이와 관련된 잡다한 전문가들 등 정신의료 전문가의 등장에 관한 이야기는 종종 미신에 대항한 과학의 비유로 일컬어진다. 한쪽에는 과학이라는 냉철한 남성적 정신이, 다른 한쪽에는 사실로 전해 내려오는 소문이자 노파들의 이야기인 여성적 미신의 깊은 수렁이 있다. 이러한 비유로 본다면 과학의 승리는 인간의 진보나 자연의 진화만큼이나 불가피한 것이었다. 전문가들은 옳았기 *때문에* 승리했다.

그러나 실제 이야기는 그렇게 단순하지 않으며 결과 역시 썩 "진보적"이지도 않다. 전문가들이 가족과 일상적인 집안일에 매몰된 개별 여성보다 덜 편협한 시각을 대변한 것은 사실이다. 전문가들은 연구를 통해 개인이 알 수 있었던 것보다 더 풍부한 인간 경험에 접근할 수 있는 위치에 있었다. 그러나 여성이 가진 전통적인 민간전승 지식은 수세기 동안의 관찰과 경험을 토대로 한 지혜를 담고 있었던 반면 전문가들의 이론은 심하게 비과학적인 경우가 너무도 많았다. 전문가의 등장은 그름에 대한 옳음, 신화에 대한 사실의 당연한 승리가 아니었다. 이들은 남성 대 여성, 계급 대 계급이 대치하는 격렬한 투쟁과 함께 등장했다. 여성들의 오랜 기술이 갈기갈기 찢기고, 기술을 전수해 오던 "현명한 여성들"이 침묵을 강요당하거나 살해되기 전에는 여성들이 외부의 "과학"이 제시하는 조언에 의지할 이유가 없었다.

여성의 선동적 지혜와 남성의 전문 식식이 치료에 대한 권리를 놓고 충돌했다. 아주 부유한 사람들을 제외한 모든 사람들을 치료하는 것은 전통적으로 여성의 특권이었다. 치료 기술은 모성의 임무 및 정신과 연결됐고, 그 기술은 지혜와 돌봄, 유연함과 노련함이 조합된 것이었다. 최고 특권층 여성들을 제외한 모든 여성들은 적어도 치료 기술과 약초 용어를 알고 있어야 했으며, 가장 박식한 여성들은 자신들의 기술을 나누기 위해 널리 돌아다녔다. 치료사로 두각을 나타냈던 여성들은 다른 여성들을 돌보는 산파였을 뿐만 아니라 남녀 모두를 돌보는 "일반 의사"이자 약초 채집자, 상담사였다.

역사적으로 여성 민간 치료사의 경쟁자는 남성 의료 전문가였다. 의료를 *전문직*으로 보는 것은 검증되지 않은 여성적 치료의 전통을 넘어선다는 점에서는 진보였다. 전문직은 적어도 원칙적으로는 체계적인 훈련과 공식적인 책임 메커니즘을 요구하기 때문이다. 그러나 전문직은, 의료직과 법률직이 중세 유럽에서 처음 형성된 이래로 그래 왔듯이 *배타성*으로도 정의된다. 여성 치료사가 정보 공유와 상호지지 네트워크 속에서 활동한 반면 남성 전문가는 상품처럼 시장에서 팔리거나 부유한 후원자에게 소비되는 일종의 자산으로 자신들의 지식을 축적했다. 남성 전문가의 목표는 치료 기술을 전파하는 것이 아니라 그 직업이 대변하게 된 엘리트 이익 집단 안으로 치료 기술을 집중시키는 것이었다. 따라서 남성 의료 전문직의 승리는 우리의 이야기에서 중요한 의미를 가진다. 왜냐하면 남성 의료 전문직의 승리는 여성을 고립과 종속의 위치에 남겨 둠으로써 여성들의 상호원조 네트워크를 파괴했으며, 사회 엘리트층의 특권으로서 전문 기술 모델을 구축했기 때문이다.

19세기 미국의 치료를 둘러싼 갈등의 뿌리는 유럽 역사의 암흑기에 있었다. 앤 허친슨Anne Hutchinson처럼 종교 지도자로서만이 아니라 산파로서도 명성이 높았던 미국 여성 치료사는 바다 건너 유럽의 무수한 여성 세대를 관통해 온 전통을 대변했다. 열정적인 의사 벤저민 러시Benjamin Rush 같은 미국의 초창기 의료 전문가들은 중세의 대학까지 거슬러 올라간 전통에서 전문직에 어울리는 귀족적 이상을 가져왔다.

유럽에서 여성의 치료 행위와 의료 전문직 사이의 투쟁은 특히 야만적인 양상을 띠었는데 바로 영국, 독일, 프랑스, 이탈리아의 역사에 상처를 남긴 수세기 동안의 마녀사냥이었다. 마녀사냥 자체는 종교개혁, 초기 상업 시대, 봉건 귀족에 대항한 농민 봉기 시대와 같은 광범위한 역사적 전개 과정과 연결돼 있다. 그러나 중요한 점은 마녀사냥의 표적이 거의 전적으로 여성 농민이었으며, 그중 여성 치료사들이 박해의 대상으로 선발됐다는 것이다. 마녀사냥의 이러한 양상에 대해서 간략히 살펴보자.

마녀사냥

마녀사냥의 광기는 놀라울 정도였다. 15세기 후반에서 16세기 초에 이르기까지 독일, 이탈리아, 그리고 다른 여러 나라에서 수천 건의 사형 집행이 있었고 대개 산 채로 화형에 처했다. 공포는 16세기 중반 프랑스로 번졌고 급기야 영국으로까지 퍼져 나갔다. 한 작가는 독일의 일부 도시에서 한 해 평균 집행된 사형 숫자를 600건으로, "일요일을 제외하고" 하루 2건으로 어림잡았다. 뷔르츠부르크 지역에서는 1년 만에 900명의 마녀가, 코모 일대에서는 약 1000명의 마녀가 처형당했다. 툴루즈에서는 하루에 400명이 죽었다. 1585년 독일 트리어 교구의 두 마을에서는 각각 단 한 명의 여성만이 살아남았다. 많은 작가들은 살해된 사람들이 전체적으로 수백만 명에 이를 것이라고 추정했다. 이렇게 처형된 시람들이 약 85퍼센트는 여성이었으며, 나이 든 여성, 젊은 여성, 어린 소녀들이있다.[1]

"마녀들"에게 적용된 죄목에는 마녀사냥을 수행했던 수도사들과 성직자들이 품었던 온갖 여성 혐오적 환상이 포함되어 있었다. 마녀들은 악마와 성교하고, (대체로 남자의 성기를 잘라 둥지나 바구니에 넣어 둠으로써) 남성을 발기불능으로 만들며, 갓난아이를 아귀처럼 먹고, 가축을 독살시킨다는 등등. 그러다 점점 피임, 낙태, 산통완화제처럼 오늘날에는 합법적인 의료 행위로 인정되는 것까지 "범죄"에 포함됐다. 사실 마녀 사냥꾼들의 괴상한 합법적 신학 체계에서는 여성이 치료 행위를 하는 것 자체가 죄였다. 영국의 뛰어난 마녀 사냥꾼은 다음과 같이 썼다.

우리가 아는 **마녀** 중에는 죽이고 괴롭히는 마녀들뿐만 아니라 보통 현명한 남자, 현명한 여자라고 불리는 온갖 **점쟁이**, **마술사**, **사기꾼**, **마법사**도 있다는 것을 기억해야만 한다. … 또한 같은 수만큼 좋은 마녀도 있다고 예상하는데, 이들은 해를 입히지 않고 이롭게 하며, 손상시키거나 파괴하지 않고 목숨을 구하고 분만을 도와준다. … 그러나 특히 은총의 **마녀**를 제외한 모든 **마녀**들이 죽는다면 이 땅은 천 배는 더 좋아질 것이다.[2]

3세기 동안 가톨릭교회의 마녀사냥 교본이었던 『마녀들의 망치The Hammer of Witches』를 쓴 독일인 수도사 크라머Kramer와 스프렝거Sprenger는 저 "악명 높은 나쁜" 마녀들을 비난했는데, "마녀의 약을 사용하고 귀신 들린 사람을 미신적 방법으로 치료"한다는 것이었다.[3] 그들은 "세 등급"으로 마녀를 분류했다. "치료도 하고 해를 끼치기도 하는 마녀, 해만 끼치고 치료는 못하는 마녀,

상처를 제거해서 치료를 할 수 있는 것처럼 보이는 마녀가 있다."[4] 크라머와 스프랭거는 마녀 치료사에게 진료 받은 사람들에게는 조금의 연민도 보이지 않았다.

그런 마녀들에게 의지하는 이들은 하느님보다 자신들의 육체적 건강을 더 많이 생각한다. 그뿐만 아니라 그들은 제 발로 마녀를 찾아갔기 때문에 하느님은 잘못에 대한 벌로 생명을 단축시킨다.[5]

종교재판의 재판관은 다음과 같이 단언하며 누구보다 산파에 대해 가장 분노했다.

마녀의 이단적 측면에서 볼 때 산파가 **신앙심**에 가장 큰 해를 끼친다. 이 사실은 나중에 화형을 당했던 일부 산파들의 자백에 의해 만천하에 드러나게 된다.[6]

사실 현명한 여성 또는 당국에서 마녀라고 이름 붙인 여성은 수년 동안 사용하여 검증된 많은 치료법을 가지고 있었다. 성녀 힐데가르트 폰 빙엔Hildegarde of Bingen(1098~1178)이 쓴 자연 치료법 개론서인 『기초 의학서Liber Simplicis Medicinae』는 중세 초기 여성 치료사가 가지고 있던 지식의 범위가 어느 정도였는지 짐작케 해 준다. 힐데가르트의 책은 수십 개의 광물과 동물 추출물 외에도 213종의 다양한 식물과 55종의 나무의 치료 성분을 열거하고 있다.[7] 마녀 치료사의 치료법 중 상당 부분은 부적이나 주문처럼 그야말로 마법이었지만 다른 것들은 입증할 수 있을 만큼 효과적이었다. 그들은 진통제, 소화촉진제, 소염제를 가지고 있었다. **교회**가 출산의 고통이 이브의 원죄에 대한 하느님의 정당한 처벌이라고 주장하던 때 그들은 자궁 수축을 유발하고 수축 진행에 효과적인 맥가균(자궁수축제-옮긴이)을 사용했다. 유산의 위험이 있을 때 마녀 치료사들은 자궁 수축을 막기 위해 진경제 벨라도나를 사용했다. 디기탈리스를 심장자극제로 사용하는 것은 영국의 민간 치료사가 처음 발견했다고 전해진다.

반면 대학 교육을 받은 남성 의사는 **교회**의 승인을 받아 진료했지만 어림짐작과 통념을 제외하고는 아무것도 가진 게 없었다. 부유한 사람들 사이에서 의료는 과학이나 일련의 경험적 연구와 관련을 맺기 훨씬 전부터 신사 직종의 지위를 획득했다. 의과대 학생들은 플라톤, 아리스토텔레스, 기독교 신학을 공부하느라 몇 년을 보냈다. 그들의 의학 이론은 "왜 참을성 없고 조급한 사람은 화를 잘 내는지, 왜 혈색 좋은 사람은 상냥한지, 왜 우울한 사람은 시샘이 많은지" 등 "얼굴색"이나 "기질론"을 강조했던 고대 로마 의사 갈레노스Galen의 연구에 주로 한정되어 있었다. 의과대 학생들은 환자를 거의 만날 수 없었고, 어떤 종류의 실험도 배우지 않았다. 의료는 외과 처치와 뚜렷하게 구별됐다. 거의 모든 곳에서 외과 처치는 품위를 떨어뜨리는 천한 기술로 여겨졌고 인체 해부는 거의 이루어지지 않았다.

의학 이론은 종종 관찰이 아니라 다음과 같은 "논리"에 더 많은 근거를 두었다. "어떤 음식은 좋은 기질을 만들고, 어떤 음식은 사악한 기질을 만든다. 예를 들어 금련화, 겨자, 마늘은 붉은 담즙을 만들고 렌틸콩, 양배추, 늙은 염소 고기, 쇠고기는 검은 담즙을 만든다." 사혈瀉血은 흔한 치료 행위였으며 심지어 상처가 난 경우에도 행해졌다. 거머리는 시기, 시간, 태도, 그리고 다른 유사한 고려 사항에 따라 처방되었다. 주문呪文과 유사 종교 의식이 고대 그리스·로마 시대로부터 물려받은 보다 "과학적인" 치료와 혼용되었다. 예를 들면 옥스퍼드대학에서 신학 학사학위와 의학 박사학위를 받은 에드워드 2세

Edward II의 주치의는 치통 환자의 턱에 "성부, 성자, 성신의 이름으로, 아멘." 이라는 처방전을 쓰거나 주삿바늘로 애벌레를 건드린 후 치아를 건드리는 치료를 했다. 나병 치료법은 돌 틈새의 마른땅에서 잡은 검은 뱀의 살점으로 만든 묽은 스프가 일반적이었다.

마녀 치료사들이 사탄의 마술을 행하는 사람이라며 박해받을 당시 의료"과학"의 사정이란 그런 수준이었다. 의사들이 여전히 점성술로 예측하고, 연금술사들이 납을 금으로 바꾸려고 애쓰는 동안 뼈와 근육, 약초와 약재에 대한 해박한 지식을 발달시킨 사람은 바로 마녀들이었다. 마녀들의 지식이 얼마나 대단했는지 1572년 "현대 의학의 아버지"로 불리는 파라셀수스Paracelsus가 "내가 알고 있는 모든 것은 여자 마법사로부터 배운 것이었다."고 고백하면서 자신의 약학 교재를 불태워 버렸을 정도였다.[8]

마녀사냥이 시작되기 훨씬 전부터 남성 의료 전문직들은 여성 치료사를 제거하려 했다. 초기의 투쟁 상대는 시골 치료사가 아니라 대학 교육을 받은 의사들과 도시에서 동일한 환자층을 두고 경쟁하고 있던 부유하고 박식한 여성 치료사였다. 1322년 불법진료죄로 파리대학 의과대 교수에 의해 재판에 회부된 자코바 펠리시에Jacoba Felicie의 사례를 보자. 자코바는 박식한 여성이었고, 의학에서 명시되지 않은 "특별 훈련"을 받았었다. 그녀의 환자들이 법정에서 증언한 바에 따르면 그들은 자코바에게 가기 전 대학 교육을 받은 유명 의사들에게 먼저 진료를 받았었다. 이러한 사실로 볼 때 그녀의 환자들이 부유했다는 것은 확실하다. 그녀가 고발당한 주된 이유는 다음과 같다.

… 그녀는 환자 체내의 병과 상처, 혹은 체외의 종기를 치료하곤 했다. 부지런히 환자를 방문하고, 의사가 하는 방식으로 소변을 살피고 맥을 짚고 몸과 팔다리 만지기를 계속하곤 했다.[9]

6명의 증인은 많은 의사들이 자신들을 포기한 후에도 자코바가 자신들을 치료했다고 낱낱이 밝혔으며, 한 환자는 파리에 있는 외과나 내과의 어떤 명의보다 사코바가 외과 수술과 의료 기술에 더 뛰어나다고 주장했다. 그러나 이러한 증언들은 그녀에게 불리하게 작용했다. 왜냐하면 그녀는 무능해서 고발당한 것이 아니라 여성으로서 감히 치료를 하려 들었기에 고발당한 것이기 때문이다.

비슷한 경우로 영국의 의사들은 "의료 전문직을 빼앗은 보잘것없고 주제넘은 여성들"에 대해 통탄하며, 어떤 여자든 "의술 진료"를 시도하는 경우 벌금을 부과할 것과 "장기 투옥"을 요구하는 탄원서를 의회에 제출했다. 14세기에 이르러 도시의 교육받은 여성 치료사에 대항하는 의료전문직운동은 유럽 전역에서 거의 달성된다. 남성 의사들은 상류층에서 확실한 의료 진료 독점권을 획득했다(산과는 이후 300년 동안 상류층에서도 여성 산파의 영역으로 남아 있었다). 남성 의사들은 대다수의 여성 치료사, 즉 "마녀들"에 대항하는 운동에서 중요한 역할을 떠맡을 준비가 이미 돼 있었던 것이다.

의사들은 마법으로 인한 고통과 "타고난 신체적 약점"으로 인한 고통을 구별하도록 요구받았다. 어떤 여성이 마녀인지 아닌지를 판단하는 것도 의사들의 몫이었다. 의사들은 종종 피고인을 발가벗기고 온몸의 털을 깎은 채 "악마의 표식"이 있는지 검사했다. 마녀사냥을 통해 교회는 비전문적 치료를 이단과 동등한 것으로 비난하며 의사의 전문성에 **교회**의 권위를 빌려주었다. "공부도 *하지 않은* 여성이 감히 치료를 한다면 그녀는 마녀이므로 죽어 마땅하다."는 것이다. 물론 여성이 대학에 들어가 적절한 학업을 마칠 방법은 전혀 없었다.

마녀재판은 여성 치료사를 훨씬 뛰어넘는 도덕적이고 지적인 기반 위에 남성 의사를 우뚝 서게 했다. 이로써 여성은 어둠, 악, 마술의 편에 서게 된 반면 남성 의사는 신학자, 법률가와 동등한 전문가로서 하느님과 법의 편에 서게 되었다. 마녀사냥은 19세기 미국에서 일어날 남성 의사와 여성 치료사 간의 충돌을 극적인 강렬함으로 미리 보여 준 사건이었다.

미국으로 건너온 치료권 투쟁

엘리트 직업인 유럽식 의료 모형은 신세계 미국에 쉽게 이식되지 못했다. 대학 교육을 받은 의사들은 식민지로 이주하지 않았고, 미국 내의 의료 교육이나 일반적인 고등 교육이 인기를 얻기까지는 오랜 시간이 걸렸다. 일반적으로 의료 진료는 공식 교육 이수 여부, 인종, 성에 관계없이 치료 기술이 있음을 증명할 수 있는 사람이라면 누구에게나 열려 있었다. 의료사학자 조지프 케트Joseph Kett는 "18세기 후반 코네티컷의 윈저에서 가장 존경받는 의료인 중 한 사람인 '닥터 프리머스Primus'는 해방된 흑인이었다. 뉴저지에서는 무려 1818년까지 특별한 경우를 제외하고는 주로 여성이 진료를 담당했다. …"고 쓰고 있다.[10] 농촌 지역에서 의료는 민간 치료사들이 주도했는데 이들은 인디언 치료법에 의존하는 "뿌리와 약초" 의사, "접골사", 산파였다.

미국에서 여성의 민간 치료 전통은 식민지 시기와 공화국 초기에 융성했다. 식민지 여성들은 구대륙에서 수세기 동안 내려온 민간전승 치료 지식을 가져와 신대륙의 조건에 맞도록 신중하게 재분류하고 조정하였다. 여성들은 약초에 대한 지식을 얻기 위해 인디언에게 전적으로 의존했는데 인디언만이 토착 식물의 치유력을 알았기 때문이다. 인디언, 아프리카, 유럽의 민간전승 지식이 혼합돼 새롭고 풍부한 여성적 치료의 전통을 만들어 냈다. 여성적 치료는 계절과 식물에 관한 지식의 복합체였다. 약초를 알아보는 법이나 키우는 법뿐만 아니라 채취해서 말리는 법, 이들을 관리하고 서로 섞는 법, 그리고 약초를 찜질, 우동, 마사지와 병행하는 법 등을 포함하고 있었다. 오늘날까지도 가장 효능 있는 약초 치료법 가운데 하나로 알려진 골든실yuldenseal 가루나, 차는 인디언옐로우 색 물감 또는 인디언 식물로, 페니로얼은 "스쿼민트squaw mint"(squaw는 '북미 원주민 여자'라는 뜻으로 흔히 모욕적인 말로 여겨짐—옮긴이)로 각각 알려져 있다. 비교적 최근의 어느 약초 채집자는 또 다른 전설적 치료제인 카옌페퍼Cayenne pepper가 "서인도 제도의 흑인들" 사이에서 유래한 것이라고 설명한다.[11]

작가 사라 오른 주잇Sarah Orne Jewett은 그 당시까지도 노스탤지어로 가득 찼던 소설에서 19세기 후반의 여성 치료사를 묘사했다. 나이 지긋한 치료사 굿소 부인은 "이 풀은 끝이 너무 말랐어."라며 어느 약초를 퇴짜 놓고는 다음과 같이 말한다.

봐라! 책으로만 배운 지식을 떠들면서 환자를 위해 할 일이 무엇이며 건강한 사람들이 병들게 되는 과정을 어떻게 찾는지를 정말로 무시하는, 꿔다 놓은 보릿자루 같은 젊은 의사들이 있다. 내가 책상물림이라고 부르는 그 젊은 남자들은 므두셀라Methuselah가 되더라도 평생 그 정도밖에 모른 채로 살게 될 것이다. 우리 시절에 가족을 부양했던 모든 중년 여성들은 통증을 다루는 적절한 지식을 갖고 있었다. 그 여성들 가운데 어리석은 사람이 한 명도 없었다고 말하진 않겠지만 그들이 약초를 내팽개치고 공인된 약을 취급하려고 가 버리지 않았다는 데에 내 손에 장을 지져도 좋다. 내 어머니는 정말이지 약초와 뿌리를 사용하는 감각이 남달랐다. 어머니 정도의 수준에 달하는 사람은 결코 본 적이 없다. …[12]

유럽의 마녀 치료사와 달리 북미의 여성 치료사는 폭력적인 사형을 당하지 않았다. 대단한 종교재판가들이 여성 치료사를 괴롭히지도 않았고, 여성 치료사의 지식이나 약초 더미가 불살라지지도 않았다.* 북미에서 여성 치료사는 사실 경제적 투쟁에서 패배한 것이었다. 19세기 의료는 드디어 시장에 진입하고 있었으며, 이미 사고팔던 바늘이나 리본, 소금처럼 거래되는 물건이 되어 가고 있었다. 의술이 세대를 거쳐 전수될 수 있고, 치료사들이 환자와 환자의 가족을 잘 알고 있던 곳인 안정된 공동체에 토대를 둔 이웃 간의 서비스였을 때 치료는 여성적이었다. 치료하려는 행위 자체가 상품과 부의 원천이 되면서 개인적 관계에서 분리됐을 때 치료는 남성의 사업이 되었다.

하지만 어떤 것도 저절로 일어나지는 않았다. 북미에서 여성 치료사의 축출은 당시의 더 심오한 사회 변화로 부침하던 세기에 걸친 투쟁이었다. 그 방법이 고문이나 화형이 아니라 억압과 중상모략이었지만 결국에는 그와 마찬가지로 효과적이었다.

여성 치료사의 최고의 적수이자, 의료가 돈이 되는 직업이 될 줄 알고 1700년대 후반부터 끼어들기 시작했던 남성들은 품격 있는 유럽적 감수성에서 보자면 전혀 "전문가"가 아니었다. 그렇지만 배타적이기는 유럽에서와 마찬가지였다. 스스로를 "정규" 의사라고 불렀던 그들 대다수는 나이 많은 의사에게서 도제로 훈련 받았다. 그들을 가르쳤던 연장자들도 아마 같은 방법으로 훈련 받았을 것이다. 그렇지 않은 다른 의사들은 의학교에서 2, 3년 과정의 수업

---

* 식민지 시대의 뉴잉글랜드에는 마녀사냥이 있었다. 독자들은 마녀사냥에 여성 치료사들의 박해가 포함됐는지 궁금하겠지만 우리가 아는 한은 그렇지 않다는 것이다. 세일럼의 마녀재판은 유럽 마녀사냥의 절정기 이후에 일어났는데 마을 사람들 사이에서 일어난 상업적·신분적 경쟁관계를 반영했던 것으로 보인다. 하지만 주지사 윈스럽(Winthrop)은 앤 허친슨을 마녀라고 고발했고, 그녀가 출산을 도와줄 때 기형아가 태어난 것이 앤 허친슨의 이단 행위에 대한 신의 노여움의 증거로 언급됐다는 점이 흥미롭다.

을 받았다. 또 다른 의사들은 도제 제도와 학교 수업이 혼합된 훈련을 받았다. 공식적인 기준이란 전혀 없었으며 의사는 기존의 "정규" 의사들 중에서 자신의 지도 의사들(지도 의사는 한 명으로 충분했다)의 승인을 얻음으로써 "정규" 의사가 됐다. 당시 정규 의사들은 일종의 클럽으로 존재했다. 어떤 의사도 여성을 도제로 받아들이지 않았고, 어떤 학교도 여학생의 입학을 허가하지 않았기 때문에 여성들은 그 클럽에 가입할 수 없었다.

정규 의사들 가운데는 대영제국에서 몇 년 동안 의학 공부를 한 후 유럽 대륙을 "유람"함으로써 교육을 완료한 소수의 엘리트가 있었다. 그들은 유럽에서 미국 의료가 향후 동경하게 될 이상인 존경받는 신사 직종으로서의 의료를 감질나게 맛보았다. 18세기 후반에 형태를 갖추게 된 이 이상은 성공한 영국 의사를 근간으로 하고 있었다. 영국 의사는 아직 과학적 남성은 아니었지만 신사인 것만은 의심의 여지가 없었다. 앞서 살았던 중세 의사와 마찬가지로 영국 의사의 고전 교육은 과도한 실습 훈련으로도 손상되지 않았다. 주로 라틴 어로 된 의학 서적을 "읽느라" 수년을 보내긴 했지만 말이다. 영국 신사는 최고의 사람들하고만 어울렸고 지위에 어울리지 않는 외과 수술이나 약 조제 같은 일은 전혀 하지 않았다.[13] 런던 의사들은 자신들의 신사다운 지위를 강조하기 위해 거대한 가발과 금 손잡이가 붙은 지팡이로 치장하고, "툭하면 터무니없이 거만한 태도로 행동했고, 우스울 정도로 엄숙하게 말했다."[14]

이 모든 것은 젊은 벤저민 러시 같은 미국 학생들에게 강한 인상을 주었다. 러시는 의과대학 졸업생이라는 자신의 지위 덕분에 런던과 파리의 살롱 사회의 중심에 접근할 수 있음을 알았다.[15] 후에 미국 독립군의 의사로 유명해진 러시와 나이 많은 동기생 존 모건John Morgan 같은 남자들은 품격 있는 의료 전문직 모형을 필라델피아에 이식하려 했다. 그들은 외과 의사surgeon나 약사보다 의사physician의 등급을 높게 매기는 영국식 체계를 미국에 적용할 것을 주장했다. 모건은 의료 교육을 받기 전에 충분한 고전 교육을 받은 남성에게만 의사라는 직함을 주고 싶어 했다. 여기에 깔려 있는 생각은 의사는 "세속적 정신이라는 저속한 관점을 초월하여 날아올라야" 한다는 것이었다.[16]

그러나 전문 의료의 심장부에는 여전히 끔찍할 정도의 이론적 공백이 있었다. 남자 의사는 질병을 일으키는 원인으로 공기와 물을 탓했고, 사람들은 그 때문에 비에 젖을까 산들바람에 놀라게 될까 "감기에 걸릴까" 늘 불안해하며 살았다. 그 결과 목욕은 위험한 활동으로 여겨졌고, 여성들은 양산과 베일로 자신을 보호하는 한편 집은 햇빛과 공기가 못 들어오도록 무거운 커튼을 드리워 통풍이 되지 않은 채 닫혀 있었다. 의사들은 환자가 물을 마시는 것도 금지할 정도로 물, 바람, 빛을 특히 질병에 해로운 것으로 간주했다.

영국이나 프랑스의 최고 의료 교육조차 미국 의사에게 그렇게 하는 것이 유용한지 적합하기나 한지 제대로 말해 줄 수 없었다. 이를테면 피가 순환한다는 것은 알려져 있었지만 왜, 어떻게 순환하는지는 알려져 있지 않았다.[17] 의학 이론은 여전히 만병의 근원이 되는 **"유일한 질병"**을 밝혀내기 위해 알려진 모든 질병을 증상에 따라 분류하는 노력이 대부분을 차지하고 있었다. 러시가 살던 시대에는 질병이 대략 2000가지로 분류돼 있었는데, 러시는 다음과 같은 강의를 하였다.

나는 전에 세상에는 단 하나의 열병만 있다고 말했습니다. 제군들, 놀라지 말고 내 말을 잘 들으십시오. 이제 나는 세상에는 단 한 가지 질병만 있다고 말할 것입니다. 질병의 가장 근접한 원인은 불규칙한 발작이나 병들어서 하는 잘못된 행동입니다. 신사 여러분, 이것이 나의 질병 이론의 간략한 관점입니다. …[18]

18세기 후반 미국에서 가장 탁월한 의사였다고 오늘까지 인정받는 러시는 이론적 상상력이 무한한 남자였다. 그는 한때 어떤 병으로 인해 피부가 희게 변한 흑인을 관찰한 적이 있었다. 러시는 모든 흑인은 피부를 검게 만드는 병으로 고통 받고 있으며 자신이 막 자연 "치유"를 목격했다고 성급하게 결론 내렸다!

여성 민간 치료사들도 질병의 원인이나 치료에 대해 합리적 이론을 갖고 있지 않은 것은 매한가지였지만, 그들은 "책에서 배워야 한다."는 주장은 하지 않았다. 여성 민간 치료사들이 가지고 있었던 것은 경험이었으며, 그 경험은 여러 세대에 걸쳐 검토되고 개정된 것이었다. 모든 정황을 볼 때 환자는 라틴 어로 처방전을 써 줄 수 있는 비싼 정규 의사보다 무식한 치료사에게서 더 나은 치료를 받았을 것이다. 배우지 못한 치료사들이지만 적어도 자연을 신뢰해야 한다는 것쯤은 알고 있었다.

기존의 상황을 미시간 주 유티카의 맥도월이 잘 말했다. "1840년, 유명한 대증요법 의사[정규 의사]가 지켜보는 가운데 나는 급속히 열이 오르고 있었다. 뜨거운 여름날, 창문과 방문은 닫혀 있었고, 나는 깃털 침대에서 맥박과 숨이 거의 끊긴 상태로 누운 채 타들어 가고 있었다. 친구들은 둘러서서 '내가 죽는 것을 지켜보고' 있었다."

"이 급박한 순간에 한 여성이 진찰을 하러 들렀다. 그녀는 방문과 창문을 활짝 열라고 지시했고, 찬물 한 통과 수건을 가지고 와서 나를 씻기기 시작했다. 차가운 물수건으로 내 몸을 닦아 내자 나는 열이 떨어지는 것을 느꼈고 5분도 채 안 돼 편안해졌다. 맥박과 호흡은 약하지만 규칙적이었고, 나는 곧 회복되었다."[19]

여성 치료사가 처방한 약초 차는 대체로 부드러웠으며, 여성 치료사는 좀체 내리지 않는 열이나 난산이 호전될 때까지 물러나 기다릴 줄 알았다. 그녀는 환자를 이웃으로서 이미 알고 있었기 때문에 병처럼 보일 수 있거나 병을 일으키는 실망, 분노, 과로에 대해서도 잘 알고 있었다. 그녀가 항상 치료를 해낼 수 있었던 것은 아니지만 그렇다고 많은 피해를 주는 것도 아니었다. 여성 치료사는 대개는 병을 완화시킬 수 있었다. 18세기 중반의 의사 더글러스 Douglass는 여성 치료사를 염두에 두고 유감스러운 듯이 다음과 같이 논평했다.

> 종종 **병**이 아니라 **의사**로부터 *더 큰 위험이 초래된다.* … 그러나 때로는 *남성의 진료*에도 불구하고, **자연**이 **의사**를 이기고 **환자**는 회복된다.[20]

상품이 된 치료

"남성의 진료"가 가진 위험성은 개업 의사의 성별보다는 그들이 처한 상황의 경제학 안에 놓여 있었다. 초창기 미국의 정규 의사들은 대부분 그들이 모델로 삼았던 영국 의사처럼 부와 지위가 있는 남성이 아니었다. 의사들이 살아남을 것인가의 여부는 치료가 곧 상품이며 치료 대가를 지불하는 것은 매우 가치 있는 것이라고 수많은 사람들을 설득하는 그들의 능력에 달려 있었다. 이렇게 하려면 우선 사람들이 무엇을 위해 돈을 지불하는지 알 수 있게끔 치료를 실체가 있으면서도 부분으로 구분되는 것이자 또 수량화가 가능한 행위로 만들 필요가 있었고, 그래서 사람들이 다양한 치료의 "총계"에 대해 그에 해당하는 총액의 돈을 지불하도록 설득할 수 있어야 했다.

바로 여기에 오늘날까지 정규 의료를 환영처럼 따라다니는 모순이 있다. 치료는 그와 같이 어떤 형태로 쉽게 바뀔 수 있는 물건이 아니라는 점이다. "산업"에 의해 생산되고, 노조에 의해 교섭되고, "소비자"에 의해 (항공권을 사고, 식당에서 식사를 하고, 신발을 사는 것과 동일한 신용카드로) 지불되는 물건처럼 오늘날 누구나 의심 없이 상품으로 인식하는 의료는 고전적이고 전체적인 치료 개념과는 아주 거리가 멀다. 치료는 분리되거나 실체가 있을 수 없다. 치료는 너무나 많은 작은 친절, 격려, 환자의 걱정거리와 체력에 대해 모아 둔 자료를 포함한다. 오늘날에는 별것 아닌 것으로 여겨지는 모든 "침대 머리맡 예절"을 포함한다. 치료는 계량화될 수 없다. 산파는 해산하는 여성의 이마를 닦아 주거나 손을 꼭 잡아 주었던 횟수를 세지 않는다. 무엇보다 치료사와 그녀가 돕는 사람들 간에 연결된 인간적 관계망에서 치료만 분리된 물건으로 뽑아낼 수는 없다.

따라서 초기 정규 의사들이 직면한 문제(상업적 의료의 선천적 결함이라 해도 좋을)는 단순히 팔 만한 뭔가 좋은 것을 가지고 있다고 사람들을 확신시키는 것이 아니라 팔고자 하는 어떤 물건을 가지고 있다고 설득하는 것이었다. 존 모건은 의사와 약사에 관한 영국식 구분을 식민지 미국에 도입하기 위한 운동을 벌이던 중 이를 알아챘다. 그는 자신이 처방한 약과는 별도로 자신의 진료에 대해서도 돈을 내도록 환자들을 설득하는 데 힘썼다. 그러나 당시에는 둘 모두를 포함해 한 가지로 청구하는 것이 관행이었기에 환자들은 난색을 표했다. 약은 하나의 물건이었지만 그가 제공한 "서비스"는 무엇이었다는 말인가? 어차피 환자를 염려해 줘야 할 사람의 방문이나 조언에 왜 돈을 내야 하는가? 자신을 팔 수 없게 된 모건은 약을 파는 것에 만족해야 했다.

이 난국에 대해 18세기 후반의 정규 의사가 제시한 해법은 의사가 사용하던 과감한 수단과 연관된 것으로 "영웅적" 의료heroic medicine로 알려지기 시작한 치료 요법이었다(비록 환자에게 영웅적 행동이 요구됐다고 말하는 편이 더 낫지만 말이다). 진료의 핵심은 어떤 종류의 효과든 환자에게 가장 강력한 효과를 내는 것이었는데, 가장 잔인한 고통을 주는 것이 병인지 의사인지 알기 위해 마치 의사들이 질병과 경쟁하고 있는 듯했다. 따라서 의사가 무엇인가 눈에 보이고 실체가 있고 대략 측정할 수 있는 어떤 것을 하고 있다는 데 대해서는 의문의 여지가 있을 수 없었다.

신생 공화국 시민의 건강이라는 측면에서 볼 때 영웅적 방법은 불행히도 살인에 가까웠다. 치료가 병보다 더욱 강력하다는 것을 증명하는 것이 핵심이었기 때문에 대부분의 의사들은 약과 진료 절차가 위험하면 위험할수록 치료는 더욱더 강력해진다고 가정했다. 예를 들어 겨자 고약 등을 붙여 생기게 만드는 물집은 많은 질병에 처방되는 일반적인 치료였다. 1847년의 어느 신문에서 한 의사는 넓게 퍼진 물집은 아이들에게 종종 끔찍한 영향을 미치는데 때로는 경련과 괴저, 심지어 사망의 원인이 된다고 말했다. 그는 이런 이유로 아동 질병 치료에서 물집은 "위험성이 높은 것으로 평가돼야 한다."고 결론 내렸다![21]

가장 흔했던 정규 치료법은 구토, 설사, 관장으로 "정화"하는 장 청소와 사혈이었다. 사혈은 20세기에 들어와서까지 여전히 많은 의사들에 의해 선호됐는데 상해, 말라리아, 산욕열, 임신 중의 불안, 빈혈을 포함해 가능한 모든 만성질병에 사용됐다. 이는 손가락 끝에서 피를 조금 내는 정도가 아니었다. 19세기 초의 많은 의사들은 환자가 기절하든 맥박이 멈추든 어느 상태에 먼저 도달하든지 간에 피를 뽑아냈다. 1793년 황열병의 대유행기 동안 러시 박사는 엄청난 양의 사혈을 했다. 그의 전기 작가는 다음과 같이 썼다.

전염병이 거의 소멸되어 갈 즈음 러시는 5일 동안 환자 한 명으로부터 70

에서 80온스를, 어떤 경우에는 훨씬 더 많이 뽑아냈다. 프론트 가의 삼나무 체소업자 _그리날 씨는_ 열 번의 _사혈로_ 피를 100온스 뽑았고, 마차꾼 조지 씨는 5일 동안 그만큼의 피를 쏟았으며, _피터 미어긴_ 씨는 5일 동안 114온스를 쏟았다.[22]

역사가 로스타인Rothstein은 다음의 일화를 인용한다.

닥터 콜비가 우리 집을 지나갈 때 말이 나를 한 번 찼던 것으로 기억한다. 나는 많이 다치지 않았으나 어머니는 의사를 불렀고, 의사는 즉시 사혈을 시행했다. 내 생각에 보통 수준이었던 것 같다. 나는 어머니가 아주 여러 번 피를 쏟아 내는 것을 본 적이 있었다. 의사는 항상 어머니를 침대에 앉히고 피를 쏟게 하곤 했다. 어머니가 기절해서 침대에 쓰러지면 의사는 붕대를 느슨하게 했다. 의사는 나를 침대 위에 앉혔고, 피가 조금 나오자 나는 눈을 감고 침대 위로 쓰러졌다. 의사가 어머니에게 사혈로 인해 이렇게 빨리 효과를 본 사람은 본 적이 없다고 말한 것을 나는 기억한다. 이것이 내 평생의 유일한 사혈이었다.[23]

장 청소에는 주로 수은염인 염화제1수은을 투약했다. 사혈처럼 염화제1수은 역시 만병통치법으로 여겨졌으며 환자에게 발생한 문제가 무엇이든 간에 성실한 의사라면 결코 빠뜨리지 않는 치료법이었다. 그것은 열병 같은 심각한 병에는 많은 양이 사용됐고, 만성질환에는 매일 조금씩 사용되었다. 설사에도, 치통에도, 무엇에든지 사용되었다. 그러나 염화제1수은은 아마도 당시 유행하던 비소를 넣은 "강장제"만큼 유해한 것이었다. 염화제1수은을 장기간 사용하면 잇몸과 이, 그리고 결국 혀와 턱 전체가 부식되어 떨어져 나갔다. 로

스타인에 따르면 의사들은 이러한 부작용에 대해 알고 있었지만 그렇다고 해서 수은 처방을 중단하지는 않았다. 세인트루이스에서 콜레라가 창궐하는 동안 의사들은 주머니 속에 포장하지 않은 수은을 가지고 돌아다니며 찻숟가락으로 한 스푼씩 환자들에게 복용시켰다.[24]

18세기 후반과 19세기 초, 정규 의사가 행한 해악은 추산이 불가능할 정도다. 윌리엄 코빗William Cobbett은 러시의 지도 아래 영웅적 의료가 부흥하는 것을 목격했는데, 이 새로운 치료법을 "지구의 인구 감소를 위해 이따금 행해진 위대한 발견 중의 하나"로 묘사했다.[25] 그러나 영웅적 의료가 이뤄 낸 성과도 있었다. 영웅적 의료는 시골 여성 치료사가 줬던 약초 차와 위로보다 뭔가 더 활동적이고 남성적이며 당장이라도 팔 만한 어떤 것을 정규 의사에게 주었다. 일부 정규 의사들은 러시처럼 상당한 부를 축적했고 정치가, 상인, 부농들과 친분을 쌓게 됐다. 치료가 정규 의사에게로 제한될 것이며, 그렇게 되면 의사들의 지위는 "신사"로 자리매김하게 될 것이라는 귀족적 꿈은 새로운 세기의 초기 몇 십 년 동안 환하게 빛났다. 1800년에서 1820년 사이 정규 의료의 조직화된 힘은 의료 진료를 규제하는 면허법을 17개 주에서 통과시켰다. 대부분의 경우 지역과 주의 정규의료협회들은 면허를 부여할 수 있는 권한을 얻었으며, 10개 주에서는 무면허 진료 행위가 벌금형이나 투옥으로 처벌받게 되었다.[26]

그것은 정규 의사들이 만든 너무 성급한 움직임이었다. 의료 전문성의 개념에 대한 대중적 지지가 없었으며, 의료 전문성을 주장했던 정규 의사 집단에 대한 지지는 그보다도 더 없었다. 게다가 새로운 면허법을 시행할 수 있는 방법도 전혀 없었다. 도처에 있는 치료사들로 하여금 진료를 하지 못하도록 법만으로 통제할 수는 없었다. 설상가상으로 의료 독점을 위한 "정규 의사들"의 이 초반 약탈은 귀족적 이상을 중단시키고 시장으로부터 치료를 재탈환하고자 하는 급진적 건강운동을 고무시켰다.

대중건강운동

정규 의사의 학력에 대한 존경에서든 성性에 대한 존경에서든 간에 1800년
대 초까지 수많은 보통의 미국인들은 (영웅적) 정규 의료를 어느 정도 경험했
다. 1830년대에는 수은이 개척 시대 사람들의 빵에 발라 먹는 버터를 대체했
다고 할 정도에 이르렀다.[27] 정규 의료의 위험과 자만에 대한 일련의 대중적
반응은 불가피한 것이었다. 20세기였다면 그러한 반응은 아마 친숙한 경로를
따라 보다 엄격한 규제, 즉 "품질 관리" 등을 시행하게 하는 소비자 조직의 로
비 같은 형태를 취했을 것이다. 그러나 19세기 초에는 그러한 반응을 일으킬
경로가 없었다. 정규 의료에 대한 분노는 모든 형태의 의료 전문성과 전문 기
술에 대항하는 "대중건강운동"으로 결집되었다.

소농과 상인, 독립한 장인, 그리고 힘들게 일하는 아내 들이 대중건강운동
의 지지자들이었다. 이들은 돌로 뒤덮인 농장으로 이루어진 플리머스 식민지
시대까지 이어진 자립심과 독립심의 전통을 가진 사람들이었다. 그들의 할아
버지와 아버지가 독립전쟁에서 싸웠던 것은 바로 이 전통을 지키기 위해서였
다. 그러나 1800년대 초 **시장**의 힘은 이제 자유 시민을 의존적 상태로, 경우에
따라 노예 상태로 억누르고 있었다. 도시의 공장 시스템은 숙련된 장인을 쓸
어 없애 단순한 "임금 노예"의 지위로 전락시키고 있었다. 그러는 동안 불황
과 은행의 금융 조작은 소농과 상인에게 열심히 일한다고 해서 파산하지 않
는 것은 아니라는 것을 보여 주고 있었다. 도처에서 계급적 격차가 심화되고
있었다. 도시 상류층은 독립전쟁이 결코 일어나지 않았던 양 런던에서 들여

온 가장 최신 패션을 과시했다. 사람들이 숨 쉬는 공기는 "자유, 평등, 형제애"의 이상으로 가득 차 있었지만, 그 공기는 곧 공장 매연과 외국 향수의 낯선 냄새로 오염되었다.

이러한 변화와 분노 속에서 1830년대 대중건강운동으로 수렴된 두 개의 운동이 터져 나왔다. 소농, 장인, 초기 산업 시대의 노동자로 구성된 "노동자운동"과 여성운동이었다. 이 운동은 데이비 크로켓Davy Crockett이나 벳시 로스Betsy Ross만큼이나 제각각 미국적이었으나 저마다의 고유한 방법으로 매우 체제 전복적이었다. (당시 겨우 약 12살이었던) 카를 마르크스의 도움 없이도, 노동자운동은 모든 문제가 자본주의 체제에서 연유했다는 결론에 도달했다. 그들의 분석에 따르면 사회는 실제적으로 모든 부를 창출하는 노동 계급과 다른 사람의 노동에 신세를 지고 있는 "기생적인" 상류 계급으로 나누어져 있었다. 이제 법정과 주 의회, 그리고 다른 사회 기관을 통제하는 것으로 여겨지는 것은 후자, 즉 유산 계급이었다. 초기의 미국 급진주의자들이 보기에 이러한 상황은 최소한 독립 선언의 원칙들을 위반하는 것이었다. 노동계 (그리고 여성계) 지도자 패니 라이트Fanny Wright는 "인류가 연관된 모든 투쟁과 작금의 투쟁이 다른 점은 지금의 투쟁이 명백하고 공공연하게 인정된 계급 전쟁이며, 이 전쟁이 보편적이라는 것이다. …"라고 선언했다.[28]

다가올 계급 전쟁에서 의사들이 어느 쪽에 설지는 쉽게 추측할 수 있었다. 자신들이 교육적인 면에서 우월하다는 정규 의사들의 주장은 특히 노동 계급 사람들을 진저리나게 했다. 하루 14시간 일하던 사람들은 독서나 토론을 할 시간이 없고 자녀 교육에 쓸 돈이 없다고 불만을 터뜨렸다. 무상 공교육의 부재가 의미하는 바는 유산 계급의 아들은 신사다운 전문직을 갖게 할 고전 교육을 즐긴 반면 노동 계급의 자녀들은 육체노동 외에는 아무것도 준비되지 않은 반半문맹으로 자란다는 사실이었다. 노동자운동 단체에 가입한 사람들은 큰 부를 소유한 사람과 "생산하지 않는 사상가"로 구성된 유럽식 귀족이 출현할 것임을 감지했다. 그들은 **"왕족, 성직자, 법률가, 의사"**를 똑같이 격렬하게 비난했다.

여성운동(여기서의 여성운동은 참정권운동보다 더 포괄적인 운동을 의미한다. 참정권은 19세기 중반까지 페미니즘의 핵심 이슈가 되지 않았다)은 다른 방향에서 의료 문제에 접근했다. **시장**이 등장하면서 여성들은 자신들이 남성들의 세계로부터 분리되어 집과 교회 활동에만 국한된 채 하나의 성별로 된 세계에 있다는 것을 알아차리기 시작했다. 여성 노동자들도 자신들이 초기 뉴잉글랜드 공장 지대처럼 온통 여자들만 있는 세계에 분리되어 있음을 알게 됐다. 19세기 초 여성 활동가들은 여성들만의 세계에 남겨진 채 서로의 에너지와 영감에 매료되어 수백 개의 자선협회, 기부단체, 상호지원 집단을 조직했다. 역사가 메리 라이언Mary Ryan이 설명했듯이 "아주 친숙한 집단 안의 이 열성적인 여성 모임"은 이후 참정권운동과 노예폐지운동이 일어날 수 있는 기반을 만들어 주었다.[29]

성장하고 있던 여성 하위문화 내부에서 여성들은 필연적으로 영웅적 의료에 대한 공통된 혐오를 발견하고 대안을 찾기 시작했다. 엘리자베스 캐디 스탠턴은 자서전에서 일찍이 남성적 의료와의 만남이 어떻게 자신의 페미니스트 의식을 강화시켰는지 말한다. 그녀는 생후 4일 된 아기(일곱 자녀 중 한 명)의 쇄골이 휜 것을 발견했다.

의사는 어깨에 압박을 주려고 손목 주위를 붕대로 조였다. 그는 "이대로 두시오. 열흘 후면 곧 좋아질 것입니다."라고 말했다. 의사가 떠난 직후, 나는 아기의 손이 혈액 순환이 안 돼 푸르스름하게 변한 것을 발견했다.[30]

스탠턴은 붕대를 풀고 두 번째 의사를 찾아갔다. 그 의사는 좀 다른 방법으로 아기에게 붕대를 감았다. 의사가 떠나자마자 곧 아기의 손가락이 보라색으로 변한 것을 알아차린 그녀는 붕대를 찢어 버린 후 앉아서 구부러진 쇄골에 붕대를 감는 자신만의 방법을 고안했다.

열흘째 되던 날 아이스쿨라피우스Aesculapius의 두 아들이 나타나 검사를 하더니 모든 것이 괜찮다고 말했다. 그래서 의사들이 묶어 줬던 붕대가 얼마나 나쁜 작용을 했는지 말하고 내가 알아서 취했던 처치를 말했다. 두 의사는 서로 마주 보며 웃더니 한 명이 "음, 결국 어머니의 본능이 남자의 이성보다 낫군요."라고 말했다. "감사합니다, 선생님. 그것에 대해서 어떠한 본능도 없지만요. 어떻게 하면 두 분이 했던 것과는 달리 혈액 순환을 막지 않으면서 어깨에 압박을 줄 수 있을지 알아내기 전에 저는 잠시 냉정하게 생각했지요." … 이 일이 있고 나서 나는 하늘에 있든 땅에 있든 절대로 남자나 책을 믿지 않았다. 그렇지만 나의 "모성 본능"의 사용은 계속됐다. "이성"이라는 말이 너무 위엄 있는 말이라 감히 여성의 사고에 적용할 수 없으므로. …31

여성들의 모임은 공포스러운 의료에 대해 이야기를 나누는 자리에서 저마다의 가정 치료법을 교환하는 자리로 변했으며, 더 나아가 자신들의 지식과 기술을 확립하기 위해 좀 더 조직적인 방법을 찾고자 했다. 그 중에 "여성생리학연구회Ladies Physiological Societies"가 있었다. 이곳은 여성들이 여성의 신체구조와 기능을 배우기 위해 비밀리에 모이던 곳으로 1970년대 여성운동이 개설한 "내 몸 알기" 강좌와 같은 것이었다. 그곳에는 여성 위생학 강의를 하는 니컬슨A. Nicholson 부인처럼 인기 있는 강사들이 있었다. 여성 투표권에 대한 요구가 거의 일어나지 않았던 당시에 노동 단체에 참여하는 남편을 둔 많은 여성들은 이러한 소기 페미니스트 긴강 운동에 끌렸다. 이를 시하자 리처드 슈라이옥Richard Shryock에 따르면 역사적으로 이때는 건강운동과 페미니스트운동이 "서로 섞여 있었다."[32]

페미니즘, 계급투쟁, 그리고 1820년대에서 1830년대에 걸쳐 널리 일어난 사회적 동요는 모두 패니 라이트라는 한 명의 인물로 집약되었다. 패니 라이트는 노동자운동의 걸출한 이론적 지도자였으며 여성 페미니스트였다. 그녀의 혁명적 전망은 매우 급진적이었다. 그녀는 인류가 해방되려면 "기생 계급"을 전복시켜야 할 뿐만 아니라 가족을 해체해야 한다고 주장했다. 육아를 사적인 가족에서 빼내 집단화해야 하고, 그래야 모든 아이들이 유아기 때부터 지속적으로 최고의 교육을 받을 수 있을 것이다. 또한 자유연애에 길을 열어주기 위해 성性은 경제적, 가족적 의존이라는 제약적 속박에서 해방되어야 한다. 패니 라이트의 정치적 이상 때문이기도 하지만 사회주의자 로버트 오언Robert Owen과의 공공연한 연애 때문에 기존 신문들은 그녀를 "위대한 빨갱이 창녀"로 칭했다. 그러나 역사가 아서 슐레진저Arthur Schlesinger에 의하면 "추종자들은 그녀를 숭배했다. 손이 거친 기능공들과 노동자들은 패니 라이트가 강의할 때면 강당을 가득 메웠고, 늦은 저녁까지 깜박거리는 불빛 아래에서 그녀가 편집자로 있던 신문인 ≪자유로운 탐구자Free Enquirer≫를 열심히 읽었다."[33] 그림케Grimke 자매가 노예제 폐지를 외치며 가부장적 지배에 도전하기 5년 전, 패니 라이트는 사회적 격변이 임박했다는 소식으로 청중들을 전율케 했다.

성직자는 자신의 직위에, 부자는 자신의 축적에, 정치가는 자신의 영향력에 전전긍긍한다. … 아, 각성하는 지성과 요구와 각오의 동요와 웅성거림

이 민중으로부터, 민중에게서 솟아난다.[34]

　　패니 라이트는 노동자운동이 교육이라는 주제와 지식의 통제에 초점을 맞추는 데 기여했다. 그녀가 보기에 문제는 더 많은 사람이 교육을 받을 수 있게 하는 것뿐만 아니라 교육에서 계급적 편견을 없애는 데 있었다. 미국인들이 가진 것은 기품 있는 유럽으로부터 훔쳐 온 "잘못된 교육 체계"였다.[35] 노동 계급이 목표를 달성하려면 새로운 종류의 교육, 즉 "전문가 귀족"에 의해 민중에게 전해진 것이 아닌 사실상 노동 계급 자신의 새로운 *문화*를 만들 필요가 있었다. 한 예로 패니 라이트는 뉴욕의 바우워리 지역에 민중을 위한 "과학의 전당"을 세웠는데 이곳에서 제공된 많은 서비스 중에는 생리학 대중강좌도 있었다.[36]

　　패니 라이트가 사람들에게 스스로 생각하도록 선동하는 동안, 그리고 성과 계급 불평등에 대한 불만이 거실과 공장, 공공장소에서 목소리를 키워 가는 동안 뉴햄프셔의 한 가난한 농부는 정규 의료를 대체하여 노동 계급 및 페미니스트 대안의 중심 토대가 될 치료 체계를 결합시키고 있었다. 새뮤얼 톰슨Samuel Thomson은 정규 의사의 손에서 어머니가 죽어 가고 아내가 고통 받는 것을 지켜보았다. 정규 의료의 폭력적 효과에 대한 분노로 톰슨은 소년 시절 여성 치료사이자 산파였던 벤턴Benton 부인으로부터 배운 민간 의료를 복원하기 시작했다.

　　그녀의 치료 행위는 뿌리와 약초로 땀을 내는 것이 전부였다. 뿌리와 약초는 환자에게 바르거나 뜨거운 음료로 만들어져 제공되었고, 땀을 내는 것은 치료에 늘 효과가 있었다. … 가족에 대한 그녀의 관심, 그리고 그녀의 기술로부터 가족들이 받은 혜택으로 인해 우리는 그녀와 매우 친해졌다.

그녀가 뿌리와 약초를 수집하기 위해 나갈 때 더러 나를 데려가곤 했으며 식물의 이름과 그것이 어디에 좋은지를 가르쳐 주었다. [37]

톰슨요법은 약초와 증기를 결합한 벤턴 부인의 치료법을 체계화시킨 정도에 불과했고, 벤턴 부인의 치료법은 아메리카 원주민의 민간 치료 지식에서 유래한 것이었다. 톰슨요법은 톰슨이 왕진했던 사람들에게는 대단히 효과적이었는데 그 이유는 아마도 이때까지 매우 많은 사람들이 정규 의료를 접한 경험을 가지고 있었기 때문일 것이다. 이러한 상황에서 톰슨은 정착하여 존경받는 지역 치료사가 될 수도 있었겠지만, 그의 의료 철학은 일련의 기술보다 훨씬 더 많은 것을 포함하고 있었다. 톰슨의 목표는 **시장**에서 치료를 빼내어 완전히 민주화시키는 것이었으며, 모든 사람들은 스스로 자신을 치료하는 치료사가 되어야 한다는 것이 그의 생각이었다. 이러한 목적에서 톰슨은 자신의 치료 체계를 미국인들 사이에 되도록이면 널리 퍼뜨리기 시작했다. 1822년 그는 『새 건강 안내서New Guide to Health』라는 책으로 자신의 치료 체계 전체를 처음으로 발표했고, 이 책은 1839년까지 10만 부가 팔렸다.[38] 그는 이후 수십 년 동안 톰슨요법을 공부하고 정보를 공유하기 위해 사람들이 만날 수 있도록 "식물우호단체Friendly Botanical Societies" 수백 개를 세웠다.

톰슨주의운동은 전성기 시절 미국 전체 인구 1700만 명 중 지지자가 400만 명에 달할 정도였다.[39] 그 운동은 미국 중서부와 남부의 농부들과 도시 노동 계급 사이에서 가장 파급력이 있었다.[40] 미시시피 주지사는 1835년 주 인구의 반이 톰슨주의자라고 주장했다. 톰슨주의 학술지가 다섯 개나 간행됐고, 인접 마을을 벗어나서 여행하는 사람이 거의 없었던 당시에 "식물우호단체"의 연례 전국회의에는 대규모의 회원들이 참석했다. 1830년대, 통곡물에 기초한 실베스터그레이엄요법 같은 다른 치료 체계도 생겨났지만 그 어느 것도 대중성에서 톰슨주의와 겨룰 수 없었다. 어느 모로 보나 톰슨주의는 대중건강운동의 핵심이었다.

톰슨주의는 적어도 처음에는 건강 그 이상의 것에 관심을 기울였다. 톰슨주의 학술지들은 끈으로 꽉 조이는 옷과 "영웅적" 산과 진료처럼 여성 건강을 모욕하는 것에 대한 공격과 여성의 권리에 관한 논의를 실었다. 톰슨은 남성 정규 의사의 산과 진료를 강하게 비난했다. 의사들은 산파보다 경험이 부족하며(이 시기 대부분의 정규 의사들은 실제로 출산을 한 번도 본 적 없이 학위를 받았다), 외과용 겸자를 무리하게 사용하는 경향이 있는데 이러한 진료는 종종 태아들에게 외상을 입히거나 기형을 야기한다고 톰슨은 주장했다. 톰슨주의에 따르면 여성들은 "타고난" 치료사였다. 새뮤얼 톰슨의 아들인 존 톰슨 John Thomson은 다음과 같이 썼다.

우리는 의료과학에서 여성들의 능력이 더 우수하다는 것을 부인할 수 없다. 비록 남자들은 부러진 팔다리와 골절된 두개골을 고치고 남성을 위한 모든 치료를 처방할 배타적인 권리를 가지고 있어야 하지만, 여성들을 간호하는 진료실은 여성들에게 넘겨줘야 한다.[41]

여성이라는 성이 원래 잘 속기 때문에 톰슨주의운동이 성공했다고 정규 의사들이 주장할 정도로 상당히 많은 여성들이 톰슨주의에 매료되었다. 여성들은 톰슨주의에서 자신들을 돌보는 기품 있고 친절한 치료 체계를 발견했으며, 거기다 가족과 친구를 돌보는 치료사라는 여성의 전통적 역할에 대한 대중적 정당성도 찾을 수 있었다.

한 역사가가 부정적인 어조로 썼듯이 "… 많은 미국인들이 받아들일 수 없는 방식으로 계급 편견과 계급 의식에 호소할" 정도로 톰슨주의는 스스로를 노동자운동과 동일시했다.[42] 노동자운동의 철학을 반영하는 톰슨주의 출판물들은 비생산 계급을 기생식이라고 공격했으며 육체노동을 찬미했다. 그들은 다양한 종류의 전문가를 양성하는 대학이 속물근성만 키울 뿐이라고 비난했다.

> 대학생들은 노동을 비굴하고 품위를 떨어뜨리는 짓이라 배우며 자신들이
> 소위 사회의 고위 계급이라고 생각하는 삶을 추구한다.[43]

1830년대의 급진적 분위기에서 성장한 다른 치료 체계들 또한 정규 진료에 반대하기는 마찬가지였다. 불명예스럽게도 오늘날 단지 "그레이엄 크래커"로만 기억되고 있는 실베스터 그레이엄Sylvester Graham은 모든 종류의 약은 물론이거니와 톰슨주의 식물 치료법조차 거부하는 "생리학적 개선"을 위한 위생학 운동을 주창했다. 그레이엄은 가공하지 않은 많은 과일과 야채, 통밀로 만든 빵과 시리얼로 된 채식주의 식단을 추구했다. 요리하지 않은 농산물은 해롭다고 의료 전문가들이 툭하면 충고하던 당시로서는 터무니없는 생각이었으며 흰빵은 높은 지위의 상징이었음에도 불구하고 그레이엄운동은 대중적이었으며 영향력이 있었다. 그레이엄주의 식당, 기숙사, "건강 식품점"이 생겼고, 그레이엄주의 식단은 유토피아를 추구했던 브룩농장과 오벌린대학에 제공되었다.

그레이엄주의자들은 자유와 계급 평등을 자연스러운 삶의 습관으로 등치시킨 톰슨주의자들만큼 급진적이었다. 현대 위생학운동의 지도자인 의사 허버트 셸턴Herbert Shelton은 각자의 자율성을 전문가에게 양도하지 않았던 이 세계의 비전을 다음과 같이 표현했다.

> 다른 사람을 법으로 지배하거나 그들 위에 군림할 수 있는 특권 계급을 창
> 조하는 체계는 어떤 것이든 그 자체로 진정한 자유와 개인의 자율성을 파

괴한다. 병자에게 다른 누군가의 의료 기술을 통해서만 회복될 수 있고 특권 계급의 친절한 자비를 통해서만 살아남을 수 있다고 가르치는 체계는 어떤 것이든 자연 체계 안에서 설 자리가 없다. 그것을 더 빨리 없앨수록 인류는 더 좋아질 것이다.[44]

톰슨주의자와 그레이엄주의자 둘 다 치료에 대한 독점을 획득하려는 정규 의사의 질주에 분개했다. 다른 영역에서의 독점과 마찬가지로 의료 독점은 보통 사람들에게 비민주적이고 억압적이었다. 이 모든 것은 노동자운동이 일반적으로 말하고 있던 것과 정확하게 맞아떨어졌다. 사실 초기의 톰슨주의는 전체 운동의 건강 부문에 지나지 않았다. 노동 계급 활동가들은 의사 면허법에 대한 톰슨주의의 맹공에 합세했다. 비정규 의료에 대해 가장 강력한 처벌 법규를 가지고 있던 뉴욕에서 뉴욕노동당의 잡 하스켈Job Haskell이 입법 투쟁을 주도했을 정도였다.

결과는 정규 의사들의 처절한 패배였다. 그러나 현대 의료사학자들은 이런 사실을 종종 잊고 싶어 한다. 대중건강운동 세력은 많은 주에서 "의료독점주의자들"을 상대로 승리했다. 1830년대 규제적인 면허법이 있던 모든 주에서 면허법은 완화되거나 무효화됐다. 앨라배마와 델라웨어 같은 몇몇 주에서는 톰슨주의자들과 다른 대중적 비정규 치료사들이 박해를 면할 수 있도록 법률을 개정해 버렸다.[45] 이것은 "민중 의학"의 엄청난 승리였다. 적어도 운동의 원칙 가운데 하나인 반독점주의는 성취되었다.

그러나 동시에 아이러니하게도 대중건강운동은 생명과 점점 멀어지고 있었다. 1830년대 후반에 이르면 톰슨주의운동은 하나의 신앙이 됐다. 톰슨주의 내부에서 상당한 규모를 가진 한 파벌이 운동의 근본 신념과 배치됨에도 불구하고 사회적 지위, 그리고 전문가주의와 매우 유사한 무엇인가를 갈망하기 시작했다. 톰슨주의가 이처럼 신분 상승을 지향하는 치료사들의 개인적 야망에 깊 들이밎으려면 "느느그 이끼"라는 오랜 칠힉을 비긋해 운동 초빈에 함께했던 온갖 급진적 이유들과 결별해야만 했을 것이나.

버지니아의 톰슨주의 치료사인 알바 커티스Alva Curtis는 1835년 미시시피 주에서 일어난 노예 폭동에 연루된 몇몇 동료 톰슨주의자들을 공공연하게 비난했다.

우리는 미시시피에 사는 많은 식물 치료사들이 상당히 두렵다. 그들은 잘 못 인도된 다른 시민들과 함께 맹목적인 우둔함에 빠져 어리석고 광기 어린 음모를 꾀했다. 그 음모는 분개한 공동체의 복수를 퍼부어 달라고 그들의 머리를 들이밀고 있을 뿐 아니라 그들의 이름과 추억들까지 증오와 불명예로 뒤덮을 것이다.[46]

그다음에는 운동 내부에 존재하던 전문가 지망생들이 톰슨주의를 대중의 수중에서 빼내 정평이 나 있는 몇몇 치료사에게 집중시키려 했다. 존 톰슨은 1835년 두 개의 회원 등급을 토대로 한 뉴욕톰슨요법의학회New York Thomsonian Medical Society를 창립했다. 한 등급은 일반인을 위한 것이고, 다른 하나는 학회에서 자격을 인정받은 개업의를 위한 것이었다. 알바 커티스는 한발 더 나아가 1838년 톰슨주의 연례 회의에서 전문가적 의식을 지닌 톰슨주의 개업 의를 위한 '독립톰슨요법식물학회Independent Thomsonian Botanic Society'를 분리 결성했다. 커티스가 톰슨주의 의학교인 '오하이오 식물의학연구소Literary and Botanico-Medical Institute of Ohio'를 처음 세웠을 때 고령의 새뮤얼 톰슨은 격분하였다.

우리는 커티스 박사와 그의 학교에 대해 상당히 많은 얘기를 들었다. …
하지만 치료 기술을 추악하게 독점화하고 양피지 졸업증서를 수여함으로
써 정규 의료직을 흉내 내는 것이 그의 의도라고는 전혀 생각지도 못했
다.[47]

톰슨은 자신이 발견한 것들도 "몇몇 배운 자들에 의해 독점화된 다른 모든
직종처럼 보통의 사람들에게서 가져온 것이다."라며 격렬하게 항의했다. 그
러나 흐름은 되돌릴 수 없었다. 탈톰슨요법 식물의과대학Post-Thomsonian bo-
tanical medical colleges은 우후죽순처럼 생겨났으며, 모든 면허법에 반대해 운동
을 벌이던 집단들은 이제 자신들의 학교를 인가해 줄 것을 요구하고 있었다.

대중건강운동은 항상 사회 불안이라는 보다 더 밑바닥에 깔려 있는 흐름에
편승했다. 흐름은 느려지거나 새로운 방향으로 이탈했다. 더 명확하고 조직
화된 힘으로 성장한 페미니즘은 건강과 "몸 이슈"에서 고개를 돌려 남성이 지
배하는 공적 세계에서 여성의 권리를 확보하기 위한 투쟁에 집중했다. 1830
년대 중반에 이르자 노동자운동은 미국 정치에서 더 이상 눈에 띄는 공격적
세력으로 남아 있지 않았다. 노동자운동의 급진적 분석은 결국 지지부진해져
서 사회주의 혁명보다 앤드루 잭슨Andrew Jackson의 민주당 쪽으로 기울었다.*
대중에 의한 아래로부터의 지지가 없어지자 톰슨주의자들은 자신들이 도전
해 왔던 바로 그 힘에 쉽게 굴복했다. 한때 치료가 상품으로 변질된다며 비난

---

* 노동역사가 필립 포너(Philip Foner)는 이러한 결과를 노동자운동이 대변했던 계급의 제한성이라
  는 측면에서 설명한다. 그들은 남부 및 동부 유럽에서 유입된 새로운 산업 프롤레타리아를 반대
  하는 자유로운 장인과 기능공이었던 "구" 노동 계급이었다. 이 사람들에 비해 노동자운동의 지지
  자들은 엘리트 자신들이었다. 향후 수십 년 뒤 장인의 아들들은 일련의 교육 받을 기회를 점차적
  으로 갖게 될 것이었고, 또 아이러니하게도 어떤 이들은 심지어 정규 의료직의 확장된 지위 안에
  서 자신의 길을 발견하게 될 것이었다.

했던 지점에서 이제 톰슨주의자들은 자신들의 대안을 새로운 상품으로 포장하고자 했다. 한때 의료 엘리트주의이고 비난하던 지점에서 톰슨주의자들은 이제 그들만의 귀족적 배타성을 목표로 했다.

위생학운동 또한 몰락해 갔다. 운동이 내건 바로 그 원칙들은 상업적 성공과 맞지 않았다. 한때 정규 의사였다가 약을 쓰지 않는 요법으로 넘어간 후 그레이엄 원칙을 독특한 학파로 체계화한 의사 러셀 트롤Russell Trall은 다음과 같이 말한 적이 있었다.

우리는 우리 체계가 가진 원칙 안에서 사람들을 교육하지 않고는 우리의 체계를 실행할 수 없다. 아주 특별한 경우를 제외하고, 그들은 원칙들을 이해하자마자 우리의 도움 없이도 스스로를 관리할 수 있게 된다. 그뿐만 아니라 우리 고객들은 우리의 가르침과 사례들, 처방전으로 인해 어떤 종류의 질병도 피해서 상당한 정도까지 살아남는 법을 배운다. 당신이 의사가 되면 당신 없이도 살 수 있는 법을 사람들에게 끊임없이 가르치게 될 것이다.[48]

위생학운동의 사업과 직업윤리는 한때 돈벌이도 하지 않고, 직업도 갖지 않는 것을 호소하는 상태에 이르렀었다. 이제 일부 위생학자들은 **"의학 박사"** 학위를 주는 학교를 열었으며 자신들을 "의사"이자 "위생학 약물"을 취급하는 사람으로 설명하기 시작했다. 그러나 의료직을 모방하는 이런 빈약한 시도들은 오래가지 못했으며 후에 운동 내부에서조차 "매우 불행한 실수"였다며 후회했다.

그 사이 정규 의료는 "스스로를 구제하기에 충분할 만큼 위생학을 차용했다."[49] 위생학운동은 정규 의료 속으로의 편입이라는 성취를 자신들의 공로로 돌렸다.

사람들은 목욕하는 것, 과일과 채소를 더 많이 먹는 것, 집을 환기시키는
것, 매일 운동하는 것, 햇볕을 쬐는 것, 밤공기, 습한 공기, 찬 공기, 건조한
공기에 대한 두려움을 벗어 버리는 것, 고기를 덜 먹는 것, 음식 준비에 더
좋은 방법을 선택하는 것 등을 배웠다.

개혁을 시행했던 사람들은 잊혔고, 이러한 개혁을 의료직이 엄청나게 반
대했다는 기록도 없어져 버렸다. 심지어 질병 및 사망의 감소, 유아 사망
률 감소, 공중위생 개시, 수명 증가를 가져온 것은 바로 의료직이라고 여
겨지고 있다.[50]

경쟁에 참가한 여성 의사들

여전히 *유일한* 의료 전문직이 되기를 갈망하고 있었지만 대중건강운동의
맹공을 받은 정규 의사들은 마치 영웅적 치료를 받은 사람처럼 쇠약해졌다.
그러나 최악의 사태는 아직 오지 않았다. 1840년대와 1870년대 사이, 포퓰리
즘의 공격으로 이미 갈가리 찢긴 전문성의 기치는 노골적인 상업적 경쟁의
진창으로 떨어졌다. 의료 독점을 위한 정규 의사들의 질주는 수세적인 유지
작전으로 바뀌었다.

먼저 "비정규 의사"와의 경쟁이라는 문제가 있었다. 한때 건강운동이 일어
났던 곳에는 이제 각자의 학교와 학술지를 가지고 있으면서 과학적 우월성을
주장하는 절충주의자, 식물주의자, 동종요법 의사, 물 치료사 등의 조직화된
의료 분파들이 있었다. 교육받은 식물 치료사와 절충주의자(이들은 정규 의

료와 톰슨주의 연구법 양쪽의 가장 좋은 점을 결합시키는 것이 목표였기 때문에 그렇게 불렸다)는 이전에 톰슨주의가 소농과 도시 노동 계급에게서 확보해 놓은 충성심을 물려받았다. 정규 의사들에게 보다 더 위협적이었던 것은 동종요법이었다. 그 이유는 첫째, 동종요법은 상류층 소비자 사이에서 인기가 있었기 때문이다. 메디케이드Medicaid와 메디케어Medicare 제도가 생기기 전, 점잖은 의사들이 여전히 치료비를 순전히 감사의 마음에서 지불하는 "사례금" 정도로 생각하고 싶어 하던 당시, 직업적 생존 투쟁에서 고려되었던 것은 바로 상류층 소비자였다. 둘째, 동종요법이 가진 매력적인 특징은 사람에게 해를 입히지 않는다는 것이었다. (대중건강운동의 식물 치료법 또한 해를 입히지 않았으나 식물 치료법은 급진주의와의 연관성 때문에 상류층 소비자들은 받아들이지 않았다.)

어떤 의미에서 동종요법 치료는 영웅적 치료와 정반대였다. 정규 의사는 인간의 생리기능을 최대한 모욕하기 위해 무모하게 복용량을 늘리고 약재를 혼합하는 반면 동종요법주의는 적으면 적을수록 더 좋다는 것이었다. 동종요법 의사는 기초 약물(대체로 일종의 식물 추출물)을 원래 강도의 1/100까지 희석한 데서 시작해서 두 번째는 원래 강도의 1/10000까지 희석하고, 세 번째는 1/1,000,000까지 희석했다. 동종요법 창시자인 하네만Hahnemann에 따르면 그런 식으로 한 번에 *서른 번까지* 희석 단계를 거쳐야 한다.[51] 그런 다음 희석한 약물 한 *방울*을 각설탕에 적셔 환자에게 투여했다. 화학과 학생이라면 누구라도 알 수 있듯이, 원래 약의 단 하나의 분자만 포함한 그 한 방울이 가진 치료적 가능성은 아주 희박했을 것이다. 그러나 동종요법 치료사들은 새로운 물리 법칙을 발견했다고 주장했는데, 물질은 희석되어야 치유력을 얻는다는 것이다.

사실상 동종요법 의사들은 매우 가치 있는 것을 발견했다. 바로 아무것도 하지 않음으로써 상품을 만드는 방법이다. 정규 의사는 열정적으로 조제하고, 관찰하고, (그 세기가 지날수록) 환자에게 칼을 댔다. 이것은 인정받을 만하고 아주 시장성 있는 수고를 보여 주는 전시 효과를 낳았지만 환자에게 치명적인 해를 입힐 위험을 무릅썼다. 정직하고 똑똑한 의사는 대부분의 경우에 자신의 무기력함을 인정하고, 하던 것을 그만두고 싶었겠지만 그랬다면 보수를 받기는 어려웠을 것이다. 그래서 동종요법 의사들은 타협했고, 전혀 해롭지 않으면서 훨씬 더 많은 시간과 노력을 들이는 사업으로 확장했다. 수은의 쓴맛을 알고 있던 환자들에게 약물에 적신 동종요법의 각설탕은 정말로 위안이 되었음에 틀림없다.

그다음으로는 의료 분파와의 경쟁이 아니라 정규 의사 자신들의 위계 안에서 벌어지는 심각한 경쟁이라는 문제가 있었다. 어떤 의사 집단이 의학교를 열기 위해 해야 하는 일이란 건물을 빌리고, 해골, 보존된 태아, 그리고 추가로 몇몇 시각적 도구들을 모은 뒤 시민들에게 광고를 하는 정도였다. 학생들은 과정별로 교수들에게 돈을 지불했고, 학비를 내는 한 2년 정도가 지나면 사실상 학위를 보장받았다. 이러한 의료 학위 공장이 많았던 덕택에 미국에서 정규 의사의 수는 1800년에 수천 명에 불과하던 것이 19세기 중반에 이르면 4만 명이 넘을 정도로 증가했다.[52] 그리고 돈을 내는 환자를 둘러싼 경쟁이 격화되면 격화될수록 더 많은 의사들이 자신들의 수입을 보충하기 위해 직업 재생산 사업인 의학 강의를 하려 들었던 것은 물론이다. 그렇게 악순환은 계속되었다. 의사들도 알았듯이 가난과 "인구과잉"이 서로 손을 맞잡은 채 의료직을 파멸로 몰아가고 있었던 것이다.

19세기 후반이 되면 직업적 위신이 너무나 낮아져 벤저민 러시가 정치가와 협의하고 백작 부인과 차를 마실 수 있었던 날들은 전문가주의의 잃어버린 천국처럼 보이기 시작했다. 1847년 정규 의사들은 미국의사협회American

Medical Association라고 허울 좋은 이름을 붙인 첫 번째 전국 조직을 만들기 위해 뭉쳤다. 협회의 중요한 임무 중 하나는 4만 명에 이르는 정규 의사들 외에 "전국 모든 지역에서 메뚜기처럼 들끓는 수많은 비정규 개업의들"의 성생에 관한 조사였다. 보고서는 "한때 의료 전문직이 가졌던 높은 지위를 더 이상 차지할 수 없다는 사실은 놀랍지도 않다. 게다가 보상이라고 할 만한 급여가 너무 박봉이라 우리 중 가장 부지런한 사람에게조차 충분치 않았다는 사실도 놀랍지 않다."라고 결론을 내렸다.[53]

정규 의사들은 자신들이 스스로 만들어 낸 모순에 봉착했다. 의료는 한때 공동체 및 가족 관계의 네트워크 안에서 존재했다. 이제 그것은 뿌리째 뽑혀 잠재적으로 아무나 제품처럼 요구할 수 있는 상품으로, 누구나 종사하겠다고 선언할 수 있는 직업으로 변했다. 의료 교육비가 저렴한 한, 그런데도 의료비는 그다지 저렴하지 않는 한 정규 의사의 수는 계속 늘어나게 돼 있었다. 따라서 신사 의사라는 귀족적 이상은 결코 실현될 수 없었다. 의사들이 상업주의로 빠지면 빠질수록 오로지 이익을 위해 새로운 의사들을 양산해 내는 이 비옥한 거름 안에서 더 많은 의사들이 생겨나는 것은 물론이었고, 그럴수록 그들의 집단적 꿈인 지위와 권위를 성취하는 것은 더욱더 힘들어졌다. 그들 앞에 놓인 것은 굴욕뿐이었다. 털리도의 의사 리드C. H. Reed는 ≪미국의사협회지≫Journal of the American Medical Association≫에 "배고파서 울다 죽은 의사"에 대해 가슴 사무치게 썼다.[54]

정확히 몇 명이었는지 말하기는 어렵지만 남성 정규 의사들을 울린 경쟁자의 상당수는 *여성*들 중에서 나왔다. 세기 중반에 이르면 여전히 경쟁 관계인 여성 치료사뿐만 아니라 전문직 정규 의사로 **시장**에 들어가려고 갈망하는 새로운 유형의 중간 계급 여성들이 등장한다. 앞서 대중건강운동에 참가했던 여성들처럼 이들도 개혁 정신에 자극받았다. 이 여성들은 영웅적 치료의 과

도함에 저항했으며, 남자 의사와 여자 환자 관계에 내포된 성추행적 행동에도 마찬가지로 격분했다. "남성의 영역"과 "여성의 영역" 사이의 극단적인 구분은 남자 의사들을 매우 거북한 위치에 두었다. 어떻게 여성이, 특히 숙녀가 자신의 가장 은밀한 부분을 남자 의사가 자세히 들여다보고 손가락으로 쿡쿡 찌르도록 노출시킬 수 있었겠는가? 의사들은 남자 의사의 치료를 받아들이느니 차라리 조용히 고통 속에서 죽어간 여성 환자에 대해 말하는 것을 즐겼다. 젊은 의사 엘리자베스 블랙웰Elizabeth Blackwell의 한 친구는 "여자 의사의 치료를 받을 수 있었다면 나는 최악의 고통에서 구제될 수 있었을 텐데."라고 털어놓았다.[55]

세기 중반이 되자 양성兩性이 만나는 의료적 상황에 대한 개인적인 공포가 공적인 이슈가 되었다. 1850년 "비정규" 의사 새뮤얼 그레고리Samuel Gregory는 남성 산과 의사가 방에 있다는 사실만으로도 산모가 매우 불안해져 분만 과정이 길어진다고 주장했다.[56] 그레고리의 책『폭로되고 교정된 남성 조산술Man-midwifery Exposed and Corrected』은 대단한 성공을 거두었다. 1852년 "필라델피아의 몇몇 숙녀들"이 성경은 산파의 신성한 임무를 *단지 여성들에게만* 승인하고 인정한다."는 자신들의 믿음을 체계화했다.[57] 또한 캐서린 비처 Catherine Beecher는 외관상으로는 가장 자비롭고 영예로우며 신앙심 깊어 보이는 의사들의 진료 과정에서 발생하는 성적 유혹과 성적 학대에 대한 책임 문제를 제기했다.

… 이러한 전개의 끔찍한 특징은 현재의 관습과 정서에 둘러싸여, 나쁜 짓을 한 사람들과 그런 행동에 대한 해명에서 느껴지는 부주의함과 의식적인 책임 모면을 시정하도록 요구하는 데 있어서 나의 성이 *완전히* 속수무책이라는 것이다. 품위 있고 섬세하고 민감한 여성들이 이러한 모욕을 당

했을 때 무엇을 할 수 있겠는가? 사람들에게 널리 *알려지*는 *것*에 대한 엄청난 공포는 그녀의 입을 닫게 만들고, 모든 친구들도 주저하게 만든다. … *이러한 일들이* 닥칠 내 누가 안전하기를 바랄 수 있겠는가?[58]

대중잡지 ≪고디의 레이디스 북Godey's Lady's Book≫은 전력을 다해 여성 의사 양성을 위한 운동을 벌였다.

이것이 남성에게 적절한 영역, 오직 남자만의 영역이 된 것에 대해 말해 보자! 열 배 이상의 당위성과 이유를 가지고 말하건대, 그것은 여성에게 적절한 영역, 오직 여성만의 영역이다.
여성 의사들은 여성의 역사에서 새로운 시대를 만들어 낼 것이다. … 우리는 진정으로 주장한다. 무엇보다도 환자는 여자 의사에게 솔직할 것이다. 이러한 솔직함은 타고난 섬세함과 온순함으로 증상을 드러내느니 차라리 고통 받는 것을 더 선호하는 지경에 있을 때는 기대할 수 없는 것이다.[59]

19세기 중반, 남성 의료가 파생시킨 긴장과 도덕적 위기로 인하여 의료 교육 안의 여성운동은 여성의 건강, 도덕성, 존엄성을 위한 *개혁운동* 양상을 띠었다.
초기 여성 의사들의 결의를 설명해 주는 도덕적 개혁운동에 포함된 것은 바로 이러한 관점이었다. 이를테면 엘리자베스 블랙웰은 자신을 받아 줄 학교를 찾기까지 열여섯 개 이상의 학교에 지원했지만, 그녀는 "의사 학위를 취득하겠다는 생각은 점차 대단한 도덕적 투쟁 양상을 취했으며 이 도덕적 투쟁은 나에게 매력적이었다."[60]라고 말했다. 블랙웰이 입학 허가를 받은 해 해리엇 헌트Harriet Hunt는 하버드 의과대학 입학 허가를 받았지만, 다른 학생들이 그녀가 입학하면 폭동을 일으키겠다며 협박했기 때문에 그 결정은 번복됐다. (하버드는 그 전 해에 세 명의 흑인 남학생의 입학을 허가했는데, 대부분의 백인 남학생들에 의하면 그 정도면 충분하다는 것이었다!) 당연히 헌트는 의료 교육을 받기 위해 "비정규" 학교로 갔다.* 단지 몇 명만 언급하자면 블랙웰, 헌트, 마리 자크르제우스카Marie Zakrzewska, 루시 시월Lucy Sewall, 사라 아담슨Sarah Adamson, 앤 프레스튼Ann Preston, 헬렌 모튼Helen Morton, 메리 퍼트넘 자코비Mary Putnam Jacobi 같은 여성들의 노력으로 1900년이 되자 미국에는 대략 5000명의 훈련받은 여자 의사와[62] 1500명의 여자 의대생이 있었고,[63] 7개의 여자 의과대학이 생겼다.

남자 의사들은 자신들에 비해 턱없이 적은 수에 불과한 여자 의사들이 위협적임을 깨달았다. 스스로를 여성 치료사보다 사회적으로 우월하다고 생각하지만 남성 의료로부터 배척되었던 여성 환자들은 여성 전문가를 당연히 환영했을 것이다. 여자 의사의 진료라는 위협에 직면해 남자 의사들은 생각해낼 수 있는 모든 주장으로 대응했다. 남성적인 의료를 시술하기에는 너무나 고상한 숙녀가 어떻게 한밤중의 응급 사태에 왕진할 수 있겠는가? 내키지 않을 때 (예를 들어 생리 중에) 어떻게 수술할 수 있겠는가? 성이 혼재된 의료 진료를 감당하기에 여성들이 너무 정숙하다면, 해부학 강의실의 상스러운 노출, 인간 재생산에 대한 충격적인 사실 등이 난무하는 의료 교육 현장에서 여성이 어떻게 살아남을 수 있기를 기대할 수 있겠는가?** (엘리자베스 블랙웰

---

* 19세기에 의료 진료를 하려는 여성들의 강한 의지에 관한 극단적인 예를 쿠바에서 찾을 수 있다. 헨리에타 페이버(Henrietta Faber)는 남자로 변장한 채 수년 동안 아바나에서 의료 진료를 했다. 1820년 그녀는 남자와 결혼하기 위해 "커밍아웃"하는 실수를 범했고, 의료 진료 행위에 대한 벌로 곧바로 10년 형을 선고받았다.[61]

** 여성과 의료의 양립 불가능성에 관한 이러한 인식은 20세기 후반까지도 미국 부인과 의사들 사이

자신도 처음에는 의학 교육이 "역겹다."고 생각했었다는 것을 인정했다.)**64**

숙녀가 진료하는 의료라는 부조화는 종종 만평가에게 영감을 주었다. 1872
년 영국 잡지 ≪펀치Punch≫의 한 만평은 크고 남자다운 "소여 씨"(영국의 외
과의사는 "닥터doctor"로 부르지 않는다)를 올려다보는 세련되고 여성적인 "의
사 에반젤린"을 보여 준다.

> 의사 에반젤린: 그런데 소여 씨, 내일 오후에 바쁜가요? 알다시피 내가 해
>   야 하는 까다로운 수술이 있어요, 절단 수술요.
> 소여 씨: 당신을 위해서라면 내가 그 수술을 기꺼이 하겠소.
> 의사 에반젤린: 오, 아뇨. 그게 아녜요! 괜찮다면 와서 마취를 담당해 줄래요?**65**

(냄새로 정신 들게 하는 약, 17인치 허리, 우아한 기절 같은 것은 이미 잊힌
시대였기에 당시로서 그다지 웃기는 유머는 아니었다.)

1872년 뛰어난 미국 부인과 의사 오거스터스 가드너Augustus Gardner는 여
성에게 의료가 부적합하다는 가부장적 관점을 다음과 같이 간단하게 요약
했다.

> 특히 의료는 삶의 폭신폭신한 면과 부드러움에 익숙한 여성에게 더욱 혐
>   오스러운 것이다. 여성들은 끔찍하고 혐오스러운 삶의 경험으로부터 세심

에 존재했다. 1977년 잡지 ≪미즈≫ 1월호에서 인터뷰한 의사는 이러한 사실에 대해 다음과 같
이 설명했다. "당신이 의료 현장에 가는 것은 미친 짓이다. 왜냐하면 육체적으로 많은 것을 요구하
는 연수 과정이 매우 힘들기 때문이다. 나는 그 과정을 거치면서 극단적으로 강박적이 되어야 했
다. 이런 일련의 행동은 여성에게 그다지 좋아 보이지 않는다. 나는 그 분야에 여성을 받아들이기
힘들다고 생각하기 때문에 산부인과가 남성의 전문 분야라는데 너무 익숙해졌다. 나는 여성 의사
를 여성이라고 전혀 생각하지 않는다. 나는 여성적이면서도 좋은 의사인 여성을 겨우 두어 명
밖에 모른다."

하게 보호받아 왔다. 여자들은 싸움, 폭동, 피와 진창, 나쁜 냄새와 욕설, 사악한 남자와 너무 견딜 수 없는 여성들과 좀체 만나지 않는다. 그리고 여자는 예나 지금이나 우아하게 도망감으로써 그런 것들을 피하는 게 여성다움의 특권의 하나로서 허용되고, 또 피하도록 강요당한다.[66]

의료 영역에 종사하는 여성에 대한 이러한 19세기 낭만주의적 주장 안에는 모순이 있었다. 단칸방이나 방 두 칸짜리 임대 아파트에서 가족을 부양하기 위해 고군분투하는 노동 계급 어머니는 말할 것도 없고, 가장 보호받았던 빅토리아 시대의 숙녀조차도 "피와 진창"에 대해 알고 있었다. 외과 의사와 군인을 빼면 여자는 필연적으로 남자보다 더 자주 피를 본다. 하인들 덕분에 어느 정도 보호를 받는다 할지라도 어머니들은 사업가나 교수보다 훨씬 더 많이 진창과 나쁜 냄새에 대해 알고 있다. 여성이 의료 영역에 종사하는 것에 반대하는 주장은 심지어 여성이 거주하도록 기대되는 영역인 생리, 출산, 배변 등의 활동조차도 여성에게는 너무 험하고, 숙녀가 경험하기에는 너무 품위 없다고 말하는 것처럼 보인다. 남자 의사들은 여성 보호를 위해 여성의 몸을 넘겨받아야 했을 것이다. "여성의 영역"을 너무나 오랫동안 더럽혀 왔던 질 vagina은 의료 전문 영역에서 제거되어야만 했을 것이다.

의료에 종사하는 여성에 대한 이러한 주장들의 이면에는 여성 혐오라는 비열한 경향이 존재한다. 여성이 선천적으로 너무 섬세하여 의료 교육을 받고자 열망할 수 없다면, 정말로 너무 정숙하여 의료 교육을 견딜 수 없다면, 그 뒤에는 의료 영역에서 성공한 여성은 누구든지 숙녀가 아니라 일종의 괴짜임에 틀림없다는 논리가 뒤따랐다. 1871년 미국의사협회 회장 연설에서 의사 알프레드 스틸레Alfred Stillé는 의료에 종사하는 여성이라는 주제에 대해 다음과 같은 의견을 개진했다.

어떤 여성은 남성적인 스포츠에서 남성과 경쟁하고자 한다. … 그리고 의지가 강한 사람은 모든 것에서 남성을 흉내 낸다. 심지어 옷 입는 것까지도. 그렇게 함으로써 그런 여성들은 모두 기괴한 산물들이 불러일으키는 일종의 찬사를 획득할 수 있을 것이다. 특히 자기 자신보다 지위가 더 높은 사람을 지향하는 경향이 있을 때는 더욱 그러하다.[67]

그는 어느 것이 더 역겨운지는 불분명하게 남겨 뒀다. "기괴하지만 의지가 강한" 여성 의료 지망생인지 또는 유전적으로 열등한 상태로 만족하는 그녀의 자매들인지. ≪버펄로 의학저널Buffalo Medical Journal≫ 편집자는 보다 더 분명한 입장을 취했다.

만약 악의적인 증오로 여성에 대해 생각해 낼 수 있는 가장 큰 저주를 계획한다면, 만약 남성의 보호로부터 여성들을 떼어 놓고 가능한 한 남성들에게 최대한 혐오감을 주고 역겨움을 주도록 만든다면, 여성을 의사로 만들자고 제안하는 이른바 개혁이라는 것에 찬성할 것이다.[68]

정규 의사들은 의료 교육에서 여성들을 단념시키기 위해 설득에만 의존하지 않았다. 여성 의사 지망생은 경력의 매 단계마다 매우 강력한 진로 방해와 맞닥뜨렸다. 첫째로 "정규" 학교에 입학 허가를 얻는 것이 매우 어려웠다. (대중건강운동의 후예인 "비정규" 분파들은 페미니스트적 공감과 여학생에 대한 개방성을 유지했다.) 일단 내부에 들어가면 여학생들은 "건방지고 공격적인 언어"에서부터 "종이, 은박지, 피우던 담배로 만든 미사일"에 이르기까지 남학생들의 아주 다양한 희롱에 시달렸다.[69] 숙녀가 있는 상태에서는 해부학 토론을 하지 않는 교수가 있었으며 "여성의 뇌는 지성을 쌓기에는 너무 작으

나 사랑을 하기에는 충분할 정도로 크다."라고 적힌 1848년판 산과 교재도 있었다.[70]

학업을 완료한 후에도 여성 의사 지망생은 종종 그다음 단계에서 장애물에 봉착했다. 병원은 대체로 여자 의사들을 받지 않았으며, 설령 받는다 하더라도 수련 과정은 여성에게 개방되지 않았다. 가까스로 여자 의사가 진료에 들어가면 남자 동료 정규 의사들이 자신에게 환자 보내기를 꺼리고 자신의 의학협회 회원 자격을 결사적으로 반대한다는 사실을 알게 됐다. 미국의사협회가 여자 의사를 받아들인 것은 1915년이 되어서였다.

남자 정규 의사들이 과잉반응을 한 것처럼 보인다면 역사적 상황을 상기해 보라. 미국에서 중간 계급 여성들이 의학교의 문을 두드리기 시작한 때는 의료직 종사자들이 극단적으로 과잉공급된 것처럼 여겨져서 (사실상 그랬었고) 그 직업이 고통 받던 때였다.* 남자 의사들은 경쟁을 두려워했는데 대중적 불신을 받는 상태였던 것을 보면 이유가 없지는 않았다. 비정규 의사이자 의학박사인 오거스타 페어차일드Augusta Fairchild는 1861년 ≪물 치료 저널Water Cure Journal≫ 10월호에서 다음과 같이 자랑했다.

혜성은 한때 전쟁의 전조로 여겨졌다. 여성 의사들도 그와 동일한 관점에서 생각될 수 있다. 여성 의사들이 출현하는 곳이면 어디든지, 그들을 환영하기 위한 사람들의 보편적인 봉기와 '반란'을 진압하기 위한 남성 정규 '의료직' 고위 인사의 가장 강력한 시도가 발생했기 때문이다.[71]

---

* 반면에 의료사학자 슈라이옥이 주장하기를, 러시아에서 여성들은 의사가 부족한 시기에 의료 교육에 진입하기 시작했다는 것이다. 그래서 1970년대 소비에트 연방에서는 의사의 70퍼센트 이상이 여성이었다.

의료 교육에 진입하려는 여성운동은 전반적으로 남성 정규 의사와의 유쾌하지 않은 현관성의 연속이었다. 페미니즘, "비정규" 의료, 그리고 의료 신문 사주의에 대한 대중적인 맹공은 모두 10여 년간의 대중선상운동과 확고하게 연결돼 있다. 세기 전반에 걸쳐 식물주의 학파와 절충주의 학파의 학교들은 여성을 계속 환영했고, 어느 쪽에 더 관심을 갖든지 간에 여성 조직은 항상 "비정규성"의 영향을 받았으며 그 "비정규" 조직은 페미니즘의 영향을 받았기 때문이다.* 메리 고브 니콜스Mary Gove Nichols, 의학박사 해리엇 오스틴Harriet Austin, 의학박사 수재나 도즈Susannah W. Dodds 같은 비정규 의사들과 다른 의사들은 자신의 활동을 극기, 청소년 성교육, 특히 의복 개혁 같은 개혁운동과 연결시켜 이 연대를 완성했다. 여의사 오스틴과 도즈는 바지를 입었고, 메리 고브 니콜스는 블루머를 입었는데 그때의 경험에 대해 그녀는 1853년 다음과 같이 회상했다.

나는 내 복장 때문에 야유를 받는다는 것을 알아차렸다. 내가 만약 14년 전 어떤 작은 도시에서 감히 강의를 했다면 어떤 사람들은 나에게 타르를 붓고 깃털을 붙이려고 했을 것이다. … 해가 지나면서 그 무리들의 태도는 점점 나아지긴 했지만 이 도시의 여러 명의 건달들이 내 남편의 지팡이에 맞았다.[72]

마지막으로 여자 환자를 진료하는 남자 의사에 대항한 페미니스트적·도덕주의적 논쟁은 의사의 가장 취약한 부분을 폭로했다. 의사들이 "신사"라는 데

---

* 비슷한 상황이 20세기 중반에도 있었는데 정규 의과 대학 대부분에서 반유대주의가 창궐하자 많은 유대 인 학생들이 접골요법 학교로 들어갔다.

대해 대중은 전혀 확신이 없다는 것이었다. 한 의사는 ≪미국의사협회지≫에서 다음과 같이 불평했다.

의사 대다수가 열등한 능력, 의심스러운 성격, 거칠고 저속한 기질을 가진 사람들이라는 사실은 명백하다.

그리고 1903년 미국의사협회 회장 연설에서 의사 빌링스Billings는 상업 야간학교가 "사무원, 전차 차장, 수위, 그밖에 낮에 근무하는 다른 사람들이 학위를 딸 수 있도록 하는 것"에 대해 우려를 드러냈다.[73] 귀족적 꿈은 상업적 현실에 부딪혀 꺾였다. 그러나 바로 그와 동시에 빅토리아 시대의 성적 불안은 접합점을 발견해 내는 일을 훨씬 더 긴박하게 만들었다. 신사 의사가 숙녀를 진찰하는 것이 대부분 금지될 정도로 어려운 것이라면 전직 수위나 전직 전차 차장의 진료에 숙녀가 자신을 내맡기는 것이 어떻게 가능하겠는가? "숙녀"와 "신사"라는 바로 그 말에는 계급적 함의뿐만 아니라 윤리적 함의도 들어 있다. 그 단어들은 "하층" 계급에서는 기대될 수 없었던 방식으로 성을 뛰어넘어 솟아오를 가능성을 암시하고 있다. 정규 의료가 "하층" 계급의 사람들을 너무 많이 끌고 온다면 그것은 단순히 지위를 잃는 것이 아니라 사업을 잃는 것을 의미했을 것이다. 19세기 후반 귀족적 이상의 달성은 상업적으로 반드시 필요한 일이 되어 가고 있었다.

1847년에 제정된 미국의사협회 윤리 규정은 "감사와 존경, 확신을 환자의 마음에 불어넣기 위해 *단단함*과 *유연함*을 결합할 것, 그리고 *권위*와 *겸손*을 결합할 것"을 의사에게 명했다.[74][강조는 원문대로] 이것은 숙련된 침대 머리맡 예절보다 더 많은 것을 요구했을 것이다. *권위*를 갈망하는 사람들이 어딘가에서 와야만 했을 것이다. 여성을 못 들어오도록 하는 것은 올바른 방향으로 나아가는 한 걸음이었다. (남성 주도적인 사회에서 여성은 남자보다 선천적으로 덜 권위적이기 때문이다.) 그러나 19세기 후반에 이르면 시무라적 전통은 전문가적 권력 쟁취를 위한 매우 견고한 토대로 더 이상 본질적으로도, 저절로도 작동하지 않았다. 보통의 정규 의사들(그리고 세월이 지남에 따라 평범한 의사들이 더욱더 생겨났다)은 남성, 백인, 앵글로색슨계였겠지만, 그들은 더 이상 약사나 부동산 중개사보다 공적인 인물로 부각되지 않았다. 만약 의료가 여성 환자의 삶에서 권위를 가지려면 "세속적 정신이라는 저속한 관점을 뛰어넘어 날아오를 수 있는" 방법을 결국에는 발견해야 했을 것이다. 싸구려 상업주의와 성 그 자체를 뛰어넘어 솟아오를 수 있는 방식을.

제3장
과학 그리고 전문가의 부상

19세기 후반이 되자 의료 분야에서 상업주의와 성 문제를 해결할 방법은 바로 가까이에 있었다. 미국에서 유일하게 의사 직함을 가지고 있던 윌리엄 오슬러William Osler 경의 말마따나 "온 나라에 과학의 정신이 넘쳐흐르고 있었다."[1] 의료를 상업주의의 진창에서 끌어내 적에 맞설 대비를 하고자 했던 의사들에게 과학은 신이 내린 무기였다.

직업적 이기심으로 과학에 주목하고 있었던 것은 의사뿐만이 아니었다. 과학은 신성한 국가적 가치가 되고 있었으며 어떤 영역에서 "전문가"가 되고자 하는 집단이라면 누구든지 자신들이 엄밀하게 과학적이라는 것을 증명해야 했다. 1880년대 이전까지 사회사업은 자원 봉사 활동이었고 대개 상류층 여성들의 자선 행위였다. 경력을 쌓으려는 중간 계급 여성들이 사회사업을 직업으로 간주해야 한다고 주장하고 이 분야로 들어오기 시작했다. 그 과정에서 점점 더 많은 "과학"에 대한 이야기가 사회사업 문헌에 스며들었다. 감상적인 부잣집 마나님 식의 접근은 체계적인 조사와 신중하게 계산된 전문가의 개입에 기반을 둔 "과학적 자선"에 자리를 내줘야 했다. 전문가의 과잉과 대중의 불신에 대한 불안으로 법조차 "과학적" 근거를 추구하기 시작했다. 무엇인가를 "과학적"으로 만든다는 것은 모든 영역에서 개혁과 같은 뜻이 되었다. 대략 1880년에서 1920년 사이, 진보적 성향을 가진 미국인들은 과학적 의료뿐만 아니라 과학적 경영, 과학적 행정, 과학적 가사, 과학적 육아, 과학적 사회사업을 위한 캠페인을 벌였다. ≪월간 애틀랜틱Atlantic Monthly≫에 따르면 미합중국은 "과학의 나라"였다.

오래된 직업을 "개혁"해 새로운 직업으로 만들고자 하는 열의는 몇몇 역사가들이 "새로운 중간 계급"이라 명명한 특정 집단으로부터 도래하고 있었다.[2] 이들은 공화국 초기 사회적 위계의 상위에 있던 구시대 상류층(소상공인, 성공한 전문가 등)의 아들딸들이었다. 그러나 남북전쟁 후 급속한 산업화와 맹렬하게 성장한 독점체제는 미국 사회에 새로운 양극화를 양산시켰다. "악덕 자본가"가 자본을 독점하고 카르텔을 형성해 수백 명의 중소기업가를 쓰러뜨렸던 것이다. 이민은 하층 계급을 팽창시켰다. 옛 상류층의 아들들은 종종 대학 학위와 "좋은 혈통"만으로 험한 세상을 스스로 헤치고 나아가야 함을 깨달았다. 그들은 교육 수준과 출신 배경으로 우월함을 느낄 수는 있었지만 안전하지는 않았다. 그들은 위로는 영세 사업가에게서 짜낸 부를 게걸스럽게 먹어 대는 "재벌"을 보았고, 아래로는 길들여지지 않은 위협적인 프롤레타리아를 보았다.

전에는 알려지지 않았던 두 종류의 적이 사회와 정치의 지평 위로 어둠의 정령처럼 떠올랐다. 바로 무지한 프롤레타리아와 아직 정신 못 차린 재벌이다.[3]

새로운 중간 계급의 관점에서 볼 때 이 두 계급이 가진 문제는 그들이 사회질서 전체를 전복할 것처럼 보이는 전대미문의 전쟁에 적극 가담하고 있다는 것이었다. 1870년대와 1880년대는 파업, 폭동, 무장봉기가 신문 지면을 가득 채우며 중간 계급을 악몽에 시달리게 했다. 그들은 다음과 같은 이유로 과학적 전문가와 행정가가 절실히 필요함을 누구나 알 수 있을 것이라고 주장했다.

> … (과학적 전문가와 행정가는-옮긴이) 충돌하는 이해관계를 사심 없이 이성적으로 중재한다. "자본가 계급"과 "프롤레타리아"라는 단어가 미국에서 사용되고 이해될 수 있을 때가 바로, 국가에 봉사한다는 이상을 가지고 이렇게 서로 충돌하는 세력을 와해시키는 데 기여할 사람을 육성할 때다.[4]

"전문가들"은 과학적 인간으로서 당연히 전적으로 객관적이고, 특정 집단의 이익을 따르지 않기에 사회 문제를 해결할 수 있었다. 그 과정에서 새로운 중간 계급 자체의 문제도 해결될 수 있었다. 장기간의 훈련을 거친 후에야 획득할 수 있는 특화된 "전문가" 직업은 그 수에 비해 지나치게 많은 권력과 안정된 직업적 지위를 전문가들에게 부여했다. "아직도 정신 못 차린 재벌"이나 "무지한 프롤레타리아"가 아닌 선견지명이 있는 새로운 중간 계급의 대변인들은 전문가들이 지배할 미래 사회를 예견하기까지 하였다. 모두에게 유익하게끔 전문가가 당연히 일을 과학적으로 처리할 것이기 때문에 이 사회는 인류 문명의 이상적인 정점이 될 것이라고 여겨졌다.* 한 뛰어난 엔지니어가 설

---

* 그 당시에도 이 계획은 너무 노골적으로 중간 계급의 사리사욕에 맞춰져 있어 그다지 지지를 얻을 수 없는 것처럼 보였다. 미국의 사회학 창시자이자 전문가의 역할 확장을 주도적으로 주창한 에드워드 로스(Edward A. Ross)는 1920년, 다음과 같은 수세적인 답변으로 물러서지 않을 수 없었다. "당연히 '전문가에 의한 통치' 같은 그런 일은 없다. 그런 악의적인 문구는 음모를 꾸미는 이기주의자가 던지는 조소일 뿐이다. 그들은 적은 임금을 받으면서도 지극히 성실한 연구자들이 자신들의 길을 가로막는 장벽임을 알게 된 이기주의자들이다."[5]

명했듯이 "황금률은 기술자의 공업용 자를 통해 실행에 옮겨질 것이다."[6]

새로운 중간 계급에게 과학은 단지 방법이나 질서가 아니라 일종의 종교였다. 1890년 사회평론가 새디어스 웨이크먼Thaddeus Wakeman은 어떤 "신념"이 미국인에게 가장 잘 맞는지 질문하며 다음과 같이 썼다.

답은 진실이라고 알고 있는 바로 그것이며, 한마디로 말하자면 *과학*이다. 대다수의 미국인들은 이미 *실질적인 세속주의자*들, 이 세상 사람들이다. … 우리 국민들은 도래하고 있는 **과학**과 **인간**의 통치를 무의식적으로 환영하고 있으며, 이는 사람들이 **교회**에 가지 않는다는 사실에서 알 수 있다.[7]

의료의 도덕적 구원

정규 의료가 "과학적 의료"로 전환된 것을 개종改宗 이야기로 다시 말하자면, 싱클레어 루이스Sinclair Lewis의 『애로스미스Arrowsmith』는 의료계의 『천로역정Pilgrim's Progress』이라 할 수 있을 것이다. 루이스의 소설은 젊은 의학 연구자의 실제 경험에 근거를 두고 있으며, 어떠한 역사적 연구에서도 묘사한 적이 없었던 과학적 개혁가의 도덕적 열정을 가상적으로 표현하고 있다. 젊은 마틴 애로스미스는 위니맥대학교 의과대학에서 교수로 의인화된 과학적 순수성과 의료 상업주의라는 양극단을 만난다. 한쪽 극단에는 최근 이비인후과 학과장을 사임하고 저지 시의 뉴아이디어의료기기회사New Idea Medical Instrument and Furniture Company의 부사장이 된 의사 로스코 기케가 있다. 그는 의대 학생들에게 "영업력을 발휘하라."고 훈계한다.

… 종려나무 화분과 잘 나온 인물 사진을 사무실에 둬라. 진료 의사에게 그것은 소독기나 수은혈압계처럼 진료 기구의 필수적인 부분이다. 가능한 한 청결해 보이는 흰색으로 모든 것을 배치한 다음 어떤 색으로 조화시킬 지 생각해라. 아니면 좋은 아내를 둬라. 그 아내에게 예술적 감각이 있기를! 가장 깨끗한 흰색 에나멜 칠을 한 모리스Morris 의자 위에는 진한 금색이나 붉은 쿠션을! 우아한 장미 테두리가 있는 흰 에나멜 칠을 한 마룻바닥! 흰 테이블 위에는 예술적 표지의 얼룩 한 점 없는 고급 잡지 최신호를! 제군들, 여러분들에게 남겨 주고 싶은 기발한 영업 아이디어는 바로 이것이다. …8

또 다른 극단에는 유대 인이자 외국인이며 연구에만 몰두하는 과학자라는 이유로 "그 대학의 미스터리"였던 의사 막스 고틀리브가 있다.

그는 세상에는 관심이 없었다. 마틴을 보고도 못 본 체하고, 어깨를 웅크리고 긴 손을 등 뒤로 깍지 낀 채 중얼거리며 멀어졌다. 그는 어둠 속에서 길을 잃었고 스스로 어둠이 되었다.
그는 너덜너덜한 코트를 입은 가난한 교수였다. 하지만 마틴은 가슴에 거만한 은색별이 달린 검은 벨벳 망토를 두른 그를 기억한다.9

마틴과 그의 친구 클리프는 술에 취한 채 외로운 과학의 길을 가기로 맹세한다.

"… 너도 그렇겠지만 나도 상업주의의 허튼소리에 질려." 클리프가 털어놓는다.

"맞아, 네가 옳아." 마틴은 도타운 애정으로 동의했다.

"너도 꼭 나 같구나. … 연구의 이상! 결코 진실처럼 *보이*는 것에 만족하지 않지. 남이 헐뜯는 것에 신경 쓰지 않고, 선교船橋 위의 선장처럼 구닥나리이고, 혼자 밤을 새워서라도 끝장을 보지!"**10**

그러나 그 길은 젊은 그들이 생각하는 것보다 훨씬 험했다. 쉽게 벌리는 돈, 세속적 권력, 돈으로 좌우되는 여자들, 심지어 감상적 박애주의라는 수렁에 이르기까지 모든 국면마다 혼란이 그들을 유혹했다. 애로스미스는 인간이기에 자꾸만 유혹에 빠졌다. 그때마다 매번 그는 자신의 영혼(그의 연구)을 잃어버렸다는 것을 알아차리고 과학의 엄격한 이상을 추구하기 위해 다시 한번 자신을 추슬렀다. 결국 그는 모든 세속적인 것들—부, 지위, 부유하고 멋진 아내—을 거부한 채 멀리 떨어진 황무지에 세워진 실험실에 틀어박혔다.

생물과학이 마틴 애로스미스를 잡아끄는 신비하고 신성한 힘을 항상 가지고 있었던 것은 아니다. 1870년대와 1880년대 새로운 생물학 사상이 미국 중간 계급에 퍼지기 시작했을 때 그 사상은 종종 도덕적 혐오에 가까운 의심에 찬 눈초리의 환영을 받았다. 19세기와 어쩌면 20세기의 생물과학에서도 가장 빛나는 종합적 업적인 다원의 진화론은 "기독교적 우주관을 산산이 부수었다." 다원의 진화론이 구약 성서만 모독했던 것은 아니다. 다원주의는 더 나아가 살아 있는 창조물의 세계는 신의 간섭 없이, 사실상 누구의 의식적인 노력 없이도 현재와 같은 상태에 도달했으리라고 주장했다. 미국 개신교 지도층의 관점에서 볼 때 남은 것은 신 없는 세계, 즉 도덕적 불모지였다.

의미 없는 삶, 의미 없는 죽음, 의미 없는 우주. 목적도 희망도 없이 멸망으로 괴롭힘 당하는 인류. 축복받은 자는 단지 죽은 자요, 산 자는 궁지에

몰린 짐승처럼 서서 반은 저항하며 반은 공포로 비명을 지르고 있을 뿐이다.[11]

새로운 생물학적 진실이 가지는 정신적 함의는 한 성직자가 말했듯이 "잔인함"이었다.

더 좁은 측면에서, 대중문화에 대한 생물학의 두 번째 큰 기여인 세균병인설은 도덕성의 종교적 토대를 한층 더 약화시켰다. 전통 종교는 개인의 질병을 도덕적 타락의 대가로, 전염병을 신의 복수 행위로 보았다. 19세기 중반의 영향력 있던 장로교 목사 앨버트 반즈Albert Barnes는 콜레라를 "자연과학의 자만심", 특히 다윈주의에 대한 벌이라고 선언했다. 그러나 18세기 중반에 등장한 새로운 고성능 현미경 렌즈를 통해, 질병은 신에게 달려 있다기보다 도덕과 아무 관련이 없는 미생물의 증가율에 달려 있는 자연스러운 현상처럼 보이기 시작했다. 만약 질병이 도덕적 계획에 의해서가 아니라 미생물의 무작위적인 작용으로 퍼지는 것이라면 이는 정말로 "목적 없이 괴롭힘 당하는 인류"였다.

사회의 도덕적 권력이 되기 위해 생물과학은 일종의 도덕적 변형을 겪어야 했다. 마치 자연의 역사가 긴 오르막을 올라가는 도덕적 순례 여행인 양 다윈주의를 대중화한 사람들은 "진화"를 "진보"와 동일시하는 데 성공했다. 이 전략은 자연선택이라는 아주 야만적인 측면을 받아들이게 만들었으며, 이보다 훨씬 더 중요한 것은 신이 **계획**할 여지를 여전히 남겨 두었다는 것이다. 결국 과학이 밝히고 있는 법칙은 신성한 계획의 계시인 신의 의지가 표출된 것이 될 터였다. 따라서 과학은 삶을 위한 도덕적 가이드라인을 제공할 수 있었다. 이를테면 사람은 적합한 짝을 선택하거나 좋은 건강 습관을 가지는 등 실천을 통해 "인류를 진보시킬" "진화적 의무"를 가지고 있다는 것이다. 1880년대에 이르면 교육, 참정권, 이민, 외교 관계 등 어떤 주제에서도 다윈주의의 은유로 각색되지 않은 기사나 대중책자를 발견하기란 어려웠다. 한 세대의 페미니스트들에게 이론적 출구였던 샬롯 퍼킨스 길먼의 고전『여성과 경제학 Women and Economics』은 권리나 도덕이 아니라 진화론에 호소했다. 여자를 가사 활동에 제한했기 때문에 여자가 남자보다 더 "원시적"이 되어 발달하지 못했다는 것이다. 길먼은 여성들이 해방되지 않는다면 전체 인류는 쇠퇴할 것이라고 (당시로서는 전형적이었던 순진한 인종차별주의를 가지고) 주장했다.

경제적 삶의 원초적 토대에 여성을 계속 묶어 둠으로써 인류의 반이 달려 가는 동안 나머지 반은 출발점에 묶여 있었다. 우리는 종의 절반에게 한 가지 종류의 자질만을, 나머지 절반에게는 다른 종류의 자질만을 키우고 훈련시켜 왔다. 그러면서 인간 본성의 모순에 놀랄 따름이다! … 정신적 잡종이라는 인류를 키웠는데 잡종의 도덕적 자질은 잘 알려진 그대로다.[12]

세균론도 비슷한 도덕적 변형을 겪었다. 질병의 직접적 원인이 죄가 아니라 세균이라면 죄는 궁극적 원인으로서 여전히 존재할 수 있었다. 세균론은 고루한 개신교와 별반 다르지 않은 개인적인 죄의 학설로 바뀌었다. "위생 법칙"을 어기는 사람은 누구든지 병을 얻을 만하고 병을 얻은 사람은 누구든지 아마도 그러한 법칙을 위반했으리라는 것이다. 영국의 의사 엘리자베스 체서 Elizabeth Chesser는 『여성과 어린이의 완전한 건강Perfect Health for Women and Children』이라는 책에서 "병약해지는 것이 용인되어서는 안 될 때가 도래했다."고 경고했다.[13]

과학이 중간 계급 사람들에게 도덕적 교훈의 원천이자 일종의 세속화된 종교라면 과학자는 그 선지자였다. 진보적 미국인들은 과학자에게서 새로운 세기를 위한 문화적 영웅을 찾았다. 1893년 MIT 총장이던 프랜시스 워커Francis A. Walker 장군은 목표의 고결함과 노력의 진지함에 있어서 미국 과학자들의 "성실, 소박, 충실, 관대함"은 다른 모든 직업군을 능가한다고 선언했다.[14]

실험과학자는 근대에 꼭 맞는 도덕적 전형이었다. 과학자는 지식인이었기에 "정신노동"을 했다. 하지만 미국인들이 철학 교수, 시인, 다른 비현실적인 직업군에게서 불쾌하게 느꼈던 맥 빠지는 내세관을 갖고 있지는 않았다. 사실 실험실 인간은 여느 자본주의 기업가와 마찬가지로 냉혹하게 실리적이고 물질주의적이며 실용주의적인 "그야말로 인간"이었다. 그러나 동시에 과학자는 이타심이 초인적 경지에 다다른 이타주의자였다. 메치니코프Metchnikoff는 콜레라균의 효과를 시험하기 위해 큰 컵 한 잔 분량의 콜레라 비브리오를 마셨다. 그 후 "미생물 사냥꾼들"은 황열, 말라리아, 결핵 매개체에 기꺼이 스스로를 노출시켰다.

이타심과 강박적인 욕구로 물질적 보상을 경멸한 탓에 과학자는 구세주의 품성을 떠맡았다. 현미경 위에서 너무 많은 시간을 보낸 탓에 굽어 버린 과학자의 어깨는 군중의 죄와 질병을 짊어지고 있었다. 뉴욕 슬론-케터링암연구소New York's Sloan-Kettering Institute for cancer research의 비석에는 "이 벽 안에 있는 몇 사람의 끊임없는 노동이 많은 사람을 살리리라."라고 쓰여 있다. 미국 최초의 억만장자 록펠러Rockefeller와 카네기Carnegie가 자선을 통해 자신들의 죄를 속죄하기 위해 간 곳 또한 생물과학의 제단祭壇이었다. 부자들은 수없이 저지른 죄의 대가가 생물 실험실의 금욕적 분위기에서 마치 *생명*으로 바뀌기라도 하는 것처럼 생물과학으로 몰려갔다.

생물과학과 과학을 신이 필요 없는 반역자의 지위에서 그런 영광스러운 위치에 이르도록 하기 위해 대체 무슨 일이 벌어졌는가? 바로 "선행"이 답이었다. 근대 과학의 "기적"은 19세기 기독교의 하느님이 베풀어 주신 것을 능가했다. 윌리엄 오슬러 경은 과학을 풍요의 뿔cornucopia에서 인간의 머리 위로 쏟아지는 "헤아릴 수 없는 은총 …"으로 그렸다. 19세기 후반이 지나자 과학을 악마의 활동으로 비난하는 복음 선교사는 마이크, 선싯불, 그리고 내연기관으로 움직이는 자동차를 무시하는 것만큼이나 어리석게 여겨졌다. 그러나 과학이 단지 그 업적만으로 승리한 것은 아니었다. 사실 때때로 다른 길로 빠지기도 했다. 그럼에도 대중의 마음속에 과학의 특권이 너무나 대단했기에 다른 분야에서 이루어진 혁신도 과학의 성과로 간주됐다. 과학자가 아닌 기구 제작자가 증기 엔진을 고안했고, 두 명의 자전거 기계공이 처음으로 비행기를 설계했으며, 백신과 항독소가 아니라 생활수준의 향상이 궁극적으로 영아 사망률을 감소시켰는데도 말이다. 따라서 19세기와 20세기의 "과학주의", 즉 과학 숭배는 단지 실용주의적 인식의 문제가 아니었다. 과학이 가진 이데올로기적 특성 때문에 과학은 새로운 종교가 될 수 있었다. 그것은 강하면서도 초월적이고 이성적이면서도 남성적이고 동시에 상업적 현실을 넘어 "날아오를" 수 있었다.

어느 누구도 새로운 실험생물학의 남성중심성과 공격성에 의문을 제기하지 않았다. 초기의 생물학자들은 자연을 분류하고 설명하고 이름을 붙이기 위해 관찰하는 것에만 만족했다. 그러나 새로운 과학자는 자연을 추적해 그것을 실험실에 가두고, 있을 수 있는 다른 진실을 제시하는 실험 조건으로 에워싼 뒤 답이 나올 때까지 그 범위를 좁혀 갔다. 과학적 의료의 초기 옹호자인 의사 올리버 웬들 홈스Oliver Wendell Holmes 경은 성적 가학성을 고스란히 드러내는 언어를 사용해 과학적 연구를 향한 자신의 태도를 묘사했다. "나는 **자연**을 사로잡아 그녀의 온몸에서 땀이 나고 **괄약근**이 느슨해질 때까지 그녀를 쥐어짜는 것을 보기 위해 정밀하고 끈질기게 연구하는 사람의 정신을 따르고 싶다. …"[15]라고 친구이자 동료 의사인 위어 미첼S. Weir Mitchell에게 털어놓았다.

　그러나 진짜 과학의 공격성은 **시장**의 상업적 공격성과는 매우 다르다. 시장의 유일한 가치는 이기주의다. **시장**이 합리주의적 특성과 양적 사고를 독려할 때는 오직 이윤에 도움이 될 때뿐이다. 이에 반해 과학은 무욕의 화신이다. (또는 **시장**의 이기심에서 유리된 것이라고 말할 수 있을 것이다.) 과학은 합리적이고 계산적이지만 오직 *진실*을 추구할 때만 그렇다. 이상적으로는, 기발함도 희망적 관측도 명성에 대한 욕망도 과학자의 신중함을 흩뜨릴 수 없다. 그래프, 수치의 나열, 비교 측량 등과 같은 "결과"를 통한 판단만이 결정적이다. 대중의 마음속에서 과학에 위대한 도덕적 힘을 부여하는 것은 이러한 타협하지 않는 무욕과 객관성의 이미지다. 과학은 어떤 특정한 이해관계, 즉 특정 계급이나 특권 집단에 이바지하지 않는다. 과학은 『애로스미스』에 나오는 28층짜리 상업용 빌딩 꼭대기에 위엄 있게 자리 잡은 "맥거크연구소"처럼 편협하고 세속적이고 탐욕스러운 모든 것을 초월해 솟아오른다.

　아마도 맥거크연구소는 과학 연구를 위해 상업 빌딩에 자리 잡은 세계에서 유일한 기관일 것이다. 연구소는 맥거크빌딩의 29층과 30층을 차지하고 있으며 지붕에는 동물 우리와 타일이 깔린 보도가 있는데 그곳에서 과학자가 녹조류의 삼투성에 대해 생각에 잠겨 넋을 놓고 거닌다. (그 바로 아래층에는 속기사, 사무원, 아르헨티나의 상류층 남성들에게 고급 신사복을 팔기 위해 안달이 난 가장 돈 잘 버는 신사의 세계가 있다.)[16]

　과학의 도덕적 변형으로 실험실은 신성한 자질을 얻었다. 과학이 인간과 자연의 세계를 탐구할 수 있다는 점에서 실험실은 객관성의 사원이었다. 실험실은 세상의 싸구려 감상주의와 상업주의, 그리고 오물로부터 분리된 일종의 "무균 지역"이었다. 마틴 애로스미스는 "맥거크연구소"에 있는 자신의 새 신험신에서이 처음 언마 동안 스레가가 대성당에서 느끼듯 영혼이 신성해지는 섯을 느꼈다.

… 그는 문을 닫고. 그의 영혼이 흘러나가 자신의 영적인 실체가 그 작은 공간을 채우도록 내버려 뒀을 때 안식을 느꼈다.

피커보우나 라운스필드처럼 불쑥 들어와 자신을 끌고 나가 사람들에게 설명하고 이유를 대고 남들 앞에 나서게 할 사람도 없었다. 그는 사람들이 이른바 일이라고 하는 다정한 편지를 받아쓰고 포장하는 데 불려 가는 대신 자유롭게 연구했다. …

갑자기 그는 단정하고 청결하게 늘어서 있는 실험관을 사랑한 것처럼 인류를 사랑했고 과학자의 기도를 뇌까렸다. …**17**

실험실의 신비

젊은 의사 애로스미스가 과학의 순수성을 찾는 순례 여행으로 고군분투하고 있는 동안 그 직업의 리더들인 다른 정규 의사들은 실험실을 의료 문제를 풀기 위한 해결책으로 찬양하기 시작했다.

의료를 개혁하고자 한 사람들, 다시 말해 정규 의료에서 "과학적" 의료로 변형하고자 한 사람들은 새로운 중간 계급 출신이었으며 그 비전과 열망을 공유했다. 그들이 과학적 정신을 지니고 있었다면 그것은 의사였기 때문이 아니라 과학과 전문가주의에 미래를 건 계급의 일원이기 때문이었다. 그들은 상업적 의학교의 졸업생이 아니었다. 하버드, 존스홉킨스, 펜실베이니아 대학에서 의학을 공부한 후 베를린이나 하이델베르크(독일은 젊은 의사들의 성지로 이미 영국을 대신하고 있었다)에서 한두 해 동안 연구를 마친 대학교육을 받은 남자들이었다. 그곳에서 그들은 유럽의 귀족 자제들과 지하 식당에서 맥주를 들이켜며 유럽의 위대한 실험생물학 창시자들의 말을 경건한 마음으로 들었고, 어쩌면 실험실을 경험해 볼 기회도 있었을 것이다. 그들은 철저한 실험과학 교육을 받은 것은 아니었지만, 의사 위어 미첼이 말했듯이 적어도 "실험이라는 관념"과 이 관념을 정규 의료라는 수상쩍은 진료 형식에 심으려는 열정을 가지고 미국으로 돌아왔다.

　과학적인 의료 개혁은 거대 기술의 도구중심 의료가 주류를 이룬 20세기 후반의 관점에서 기대할 수 있는 것처럼 쉬운 기획이 아니었다. 과학적 엘리트와 달리 보통의 정규 의사는 직업의 장기적인 전망보다 하루하루의 경쟁을 더 걱정하는 소상공인의 정신을 여전히 지니고 있었다. 대부분 본토박이 중간 계급 미국인이었던 그들은 과학을 향해 경의를 표했다. 이는 과학을 통해 직접 얻은 지식 때문은 아니었다. 현미경을 보거나 체온계를 사용해 진료하는 의사는 거의 없었고, 그러한 "진보된" 기술에 그다지 관심을 보이지도 않았다. 한 정규 의사는 검안경의 발명을 두고 "검안경으로 드러난 것은 대부분 보인다고 해서 더 잘 치료할 수 있는 것은 아닌 병적인 상태"라고 냉소적으로 말했다.[18]

　"영웅적" 사혈과 관장은 19세기 후반 다소 감소했다. 하지만 정규 치료 요법은 여전히 일정한 종류의 상품을 생산해야 하는 필요성 때문에 시행됐다. 1840년대 에테르와 클로로포름의 도입 덕택에 외과 수술이 의사의 활동에 추가됐고, 수많은 장기에 외과 수술이 행해졌다(4장 참조). 약물, 아편, 키니네는 1860년대 의사들의 작고 검은 가방에서 수은을 점차 몰아내고 있었다. 적절하게 처방된다면 말라리아 치료에 유용한 키니네는 열이 났다 하면 대중없이 마구 처방되었다. 그러다 의사들은 마침내 아편과 알코올이 실제로 효과를 발휘한 경우를 발견했다. 아편, 알코올, 코카인은 진실로 통증을 "치료"했고, 실용주의 의사는 그 약들을 폐렴에서 "신경과민"에 이르기까지 모든 치료에 광범위하게 사용했다.

과학적 의료 개혁가들은 동료 정규 의사를 비난하고 싶기야 했겠지만 쉽게 그럴 수 없었다. 그들이 산파, 민간 치료사, 비정규 의사와 같이 불법화되어야 한다고 주장할 수도 없었다. 당시 소수였던 과학적 의사들은 우선 어떤 개혁도 12만 명에 달하는 정규 의사들의 의지에 반해 추진될 수 없다는 것을 알았다. 또 다른 이유는 보통 의사들의 어설픈 치료를 대체할 "과학적" 치료가 여전히 없다는 것이었다. 유럽 세균학이 디프테리아 항독소를 개발했지만 치료제로서의 가치는 거의 없었다.

따라서 일반적인 개혁 전략은 세기 전환기의 정규 의료 진료에 만연했던 무능함에는 눈을 감는 대신 의료 교육에 초점을 맞춰야 했다. 학교를 공격하는 것은 효과적 치료라는 전반적인 이슈를 회피하는 동시에 수많은 정규 의사들을 적으로 만들지 않는 이점을 지녔다. 교육 이슈는 의사가 무엇을 *하는가*가 아니라 의사는 누구인가, 의사는 무엇을 알고 있는가였다. 구체적인 개혁 전략은 당연히 의료 교육에 *과학*을 첨가하는 것이었다. 미국 의과대학으로서는 처음으로 독일식 기준을 충족시킨 존스홉킨스 의과대학이 모델이 되었다. 세균학, 화학, 병리학, 생리학, 살아 있는 환자를 대상으로 한 임상 과정과 같은 기초 과정이 개설되었다. 또한 실험과학자인 전임 교수가 있었고 무엇보다 실험실이 있었다. 마침내 일반 대중이 과학이라고 여긴 것은 실험실에서 해야 하는 어떤 것이었다. "과학적 사실"이라는 것은 책장이 너덜너덜하고 화학 약품으로 얼룩진 실험 노트에 깔끔하게 (아마도 숫자로) 기입한 데서 원인이 규명될 수 있는 정보를 의미했다. 개혁을 전파하려는 가장 충실한 복음주의적 관점에서 보자면 "과학적"으로 되기 위해서 의료는 실험실이 필요했다.

의료를 과학화하기 위한 구실은 세균병인설이 제공했다. 벤저민 러시가 주장한 것처럼 단 하나의 알려진 원인 때문에 모든 질병이 생기거나, 혹은 근대 과학 이전의 의사들 대부분이 믿었듯이 "나쁜 공기"나 "불균형한 기질" 때문에 질병이 생긴다면 의대생은 과학적 교육이라는 수련을 거칠 필요가 없었다. 반면 파스퇴르Pasteur, 코흐Koch, 그리고 유럽 생물학의 다른 위대한 거장들이 주장했듯이, 실재하는 물리적 입자인 "세균"에 의해 질병이 발병한다면 과학은 없어서는 안 되는 것이었다. 모든 사람들이 알고 있듯이 세균은 보통 사람에게는 보이지 않았다. 세균은 오직 현미경 사용법을 익힌 과학자에 의해서만 보였고 가장 정확한 실험실 연구원만이 다룰 수 있었다. 세균이 질병의 원인이고 그래서 제대로 갖춰진 실험실에서만 세균을 박멸할 수 있다면 실험실 없는 의료는 법정 없는 법률, 교회 없는 신학과 같았다.

현미경의 원통 끝에서 보라색으로 염색된 균을 관찰했다는 이유로 누구나 더 훌륭한 의사가 될 수 있다는 증거는 없었지만 그래도 그런 식의 논의는 계속되었다. 과학적 관점에서는 다른 문제들이 있었다. 과학적 의사들이 기대했던 바와 달리 세균론은 의료와 세균학 사이에 확실한 연결 고리가 있다는 증거를 제시하지 못했다. 1900년에야 비로소 특정 세균이 장티푸스, 나병, 결핵, 콜레라, 디프테리아, 파상풍과 관련 있는 것으로 드러난 것은 사실이지만 어떤 이유로 세균이 이러한 질병을 *야기시켰는지*는 그다지 분명하지 않았다.

코흐는 병에 걸린 모든 실험 대상 동물의 조직에서 결핵균이 발견될 수 있음을 증명했다. 그러나 건강한 동물의 조직에서도 병원균이 발견될 수 있다는 사실에 대해서는 설명하지 못했다. 메치니코프와 그의 동료들이 콜레라균을 마셨을 때 왜 장이 좀 불편한 것 외에 다른 심각한 반응이 없었는지, 그리고 일반적으로 같은 세균에 감염되었음에도 불구하고 왜 어떤 사람은 병에 걸리고 어떤 사람은 안 걸리는지 증명할 수 없었다. 결국 조지 버나드 쇼George Bernard Shaw가 자신의 연극 〈의사의 딜레마The Doctor's Dilemma〉에서 세균학을 "미신"이라며 망가뜨리는 데에는 아무런 지장이 없었다.

B.B.[과학적 의사 랠프 블룸필드 보닝턴 경]: … 만약 당신이 아프다면 병에 걸린 거요. 경미한 것일 수도 있지만 일단 질병이오. 그럼 질병은 무엇이냐? 병원성 세균 체계 안에 자리 잡고 있는 질병이자 그 세균이 증가하는 질병이지. 치료는 무엇이냐? 매우 간단하지. 세균을 찾아 죽이는 것이지.

패트릭 경: 만약 세균이 없다면?

B.B.: 불가능하오, 패트릭 경. 반드시 세균이 있어야 하네. 그렇지 않다면 어떻게 환자가 아플 수 있겠소?

패트릭 경: 과로의 세균을 보여 줄 수 있겠소?

B.B.: 안 되오. 왜? 왜 못 보여 줄까? 친애하는 패트릭 경, 왜냐하면 균이 거기에 있음에도 불구하고 안 보이기 때문이지. 자연은 우리에게 위험 신호 없이 세균을 준다네. 결핵균은 유리나 물처럼 투명한 덩어리야. 세균을 보이게 만들려면 착색해야 하네. 자, 친애하는 패디, 어떡하겠는가? 그 일부는 착색이 안 될 걸세. 세균은 코치닐로도 착색이 안 되고, 메틸렌 블루로도 착색이 안 될 것이고, 겐티안 바이올렛으로도 착색이 안 될 걸세. 그것은 어떠한 색깔도 받아들이지 않을 걸세. 그 결과 과학적 인간으로서 세균이 존재하는 것을 알지만 우리는 그것을 볼 수 없네. 그러나 세균의 존재를 반증할 수 있나? 질병이 세균 없이 존재한다고 상상할 수 있나? 예를 들어 세균 없는 디프테리아

환자를 보여 줄 수 있나?

패트릭 경: 아니, 하지만 자네 목에서 질병을 일으키지 않지만 똑같은 세균을 보여 줄 수 있네.

B.B.: 아니야, 같지 않아, 패트릭 경. 그것은 완전히 다른 세균일세. 불행하게도 그 두 가지는 차이를 알아볼 수 없을 만큼 너무 똑같이 닮았을 뿐이야. … 뢰플러Loeffler가 발견한 진짜 디프테리아균이 있고, 내 목에는 자네가 발견할 수 있는, 자네가 말했듯이 진짜와 똑같은 가짜 세균이 있을 뿐일세.

패트릭 경: 그럼 그것이 어떻게 다른지 말해 주겠나?

B.B.: 자, 그 세균이 분명 진짜 뢰플러(디프테리아 병원균-옮긴이)라면 자네는 디프테리아에 걸릴 것이고 만약 가짜 세균이라면 꽤 건강할 걸세. 이보다 더 간단할 순 없지. 과학은 항상 단순하면서도 심오하지.[19]

의심할 여지 없이 세균학은 의료에 밝은 빛을 비추었지만 그 빛은 너무 한정된 곳만 비추었다. 세균론은 몇몇 극적인 승리를 이끌어 냈다. 승리한 몇 가지 예를 들자면 효과적인 면역법, 항독소, 그리고 나중에 등장할 항생물질 등이다. 동시에 세균론(각 질병의 분자적 "원인"이나 단일 세포를 발견하기 위한 과학적 의료의 일반적인 노력)은 의료의 관심을 영양부족, 스트레스, 공해 등 인간 건강의 환경적·사회적 요인으로부터 다른 곳으로 돌리는 데 일조했다. 그 결과는 어림잡아 암의 80퍼센트 이상이 환경에 의해 야기됐음에도 불구하고 암을 일으키는 세포 "조직"을 발견하는 것에 사로잡힌 의료의 모습에서 알 수 있다.[20]

그러나 이러한 반응 중 그 어떠한 것도 세기 전환기의 과학적 의사를 단념시키지 못했다. 세균론은 의료에 견고한 과학적 기초를 제공하는 것처럼 보였다. "가짜 세균"이나 비슷한 이론적 포장술로도 채울 수 없는 몇몇 허점이 의사에 있다나면 그 이유는 당시 연구에 신봉하는 세대로 훈련된 사람이 충분하지 않기 때문이라는 것이다. 중요한 것은 과학이 의과대학으로 들어갔다는 것이며, 그 자체만으로도 가장 과학적인 사람들이 버겁게 느낄 만한 문제가 되었다.

제일 먼저 돈 문제가 있었다. 예전과 같은 연간 200달러의 학비로는 실험실 장비와 독일식 교육을 받은 교수에게 비용을 지불할 수 없었다. 그래서 우선 학비가 엄청나게 올랐다. 물론 그것은 몇 가지 이점이 있었다. 의학 교육 개혁의 선구자 가운데 한 명인 존 빌링스John S. Billings는 새로운 과학적 학교 교육이 너무 비싸서 가난한 소년들은 의사가 되려는 시도조차 해서는 안 된다는 점을 지적했다.[21] 그러나 사실상 중간 계급 소년들도 할 수 없기는 마찬가지였다. 따라서 과학적 의학 교육이 밴더빌트가Vanderbilts나 모건가Morgans 자녀들만으로 제한되지 않는 한, 학비를 올려도 교육에 드는 비용을 충당할 수 없었을 것이다. 결국 외부 보조금이라는 거대한 자원을 찾아내야만 했다.

의료와 큰돈

중세의 의료직은 직·간접적으로 영주의 후원에 의존했다. 식민지 시대와 공화국 초기의 미국에는 중세 시절의 지원에 상응하는 부의 집중이 없었다. 따라서 대학, 엘리트 직업, "문화" 전반에 대한 지원이 거의 없었다. 그러나 1900년이 되자 돈이 넘쳐났다. 남북전쟁 이후의 열광적인 산업화 시기는 한 세대 전만 해도 상상할 수 없었던 부의 집중을 낳았다. 미국의 새로운 부호들 중 존 록펠러John D. Rockefeller와 앤드루 카네기Andrew Carnegie를 능가할 사람은 아무도 없었다. 운, 약삭빠름, 완벽한 약탈의 조합으로 록펠러(스탠더드오일)와 카네기(US스틸)는 아홉 자리 수에 이르는 부를 축적했다. 20세기 초, (예전에는 "정규 의료"로 알려졌던) 과학적 의료의 승리를 재정적으로 지원한 것은 수천 명의 미국 노동자들의 노동과 수백 개의 소기업 파산에서 뽑아낸 바로 그 돈이었다.

여기서 자본가의 음모를 발견하기란 아주 쉬울 것이다. 록펠러와 카네기 둘 다 "부의 복음송가"를 신봉했다. 이는 저 높은 곳에서 자신들에게 박애주의라는 도구를 통해 사회를 만들어 가도록 임명했다는 생각이다. (침례교인인 록펠러는 자신은 하느님이 임명한 사람이라고 믿었고, 독실한 사회진화론자인 카네기는 진화의 자연 선택으로 자신이 성공했다고 믿었다.) 의료는 전통적으로 박애의 수단이었다. 노상강도에서 박애주의자로 바뀐 두 사람은 의료 체계 안에서 당연히 "비정규 의사", 하층 계급 출신 의사, 여자 의사, 산파 등과의 지저분한 경쟁에서 신사이자 과학자라는 혈통을 지닌 의사를 더 선호했을 것이다.

문제는 그리 간단하지 않았다. 록펠러는 정규 의료의 최대 라이벌이었던 동종요법을 개인적으로 크게 신뢰했다. 게다가 썩 옹호적이지 않았던 전기 작가가 지적하듯이 록펠러는 "교육과 비전에 있어서 분명한 한계를 지녔다. 그는 책을 별로 읽지 않았고, 문학, 과학, 예술 … 에는 그다지 흥미가 없었다."[22] 카네기는 다른 종류의 문제가 있었다. 그는 "전문가"를 매우 불신했다. 카네기가 피츠버그에 있는 카네기연구소Carnegie Institute의 이사진으로 "가장 마지막에 마지못해 뽑은 사람들"이 전문가였다는 사실이 그 점을 분명히 보여 준다.[23] 그는 기업가들이 사회에서 가장 진보적인 세력이며 박애주의적 교육 제도에 직접적인 힘을 행사해야 한다고 믿었다.

미국인들은 고정된 사고방식에 묶여 있는 많은 교수와 교장[대학 총장]에
게 자신의 돈을 받고 맡기지 않는다. 또한 개혁을 불가능하게 만드는 그들
에게 계급적 적대감도 가지고 있다.[24]

그러나 두 가지가 의료를 과학적으로 개혁하고자 하는 사람들의 품속으로
록펠러와 카네기, 그리고 그들의 돈을 몰아넣었다. 첫째는 자신들이 하는 기
부의 절대적인 공평함과 객관성에 대한 박애주의자들의 고집이었다. 이 두
사람은 그 어느 미국인보다도 자국민들에게 미움을 받았고 그래서 경찰의 호
위 없이는 차를 타고 거리에 다닐 수도 없었다는 것을 기억하라. 그들의 자비
심은 그들의 자본 축적이 무자비했던 것만큼이나 공평하고 초연하게 보여야
했다. 록펠러는 시카고대학 의과대학의 기부 요청을 거절했다. 이유는 그 대
학 총장이 의대는 "정규 의료"를 실시해야 한다고 주장한 것에 반해 록펠러
는 어떤 특정한 의료 분파, 심지어 "정규" 분파에조차 후원하는 것을 반대했
기 때문이다. 한편 카네기는 조금이라도 분파적인 경향을 보이는 학교는 모
두 그의 교수 연금 계획에서 제외시켰다. 물론 그런 확고한 공명정대함은 순
수하게 "과학적"이라고 자부하는 어떠한 이유에 대해서도 편견을 가질 수밖
에 없음을 의미했다.

둘째, 더 단순한 이유로 록펠러와 카네기는 돈을 직접 쓸 수가 없었다. 자비
심을 베푸는 재벌의 독특하고 개인적인 능력을 찬양하는 "부의 복음송가"에
도 불구하고 둘 다 자신들의 박애주의 사업을 관리하기 위해 점점 더 많은 책
임을 다른 사람에게 위임할 수밖에 없었다. 박애주의는 곧 법인 형태의 재단
으로 제도화되었다. 초기에는 전문가, 당연히 박애주의 전문가를 제외하고는
의지할 수 있는 사람이 전혀 없었다. 그 전문가들은 의료가 박애주의에 대한
자신들의 태도를 반영했기에 의료를 과학적 접근법과 동일시했다. 만약 박애

주의가 정서의 문제라면 부자는 스스로 그 문제를 조절할 수 있었을 것이다. 그러나 박애주의가 과학의 문제라면 전문가가 부자를 위해서 박애주의를 관리해야만 했다.

최초의 박애주의 전문가는 프레더릭 게이츠Frederick T. Gates였다. 그는 이전에 교사, 농부, 은행원, 영업사원, 목사를 전전한, 말하자면 미니애폴리스 출신의 전형적인 사기꾼이었다. 1891년 존 록펠러가 게이츠를 만났을 때 그는 미국침례교육협회American Baptist Education Society라는 것을 운영하고 있었으며 주로 자신을 목사로 소개했다. 그러나 일단 록펠러로부터 사무실과 비서를 제공받자 게이츠는 점점 더 세속적인 태도로 돌아섰다. 한 역사가가 설명한 것에 따르면 게이츠는 침례주의에서 과학주의로 전향했다. 그는 "전체 침례교 조직은 아무런 권위를 가지지 못하는 교본 위에 세워져 있다. …"는 결론에 이르렀다.[25] 록펠러를 위해 일하면서 그는 자신이 "과학적 기부"라고 불렀던 것을 개발했다. 그것은 주로 작은 기관에 돈을 조금씩 분배하는 것이 아니라 상대적으로 큰 규모의 기관에 돈을 집중시키는 것을 의미했다.

1897년 게이츠는 존스홉킨스대학 교수 오슬러의 『의료 원칙과 실천Principles and Practice of Medicine』을 읽고 하룻밤 사이에 과학적 의료로 전향했다. 거기에는 게이츠가 썼듯이 "실천"은 많지 않은 반면 "원칙"이 가장 많은 부분을 차지하고 있었다. 게이츠는 즉시 의료 연구에 대한 후원과 과학에 기반을 둔 의료 발달을 촉구하는 메모를 존 록펠러에게 전달했다.

미끼는 던져졌고 의료계의 신사 과학자들이 돈에 접근하기 시작했다. 이야기는 존 록펠러 2세 가족의 소아과 의사이자 록펠러 집안이 다니던 5번가의 침례교회 교인인 의사 에밋 홀트L. Emmett Holt가 기차를 타고 클리블랜드에서 뉴욕으로 가는 동안 록펠러 주니어를 과학적 의료로 전향시킨 것에까지 거슬러 간다. 록펠러 주니어는 너무나 감명을 받아 홀트와 존스홉킨스 의과대 학장, 몇몇 저명한 생물과학자와 교수들을 포함한 홀트의 여섯 친구들이 여는 새 연구소에 돈을 기부하기로 했다. 이 일곱 사람은 우정과 공통의 학문적 관심이라는 끈으로 모두 연결되어 있었는데, 록펠러로부터 2만 달러를 받고 록펠러의학연구소Rockefeller Institute for Medical Research의 첫 이사진이 되었다. 돈이 그 사람들과 함께하기 시작했다.

　록펠러연구소는 유럽 실험실 연구의 모든 매력과 신비를 미국으로 가져왔다. 마침내 그곳은 순수한 의료과학자들이 환자나 재정 불안을 걱정하지 않고 연구할 수 있는 곳이 되었다. 그러나 게이츠에게 그곳은 그 이상이었다. 록펠러의학연구소는 "신학박사 사이먼 플렉스너Simon Flexner 주교가 관장하던 신학교"였다.[26] 그곳은 과학적 의료의 모델이었을 뿐만 아니라 의료가 동경하던 품위의 모델이기도 했다. 본관은 거대한 패널로 장식된 만찬장이 인상적이었는데, 그곳에서 유니폼을 입은 웨이터들이 의무적으로 재킷과 타이를 맨 연구자들에게 음식을 날랐다. 소설 『애로스미스』에 묘사된 맥거크연구소의 모습은 록펠러연구소에서 받은 영향과 실제로 그 연구소에 있었던 많은 모습들을 재구성해 놓은 것이다.

　연구소에서 정말 놀라운 것은 과학과 관련된 것으로 보이는 것이 아무것도 없다는 사실이다. 정말 놀라운 것은 만찬장이었다. 그곳에서 연구원들이 점심을 먹고, 가끔 안주인 맥거크 부인이 만든 과학적 저녁 식사를 했다. 마틴의 눈길이 반짝이는 마룻바닥에서 검은색과 황금빛이 어우러진 천장까지 따라가느라 그의 머리는 뒤로 젖혀졌고 숨이 찼다. 만찬장은 연구소 2층 높이였다. 참나무 패널 벽을 배경으로 맥스필드 패리시Maxfield Parrish가 그린 커다란 벽화와 진홍색 망토를 입은 과학의 성직자들의 초상화가 있었고, 무엇보다도 백 개의 전구로 된 전기 샹들리에가 있었다.

"아이고, 세상에!" 마틴은 말했다. "이런 방이 있을 줄이야!"[27]

1960년대 중반에 이르자 200만 달러에 가까운 기부금과 1500명이 넘는 직원을 가진 록펠러연구소는 귀족적 이상을 떠맡게 됐다. 캐스퍼리 홀에서는 격주로 실내악 연주회가 열렸고, 애비 알드리치 록펠러 만찬장에는 칼더Calder와 클라인Klines의 작품이 걸려 있었으며, 데이비드 록펠러의 셰리주 파티가 열렸다. 설립자의 친구이자 동창이었던 당시의 연구소장 데틀레브 브롱크Detlev Bronk에 따르면 연구소의 목표는 "신사 과학자"를 배출하는 것이었다.

록펠러연구소와 존스홉킨스대학(실험실과 전임 교수를 갖춘 미국 최초의 의과대학)은 과학적 의료의 요새로 우뚝 섰으며, 몇 년 새 세균학과 면역학에서 중요한 발견의 기류를 만들어 내게 된다. 그러나 이 두 기관은 단순히 그 자체만으로는 모두가 열망했던 의료 "개혁"을 이룰 수가 없었다. 다음 단계는 "비정규" 학교, 비과학적 학교, 주로 하층 계급이 다니는 학교들을 없애고, 박애주의 기금이 과학적 기준과 접목되기를 원했던 소수의 기관으로 몰리도록 만드는 것이었다. 이런 목적을 달성하기 위해 1907년 연구원 출신 의사로 구성된 엘리트 위원회인 미국의사협회 의학교육위원회AMA's Council on Medical Education는 카네기재단에 접근했다. 이 위원회는 이미 전국 방방곡곡에 있는 의학교를 조사해 등급을 매겨 놓았으며, 어떤 학교가 제거되어야 하고 어떤 학교가 유지되어야 할지 결정해 놓았다. 이때 그들이 카네기재단으로부터 필요했던 것은 돈이 아니라 재단의 승인이었다. 미국의사협회는 분파주의와 이기주의로 쉽게 비난받을 수 있었지만, 대학 학장들이라는 흠 잡을 데 없이 깨끗한 명단으로 구성된 재단 이사회를 가진 카네기재단은 전문성과 공명정대함으로 정평이 나 있었다. 재단 이사장은 미국의사협회의 제안서를 한번 보고 "즉각 가능성을 포착했으며" 새롭고 전적으로 "객관적인" 의학 교육 연구를 지원할 것에 동의했다.

카네기재단은 어떤 종류의 의료분파수의로도 너무여서시 않노녹 확실이 하기 위해 일반인을 그 연구 책임자로 고용했다. 그는 에이브러햄 플렉스너 Abraham Flexner로 공교롭게도 록펠러연구소의 소장인 의학 박사 사이먼 플렉스너와 형제였으며 존스홉킨스대학 졸업생이었다. 대다수의 의료사학자들은 연구 결과로 나온 플렉스너 보고서를 미국 의료 역사에서 가장 결정적인 전환점이라고 환영했다. 그 보고서가 얼마나 편향되지 않았냐면, 말하자면 텔레비전 감기약 광고 정도였다. 플렉스너에 따르면 미국에는 "너무 많은" 의사가 있었고 그들은 너무나 계급이 낮은 사람들이었다. "어린 소년이나 지친 사무원" 등 누구든지 의학 교육을 받을 수 있었다. 일부 흑인 의사들은 흑인에게서 백인 이웃으로 질병이 확산된 것을 확인할 때 필요할 뿐이었다. "1000만 명의 흑인이 6000만 명의 백인과 접촉하며 살고 있다."라고 플렉스너는 지적했다. 그럼에도 그는 여자 의사는 거의 필요 없다고 보았다. 그 증거는? 바로 "여자 의사에 대한 강력한 수요가 없거나 의사직에 들어가고자 하는 여성들의 강한 욕구"가 부족하기 때문(!)이라고 설명한다. 다른 분파들의 의료에 대한 접근 방식과 관련한 문제에 대해서는 당시 존재하는 분파 중 어느 것을 더 퍼뜨려야 하는가가 아니라 과학적 의료(적절하게 개혁된 정규 의료 분파)가 모든 분파를 압도할 만큼 퍼지게 해야 한다고 주장했다.[28]

1909년 에이브러햄 플렉스너가 한 일은 어느 모로 보나 그의 저술만큼이나 중요했다. 당시 약 160개의 의학교가 있었는데 그는 나라 안의 모든 의학교를 돌아보았다. 카네기재단 사람으로서 그는 돈 냄새를 풍겼다. 플렉스너가의 한 사람으로서 그는 마치 자신이 **과학** 그 자체인 것처럼 말했다. 메시지는 간단했다. 모든 과학에서 실험실과 월급 받는 교수가 완비된 존스홉킨스 모델을 따르거나 그렇지 않으면 문을 닫아라. 이 말은 더 작고 더 가난한 학교에게 단 한 가지만 의미했다. 문을 닫으라는 뜻이었다. 더 크고 좋은 학교(하버드처럼 지시된 개혁을 착수하기에 이미 충분한 돈을 가진 학교들)에게 이것은 그 이상의 개혁을 위해 막대한 양의 재단 보조금을 지원할 것이라는 약속을 의미했다. 발표된 보고서는 사실상 의료 박애주의자를 위한 편리한 안내서 역할을 했다. 보고서는 미국 의학교의 겨우 15퍼센트만이 "과학적" 기준을 충족하기 시작했음을 발견했고, 이런 학교들은 이미 크고 부유하고 정평이 나 있기에 구제할 만한 학교임을 보여 주었다. 플렉스너 보고서 출간에 뒤이어 20년 동안 가장 큰 9개의 재단이 플렉스너가 정한 기준을 엄격하게 지킨 의료 교육 기관에 1억 5000만 달러 이상을 퍼부었다.[29] 그 액수는 그 재단들이 모든 취지를 위해 내놓은 돈의 반을 차지할 정도였다.

19세기 후반에 시작돼 상징적인 플렉스너 보고서로 절정에 달한 의료 교육 "개혁"운동의 효과는 1910년대에 이미 나타나기 시작했다. 1904년에서 1915년 사이, 92개의 의학교가 문을 닫거나 합병되었다.[30] (여학생에게 천국이었던) 대중건강운동을 이어받은 "비정규" 학교는 대거 폐쇄되었다. 여학생만 받은 여자 의학교 중 열에 일곱은 문을 닫았다. 1909년에서 1912년 사이 의대 졸업생 가운데 여학생의 비율이 4.3퍼센트에서 3.2퍼센트로 떨어졌다.[31] 흑인들의 상황은 훨씬 더 나빴는데 처음 7개였던 흑인 의학교 중 단 두 학교(미해리와 하워드)를 제외하고 전부 문을 닫았다.

의료 분야의 사회 계급적 구성 비율에서도 "개혁"은 마찬가지로 치명적이었다. 노동 계급과 하층 계급 젊은이들에게 저렴한 비용으로 의학 교육을 제공하던 정규 학교는 여학교와 흑인 학교의 전철을 밟았다. 그뿐만 아니라 플렉스너는 의학교 입학 조건으로 최소 2년의 단과 대학 교육을 정했다. 대학을 다닐 나이에 있는 인구 가운데 5퍼센트도 안 되는 인구가 단과 대학이나 대학에 등록하던 당시 이러한 규정은 중상류층과 상류층을 제외하고는 의학교에 다닐 수 없다는 사실을 의미했다.

이러한 기준이 필요했다고 추상할 수도 있었을 것이나. 의료 개혁가들에 의해 폐쇄된 학교의 대다수는 확실히 규모가 너무 작고 장비가 미비하여 적절한 의료 교육을 제공할 수가 없었다. 그러나 더 많은 학교를 개선시키기 위해 기금을 분산시키는 전략 같은 대안적인 개혁 전략이 있을 수도 있었다. 그랬더라면 의료 교육이 많은 사람들에게 개방된 형태로 남아 있을 수 있었다. 당연히 그 전략은 의사들이 가장 피하고자 했던 전략이었다. 카네기재단이 선택한 전략으로 의료는 이전보다 훨씬 더 백인, 남성, 압도적으로 중상류 계급으로 구성된 엘리트의 소유물이 되었다. 게다가 과학적 개혁가들은 그들이 도입하고자 추구했던 직업 요건이 실질적으로 가지는 의료적 가치에 대해서 결코 의심하지 않았다. 장기간의 과학적 훈련 기간 같은 요건은 주로 특권 계급에서 의사가 배출되도록 만들었다. 그것은 교육받지 못한 치료사를 대체한 의사들이 치료사보다 더 많은 진료 경험과 인간적 공감을 갖추게 된다는 것을 보장하지는 않았다.

수많은 보통의 정규 의사들은 혼란스러운 감정을 가지고 개혁을 바라보았다. 대체로 정규 의사들은 과학적 의료와 그것에 몸 바친 엘리트 의사들을 불신했다. 뉴욕의 의사들은 세균병인설을 다룬 의학 논문을 버리곤 했는데 "자신들이 그러한 이론을 경멸한다는 점을 드러내고 싶었고 거기에 귀 기울이기를 거부했기 때문이었다."[32] 왜 질병을 어떤 정직한 의사도 본 적 없는 가상의 존재인 세균 탓으로 돌려야 하는가? 1902년 한 저명한 의학 저술가는 좀 더 개괄적으로 의사들에게 경고했다.

생리학, 현미경, 화학, 그밖에 다른 실험에 기반을 둔 새로운 이론을 너무 빨리, 너무 열정적으로 지지하는 편견에 빠지지 말라. 특히 균형감각을 잃은 사람들이 자신들의 추상적인 결론이나 가정을 확립하기 위해 새로운 이론을 제안할 때 조심해라. …**33**

보통의 의사들은 공공 의료 기관과 대중의 지지하에서만 디프테리아 항독소를 쓰고 결핵 환자를 보고하는 것에 동의하곤 했다. 세균병인설을 신봉했던 이들은 종종 알코올이라는 만능 처방을 정당화하기 위해 그 이론을 이용했다.—알코올이 세균을 죽였죠, 그렇죠? 눈보라 속에서 응급 환자에게 달려가거나 죽어 가는 사람의 손을 결코 잡아 본 적이 없는 플렉스너 같은 문외한에 의해 자신들의 모교가 "삼류"로 낙인찍히는 것을 지켜보는 것도 고통스러운 일임에 틀림없었다. 심지어 엘리트 의사조차도 이러한 변화를 느꼈다. 존스홉킨스대학의 교수 윌리엄 오슬러는 동료인 윌리엄 웰치William Welch에게 "교수로 이 학교에 들어왔으니 우리는 운이 좋아. 자네나 나나 결코 학생으로서는 들어올 수 없었을 테니 말이야."라며 빈정댔다.**34**

이 모든 것에도 불구하고 보통의 의사들은 개혁운동을 단호히 반대하려 들지 않았다. 과학적 의료 엘리트들은 정확하고 조직적인 캠페인을 통해 보통의 의사들이 허세와 정치 공작으로는 결코 얻을 수 없었던 것을 성취하고 있었다. 경쟁은 줄어들었고 정규 의사들이 그 영역을 거의 다 장악했다. 1800년대에 폐기됐거나 골자를 뺀 면허법이 1930년대와 1940년대에 회복되었다. 1800년대의 면허법은 "비정규" 의사들이 교육을 받는 한 그들을 제외시키지는 않았다. 그러나 이제 과학적 개혁의 일부로서 면허 시험은 가장 과학적인 정규 학교의 기준과 일치했다. 대부분의 주에서 *무면허* 진료를 벌금이나 징계가 아닌 징역으로 처벌하는 범죄로 규정했다. 비로소 정규 분파는 학수고대하던 의료 진료에 대한 법적 독점권을 쟁취했다.

많은 개업의들에게는 다행스럽게도 이 모든 것은 기존의 정규 의사들의 지위를 무너뜨리지 않고 이루어졌다. 개혁가들이 학교에 가져온 정화된 공포 정치는 개업의들에게는 결코 고통을 주지 않았다. 그들의 개업의들은 여전히 폐결핵에 시험을 치방하고 "기질"에 대해 떠들며 가정수부를 아편에 빠지도록 하면서 자유롭게 돌아다닐 수 있었다. 오늘날까지 이 직업은 가장 비과학적이고 잔인하기 짝이 없는 자신들의 구성원들을 신사적 관용의 정신으로 바라본다. "교양 없는 소년들"과 주로 소녀들을 배제하기 위해 세워진 기준은 이미 형제 관계에 들어가 있는 사람들에게는 한 번도 적용된 적이 없었다.

물론 진정한 과학적 의료는 자기비판적이었을 것이며, 개업의들이 지속적인 평가와 재시험을 치르도록 했을 것이다. 그러나 그것은 정규 의료가 쟁취하기 위해 그렇게 오랫동안 싸워 온 귀족 이미지에 어느 정도 흠집을 내지 않고는 거의 불가능했다. 의학박사 스텁스J. E. Stubbs는 "여러분 모두 동료 개업의들의 실수를 폭로하지 말 것을 충고합니다."라며 1899년 판 ≪미국의사협회지≫에 다음과 같이 썼다.

… 왜냐하면 만약 여러분이 그렇게 한다면 그것은 부메랑처럼 되돌아와 끝까지 괴롭힐 것이기 때문입니다. … 우리 형제들의 실수를 감싸려고 노력하지 않는 것은 잘못입니다. 수술을 성공적으로 마치기 위해서는 상당한 지식과 극도의 외과적 민첩성을 요구하는 경우가 많습니다. 그러나 늘 수술을 하다 보면 누구나 실수하기 마련입니다. 우리는 많은 것을 경험적으로 해야 합니다. 이 의사 저 의사가 저지른 큰 실수를 사람들에게 말한다면 … 그것은 그 의사에게 상처가 되고, 공동체에 상처가 됩니다. 사회에서 의사의 의견은 권위 있는 것으로 여겨지기 때문입니다. 특히 의사가 살고 있는 공동체 안에서, 의사의 동료와 친구들 사이에서 더욱 그렇습니다. 그들은 다른 어떤 사람에게도 상의하지 않을 것을 의사 형제에게는 합

니다. 그들은 동료 의사에게 훨씬 더 은밀하게 상의하고 자신들의 비밀을 신부나 목사한테보다 훨씬 더 기탄없이 털어놓습니다.[35]

스텁스가 과학에 대한 사라지지 않는 충정으로 고통 받은 것은 결코 아니다. 한때 "신부나 목사"가 가졌던 가부장적 권위를 열망하는 의사가 하찮은 기술적 비판으로 발목을 잡힐 수는 없었다.

19세기 정규 의료의 열망과 성취는 모두 단 한 사람, 바로 윌리엄 오슬러 경에게로 집약될 수 있다. 윌리엄 오슬러는 의료개혁운동의 한몫을 담당했을 뿐만 아니라 수천 명에 달하는 숭배자들의 목표였다. 오슬러는 존스홉킨스 의과대학의 교수였고 프레더릭 게이츠를 과학적 의료로 개종시킨 교재의 저자였다. 그는 평생 어떠한 독창적인 연구도 한 적이 없음에도 불구하고 그리스와 라틴 고전에서 가져온 인용문으로 우아하게 수식된 한 문장에 백 단어가 넘는 긴 빅토리아식 문장으로 의료의 과학적 르네상스를 자세히 설명할 수 있었다. 보통의 정규 의사들은 그를 좋아했다. "대서양에서부터 태평양에 이르기까지 … [방문객들은] … 거의 모든 의사들의 집 벽에 걸려 있는 오슬러의 사진을 보게 될 것이다."[36] 오슬러의 초상화는 의사들에게 의료는 돈 이상의 어떤 것, 심지어는 과학 그 이상의 어떤 것임을 상기시켰다. 의료는 단지 의사가 *行한* 것이 아니라 *그가 누구였느냐*에서 우러나오는 일종의 신비한 권력이었다.

어떤 기준에서 보더라도 오슬러는 의사들 중의 귀족이었다. (그 세대의 많은 과학자들처럼) 성직자의 아들이었던 그는 맥길대학에서 의학을 공부했고 저명한 독일의 대학 실험실을 순례했다. 좋은 혈통과 과학적 교육의 결합으로 그는 곧 미국 의학 엘리트의 주목을 받았다. 오슬러의 회고록에 따르면, 위어 미첼이 라이프치히를 여행한 것은 펜실베이니아대학에 적합한 의학 교수를 구하기 위해서였다.

> … 특히 나의 개인석 습관을 "살펴보기 위해서"였다. 의사 미첼은 필라델
> 피아와 같은 도시에서 그 지위[임상 의학 교수]에 꼭 맞는 남자의 혈동을
> 알아볼 수 있는 방법은 단 한 가지뿐이라고 말했다. 그것은 바로 체리 파
> 이를 주고 그 씨를 어떻게 처리하는지 보라는 것이었다. 나는 전에 이러한
> 수법을 읽은 적이 있기 때문에 숟가락으로 점잖게 씨를 처리했고 학장 자
> 리를 거머쥐었다.[37]

미첼은 너무 감격하여 회신하기를 "운 좋게도 우리가 오슬러를 얻을 수 있
다면 그는 생물학클럽[필라델피아 엘리트들의 사교 모임]에 적합한 사람이
다."[38] 교수로, 작가로, 강연자로, 의사로 유럽과 북미의 사회 엘리트에 버금
가는 오슬러는 웨일즈 공을 치료해 1911년 빅토리아 여왕으로부터 준남작 작
위를 받아 "경"이 됨으로써 경력의 점정을 찍었다. 오슬러는 "의료를 교양 있
는 최고의 신사 직업으로 만들고 실현했다며 공을 돌린" 히포크라테스까지
거슬러 올라가 스스로를 품위 있는 전통에 연결되어 있는 사람으로 인식했
다.[39] 마치 정규 의료가 한 번도 자기회의에 빠진 적이 없었다는 듯 오슬러는
학생들에게 말했다. "제군들을 위해 여러 세대에 걸쳐 강력한 남성들이 밝혀
놓은 길이 제군들 앞에 탁 트여 있습니다. …"[40]

오슬러는 여전히 세균에 대해 회의적이며 진화에 불안해하는 의사 집단에
게 몹시 필요했던 확신을 심어 주었다. 의사의 가부장적 권위는 과학보다 좀
더 고전적이고 존경할 만한 것에 의존한다고 그는 주장했다. 과학 자체는 의
료에서 절대 필수적인 것은 아니었다. 그것은 고된 개업의에게 일종의 여분
이자 "엄청난 선물"이며 "누룩"과 같은 것이었다. 사실 과학은 의사들이 부유

한 환자를 돌볼 때 필요한 보편적 "문화"의 일부분일 뿐이었다. 과학은 또한 가난한 사람들이 살고 있는 "가장 품위가 떨어지는 주변 환경"에서 의사를 보호하기 위한 일종의 소독제 역할을 했다. 당연히 "문화"는 부유한 환자 고객과 더불어 훨씬 더 중요하게 됐다.

남성을 위한 일반적인 교육이 더 폭넓고 더 자유로울수록 그는 더 좋은 개업의가 될 수 있다. 특히 더 높은 상류 계급에게는 에릭시마코스Eryxima-chus[고대 그리스의 귀족 의사] 같은 교양 있는 신사라는 확신과 공감이 알약과 물약보다 훨씬 더 많은 의미를 가져다줄 것이다.[41]

따라서 과학이 문화이고 문화가 사실 계급이라면 결국 치료한 주체도 바로 계급이었다. 좀 더 정확히 말하자면 오히려 의료에게 필수불가결한 권위를 줬던 것은 상류 계급과 남성우월성의 결합이었다. 도구, 기술, 약제에 대해 더 이상의 필요를 못 느낀 가부장적 자신감으로 오슬러는 다음과 같이 썼다.

만약 외관상 무력하고 속수무책인 채로 수년 동안 침대에 누워 있던 가난한 처녀가 몸과 마음과 재산을 모두 탕진한 채 나에게 온다면, 몇 주 후 또는 그보다 더 짧은 기간에 나에 대한 믿음에 의해, 오직 믿음만으로 침대에서 일어나 걷는다면, 옛 성인들도 그 이상은 할 수 없었을 것이다. …[42]

이제 마침내 의료 전문직은 여성의 전통적인 치료법에 견줄 만큼 충분히 강력한 믿음 치료법을 사용하게 됐다. 그러나 그 치료법은 확실히 남성적이었다. 그 치료법은 애정 어린 돌봄과 배려를 요구하지 않았고 환자의 침상 옆에서 장시간 있을 것을 요구하지도 않았다. 사실 새로운 치료 양식은 의사들이 환자와 시간을 덜 보내면 덜 보낼수록, 그가 환자에게 허락하는 질문이 적으면 적을수록 그의 권력은 더 위대해질 것이었다.

산파 쫓아내기

(남성적인) 과학적 의료의 승리가 완료되기 전에 정리되어야 할 마지막 문제가 한 가지 있었다. 바로 "산파" 문제였다. 1900년 신생아의 50퍼센트는 여전히 산파에 의해 태어났다. 중간 계급과 상류 계급 여성들은 출산을 의사(아마도 정규 의사)의 개입과 감독이 필요한 병리적 현상으로 바라보는 의료적 사고방식을 오래전부터 받아들였다. 산파와 그녀의 서비스에 의존해 있는 사람들은 "하층 계급", 즉 시골의 가난한 사람들과 도시로 이주한 노동 계급이었다. 직접적인 경쟁이 산파들을 "문젯거리"로 만든 것은 아니었다. 정규 의사들은 미시시피에 있는 소작인의 오두막이나 뉴욕 빈민가의 엘리베이터 없는 6층짜리 빈민 아파트에는 별 관심이 없었다. (유별나게 부패한 어느 의사가 산파술 때문에 의사가 "잃게 된" 모든 비용을 애써 계산하긴 했음에도 불구하고)[43] "경쟁"은 오직 동업자들 사이에서만 있을 수 있었고, 산파와 의사 사이는 경쟁 관계가 아니었다.

산파의 일은 "개업 의료 행위"와 같은 문구에 포함될 수 없다. 20세기 초 산파는 자신이 속한 공동체와 문화에서 없어서는 안 되는 부분이었다. 그녀는 어머니의 언어로 말했는데 그것은 이탈리아 어가 될 수도 있었고, 이디시 어, 폴란드 어, 러시아 어가 될 수도 있었다. 산파는 산파술에만 능숙한 것이 아니라 때때로 도움이 되는 약초와 기도에도 능했다. 태반을 처리하고 신생아를 받고, 필요하다면 죽은 자를 평온에 들게 하는 올바른 의식을 알았다. 산파는 산통이 시작될 때부터 산모가 완전히 회복될 때까지 가족과 함께 지낼 준비가 되어 있었다. 남부의 흑인 산파는 그 임무를 종종 종교적 소명으로 인식했다.

> 그녀[연장자 산파]가 내게 말했다. "메리 카터, 나는 점점 늙어 가고 있고 45년 동안 이 여행에 함께했지. 이제 지쳤어. 주님께서 나를 다른 사람으로 대체할 때까지는 그만두지 않을 거야. 내가 주님께 간구하니 주님께서 나에게 너를 보여 줬지."
> [젊은] 산파가 대답했다. "어머나, 미니 아줌마, 주님은 당신에게 나를 보여 주지 않았어요." 그녀가 말했다. "오, 주여, 너는 이 일을 해야 해. 너는 거기서 빠져나올 수 없어."
> 그녀는 진정으로 일했다. 왜냐하면 자꾸만 "무언가 내게 와서, 내 안에서, '가서 최선을 다해라'고 말하기" 때문이었다.**44**

이 모든 것이 사업과 무관한 것임은 말할 것도 없거니와 매우 "비과학적"이었다. 그러나 의료 지도자의 관점에서 볼 때 문제는 산파가 현대적인 제도 의학의 발달을 가로막고 있다는 것이었다. 과학적 의료 엘리트에 의해 진행된 개혁 중 하나는 학생들이 실험실과 강의실뿐만 아니라 살아 있는 환자가 있는 곳에 가야 한다는 것이다. 그러나 어떤 살아 있는 환자인가? 선택이 주어진 상황에서라면 대부분의 사람들은 경험이 없는 의대생을 위한 실험 대상물이 되기를 꺼렸을 것이다. 조신한 1900년의 여자라면 누구나, 없어도 되는 젊은 남자가 자신의 출산을 지켜보는 것을 원치 않았다. 의료 집단이 선택할 수 있던 유일한 집단은 선택의 여지가 거의 없던 가난한 사람들이었다. 그래서 이른바 가장 "고급" 학교인 의학교는 가장 가까운 "자선" 병원에 기생하기 시작했다. 의학교는 의학 견습생을 병원 직원으로 제공했고 그 보답으로 병원은 의학 교육을 위해 가난한 사람의 병든 몸이라는 "원재료"를 제공했다. 이 관계는 지금까지도 유지되고 있다. 이러한 상황의 도덕적 모호함은 과학적 의료 지도자에 의해 쉽게 합리화되어 버렸다. 코넬 의과대학의 의료진이었던 한 의사는 다음과 같이 썼다.

전쟁 시에는 국가와 원칙을 위한 전장에서 자신들의 생명을 바치는 사람들이 있고, 평화 시에는 생명을 구하기 위해 역병의 공포와 위험에 용감히 맞서는 의료 영웅이 있다. 그러나 자선 병원의 병동에 누워 있는, 집도 없고 친구도 없고 타락하고 어쩌면 범죄자일 가난한 병자는 극도의 곤경 속에서 원조와 위로를 받고 각자의 형편에 맞게 의료과학의 진보에 기여함으로써 인류에게 훨씬 위대한 서비스를 제공한다.[45]

의료과학은 이제 가난한 여성들에게 "가장 인정 많고 사심 없는" 직업에 기여하도록 요구했다. 산부인과는 미국에서 가장 급속하게 발달한 전문 분야였으며, 산파는 거기서 물러나야 했을 것이다. 한 의사가 주장했듯이 산파를 교육시키거나 면허를 주어서는 안 된다는 것은 말할 필요조차 없었다.

이러한 조치는 산과 지식을 증진시키기 위해 청진기, 골반계骨盤計, 그리고 새로이 개발된 다른 여러 기술들을 적용해 볼 수 있는 사례를 감소시키기 때문이었다.[46]

의사 찰스 지글러Charles E. Zeigler 또한 동료들을 겨냥해 쓴 ≪미국의사협회지≫ 기사에서 직설적으로 주장했다.

그렇지 않으면 임상 목적을 위해 쓰일 재료의 75퍼센트가 산파의 생계를 제공하는 데 이용되기 때문에, 산과 교육에 적합한 환자를 충분히 확보하는 것은 현재로선 불가능하다.[47]

여기서 "재료가 … 이용되기 …"라는 흥미로운 어법을 눈여겨보라. 산파가 이웃으로서, 어쩌면 친구로서 돌봤던 여성은 점점 발달하고 있는 의료 산업의 눈에는 고객조차 아니었으며 단지 생명 없는 "재료"가 되었을 뿐이다.

당연히 산파에 반대하는 공공 캠페인은 환자를 염려하는 가장 자비로운 배려라는 측면에 기대고 있었다. 산파는 "구제 불능일 정도로 더럽고, 무지하고, 무능한 야만적인 과거의 유물"이었다.[48]

산파들도 손을 씻을 것이다. 하지만 오, 손톱 밑에 더러운 먼지가 얼마나 많은지! 무수한 사례를 들 수 있으며, 난관농종의 다른 원인으로 "더러운 산파"를 추가할 수도 있다. 산파는 그 모든 원인들 가운데 가장 치명적인 박테리아이며 정말 가장 유해한 종류의 미구균이다.[49]

나중에 알게 되겠지만 산파와 불결함은 일반적으로 미국답지 않은 것이었다. 거의 300년에 가까운 미국 역사를 뒤엎으면서 산과 의사 에먼스A. B. Emmons와 헌팅턴J. L. Huntington은 1912년 산파에 대해 다음과 같이 주장했다.

산파는 미국의 산물이 아니다. 단지 미국이 유럽 대륙으로부터 상당수의 이민자가 유입되는 것을 늘 관대하게 받아들였기 때문에 아주 부수적으로 그들은 늘 여기에 있어 왔다. 우리는 어떤 주에서도 산파라는 작업 단위를 가진 산과 체계를 채택한 적이 없다. 지역에 도착하는 이민자가 많을수록 산파가 그곳에서 더욱 번창할 것이지만, 이민자가 동화되자마자 또는 우리 문명의 일부가 되자마자 산파는 더 이상 이민자의 집에 있는 요소가 아니라는 점은 거의 법칙이 되었다.[50]

의료 전문직의 수사학에서 산파는 더 이상 자신의 환자와 같은 인간이 아니었다. 추측건대 다른 세균과 마찬가지로 이주 노동자를 실어 나르는 배 손잡이에 붙어서 멀리까지 온 외국의 "미구균"이었다. 의료계는 이민자들을 정화하고 미국화하려는 대중캠페인에서 산파의 제거가 필수불가결한 부분이라고 주장했다. 물론 이 캠페인은 그저 위생적 조처에 불과했다.

점차 향상되는 의료 교육의 기준에서 봤을 때 산파는 확실히 "무지했다." 아마도 일부 산파들은 "불결하다."거나 "무능하다."는 비난을 받을 만했을 것이다. 이러한 결점에 대한 확실한 구제 방법은 책임을 묻거나 감독하는 등의 체계와 교육이었다. 영국은 원한을 사지 않으면서도 산파에게 교육과 자격을 부여하는 방식으로 "산파 문제"를 쉽게 해결했다. 가장 무지한 산파조차 (임질에 걸린 산모의 아기가 눈이 멀게 되는 것을 막기 위해) 질산은 안약을 투여하는 교육과 일정한 청결 수준을 달성하는 교육을 받을 수 있었다. 그러나 미국의 의료 전문직은 산파 문제에 대해 바로 극단적인 처방을 선택하곤 했다. 산파들은 제거되어야 했다. 즉, 불법화되어야만 할 터였다. 의학 잡지들은 구독자에게 캠페인에 동참할 것을 촉구했다.

당연히 우리에게는 필요한 법률을 제정하기에 충분할 정도의 영향력과 동지들이 있습니다. 이 땅에서 당신의 목소리를 내십시오. 그리하면 무지한 잔소리꾼 산파는 곧 과거의 유물이 돼 버릴 것입니다.[51]

사실 의사들은 일단 산파들이 제거되고 난 뒤의 상황을 넘겨받을 준비가 전혀 되어 있지 않았다. 첫째, 산과 의사가 원한다 해도 수많은 가난한 노동계급 여성들을 돌볼 산과 의사가 미국에는 충분하지 않았다. 역사가 벤 바커 벤필드Ben Barker-Benfield의 말마따나 "산파가 제거된다면 뉴욕 시 외곽의 뉴욕 주에서는 출산의 25퍼센트가 *전혀* 도움을 받지 못할 것이라고 1915년 적대감을 가진 한 산과 의사도 인정했다."[52]

또 산과 의사는 출산 과정에 새로운 위험을 초래했다. 어떤 의사가 썼듯이 의사는 산파와 달리 "구멍을 쳐다보면서" 장시간 동안 환자 곁에 앉아 있으려 하지 않았다. 의사는 자신이 예정했던 것보다 분만이 지연될 경우에는 외과용 칼이나 겸자를 가지고 개입했고, 종종 산모나 아기에게 상해를 입혔다. 의과대학부속병원은 학생들이 정상 분만보다 좀 더 힘든 분만을 연습해 봐야 했기에 외과적 개입 쪽으로 더 기울었다. 출산이 전적으로 의료화되어 위험하게 약을 남용하고 과잉 진료를 하는 시대가 오고 있었다.[53] 20세기 초에 이르면 산파의 일을 의사가 넘겨받은 것이 대중건강의 역사에서 다소 문제성 있는 일이었음을 의료 전문직의 몇몇 구성원들조차 이미 분명하게 알게 된다. 존스홉킨스대학 교수의 1912년 연구는 대부분의 미국 의사들이 당시 그들이 대체하고 있던 산파들보다 덜 유능하다는 것을 보여 줬다.[54] 의사들은 대체로 산파보다 경험이 적었고 덜 기민했으며, 결정적인 순간에 *분만 현장에 없는* 경우가 많았다.

그러나 1900년에서 1930년 사이에 산파는 지상에서 거의 모두 사라졌다. 많은 주에서 불법화되었고 그렇지 않은 다른 주에서는 지역 의료 권위자들에게 시달렸다. 이러한 경향에 저항하는 페미니스트들은 아무도 없었다. 1830년대 대중건강운동에 함께했던 여성들은 출산 시 남성 조력의 부적절함과 위험을 고발했었다. 그러나 출산에서 *여성* 조력이 사실상 범죄로 바뀌고 있던 이때에는 어떠한 항의도 없었다. 중간 계급 페미니스트들은 "불결한" 이주민 산파에게 차내애를 가지고 있지 않았다. 그들은 오래전 의료 전문직이 만든 규정에 따라 움직이기로 결심했으며 페미니스트의 에너지를 (정규) 의학교에 더 많은 여성을 집어넣는 문제에 쏟았다. 엘리자베스 블랙웰은 완벽인 의료 교육 없이는 어느 누구도 출산을 도와서는 안 된다고 생각했다.

이주공동체 내에서 남성이 산파의 일을 넘겨받는 것에 대해 약간의 저항이 있었지만 우리는 이것에 대한 증거를 가지고 있지 않다. 대부분의 여성은 자녀를 위하여 남성적, 제도적 돌봄을 의심 없이 받아들였다. 산파술의 제거로 인해 단지 상류 계급 여성뿐만 아니라 모든 여성이 의료 전문직의 생물학적 헤게모니의 지배를 받게 되었다. 같은 방식으로 여성은 치료사로서 최후의 자율적인 역할을 잃었다. 의료 체계에서 여성에게 남은 유일한 것은 고용인, 고객 혹은 "재료"로서의 역할뿐이었다.

전문가의 지배

제4장
병의 성 정치학

샬롯 퍼킨스 길먼이 "신경질환"으로 쓰러졌을 때 그녀가 도움을 청한 의사는 "국내에서 가장 저명한 신경 전문가" 위어 미첼 박사였다. 여성 환자 전문가이자 소설가(부업)이며 필라델피아 상류 사회 회원인 미첼 박사는 일찍이 교수 채용 심사를 하던 중 오슬러가 예의 바르게 체리 파이 씨를 처리하는 것을 보고 만족하여 그 젊은 의사를 의료 사회의 내부 구성원으로 받아들였던 바로 그 사람이다. 1880년 길먼이 미첼 박사를 만났을 때 그는 1년에 6만 달러(요즘으로 치면 약 100만 달러와 맞먹는) 이상을 벌면서 신경 전문 분야의 정상에 있었다. 여성 신경질환 치료로 잘 알려진 그의 명성은 이 무렵 현저한 변화를 겪기에 이르렀다. 미첼에 대해 다른 모든 것에서는 우호적이었던 한 전기 작가에 따르면, 미첼의 허영심은 "엄청났으며 매일 거의 매 시간 그칠 새 없이 과장된 아첨 공세를 받았다. …"[1]

길먼은 "절대적인 확신"을 가지고 그 위대한 분을 찾아갔다. 어머니의 친구는 길먼이 필라델피아로 가서 미첼의 진료를 받을 수 있도록 100달러를 빌려주었다. 길먼은 그와의 만남에 대비해 자신의 전체 병력에 대해 조리 있게 적어 갔다. 이를테면 그녀는 자신의 병이 집, 남편, 아이들로부터 떨어져 있으면 사라졌다가 그들에게로 돌아가자마자 재발한다는 것을 깨달았다. 그러나 미첼 박사는 그녀가 준비해 간 병력 기록을 "자만심"의 증거라며 묵살했다. 그는 환자로부터 정보를 원하지 않았고 "완전한 복종"을 원했다. 길먼은 자신에게 내린 그의 처방을 아래와 같이 인용한다.

> "최대한 가정중심적인 삶을 살라. 항상 아이들과 함께 있어라." (단지 아기에게 옷을 입히고 있을 뿐인데도 그 행동으로 내가 몸을 떨며 울게 되는 것을 상기해 보라. 이 관계가 나한테 미치는 영향은 말할 것도 없이 아기를 위해서도 결코 건강한 동반관계가 아니다.) "매 식사 후 한 시간 동안 누워 있어라. 하루에 단 두 시간만 지적인 생활을 해라. 그리고 살아 있는 동안 절대로 펜, 붓, 연필을 잡지 마라."[2]

길먼은 집으로 돌아와 몇 달 동안은 미첼 박사의 처방을 충실하게 따르려 애써 보았다. 그녀의 말에 따르면 결과는 다음과 같았다.

> … [나는] 위험하게도 하마터면 정신을 놓을 뻔했다. 정신적 고뇌가 너무나 견딜 수 없게 커져서 나는 머리를 좌우로 흔들며 멍하니 앉아 있곤 했다. … 나는 그 끝없는 고통의 압박을 피하기 위해 구석진 벽장과 침대 밑으로 기어들어 가곤 했다. …[3]

마침내 "시야가 선명해진 어느 순간" 길먼은 자기 병의 원인을 이해했다. 그녀는 *아내*가 되기를 원하지 않았던 것이다. 그녀는 작가와 활동가가 되기를 원했다. 그래서 위어 미첼 박사의 처방을 버리고 남편과 이혼한 뒤 아이, 펜, 붓, 연필과 함께 캘리포니아로 떠났다. 그러나 길먼은 미첼과 자신을 죽일

뻔한 그의 "치료"를 결코 잊지 않았다. 그녀는 회복된 지 3년 후에 자신의 병과 광기로의 추락을 소설로 각색한 『누런 벽지The Yellow Wallpaper』를 썼다.[4] 길먼은 성공적인 인생을 돌아보며 자신의 소설이 위어 미첼 박사의 치료 방법에 조금이라도 영향을 미쳤다면 "내가 헛되이 산 게 아니다."라고 썼다.[5]

샬롯 퍼킨스 길먼은 자신에게 무슨 일이 일어나고 있는지를 이해한 "시야가 선명해진 순간"을 가질 만큼 운이 좋았다. 다른 수천 명의 여성들도 자신들이 정보를 구할 곳이나 상담을 받을 곳이라곤 전혀 없이 남성 의료 전문직에 의존하는 새로운 입장에 처해 있음을 알게 됐다. 의료 전문직은 치료에 대한 독점을 공고히 하고 있었고, 여성은 아프거나 우울하거나 혹은 그저 피곤을 느낄 뿐이어도 남성 의사가 아니면 이제 더 이상 친구나 여성 치료사에게 도움을 청할 수 없었다. 의사들의 공식 발표뿐만 아니라 진료에 방향을 제시한 일반적인 논리는 여성은 선천적으로 약하고 의존적이며 병들어 있다는 것이었다. 그래서 의사들은 여성 치료사에 대한 자신들의 승리를 확고히 하려 했을 것이다. 여성의 본질적인 성향은 강인하고 유능하며 도움을 주는 사람이 되는 것이 아니라 *환자*가 되는 것이라는 "과학적" 증거를 가지고 말이다.

불가사의한 유행병

사실 당시 의사들의 이론이 완전히 억지는 아니라고 생각할 만한 이유가 있었다. 의사들이 제기한 이유 때문은 아니었지만 여성들은 분명 아팠다. 19세기 중·후반 흥미로운 유행병이 미국과 영국의 중상류층 여성들을 휩쓸고 있는 것처럼 보였다. 당시의 일기와 저널은 절망적인 병약성에 빠져드는 여성들의 수많은 사례를 보여 준다. 교육자인 캐서린 비처는 1871년 많은 친지와 친구, 옛 제자들을 방문하는 여행을 마치고는 "전국적으로 놀라운 비율로 승가하고 있는 나싱 민깅의 끼끼한 셔티"를 악려다 그녀의 여행 노트는 이렇게 적고 있다.

위스콘신 주 밀워키의 A 부인 잦은 두통. B 부인 매우 허약함. S 부인 오한 빼고 건강. L 부인 지속적으로 건강이 안 좋음. 잦은 두통에 시달리는 D 부인. B 부인 매우 건강이 나쁨 …
H 부인 골반 질병과 기침. B 부인 항상 아픔. 거기서 온전하게 건강한 여성이라고는 본 적이 없다. …**6**

의사들은 여성 인구를 휘어잡고 있던 병적 허약성 풍조에 대해 다양한 진단명을 붙였다. "신경쇠약", "신경 피폐", "신경과민", "심박 불완전", "소화불량", "류머티즘", "히스테리" 등등. 증상에는 두통, 근육통, 허약, 우울증, 생리불순, 소화불량 등과 대체로 지속적인 휴식이 필요한 일반적인 쇠약이 포함됐다. 의사 위어 미첼은 그 병을 다음과 같이 묘사했다.

여성은 점차 창백하고 여위게 되며, 거의 먹지 않거나 먹더라도 충분히 먹지 않는다. 바느질하기, 쓰기, 읽기, 걷기, 이 모든 것이 그녀를 지치게 하고, 점차 소파나 침대가 유일한 위로가 된다. 그녀는 진심을 다해 모든 노력을 다하지만 쑤시고 아프며, 자면서도 아프고, 각성제와 강장제가 끊임없이 필요하다고 말한다. … 그러한 사람이 감정적이라면 여성은 늘 감정적으로 될 수밖에 없고, 심지어 가장 강한 여성도 끊임없는 무력함에 마침내 자기통제력을 잃게 된다.**7**

증상은 결코 치명적이지는 않았지만 대부분의 경우 치료할 수 없었다. 희생자는 때로 병을 질질 끌며 남편이나 의사보다 더 오래 살았다.

샬롯 퍼킨스 길먼이나 제인 애덤스처럼 병에서 회복되어 충만하고 활동적인 삶을 산 여성들은 예외였다. 1830년대 노예폐지론자이자 페미니스트였던 앤 그린 필립스Ann Greene Philips는 연애 기간 동안 처음으로 아프기 시작했다. 결혼한 지 5년 후 그녀는 점차 영구히 침대에만 틀어박히게 되었다. 위어 미첼의 미혼 여동생은 (첫 번째 아내가 막 죽은) 오빠를 위해 살림을 떠맡은 직후 뭐라 말할 수 없는 "큰 고통"의 먹잇감이 되었으며 병약한 삶을 시작했다. 앨리스 제임스Alice James의 경우 19살에 허약성 병이 시작됐는데, 그녀의 상태가 너무나 다루기 힘들어 항상 오빠 헨리(소설가)와 윌리엄(심리학자)을 놀라게 했다. "아! 슬프고 슬프다."라고 그녀는 일기에 썼다.

… 평화와 휴식의 모든 희망은 사라지고 있다. 단지 쓸쓸한 달팽이처럼 다시 내려오기 위해 작은 길을 오른다! 그러고 나면 이 의사들은 너는 죽거나 회복될 것이라고 말한다! 그러나 너는 회복되지 않는다. 나는 19살 이래로 이렇게 변해 왔지만 죽지도 회복되지도 않는다. 이제 나는 42살, 어느 쪽으로든 진행될 시간은 충분했다.[8]

이러한 여성들의 고통은 너무나 현실적이었다. 앤 필립스는 "… 삶이 버겁다. 내가 뭘 해야 할지 모르겠다. 고통 받는 것도 지쳤다. 아무것에도 확신이 없다."라고 썼다.[9] 어떤 여성들은 병으로 죽지 않는다면 자살을 생각했다. 앨리스 제임스는 아버지와 자살을 의논했고, 43살에 유방암이 발병하여 몇 달 내로 죽을 것이라는 것을 알게 되었을 때 "나는 죽음이 다가오고 있음을 알게 되어 흥미와 지식으로 충만한 몇 달을 갖게 된 것을 가장 큰 행운이라고 생각한다."**10**라고 기뻐하며 말했다. 메리 갤러웨이Mary Galloway는 의사와 간호사가 자신의 아파트에 왕진을 와 있는 동안 자신의 머리에 총을 쐈다. 그녀는 31살이었고 은행 및 공기업 사장의 딸이었다. 1905년 4월 10일자 ≪뉴욕 타임스The New York Times≫ 기사에 따르면, "갤러웨이는 1895년 이래 소화불량이었고, 그것이 그녀의 자살에 대해 알려진 유일한 이유다."**11**

결혼: 성적 · 경제적 관계

19세기 후반기 중상류층 여성을 사로잡은 모호한 증후군은 의료적 관점에서의 질병이라기보다는 하나의 생활양식으로 표현될 정도로 아주 널리 퍼져 있었다. 더 정확하게는 이러한 유형의 여성이 기대 받던 삶의 방식 때문에 여성들은 쉽게 병들었고, 그 병이 다시 그녀로 하여금 기대되는 방식대로 계속 살게 하는 경향이 있었다. 남편에게 전적으로 의존하는 연약하고 부유한 숙녀는 모든 계급의 여성들에게 이상적 여성상이 되었다.

샬롯 퍼킨스 길먼과 올리브 슈라이너 같은 똑똑한 페미니스트들은 여성의 병약성과 상류 계급 여성의 경제적 상황 사이의 연관성을 깨달았다. 그들이 관찰한 것에 따르면 가난한 여성들은 그 증후군으로 인해 고통 받지 않았다. 중상류 계급에서의 문제는 결혼이 "성적 · 경제적 관계"가 됐으며 결혼 안에서 여성이 재정적 원조를 받기 위해 성적이며 재생산적인 의무를 수행했다는 것이다. 그것이 올리브 슈라이너가 직설적으로 "여성 기생주의"라고 불렀던 관계이다.

길먼의 실용주의적 관점에서 볼 때 부유한 아내들은 도도새 같은 하나의 비극적 진화의 변종처럼 보였다. 부유한 아내들은 일하지 않았다. 가정에서 수행할 진지하고 생산적인 일이 없었으며, 집 청소, 요리, 자녀 양육처럼 그녀가 하던 일은 가능한 한 많이 가정부에게 넘겨졌다. 생물학적으로 말하자면 그녀는 단 하나의 유일한 기능, 즉 섹스로 특화되었다. 따라서 스커트 뒷자락의 부푼 장식, 가짜 앞가슴, 큰 엉덩이, 잘록한 허리 같은 부자연스러운 복장은 자연스러운 여성적 외모를 우스꽝스럽게 만들었다. 그녀의 업무는 자신이 결혼한 사업가, 법률가, 혹은 교수의 상속인을 낳는 것이었고, 그렇게 함으로써 그녀는 남편의 수입에 대한 분배를 요구할 수 있었다. 길먼이 우울증에 걸려 아기를 돌보지 않았던 것은 아기가 자신의 경제적 의존을 보여 주는 살아 있는 증거라는 것을 반쯤 정신이 나간 상태에서도 이미 알고 있었기 때문이다. 그것은 그녀에게 성적 타락으로 여겨졌다.

베블런Veblen이 『유한계급론The Theory of the Leisure Class』에서 신랄하게 지적했듯이 "숙녀"는 하나의 다른 중요한 기능을 가지고 있었다. 그것은 정말로 아무것도 하지 않는 것이었고, 경제적·사회적으로 중요성이 전혀 없는 상태를 말했다.[12] 성공한 남자에게 한가한 아내만큼 좋은 사회적 장식품은 없었다. 아내의 연약함, 아내의 문화, 남성 세계에 대한 아이 같은 무지함은 남자에게 돈만으로는 살 수 없는 "품격"을 주었다. 고결한 아내는 바느질을 하고 그림을 그리고 메뉴를 짜고 하인들과 아이들을 감독하면서 집 안에서 고요하고 평화로운 삶을 보냈다. 좀 더 모험적인 여성이라면 여가를 쇼핑 여행, 점심 모임, 댄스, 소설로 채우기도 했다. "숙녀"는 매력적일 수는 있었지만 결코 총명할 수는 없었고, 어떤 것에 흥미를 가질 수는 있었지만 몰두할 수는 없었다. 의사 미첼의 두 번째 부인 메리 카드왈라더Mary Cadwalader는 아마도 그런 여성의 본보기였을 것이다. 그녀는 "현명한 척하지 않았으며, 맨 처음으로 한 생각은 남편의 장식품이 되는 것이었다. …"[13] 그러한 숙녀는 정치, 사업, 국제 정세, 또는 산업 세계의 가슴 아픈 부조리에 대해 결코 관심을 두지 않아야 했다.

그러나 가장 보호받는 여성들조차도 남자들의 "진짜" 세계로부터 떨어진 섬에 살 수는 없었다. 슈라이너는 더 큰 맥락에서 나름과 같이 실명했다.

여성의 기생주의 현상 뒤에는 항상 또 하나의 더 큰 사회적 현상이 놓여 있다. … 이를테면 노예나 종속된 인종, 계급처럼 다른 인간들로 구성된 큰 집단의 복속 문제가 있다. 그러한 계급이 과도하게 노동한 결과로 항상 지배 계급이나 지배 인종의 손에 노력 없이 얻은 부가 축적되었다. 지배 인종 또는 지배 계급의 여성이 과거에 했던 활동을 잃어버리고 오로지 성적 기능을 수동적으로 수행함으로써 존재하게 된 것은 바로 이들이 *강요된 노동 혹은 형편없는 급여를 받는 노동의 결과인 이러한 부에 의존해서 살아가고 있다는 변함없는 사실 때문이다.*[14] [강조는 원문대로]

유한계급 숙녀가 알든 모르든 신경을 쓰든 안 쓰든 그녀는 더럽고 가난한 흑인 소작인, 생계비 이하의 봉급을 위해 하루에 14시간 일하는 여섯 살짜리 아동, 불안전한 기계나 광산 폭발로 팔다리가 절단된 젊은 남자, 아사의 위협에 의해 성매매로 내몰린 소녀와 동일한 사회에 살고 있었다. 미국 역사에서 과시적인 부와 무자비한 가난 사이의 모순, 나태와 소진 사이의 모순이 19세기 후반보다 더 두드러진 적은 없었다. 파괴와 암살에 관한 소문이 있었고, 도시에서는 소요가 광산에서는 폭동이 있었다. 심지어 안정적인 사업이나 전문직 남성조차도 경기 침체나 수완 좋은 경쟁자, 또는 (당시에는 그렇게 보였던) 사회 혁명에 의해 쓰러지지 않을지 그 또한 확신할 수 없었다.

좋은 가문의 유한계급 숙녀는 남편이나 남편의 고용인만큼이나 산업사회 질서의 일부였다. 슈라이너가 지적했듯이 남자로 하여금 관상용 이상도 이하도 아닌 아내를 가질 수 있게 했던 것은 궁극적으로 노동의 세계에서 착취한

부였다. 그리고 남자로 하여금 가정을 상냥한 천상의 아내가 관리하는 "신성한 장소, 여신의 사원", "올바르지 않은 세계에 우뚝 세워진 장막"인 안식처로 보도록 한 것은 바로 저 바깥 세계의 난폭함이었다. 한 대중가정건강 안내서는 다음과 같이 충고했다.

> … [남자의] 감정은 충돌과 짜증과 실망에 의해 인내의 극한점에 이를 정도로 자주 상처 입는다. 남자에게 마음의 평정과 안정을 회복시켜 주기 위해 가정은 휴식과 평화와 쾌활함과 위로의 장소가 되어야 한다. 그러면 남자의 영혼은 강함을 회복하고 노동과 세계의 문제와 조우하기 위해 새로운 용기로 가득 차 앞으로 나아갈 수 있을 것이다.[15]

의심할 여지 없이 가정중심성의 숨 막히는 분위기는 일종의 신경성 우울증을 야기한다. 예를 들어 앨리스 제임스가 일생 동안 앓던 병이 "실제로" 유기체적 근거를 가지고 있었는지 우리는 결코 알 수 없을 것이다. 그러나 앨리스는 오빠들과는 달리, 대학에 가라든지 글 쓰는 재능을 발전시키라는 독려를 받은 적이 한 번도 없었다. *그녀*는 예민하고 상상력이 풍부했지만 재기 발랄하거나 생산적일 수는 없었다. 병은 그녀의 (당시에는 그렇게 보인) 본성 때문에 진입할 채비가 되지 않은 성취의 세계로부터 그녀가 취할 수 있었던 유일하게 명예로운 후퇴였을 것이다.

다른 많은 여성들에게도 정도만 다를 뿐 병이 삶의 일부가 되었고, 심지어 시간을 보내는 하나의 방법이 되었다. 성적·경제적 관계는 여성을 육체적 삶으로 제한했고, 여성들이 자신의 에너지와 지성을 집중했던 곳도 바로 그 몸이었다. 부유한 여성들은 휴양지처럼 꾸며진 건강관리 클럽과 위어 미첼 같은 우아한 전문가들의 진료실에 북적댔다. 1870년대의 한 잡지에 실린 카툰은 화려하게 꾸며진 대기실에서 만난 두 명의 "상류 사회 부인"을 보여 준다. "오, 디지, 니 여기 왔기나. 애, 너 어디 아파?"라며 첫 번째 환자가 묻는다. 두 번째 환자가 대답하기를 "멀쩡해, 고마위! 그린데 니는 무슨 일이야?" "아, 아무것도 아냐! 난 아주 좋아."[16] 이들보다 덜 부유한 여성들을 위해서는 특허약과 가정주치의가 있었으며, 1850년대부터 시작되어 꾸준히 인기를 얻고 있던, 여성 건강을 주제로 의사들이 쓴 대중조언서가 있었다. "편두통", "신경증", 그리고 언급하기 곤란한 다양한 "여성적 질병"을 가지고 침실에 드러눕는 것은 받아들여질 만했고, 심지어 유행이었다. 정의 내릴 수 없는 신경성 질병 "신경쇠약증"은 어떤 집단에서는 지성과 감수성의 표식으로 여겨졌다. 1895년 여성 의사 메리 퍼트넘 자코비는 성마르게 다음과 같이 기술했다.

> … 생각할 수 있는 모든 다양한 긴장 — 겨울의 기분풀이, 집 안에 가득한 하인들, 여자 친구들과의 다툼, 더 정당한 이유는 말할 것도 없고 — 아래서 지쳐 쓰러지는 것은 자연스럽고 거의 칭찬할 만하게 여겨진다. 생리 때마다 침대에 누우려고 하는 여성들은 그러한 위기가 있을 때 어쩌다 몇 시간 동안 서 있으면 쓰러지려고 한다. 선의를 가졌지만 근시안적인 조언자들이 여성들에게 신경을 쓰도록 강요하는 바람에 여성들은 끊임없이 신경에 대해 염려하다가 곧 한 묶음의 신경 다발 자체가 되어 버린다.[17]

그러나 설령 병이 여성의 입장에서 곤란한 상황에 대한 반응이었다 하더라도, 그것이 출구는 아니었다. 만약 게을러야 한다면 아픈 것이 낫고, 결과적으로 병이 게으름을 합법화할 수 있었다. 가정중심적 관점에서 봤을 때 아픈 여성은 어쨌든 이상적인 여성으로부터 그다지 멀리 떨어져 있지 않았다. 병을 여성적 아름다움의 원천으로 보는 병적 심미안이 발달했고, 최신 유행의 감각에서 봤을 때 아름다움은 사실상 병의 원천이었다. 19세기 낭만파 그림은 쿠션에 육감적으로 축 늘어진 채 눈은 남편이나 의사에게 고정돼 있거나 이미 저세상을 응시하고 있는 아름답고 허약한 여성들을 반복해서 그렸다. 여성 독자를 겨냥한 문학은 병과 죽음에 대한 낭만적인 비애감에 잠겨 있었고, 대중 여성 잡지에는 "내 친구의 무덤"과 "죽음의 노래"와 같은 이야기가 등장했다. 사교계 여성은 상당량의 식초를 마시거나 더욱 효과적이게 비소를 마셔 아픈 표정을 짓는 노력을 했다.[18] 가장 사랑스러운 여주인공은『작은 아씨들Little Women』의 베스처럼 이 세상에 살기에는 너무 착하고 너무 순수해 젊어서 일찍 죽는 여자들이었다.

한편 패션의 필요조건은 잘 차려입은 여자는 보기에 그런 것처럼 실제로도 연약하고 장식적이어야 한다는 것이다. 꽉 쪼이는 코르셋을 입는 스타일은 19세기 후반에 걸쳐 예절처럼 요구됐는데, 여성의 몸에 심한 손상을 입히는 효과를 낳는다는 점에서 과거 중국의 전족 관습과 비슷하다. 유행의 첨단을 걷는 여성의 코르셋은 내부 장기에 평균 21파운드에 달하는 무게의 압력을 가했고, 극단적인 경우에 그 무게가 88파운드에 이르는 것으로 측정되었다.[19] (여기다 잘 차려입은 여성은 겨울에는 평균 37파운드의 외출복을 입었고, 그중 19파운드는 억지로 조인 허리에 매달려 있었다는 사실을 더해 보라.[20]) 꽉 조이는 레이스가 미치는 단기적 영향은 호흡 곤란, 변비, 허약함, 극심한 소화 불량 징후였다. 장기적 영향으로는 휘거나 부러진 갈비뼈, 간 이탈, 자궁 탈출증이 있었다. (어떤 경우는 코르셋의 압력 때문에 자궁이 점차적으로 압박을 받아 질 밖으로 나오곤 했다.)

19세기의 낭만적 정신은 여성을 받침대에 올려 두고 **시장**에서 결핍된 모든 미덕을 여성에게 부여하였음에 틀림없다. 그러나 극단으로 치달아 여성이 남성 세계의 *정반대*여야 한다는 요구는 여성이 사실상 될 수 있는 것이라고는 아무것도 남기지 않았다. 남자가 바쁘면 여자는 게으르고, 남자가 서툴면 여자는 상냥하고, 남자가 강하면 여자는 약하고, 남자가 이성적이면 여자는 비이성적이다 등등. 여성성이 남성성의 부정이라고 주장하는 논리는 필연적으로 죽어 가는 여성을 낭만화하고 일종의 가부장적 시간屍姦을 조장했다. 19세기에 이러한 경향은 명백해졌고 낭만적 정신의 이상理想은 죽음의 언저리에서 살고 있는 허약한 병자, *아*픈 여성을 치켜세웠다.

질병으로서의 여성성

의료 전문직은 여성 병약자라는 활기 없는 인물에 입맛을 다시며 덤벼들었다. 병약한 숙녀의 집에는 "집파리 같은 가정 주치의가 계속 달라붙어 있으며" 의사들은 부유한 환자 주위로 들끓었다.[21] 수백 명의 충성스러운 고객을 위한 *유일한* 의사로 위상을 정립한 위어 미첼만큼 성공한 사람은 극소수였다. 그러나 의사의 지속적인 돌봄과 외과 치료, 전기 요법, 물 치료법, 최면 요법, 화학적 치료 등의 개입은 별 소용이 없어 보였다. 사실 많은 경우 *질병과 치료*를 구별해 내는 것은 어려웠을 것이다. 당연히 샬롯 퍼킨스 길먼은 그 연관 고리를 깨달았다. 『누런 벽지』에서 의사 남편으로부터 치료받고 있던 병석의 여주인공은 그 두려운 진실을 암시하고 있다.

존은 의사이고, *아마도* ― (나는 물론 살아 있는 영혼에게는 말하지 않을 것이지만, 이것은 생명이 없는 종이이며 내 마음의 위대한 구원이다) ― *아마도* 그것이 내가 더 빨리 낫지 않는 유일한 이유일 것이다.[22]

사실 19세기 후반부터 20세기 초까지 의사들의 치료에 길잡이가 되었던 이론은 여성의 *정상적인* 상태란 바로 아픈 것이라고 주장했다. 이것은 경험적 관찰 결과로 제시된 것이 아니라 생리적인 사실로 제시되었다. 의료는 여성의 기능이 본래 병적이라는 것을 "발견했다." 남성의 상상력을 끊임없이 자극하는 원천인 생리가 그 증거이자 설명이었다. 생리는 여성 생애 전반에 걸쳐 심각한 위협이었으며 생리 결핍도 마찬가지였다. 1900년 미국부인과학회 American Gynecology Society 회장인 의사 엔젤만Engelmann은 다음과 같이 말했다.

많은 젊은 생명이 사춘기의 암초에 강타 당해 영원히 불구가 된다. 만약 이 암초를 무사히 지나 출산이라는 바위에 부딪쳐 산산조각 나지 않더라도 생명은 여전히 끊임없이 반복되는 생리의 여울에 좌초해 있을 것이다. 그리고 마침내 폐경이라는 보호물 앞의 마지막 관문에 도달해서야 성적 폭풍우가 도달하지 못하는 항구의 잔잔한 물결 속에 있게 된다.[23]

의사들이 쓴 대중조언서는 "여성적 기능"이나 "여성의 질병"으로 들어가면 우울한 어조를 띠었다.

하늘에 계신 아버지께서 기쁘게 부여한 매달 반복되는 생리 때문에 발생하는 생식 조건에서 지속되는 잦은 정신적·육체적 고통에 대해 올바른 소견을 내는 것은 불가능하다. …[24]

수많은 일하는 여성의 존재를 무시한 채 의사들은 모든 여성이 허약병을 앓을 기간으로 매달 일주일 또는 닷새를 따로 챙겨 둘 준비가 되어 있다고 가정했다. 의사 테일러W. C. Taylor는 자신의 책 『여성 건강과 질병에 대한 의사의 조언A Physician's Counsels to Woman in Health and Disease』에서 당시의 대중건강서에 서라면 어디서나 발선되던 전형적인 경고를 했다.

일상 업무가 일시 중단되거나 변경되어야 하는 날로서, 매달 돌아오는 이 날을 건강이 좋지 못한 기간으로 여기는 것은 너무 중요해서 아무리 강조 해도 지나치지 않다. … 오래 걷기, 춤, 쇼핑, 승마, 파티는 매월 이 기간 동 안 어떠한 상황에서도 피해야만 한다. …25

1916년이 되어서도 의사 윈필드 스콧 홀Winfield Scott Hall은 다음과 같이 조언 하고 있었다.

생리 주간 동안 모든 힘든 일을 그만둬야 한다. … 이 기간 동안에는 더 일 찍 잠자리에 들어야 할 뿐 아니라 경우에 따라서 마음을 안정시키고 휴식 과 수면 시간을 더 많이 가지면서 하루에서 사흘 정도는 학교에 가지 않고 집에 있어야 한다.26

마찬가지로 임신한 여성도 아홉 달 내내 "가벼운 병"에 걸려 있었다. "태아 기 영향"에 대한 의학 이론은 태아가 기형이 되거나 성장 발육을 저해당하지 않도록 모든 "충격적이거나 고통스럽거나 아름답지 않은 광경", 지적 자극, 분노 혹은 음란한 생각, 심지어 남편의 술이나 담배 냄새 나는 입김조차 피할 것을 요구했다. 의사들은 출산 자체의 병리적 본성을 강조했다. 이 주장은 당 연히 산파에 반대하는 의사들의 캠페인에서도 역시 필수적인 것이었다. 의사 들은 출산 후에도 출산 전의 "제한"을 고스란히 반영하는 긴 회복기를 주장했 다. (남성 의료인의 관리하에서 출산은 의심할 여지 없이 "병리적"이었고, 의사들은 태아기의 "영향"에 대해 관심을 가졌던 것에 비해 태아의 영양에 대해서는 훨씬 관심이 적었다.) 결국 여성은 의학 서적에서 "불치병", 즉 "여성 안에서 여성의 죽음"으로 묘사된 폐경을 손꼽아 기다릴 수밖에 없었다.

이제 100년 전의 여성이 오늘날의 여성보다 어떤 점에서는 더 *아팠다*는 의사의 변명을 살펴볼 차례다. 꽉 조이는 옷, 비소 홀짝이기, 신경쇠약증이라는 유행병과는 완전히 별도로, 당시 여성은 남자들에게는 없었던 확실한 신체적 위험에 직면해 있었다. 국가 통계를 추적할 수 있는 첫해인 1915년에는 태아 1만 명 출산에 61명의 여성들이 죽었는데, 오늘날 1만 명당 2명이 죽는 것과 비교해 볼 때 19세기의 모성 사망률이 확실히 더 높았다.[27] 적절한 피임법 없이, 보통 아무런 피임법 없이 기혼 여성은 가임기 동안 출산의 위험에 반복적으로 직면했음을 예상할 수 있었다. 여성은 출산 때마다 매번 자궁 탈출증이나 치유가 불가능한 회음부 열상 같은, 남은 일생 동안 그녀를 따라다닐 부인과 합병증으로 고생할 수도 있었다.

여성의 또 다른 특별한 위험은 결핵, 즉 "백사병"에서 왔다. 19세기 중반 결핵이 크게 유행하여 창궐했고, 20세기 한참 들어와서까지 계속 주요한 위협으로 남아 있었다. 누구나 영향을 받았지만 여성들, 특히 젊은 여성들이 매우 취약하여 같은 연령대의 남성보다 두 배나 많이 죽었다. 1865년에 스무 살이었던 여성 100명 중 다섯 명 이상이 서른 살이 되기 전에 결핵으로 죽었고, 여덟 명 이상이 쉰 살이 되기 전에 결핵으로 죽곤 했다.[28]

따라서 통계적 관점에서는 여성의 선천적 허약성에 대한 의사의 이론이 어느 정도 타당하다고 볼 수 있다. 그러나 의사의 관점에는 여성을 병자로 간주하려는 강력한 상업적 이유도 있었다. 이때는 의료직이 가장 심각한 "인구 위기"에 직면한 시기였다. (3장 참조) 여성 허약성 이론은 확실히 여성이 치료사로는 부적임자라고 판명했다. 한 의사는 "신체적으로나 정신적으로 전체 체계가, 말하자면 '느슨해진' 기간에 여성 세균학자나 여성 생물조직학자에 의해 도출된 실론은 생각만 해도 두렵다. 숙녀 외과 의사가 비슷한 조건에서 저지를 수 있는 끔찍한 실수는 차치하더라도 말이다."라고 썼다.[29] 동시에 그 이론은 여성을 환자로서는 아주 적임자로 만들었다. 다행히 치명적이지는 않지만 결코 끝나지 않는 병을 가진 아프고 신경과민인 중상류층 여성들은 막 성장 과정에 있던 의료 전문직의 정상적인 "환자 계급"이 되었다.

한편 잠재적인 환자가 *아닌* 건강한 여성들, 즉 가난한 여성들은 의료 전문직의 관심 밖에 있었다. 가난한 여성들은 의사들이 생리, 임신 등에서 보았던 "성적 폭풍우"의 영향을 적어도 부유한 여성들만큼은 받기 쉬웠음에 틀림없다. 확실히 그들은 출산과 결핵, 그리고 당연히 산업 질병의 위협에 훨씬 더 많은 영향을 받았다. 우리가 다 알다시피 병, 피로, 상해는 노동 계급 여성의 삶에서 일상적이었다. 전염되기 쉬운 질병은 항상 가난한 사람들의 집을 가장 먼저 그리고 가장 세게 강타했다. 걸어서 올라가야 하는 5층이나 6층짜리 공동주택에서 임신은 정말로 여성을 쇠약하게 만들었고, 북적대는 셋방에서의 출산은 종종 지독한 시련이었다. 무정부주의 지도자이자 훈련받은 산파였던 엠마 골드만Emma Goldman은 "잦은 임신에 맞선 가난한 여성의 치열하고 끝이 보이지 않는 고군분투"에 대해 묘사했고, 만약 아이들이 유아기에 살아남기라도 한다면 그 아이들이 "병약하고 영양부족 상태로" 자라는 것을 목격해야 하는 고통에 대해 이야기했다.[30] 노동 조건은 집 밖에서 노동하는 여성에게 상당한 희생을 가져왔다. 1884년 매사추세츠 노동통계청Massachusetts Bureau of Statistics of Labor이 "보스턴의 노동하는 소녀"를 조사하여 작성한 한 보고서는 다음과 같이 진술했다.

많은 소녀들의 건강은 너무나 형편없어서 오랜 휴식이 필요할 정도다. 이런 이유로 한 소녀는 1년 동안 나가 있었다. 건강이 안 좋은 또 다른 소녀는 일터를 떠나야만 했는데, 한 보고서는 그녀가 전혀 튼튼하지 않아서 과로를 견딜 수 없으므로 1년 내내 일하는 것은 불가능하다고 보고하였다.[31]

그러나 노동 계급 여성들이 아무리 병들고 지쳤더라도 그들에게는 허약성 숭배를 따를 돈이나 시간이 전혀 없었다. 고용주들은 생리 휴가는 말할 것도 없고 임신 휴가나 출산 휴가를 주지 않았다. 고용주들의 아내들은 이러한 모든 경우에 침대에 쉬러 가곤 했지만 노동 계급 여성들은 하루라도 결근하면 일자리를 잃게 될 수 있었고, 집에는 하인들이 가사를 관리하고 의사들이 병을 관리하는 동안 축 늘어져 있을 긴 안락의자도 없었다. 1889년 매사추세츠의 한 연구는 일하는 어느 여성의 생활을 다음과 같이 묘사했다.

종종 자정까지, 때로는 일요일에도 일에 계속 전념하는 것(주 9일 근무와 맞먹는다)은 건강에 영향을 미쳤고 시력을 상하게 했다. 그녀는 … 의사로부터 일을 중단하라는 지시를 받았다. … 하지만 돈을 벌어야 했기에 그녀는 일을 계속했다. 눈에서는 계속 눈물이 나왔고, 방을 가로질러 갈 수도 없었다. 그녀 앞의 "공기는 항상 빙빙 도는 것 같다." … [그녀에게는] 자신과 아이들의 세 달 치 방세가 밀려 있었다. … 그녀는 일하는 소녀들과 여성들을 위해 어떤 조처가 있기를 바란다. 왜냐하면 그들이 처음에는 튼튼하더라도 "백인 노예 상태를 영원히 견딜 수는 없기" 때문이다.[32]

물론 많은 훌륭한 예외가 있었지만, 의료 전문직에 종사하는 사람들 누구나 가장 연약하고 의료적 관심이 가장 필요한 사람은 바로 부유한 여성이라고 단호하게 주장했다. "문명화"는 중간 계급 여성들을 아프게 만들었고 중간 계급 여성들의 육체적 허약함은 그녀의 우월한 정숙, 세련됨, 감수성과 완벽한 난백이 되었다. 노동 계급 여성들은 그들이 "거칠고" 천박하리라고 추측되었던 바내로 건강했다. 1874년 내중의료 권위자였던 의사 뤼시앵 워너Lucien Warner는 "여성들을 허약병자로 만든 것은 힘든 노동이나 궁핍이 아니라 이른바 부와 세련됨이라는 축복과 긴밀하게 연결되어 있는 환경과 습관이다."라고 썼다.

그럼에도 불구하고 누군가는 그 일을 할 만큼 충분히 건강해야 했으며, 워너 박사가 안도하며 언급했듯이 노동 계급 여성들은 허약하지 *않았다*. "남부 들판에서 남편과 함께 노역하는 아프리카계 흑인 여성들과 북부의 우리들 가정에서 빨래를 하고 마루를 쓸고 닦으며 장시간 일하는 브리짓은 비교적 자궁 질병에 대한 면역성을 갖고 있으며, 대체로 좋은 건강 상태를 유지하고 있다."**33** 또한 의사 실바너스 스톨Sylvanus Stall은 다음과 같이 말했다.

전쟁터에서, 일터에서 또는 놀이에서 백인 남성은 야만인보다 우월하며, 백인 남성 문화는 그의 조건을 지속적으로 향상시킨다. 그러나 여성에게는 그 법칙이 정반대이다. 백인 여성의 인디언 자매는 백인 여성이라면 죽었을 노고와 노출, 고초를 견딜 것이다. 남자의 육체적 본성을 발달시키고 강화시킨 교육은 여성에게는 우매함과 패션으로 왜곡되어 여성을 점점 더 나약하게 만들었다.**34**

부유한 환자들의 병에 열성적으로 몰두했던 바로 그 의사들은 가난한 사람들을 위해 쓸 시간이 사실 별로 없었다. 엠마 골드만이 평소 알고 지내던 의사들에게 자신이 알려줄 피임 정보를 가난한 사람들이 알고 있는지 물었을 때, 의사들은 "가난한 사람들이 비난할 사람은 자기 자신뿐이다. 왜냐하면 그들은 지나치게 성욕에 탐닉하기 때문이다." 또 "그녀[가난한 여성]가 머리를 쓰면 쓸수록 그녀의 생식 기관은 덜 작동할 것이다."라고 대답했다.[35] 의사 파머 더들리Palmer Dudley는 가난한 여성들에게는 치료가 성공하기 위해 필요한 여가가 부족하다는 단순한 이유로 이 여성들을 부인과 수술 대상에서 배제시켰다.

> … 건강을 유지하고 가장 좋은 수술 결과를 확보하기 위해 필요하다면 오랜 휴식을 취할 수 있을 만큼 생활이 안정돼 있는 여성들과 달리, 힘들게 일하고 매일 노역해야 하는 여성은 [부인과 수술]의 대상으로 적합하지 않다.[36]

논리는 너무나 완벽했다. 부유한 여성은 그들의 우아하고 문명화된 생활양식 때문에 병약하다는 것이었다. 그러나 다행스럽게도 바로 이러한 생활양식이 그들을 장기간의 의학적 치료에 적합하도록 만들었다. 가난한 노동 계급 여성들은 본래부터 더 건강했으며 그들의 생활양식은 어쨌든 장기적인 의료 치료를 받기에 부적합했기 때문에 이 또한 다행이었다. 치료에 얼마나 많은 돈과 시간을 쓸 수 있는지를 계급적 차이로 설명할 정도로 왜곡된 여성의 선천적 허약성 이론은 의사들의 상업적 이해관계와 맞아떨어졌다.

여성의 병약함을 심각하게 여겼던 19세기 후반의 페미니스트들은 적어도 그 책임의 일부가 의사들의 이러한 이해관계 때문임을 금방 알아차렸다. 미국의 여성 의사 엘리자베스 개릿 앤더슨Elizabeth Garrett Anderson은 여성 허약성의 규모가 남자 의사들에 의해 상당히 과장됐으며 여성의 자연적 기능은 그 정도로 쇠약하지 않다고 주장했다. 그녀는 노동 계급에서는 생리 기간 동안에도 일이 "중단 없이", 또 대체로 "부작용 없이" 이루어져 왔다는 것에 주목

제4장 병의 성 정치학 173

했다.[37] 여성참정권운동가 메리 리브모어Mary Livemore는 "여성은 선천적으로 허약하다는 터무니없는 가정"에 반대하면서 "단지 한 세트의 기관만 가졌고 또 그 기관은 항상 병들어 있다는 것을 여성들에게 확신시키고자 안달 난 것처럼 보이는 사악한 '부인과 의사' 집단"을 비난했다.[38] 1895년 의사 메리 퍼트넘 자코비는 그 문제에 대해 가장 강력한 어조로 다음과 같이 썼다. "마침내 오늘날 새롭게 알게 된 사실, 즉 여성들 가운데 아픈 사람이 많은 이유에 대한 설명을 바로 여성들에 대한 관심이 증대된 데서 찾을 수 있다. 특히 100년 전에는 거의 상상할 수도 없었던 돈 되는 환자라는 여성의 새로운 기능에서 찾을 수 있다. …"[39]

남자는 진화하고 여자는 퇴화한다

현금 수입과 여성 생리학 이론을 저울질해 볼 때 의사를 사업가로만 보는 것은 지나치게 냉소적인 태도일 수 있다. 19세기 후반 의사들은 과학을 신봉하는 남성이기도 했다. 과학을 선 또는 도덕성과 동일시했던 문화적 구조에서 이는 곧 의사들이 스스로를 거의 도덕적 개혁가로 간주했다는 것을 의미했다. 의사들은 (그리고 심리학이라는 새로운 분야의 구성원들은) **여성 문제**에 대한 이러저러한 해답을 찾고자 다른 모든 사람들이 열정적으로 몰두할 때조차 그 문제에 대해 과학적 객관성이라는 분명한 시각을 제공하는 것을 자신들의 임무로 생각했다. 심리학자 조지 패트릭George T. Patrick은 "여성의 정치적·교육적 진보를 위해 가장 헌신적인 후원자조차" 다음과 같았다고 썼다.

개혁의 성공과 영속성은 결국 여성의 의무와 자연스러운 육체적·정신적

상태 사이에 근본적으로 모순이 없다는 사실에 달려 있을 것이라는 점을 인정하곤 한다.[40]

"여성의 자연스러운 육체적·정신적 상태"를 정의 내리는 것은 의료 전문직이 스스로 자청한 의무였다. 어떻게 봐도 관련 이익 집단이나 목소리 높이는 소수자들에게는 분통 터지는 사실일 수 있다. 1896년 한 의사는 페미니스트의 영향력이 너무나 강력해져 "남자와 여자의 진정한 차이가 의료 출판물을 제외하고는 어디에서도 찾아볼 수 없게 되었다."고 성급하게 주장을 했다.[41] 그러나 의사들은 단단히 결심을 한 채, 한마디 보태자면 대단한 상상력으로, 여성의 진정한 본성, 허약함의 원천, 사회적 역할을 하기에 부족한 생물학적 한계를 정교하게 만들어 내기로 작정했다.

자연과학에서는 사전 작업을 이미 해 놓은 상태였다. 19세기 과학자들은 생물학적 연구 결과를 인간 사회에 적용하기를 주저하지 않았다. 그들은 모든 사회적 위계가 자연법칙으로 설명될 수 있다고 믿었다. 이러한 지적 노력에 진화론만큼 도움을 준 이론은 없었다. 다윈의 이론은 인간은 "더 낮은" 생물 형태, 즉 덜 복잡한 형태로부터 현재의 상태로 진화해 왔다고 주장한다. 19세기 생물학자들과 사회평론가들은 모든 인간이 같지 않으며 또 사실 모두가 남자는 아니라는 점을 관찰하고는, 변이란 같은 시기의 자연사 안에서 서로 우연히 경쟁하게 된 진화의 다른 단계를 대변한다고 서둘러 결론 내렸다. 일부 학사는 부유한 남성들은 자본주의적 환경에 확실히 너무나 잘 적응했으므로 진화의 선구자임에 틀림없다고 선언하기까지 이르렀다. (앤드루 카네기는 이 이론의 열렬한 지지자였다.)

존재하는 인간 종은 각각 다른 진화 단계를 대변한다는 것에 거의 모두가 동의했다. 주로 두뇌 무게, 머리 크기, 얼굴 비율을 측정하는 것으로 이루어진 엄청난 규모의 연구는 진화의 사다리를 올라가는 노정에 민족 집단을 정렬한니란 외↗프WASP가 맨 서두에 있고 바로 그다음으로 북유럽 인, 슬라브 족, 유대 인, 이탈리아 인 등이 뒤따르고 있으며 맨 마지막에 흑인이 있다는 것을 "증명했다." 이런 식의 연구는 별로 놀랍지도 않다.

이것이 19세기의 생물학자가 **여성 문제**에 접근하는 지적 틀이었다. 누구든지 만물의 자연 체계에서 지정된 위치를 가져야 한다는 것이다. 이러한 위치를 벗어나려는 시도는 부자연스럽고 사실상 병적인 것이었다. 1860년대 자연과학자들은 정밀하게 표시한 진화의 사다리에 여성의 위치를 꼭 집어서 표시할 수 있었다. 여성은 흑인과 같은 수준에 있었다. 예를 들어 명망 있는 유럽의 자연사 교수 카를 포크트Carl Vogt는 흑인(남성)의 위치를 다음과 같이 규정했다.

… 성인 흑인은 지적인 특성에서 볼 때 아이, 여성, 노쇠한 백인의 본성과 같다.[42]

(다른 인종의 "노쇠한" 여성은 말할 것도 없이 흑인 여성을 어디에 두었을까는 생각만 해도 몸서리쳐진다.)

그러나 고정되어 있는 진화 척도에 여성을 나란히 세우는 것만으로는 충분하지 않았다. **여성 문제**에 대한 가장 정확한 해답은 현재 여성이 어디에 있는지뿐만 아니라 진화적 운명이 여성을 어디로 데려가는지를 포함하는 역동적인 관점을 요구했다. 다윈의 이론은 종은 더 위대한 생물학적 변이와 분화를 향해 나아간다고 주장한다. 한때 몇몇 형태 없는 원생동물이 있었던 곳에는 이제 두더지, 오리너구리, 공작 등이 있었다. 이들은 각각 특정한 환경적 영역에서 살아남도록 특화됐다. 19세기의 남성 의료인들은 이러한 현상을 모든 것은 점점 더 "분화되고" 있고 "분화"는 진화의 목적이라는 의미로 멋대로 이해했다. 이는 의심할 여지 없이 당시 진행되고 있던 학문적 분과(그리고 의학 내부에서는 전공과 부전공)의 형성에서 영향을 받은 해석이었다.

논리적으로 다음 단계는 종 내부에서 일어나는 일종의 "분화"이자 진화적 진보의 흔적으로 성적 분화를 해석하는 것이었다. 20세기 초 뛰어난 육아 전문가이자 심리학 창시자인 스탠리 홀이 그의 유명한 저서 『사춘기Adolescence』에 썼듯이 "단세포 유기체에서 교접하는 [짝짓는] 세포는 서로 닮았다. 그러나 형태는 점점 더 동종이형이 되어 간다. 우리가 [진화의 사다리를] 더 높이 올라갈수록 성은 일차적이고 부수적인 성적 특성뿐만 아니라 성과 관련되지 않은 기능에서도 갈라진다."[43] 따라서 양성 간의 차이는 "남자"가 진화함에 따라 훨씬 더 커질 것이라고 예상될 수 있다. 그리고 진화는 보통 진보와 동일하게 여겨지므로 이러한 현상이 좋은 것임에 틀림없다. 자연사 교수 포크트가 보았듯이 "성의 불평등은 문명의 진보에 따라 증가한다."[44]

진화의 도약 단계마다 점점 더 벌어지는 성별 간의 이러한 차이는 무엇인가? 그 답은 진화 과정 자체에 대한 명백한 남성우월주의적 가정에 근거해 있다. 진화적 변화는 환경적 조건이 종에서 어떤 변형을 "선택"하면서 일어난다. 예를 들어 북극의 환경에서 우연히 흰 털을 가지고 태어난 여우는 붉은 털을 가진 형제자매보다 생존에 유리하기에, 흰여우는 시간이 흐르면서 붉은여우를 대체하는 경향이 있다. 변화를 허용하는 변이가 유전학적인 돌연변이라는 무작위적이고 예측할 수 없는 과정을 통해서도 일어난다는 사실은 지금은 잘 알려져 있다. 그러나 유전자, 유전, 돌연변이 등에 대해서 아무것도 모르던 19세기 과학자들에게 (흰여우가 그랬던 것처럼) 잠재적으로 더 나은 방향으로 변하는 능력은 어느 정도 영특함과 대범함을 요구하는 것으로 보였다. 그러므로 그것은 수컷의 특성임에 틀림없다. 따라서 진화의 거대한 연쇄

고리에서 암컷은 그들이 받은 유전적 물질이 무엇이든 묵묵히 전달만 하는 반면, 기술적으로 가혹한 환경에 대항해 스스로를 시험하는 수컷은 혁신자였다. 수컷은 변이를 만들어 냈고, 암컷은 단지 그것을 재생산했다.

거기서부터 당대의 인간 성차 이론까지는 뛰고 넘고 점프하는 삼단뛰기일 뿐이었다. 수컷은 "변이하게" 되어 있었다. 말하자면 수컷은 사회적 노동 분업에서 다양한 기능을 충족시키게끔 돼 있었다는 것이다. 더 원시적인 존재인 암컷은 진화적 기능에서 변이 없이 동일했고 그 기능은 재생산하는 것이었다. 여성은 인류의 원시적 본성을 대변했고, 남성은 끝없는 진화의 가능성을 대변했다. (스탠리 홀은 전문직에 대한 암시로 재빨리 옮겨 갔다. "생명체의 모든 질서에서 수컷은 변이의 대행자이며 선천적으로 *전문성과 분화*로 나아가는 경향이 있다. 전문성과 분화 없이 그의 개별성은 완성될 수 없다.")**45**[강조 저자 추가] 마치 자연 선택이 심리학자와 수학자, 부인과 의사와 안과 의사 사이에서 골라잡는다는 듯이, 갑자기 중간 계급 남자들 사이에서 직업적 차이는 진화를 위해 필요한 "변이들"을 대변하게 되었다! 스탠리 홀의 논리에 따르면 여성들은 더 원시적이고 미분화된 종의 상태를 대변하며, 또 "분화"할 능력이 없기 때문에 전문가가 될 수 없었다. "여성은 날 때부터 더 전형적이며, 종을 더 잘 대변하며, 덜 분화되는 경향이 있다."는 것이다.**46**

그러나 당연히 후기 다윈주의의 과학적 가치 체계에서 "분화"는 좋은("진보된") 것이었고 탈분화는 나쁜("원시적인") 것이었다. 이제 이것을, 종 전체는 일반적인 진화적 진보의 일부로서 항상 성적으로 "분화되고" 있다는 사실과 합쳐 보면 이렇다. 여자들은 점진적으로 *구분이 없어지고* 재생산이라는 오래된 동물적 기능에 집중하는 반면, 남자들은 항상 구분된다는 것이다. 극단적인 결론을 취한다면, 이 논리는 진화의 사다리 매 단계에서 남자는 올라가고 여자는 한 단계 뒤로 떨어진다는 것을 의미하고 있을 뿐이었다. 마치 이상적인 미래에서 슈퍼맨은 사다리 꼭대기에 서 있고 맨 밑바닥에는 재생산의 원형질 덩어리가 있는 것처럼.

홀은 주의를 딴 데로 돌리는 기사도를 십분 발휘하여 이 결론으로부터 후퇴해 다음과 같이 말한다.

> … 성에 대한 새로운 철학은 새로운 세계의 중심부에 아내와 어머니를 놓고, 그녀를 새로운 종교이자 거의 새로운 숭배의 대상으로 만들었다. 그 철학은 그녀를 성적 경쟁[즉, 남자들과의 경쟁]에서 경건하게 면제시켜 줄 것이고, 그녀의 존재가 뿌리내리고 있는 과거와 미래 속으로 인간 종의 더 높은 책임을 맡도록 그녀를 다시 봉헌할 것이다. 그곳은 한낱 정신적 계몽에 대한 맹목적인 숭배 따위는 결코 없는 곳이다. …[47]

홀과는 매우 다른 감정이었지만 샬롯 퍼킨스 길먼도 인정했듯이, 사실은 사회가 여자들을 (적어도 더 부유한 여자들을) "성적 기능"으로 몰아가고 있었다. 만약 자연과학자들이 옳다면, 그녀가 자신의 진화적 운명을 향해 성큼성큼 걸어감에 따라—기어간다는 게 보다 더 그럴듯하지만—그녀는 "정신적 계몽"과 책략들은 버린 채 전적으로 섹스에만 몰두하게끔 진화할 것이었다.

난소의 독재

의료가 맡은 임무는 여성에 대한 진화 이론을 살과 피, 조직과 기관의 언어로 바꾸는 것이었다. 그 결과가 바로 여성의 정신과 몸과 영혼을 여성의 전능한 재생산 기관의 노예 상태로 만든 이론이었다. 의사 홀릭F. Hollick은 "반드시 기억되어야 하는 것은 모든 만물 중에서 가장 잘 흥분하는 존재인 여성의 몸을 *통제하는* 기관이 바로 자궁이며, 자궁은 신경의 지맥에 의해 다른 모든 부분과 너무나 밀접하게 연결되어 있다는 것이다."라고 썼다[48]. 홀브룩M. L. Holbrook 교수는 1870년 한 의학회 연설에서 "신은 여성이라는 성을 창조할 때 *먼저 자궁을 택한 다음 그 주변에 여성을 만들어 세운 것처럼*" 보인다고 주장했다.[49][강조는 원문대로]

다른 의학 이론가들의 중심 관심사는 바로 난소였다. 의사 오스틴G. L. Austin 은 "처녀, 아내, 그리고 어머니"에 관한 그의 1883년도 조언서에서 난소가 "여성의 몸과 마음의 모든 특성을 부여한다."라고 단언한다.[50] 1870년 의사 블리스W. W. Bliss가 쓴 인용문은 다소 장황하기는 하지만 역시나 전형적이다.

여자의 동물적 조직 전체를 지배하는 난소의 거대한 힘과 영향력에 대한 이 관점들—난소가 여성 체계의 모든 주기적 움직임에서 가장 강력한 주도자라는 관점, 따라서 사회에서 여성의 지적 위치와 육체적 완결성과 항상 감탄의 대상이 되는 멋지고 섬세한 윤곽에 아름다움을 보태는 모든 것, 위대하고 고결하고 아름다운 모든 것, 요염하고 섬세하고 사랑스러운 모든 것이 난소에 의존한다는 관점, 그러므로 여성의 정숙함, 여성의 헌신, 여성의 영원한 경계심, 예측, 그리고 남성의 가장 안전한 조언자이자 친구로 그녀를 적합하게 하고 사랑과 존경을 불러일으키는 정신과 기질이 가진 모든 특성이 난소로부터 솟아 나온다는 관점—을 받아들인다면, *이 난소가 질병으로 손상되었을 때 여자의 위대한 사명과 존재의 존엄한 목적을 지배하는 이 기관의 영향력과 힘을 이제 무엇이라고 해야 할 것인가!*[51][강조는 원문대로]

이 "난소 심리학"에 따르면 여성의 전체 인격은 난소에 의해 지시를 받으며, 과민성에서 정신병에 이르기까지 어떠한 비정상성도 일정 부분 난소질환으로 귀착될 수 있다는 것이다. 의사 블리스는 "정신을 지배하고 있는 난소의 영향력은 여성의 교활함과 내숭에서 잘 드러난다."라고 부적절한 악의를 담아 덧붙였다.

자궁과 난소의 작동을 좀 더 따라가 보기 전에 여성의 "성적 기능"으로의 총체적인 귀속이 여성을 *성적인* 존재로 만든 것은 아니라는 점을 강조하고자 한다. "난소 심리학"에서 구체적으로 나타난 여성 본성에 대한 의학적 모델은 재생산성과 섹슈얼리티를 엄격하게 구별했다. 건강 서적과 의사들은 여성에게 **"오직 성**The Sex"으로서의 자신들에게게만 깊이 몰두하기를 촉구했으며, 여성은 자신들의 재생산 능력과 모성 본능을 발달시키는 데 헌신하게끔 되어 있었다. 하지만 의사들은 여성이 성행위 자체를 특별히 좋아하는 것은 아니라고 말했다. 심지어 여성 의사인 메리 우드알렌Mary Wood-Allen은 (아마 경험에서 나온 듯) 여자들은 "티끌만 한 성적 욕망 없이도" 남편을 껴안는다고 썼다.[52] 건강 입문서는 여성이 문명화될수록 "여성의 본성에서 관능적인 면은 더 많이 사라진다."라고 진술했으며, 또 임신을 방해하지 않으려면 성교하는 동안 여성에게는 "어떤 발작적인 경련"도 있어서는 안 된다고 경고했다. 여성의 섹슈얼리티는 여자답지 않을 뿐만 아니라 어쩌면 재생산이라는 최고의 기능에 해롭기까지 한 것으로 보였다.

그럼에도 자궁과 난소가 여성의 섹슈얼리티를 성공적으로 근절했는지에 대해 의사 자신들은 결코 전적으로 확신하지 않는 것 같았다. 여성의 성적 느낌에 대한 남성의 자기만족적 부정 이면에는 한번 깨어나면 통제가 불가능해질지도 모를 여성의 "만족할 줄 모르는 성욕"에 대한 남성의 오래된 환상이 잠재해 있었다. 의사들은 여자들이 성적 욕망 때문에 파괴된 사례를 길게 늘어놓았으며, 한 의사는 "처녀 색정증" 사례를 발견했다고 주장했다. 25살의 영국 의사 로버트 브루데넬 카터Robert Brudenell Carter는 자신의 여자 환자에 대해 다음과 같이 안타까운 관찰 결과를 남겼다.

> … 소녀들의 음란한 욕망은 인도산 대마大麻에 의해 증가했으며 부분적으로 의료 처치에 의해 충족되어 왔으므로 … 이들 속에 형성된 도덕적 악의 총량을 아는 사람이라면 누구라도 치료가 병보다 더 나쁘다고 거부할 수 없다. … 지속적인 검안경의 사용으로 매춘 여성의 도덕적·정신적 상황과 같은 상태로 몰락하게 된 중산층의 젊은 미혼 여성을 진료한 적이 있다. 자위에 의한 것과 똑같은 쾌락을 얻을 방법을 찾고 있던 그녀는 진료하는 모든 의사에게 … 자신의 성 기관에 대한 검사를 해 달라고 요청하고 있었다.[53]

자궁과 난소가 모든 성적 추구를 억누른다는 것을 확실히 믿기 어려움에도 불구하고 자궁과 난소는 여전히 강한 지배력이 있어서 두통에서 인후염, 소화불량에 이르기까지 발생 가능한 모든 여성 질병을 일으킨다는 비난을 듣고 있었다. 1869년 의사 디릭스M. E. Dirix는 다음과 같이 썼다.

> 그러므로 여성들은 위, 간, 신장, 심장, 허파 등의 병으로 인해 치료받는다. 그러나 대부분의 경우 이러한 질병은 사실 아무런 병도 아닐뿐더러 단순한 교감 반응이나 한 가지 질병의 증상, 다시 말해 자궁 질병이라는 것이 밝혀질 것이다.[54]

심지어 결핵조차 변덕스러운 난소가 원인인 것으로 치부되었다. 남자가 폐병에 걸렸을 때 의사들은 병을 설명하기 위해 과다노출 같은 어떤 환경적 요인을 찾는다. 그러나 여성에게는 그것이 재생산 기능 부진의 결과라는 것이다. 1875년 의사 아젤 아메스Azell Ames는 다음과 같이 썼다.

> 폐병이 성장 과정에 있는 소녀들의 [생리] 기능의 실패에 의해 자체적으로 생긴다는 것은 의심할 여지가 없다. … 어느 쪽이 우선이랄 것도 없이 하나가 다른 하나의 모체가 되어 왔다. [사실 오늘날 우리가 알고 있듯이 폐결핵이 생리 중단을 *가져올 수 있다*는 것은 사실이다.]**55**

재생산 기관이 질병의 원천이었으므로 그 기관들은 질병 치료의 명백한 대상이었다. 요통, 과민성, 소화불량 등 어떤 증상이든지 간에 성 기관에 의료적 공격을 야기할 수 있었다. 역사가 앤 더글러스 우드Ann Douglas Wood는 19세기 중반 거의 모든 여성 통증에 사용됐던 "국부 치료"를 다음과 같이 묘사했다.

> 모든 사례가 네 단계를 모두 거치는 것은 아니지만 [국부] 치료에는 네 단계가 있다. 손으로 하는 검사, "거머리 붙이기", "주입", "뜸뜨기"이다. 듀이Dewees[미국 의학 교수]와 미국에서 널리 알려진 유명한 영국 부인과 의사 베넷Bennet은 모두 자궁 경부나 외음부 바로 위에 거머리를 둘 것을 주장했다. 심지어 베넷은 의사들에게 거머리가 충분히 피를 빨아들이고 떨어질 때 몇 마리를 "잃어버리지" 않도록 거머리를 세어 두라고 주의를 줬다. 베넷은 자궁 경부의 움푹한 곳 안으로 들어가려는 대담한 거머리들에 대해 알고 있었고, 그는 "나는 이러한 상황에 처한 몇몇 환자가 경험한 것보다 더 격렬한 통증은 거의 본 적이 없었던 것 같다."라고 말했다. 20세기의 사고방식으로는 덜 괴로울지도 모르지만 훨씬 더 무지막지한 것

은 이러한 의사들이 신봉한 자궁 내 "주입"이었다. 자궁은 일종의 잡동사니 자루, 또는 한 격분한 의사가 말했듯이 "중국 장난감 가게"가 되었다. 물, 우유와 물, 아마인 치, "미지근하거나 차가운 … 마시멜로 즙"이 신경증 여성 환자의 몸 안으로 주입됐다. 마지막 단계는 뜸뜨기였는데, 반드시 기억되어야 하는 사실은, 이 단계는 마취제도 없이 겨우 소량의 아편이나 알코올만으로 시술되었다는 것이다. 뜸뜨기는 질산은 고약을 붙이거나 혹은 더 심각한 감염인 경우에는 훨씬 더 강력한 수산화칼륨이나 "하얗게 달구어진 철제" 도구인 "실제 인두"를 사용해서 시술되었다.[56]

19세기 중반을 넘어서면 여성의 내부에 대한 이런 어설픈 실험은 점차 여성의 성격 장애를 통제하는 데 목적을 둔 더 결정적인 수술이 도입되는 계기가 되었다. 1860년대에는 영국의 의사 아이작 베이커 브라운Isaac Baker Brown이 도입한 음핵 절제술(클리토리스 제거)이 일시적으로 유행했다. 대부분의 의사들이 클리토리스 제거 수술에 눈살을 찌푸렸지만, 색정증, 고치기 어려운 자위, 또는 그 기관의 "부자연스러운 발육"의 경우에 그것이 필요할 것이라는 데는 동의하는 경향이 있었다. (우리가 아는 미국에서의 마지막 음핵 절제는 1948년 자위를 치료하기 위해 다섯 살 난 아이에게 시행되었다.)

여성의 성격을 다루기 위해 취해진 외과적 개입 중 가장 보편적인 방법은 난소 제거, 또는 "여성 거세"라는 난소 절제술이었다. 1906년 한 잘나가는 부인과 외과의는 미국에서 어림잡아 약 15만 명의 여성이 이 수술로 난소를 잃었다고 추정했다. 일부 의사들은 각자 1500명에서 2000명에 이르는 난소를 절제했다고 자랑했다.[57] 다음은 역사학자 바커 벤필드G. J. Barker-Benfield의 말이다.

증상 가운데는 다루기 힘듦, 농부처럼 먹기, 자위, 자살 시도, 색정 경향성, 색욕, 피해망상, 단순한 "고집불통", 생리 불순[생리통]이 있었다. 이렇게 대단히 다양한 증상 가운데에서도 단연 의사로 하여금 거세를 하게 만든 가장 뚜렷한 증상은 여성의 강력한 성적 욕망 경향이었다.[58]

시술을 위한 변명은 "난소 심리학" 이론에서 직접적으로 흘러나왔다. 난소가 성격을 통제하므로 난소가 모든 심리적 장애를 책임져야만 한다는 것이었다. 반대로 심리적인 장애는 난소 질병의 확실한 신호였다. 그러므로 그 기관은 제거되어야만 했다.

난소에 전능한 역할이 주어졌기 때문에 난소 없는 여성은 성적인 매력이 없고 방향성도 없는, 마치 방향키 없는 배와 같다고 생각할 수 있다. 반대로, 난소 절제 지지자는 병든 자궁으로부터 소생한 여성은 더 *나은* 여성이 될 것이라고 주장했다. 1893년 어느 난소 절제수술 지지자는 "환자는 증상이 개선되고, 그들 중 몇몇은 치료된다. … 환자의 도덕적 감각은 향상되고 … 순종적이고, 유순하고, 근면하고, 깨끗하게 된다."*[59]고 주장했다. 환자들은 종종 다루기 힘든 아내의 행동에 불만을 품은 남편에 의해 보내졌다. 의사들은 또한 문제가 있지만 아직은 자신의 문제를 인식할 정도로 제정신이 있는 여성들은 자주 "자신들의 난소를 제거해 달라고 간청하러 왔다."라고 주장했다.[60] 여성이 가사 기능에 대해 평온한 만족감을 회복하면 그 수술은 성공적인 것으로 판정되있다.

자궁 경부에 거머리를 놓았거나 뜨거운 쇠에 대였던 여성들, 회음부나 난

---

* 수술이 여성의 성격에 이러한 영향을 주었던 것으로 보이지는 않는다. 그것이 폐경기 증상을 만들었을 수는 있지만 어떤 확립된 기질 변화를 포함하지는 않는다.

소를 제거한 여성들의 압도적인 다수는 중상류 계급의 여성들이었는데, 그 이유는 결국 이러한 모든 절차에 돈이 들기 때문이었다. 그렇다고 가난한 여성들이 단지 돈을 낼 수 없었기 때문에 부인과 의사의 실험적인 고문 목록에서 면제되었다고 상상해서는 안 된다. 부인과 수술의 선구적인 작업은 오로지 외과적 실험이라는 목적만을 위해 자신이 데리고 있던 흑인 여성 노예들에게 시술한 매리언 심스Marion Sims에 의해 이루어졌다. 그는 흑인 여성 노예들 중 한 명을 4년 동안 서른 번이나 수술했는데, 이는 수술 후 감염으로 계속 실패했기 때문이었다.[61] 뉴욕으로 옮긴 후 심스는 뉴욕여성병원New York Women's Hospital 병동에서 가난한 아일랜드계 여성들에게 자신의 실험을 계속했다. 따라서 중간 계급 여성들은 의사들의 수술 자체로부터 가장 고통 받았지만, 냉혹한 실험기를 거치며 고통 받았던 사람들은 바로 가난한 여성들과 흑인 여성들이었다.

자궁 대 뇌

자궁(그리고 난소)의 통치는 의사들이 원했을 만큼 결코 완전히 안정되거나 안전하진 않았다. 하느님만이 알 만한 두뇌나 생식기 질병에서 생겨난 성적인 감정 때문에 전복될 위험이 지속적으로 존재했다. 의사들은 어떠한 형태로든 악은 여성의 육체와 정신을 완전히 미치게 할 수 있다고 경고했다. 생리 기능 장애, 자궁 질병, 생식기 손상, 결핵, 치매, 일반적인 쇠약증을 가져올 수 있다고 여겨졌고, 당시에는 자기학대 또는 그저 "악"으로만 알려져 있던 자위만큼 의사들에게 경각심을 준 것도 없었다.

역병 세균과 싸우는 공중 보건 공무원 같은 열정으로 의사들은 "악"이 숨어 있는 어둡고 외로운 은신처 안으로 "악"을 추적해 갔다. 부모들은 아이들의 첫 번째 증상(창백함, 무기력함, 투정)을 관찰하고 필요하다면 밤에는 가죽 끈으로 아이들의 손을 몸 옆쪽으로 묶어 두도록 강요당했다. 남자아이든 여자아이든 환자는 "자백"하도록 강요받았다. 독서, 파티, 연애, "뜨거운 음료"가 여성들에게 야기한 야한 생각도 생체 기능 전체를 틀어지게 만들 수 있었다. 의사들은 로맨틱한 소설을 읽는 것이 "어린 여성들에게서 발생하는 자궁 질병의 가장 강력한 원인 가운데 하나"라며 그러한 독서에 반대하는 것을 엄중한 의무로 받아들였다.[62]

세기가 지나면서 자궁 헤게모니는 매우 위태로워지는 것처럼 보였다. 점점 더 많은 여성들이 의사들이 만든 병약하고 수동적인 여성성 모델을 거부하고 있었고, 스스로 활동적인 역할을 개척하고 있었다. 참정권운동은 이미 전국적인 범위로 성장해 주에서 주로 매우 조직화된 캠페인을 벌이고 있었다. 점점 더 많은 중간 계급 여성들이 그 당시 생겨나고 있던 스미스(1875년 개교), 웰즐리(1875년), 브린마(1885년), 밀스(1885년) 같은 여자 대학교나 코넬, 윌리엄스, 하버드 같은 남자만 가던 대학교에서 대학 교육을 받으려 했다.[63] 의사들에게는 여성의 뇌라는 새로운 기관이 권력 투쟁의 장으로 들어온 것처럼 보였다. 19세기 부인과학은 여성 인격에 대한 지배권을 둘러싸고 벌어진 뇌와 자궁 간의 전투에 몰두했다. 마치 **여성 문제**를 놓고 해부용 테이블 위에서 사투를 벌이고 있는 것 같았다. 한편에는 공격적이고 계산적인 뇌가 있었고 다른 한편에는 감수성이 풍부하고 양육적이며 여전히 달과 조수라는 고전적 속도에 의해 지배당하는 자궁이 있었다.

두 기관 사이의 평화로운 공존 가능성은 생리학의 기본 법칙 때문에 아예 생각조차 할 수 없었다. 남성 의료인들은 몸을 제한된 자원 공급을 둘러싸고 경쟁하는 계급이나 이익 집단처럼 다양한 부문을 가진 축소된 경제 체계로 보았다. 몸은 한 기능에서 또 다른 기능으로 다양하게 유도될 수 있는 일정한 양의 에너지를 가지고 있었다. 따라서 서로 다른 기능들 또는 기관들 사이에 긴장이 발생하는 것은 불가피했으며, 하나가 발달하려면 다른 하나는 희생되어야만 했다. 의아하게도 의사들은 허파와 비장 사이, 간과 신장 사이, 혹은 상충관계가 있을 만한 다른 기관들 사이의 갈등에 대해서는 걱정할 이유가 전혀 없다고 보았다. 남성 혹은 여성의 몸에서 일어나는 핵심 드라마는 *뇌*와 *재생산 기관*들 사이의 거대한 결투였다.

말할 것도 없이 이 투쟁의 바람직한 결과는 두 성에게 상당히 달리 나타났다. 남자들은 뇌를 지지하고 몸을 쇠약하게 만드는 성적 탐닉의 영향력과 싸우도록 압력 받았다. 남성(중간 계급 남자)의 임무는 사업가, 교수, 법률가, 부인과 의사가 되는 것이었으므로 그는 "더 고급 기능"을 위해 모든 에너지를 보존하는 데 주의를 기울여야만 했다. 의사들은 남자들에게 부부 관계에서 (남성 에너지의 물질적 정수인) "씨를 무모하게 낭비하지" 말도록 경고했으며, 비밀스러운 악이나 음란한 꿈으로 정력을 흘려 버리지 말라고 경고했다. 역사학자 바커 벤필드는 여성 섹슈얼리티에 대한 의사들의 광적인 공포는 남성의 과업을 위해 정액을 보존하려는 끝없이 힘든 투쟁을 반영한다고 주장했다. "성욕이 지나친" 여자는 정액을 고갈시키는 흡혈귀로서 남자들을 약하게 하고 지치게 하고 나약하게 할 것이라고 여겨졌다.

반대로 여자들은 자궁을 지지하고 뇌의 유혹에 저항하도록 강요당했다. 의사들은 재생산이야말로 여성 삶의 커다란 목표이기 때문에 여자들이 자신들의 모든 에너지를 자궁을 향해 아래로 집중시켜야 한다고 입을 모았다. 자궁의 에너지 수요가 절정에 달한 동안은 다른 모든 활동들은 속도를 늦추거나 중단해야만 했다. 사춘기 소녀들은 몇 년이 걸릴지라도 생리를 규칙적으로 하게끔 그들의 힘을 집중시키기 위해 침대에서 많이 휴식하라는 조언을 들었다. 청소년기라는 연약한 시기에 지나친 독서나 지적 자극은 재생산 기관에 영구적인 손상을 입혀 병약하고 성마른 아기를 낳는 결과를 가져올 수 있었다.

임신은 혹독한 정신적 공백 상태를 요하는 또 다른 기간이었다. 어떤 이론은 두뇌와 임신한 자궁은 에너지뿐만 아니라 특정한 물질적 요소─인산염─를 둘러싸고 경쟁하고 있다고 주장했다.[64] 임산부가 정신적 노력을 할 때마다 태아의 생명에 꼭 필요한 이 영양분의 일부를 빼앗게 되거나, 여성 자신의 체계를 너무 혹사시켜 정신 이상이 되어 "장기적인 인산염 관리"를 요하게 될 것이었다. 폐경기에도 자궁의 오만한 요구에서 벗어날 길은 없었다. 의사들은 폐경기를 다시금 차분하고 조용한 기간을 요구하는 "병으로 가득 찬 판도라의 상자"로 묘사했다.

하지만 여자들에게 병실이나 개인 진료실에서 사면초가에 있는 자궁의 편만 들어주라고 촉구하는 것만으로는 충분하지 않았다. 여성운동의 약진과 교육받은 여성들의 증가가 보여 주듯 뇌는 강력한 적수였다. 의사들은 여성들의 본성상 그들의 적수만큼 민감하거나 영리하지 않으므로 오직 의사 자신들만이 약한 자궁을 위해 싸울 지혜와 용기를 가졌다고 생각했음에 틀림없었다. 따라서 의사들은 1870년대가 시작될 무렵 여성 교육을 둘러싸고 진행 중이던 공론의 장으로 들어갔다.

의사 에드워드 클라크Edward H. Clarke의 책 『여학생들의 공정한 기회 및 교육에서의 성Sex in Education or a Fair Chance for the Girls』은 19세기의 위대한 자궁 선언서였다.[65] 이 책은 클라크가 교수로 있던 하버드에서 남녀공학을 허용하라는 압력이 절정이던 때에 등장해 수년 동안 17쇄까지 들어갔다. 클라크는 여성의 타고난 허약성, 뇌-자궁 경쟁과 같은 여성 본성에 대한 의학 이론을 재검토했다. 그러고는 놀랍고도 견고한 논리로 고등 교육이 여성의 자궁을 쇠퇴하게 만든다는 결론을 내렸다!

클라크의 주장으로 무장한 의사들은 여성 교육의 위험에 대해 끈질기게 주
장했다. 앨라배마 주 버밍햄의 의학박사 콜만R. R. Coleman은 다음과 같이 맹렬
히 경고했다.

여자들은 조심하라. 여러분들은 파괴 직전에 있다. 지금까지는 허리를 구
겨 넣는 데만 몰두했으나 이제는 마음을 가꾸는 시도를 하고 있다. 무도회
장의 더러운 공기 속에서 밤새 춤만 추었으나 이제는 아침 시간을 공부하
는 데 쓰기 시작하고 있다. 콘서트와 오페라, 프랑스 연극과 프랑스 소설
로 끊임없이 감정을 자극했으나 이제 그리스 어를 배우고 유클리드 명제
를 풀기 위해 이해력을 행사하고 있다. 조심해라!! 과학은 공부하는 여성
은 멸망한다고 공언한다.[66]

많은 의료 연구자들이 클라크의 책이 펼쳐 놓은 영역 위에 과학의 깃발을
꽂기 위해 몰려들었다. 그들의 연구는 여학생들을 병약하여 창백하고, 생리
로 가공할 일탈에 시달리는 사람으로 묘사했다. 불규칙한 생리는 여성 섹슈
얼리티만큼이나 의사를 당황하게 했다. 둘 다 여성의 신체에서 일어나는 자
발적이고 통제할 수 없는 힘의 증거였다. 1902년의 어떤 연구는 정신병원에
입원한 남성 중 오직 16퍼센트만이 교육받은 남성인 데 비해 교육받은 여성
은 42퍼센트나 차지하고 있음을 보여 줬다. 이는 고등 교육이 여성을 미치게
하고 있다는 것을 분명하게 "입증"하는 것이었다.[67] 그러나 최고의 증거는 출
산율에 대한 대졸 여성의 참담한 기여였다. 1895년의 한 연구는 일반적으로
여성의 80퍼센트가 결혼하는 것에 비해 대졸 여성은 28퍼센트만 결혼했음을
발견했다.[68] 출산율은 일반적으로 백인 중산층들 사이에서 감소하고 있었으

며 대학 졸업자들 사이에서 가장 급격하게 떨어지고 있었다. 스탠리 홀은 여성 교육에 반대한 30여 년 동안의 의학적 논쟁을 검토한 "청소년기 소녀와 교육"이라는 장에서 대학의 목표가 "결혼하지 않는 사람을 교육하는 것이거나 대학이 독신이 되도록 가르치는 것이라면" 대학이 잘하고 있는 셈이라며 빈정거리며 결론 내렸다. "이 대학들은 아마도 무성적이거나 무유전자 [즉, 불임] 여성, 이런저런 아주머니, 늙거나 젊은 하녀, 수녀, 교사, 독신 여성을 배출하는 새롭고도 오래된 형태의 양성소가 될 것이다."[69]

의사들과 (그 논쟁에 끼친 홀의 영향력 있는 기여를 인정해야 하기 때문에 포함시켜야 하는) 심리학자들은 여성이 충분히 각오가 되어 있다면 영겁이 걸릴 진화적 투쟁이 그녀를 위해 준비해 놓은 운명을 날쌔게 피해 뇌에다 운을 걸어 보는 것도 가능하다고 인정했다. 그러나 그 결과인 "정신적 여성"—만약 본성적인 "자궁 여성"의 상대 격으로 이렇게 이름 붙일 수 있다면—은 도덕적으로나 의학적으로 변종이 되기를 희망할 수밖에 없을 것이다. "그녀는 자신의 후손을 위해 준비된 모든 것을 취해 자기 인생에 이용했다."라고 홀은 불평했다. "이것은 모든 생물 윤리학의 관점에서 보자면 바로 이기주의를 신성시한 것이다." 신체적으로 그 결과는 예측할 수 있었다. 수유가 여성의 타고난 이타성을 대변하는 것으로 보았기에 "여성은 먼저 유방 기능을 상실한다."라고 홀은 썼다.[70]

몇몇 의학 논문은 유방의 기능 상실은 실제로 유방의 상실을 가져온다고 시사했다. 의학 박사 아라벨라 케닐리Arabella Kenealy는 "이브닝 가운을 입은 그녀는 정신적 여성의 부드러운 피부 조직 아래 관절 부위가 교묘히 감춰져 있음을 보여 준다. 이미 그녀의 고상함은 **자연**이 가장 부드럽고 섬세한 장치, 즉 유방이 있도록 설계했던 곳을 부풀리고 주름 잡아야 할 처지가 되었다."라고 썼다. 의사들은 뇌가 지배하는 여성은 근육질이고 골격이 모나고 무뚝뚝

하다는 데 의견이 일치했다. 올리브 슈라이너에 반대하는 논쟁적인 글을 많이 썼던 의사 개닐리는 이 새로운 여성을 다음과 같이 묘사하였다.

> 예전에는 그녀의 아름다움이 암시적이고 애매했지만 이제는 분명해졌다. … 얼굴의 흐릿함, 애매함, 미묘한 암시는 사라졌다. … 몸이 움직이는 메커니즘은 더 이상 어떤 동작의 신비함에 의해 가려지지 않는다. … 그녀의 목소리는 더 커지고 어조는 단호하다. 아무것도 상상에 맡겨 두지 않고 모조리 말해 버린다.[71]

자궁 여성은 산업사회의 가혹한 얼굴 위에 드리워진 베일처럼 희미하고 신비로웠다. 뇌가 지배하는 여성에 대한 진정한 공포는 남성에게 어떠한 환상도 남겨 주지 않는다는 것이었다.

성생활을 하지 않는 정신적인 삶을 선택한 여성조차도 뇌가 쉽게 승리하리라고 기대할 수 없었다. 지치지 않는 지적 야심을 가진 뇌와 원시적이지만 강인한 자궁 사이의 투쟁은 아마도 그 과정에서 두 기관을 모두 파괴함으로써 여성을 갈가리 찢어 놓을 수 있었다. 그래서 결국 뇌 지향적 여성이 만나게 되는 것은 대부분의 경우에 질병일 뿐이며, 이것은 또한 여성이 "훌륭한" 자궁 여성으로 남는다 해도 마찬가지로 만나게 될 상황이다. 위어 미첼은 래드클리프 대학 졸업생에게 "이 해안에서 나의 조선소로 흘러 들어오는 난파선은 한 척도 없기를 바란다."라고 그의 희망을 의기양양하게 표출했다. 그러나 사실 거기에 무슨 희망이 있었겠는가?[72]

고등 교육에 대한 의료계의 경고는 무시되지 않았다. 브린마대학 총장인 마사 케리 토머스Martha Carey Thomas는 젊은 시절, 홀의 책『사춘기』에서 여성과 관련된 장을 읽은 후 교육의 결과로 "모든 여성이 … 병리학적 환자로 살아야 할 운명이 되지 않을까. …" 하는 공포에 사로잡혔었다고 고백했다.[73] 마사 케리 토머스는 교육에서 살아남아 힘든 전업 직업을 추구했으나 의사들이 보기에는 근육질이고 뇌가 지배하는 여성이라는 혐오스러운 사례의 전형으로서 희생도 치렀다. 디모인의 마거릿 클리브Margaret Cleaves 의학 박사는 결국 성공에 대한 자신의 시도가 헛되었음을 고백하는 것으로 말을 맺었다. 그녀의 설명에 따르면 자신은 처음부터 "남자 같은 처자"였으며, 자신의 남성적 야망이 의학 공부로 이끌었다는 것이었다. 그러나 목표를 달성하자마자 그녀는 급격한 신경쇠약 또는 "접질린 뇌(진단명임)"가 발병했다. 클리브는 자신의 책 『신경쇠약증 환자의 자서전The Autobiography of a Neurasthene』에서 다음과 같은 내용이 "아마 진실일 수도 있다."라고 인정했다.

> [위어] 미첼과 다른 사람들이 강조한 것처럼 소녀와 여성은 생리학적 삶에서의 자격 미달 때문에 지속적인 정신노동을 감당하기에 적합하지 않다.[74]

마찬가지로 미국 최초의 여성 성직자인 앙투아네트 브라운Antoinette Brown은 여성 본성에 대한 "과학적" 이론으로 전향한 후 사목 활동을 중단했다.[75]

그럼에도 불구하고 시간이 지남에 따라 의사의 충고를 심각하게 받아들이려는 여성들은 점점 더 줄어들었다. 페미니스트들은 여성이 수준 높은 교육을 견딜 끈기를 가지고 있지 않다는 생각을 맹렬히 공격했으며, 심지어 "소녀의 맹세The Maiden's Vow"라는 시에서처럼 의학적 권고를 풍자했다.

> 나는 방정식을 피할 것이다
> 그리고 짓궂은 무리수도 멀리할 것이다
> 나는 완전제곱을 경계해야만 한다

어린 소녀들은 그것 때문에 잘못을 저질렀다

그리고 누가든이 3의 법칙을 말할 때

나는 못 들은 척해야 한다.[76]

안정요법

여성의 몸을 자궁과 뇌의 전쟁터로 여기는 생각은 두 가지 치료법을 만들어 냈다. 하나는 재생산 영역에 개입하는 것으로, "병든" 기관을 제거하거나 혹은 질산은 복용, 주사, 뜸, 사혈 등으로 자궁을 강하게 하는 치료법이었다. 다른 하나는 뇌로 바로 가 직접적으로 뇌가 굴복하게끔 시도하는 것이었다. 의사들은 난소와 자궁에 하는 것과 같은 외과 기술을 뇌에는 거의 사용할 수 없었지만, 좀 더 미묘한 방법들을 찾아냈다. 이 방법들 중 가장 중요한 것이 의사 위어 미첼이 고안한 세계적으로 유명한 안정요법이었다.

안정요법은 지금은 익숙한 20세기의 세뇌 기술, 즉 완전한 고립과 감각 제거에 의존했다. 약 6주 동안 환자는 희미한 불빛 아래 방에 누워 있어야 했다. 읽는 것은 허용되지 않았다. 병세가 아주 심각하다면 환자는 소변을 보기 위해 일어서는 것조차도 허용되지 않았다. 방문객이 있어서도 안 되며, 간호사와 의사를 제외하고는 어느 누구도 만날 수 없었다. 그러는 동안 주의력이 떨어진 뇌는 아마 몽롱한 상태가 되고 몸은 음식과 마사지로 튼튼해졌을 것이다. 식사는 부드럽고 담백한 음식으로 구성되었고 그 결과 나날이 살이 붙게 되어 있었다. 하루 한 시간씩 전신 마사지를 했으며, 치료가 진행되면 강도가 높아졌다.

치료는 너무나 큰 인기를 끌게 되었다. 다른 부인과 치료와는 달리 이 방법은 통증이 없었기 때문이다. 안정요법의 결과로서 (미첼이 개업하고 있던 지역인) 필라델피아는 곧 "전 세계에서 온 환자들의 성지"가 되었다.[77] 제인 애덤스는 안정요법을 받았지만 실패로 판명났다. 애덤스는 그 후에도 언니의 집에서 "말 그대로 침대에 묶인 채" 추가로 6개월 동안 안정을 취해야 했기 때문이었다.[78] 샬롯 퍼킨스 길먼은 "가능한 한 가정중심적으로 살기 위해" 퇴원하기 전까지 그 치료를 받았고, 그 결과는 이미 앞에서 자세히 언급한 바 있다. 그러나 대다수의 환자들은 건강이 회복되지 않았더라도 의사 미첼에 대한 알랑거리는 숭배로 가득 찬 치료 현장을 떠났던 것처럼 보인다. 퇴원한 환자들과 치료를 희망하는 환자들은 자신들의 계속되는 병약성과 의사의 남성적 강인함이 대조되는 찬양조의 편지와 작은 선물을 가지고 미첼에게 들락거렸다.

> 독감 때문에 또 위장병으로 무기력하게 시골 별장에 누워 있는 동안 아픈 여성의 지친 눈길이 이번 달 ≪센추리The Century≫ 잡지 속 당신의 얼굴에 머물자—전율이 스쳤고—나는 마침내 진정한 의사를 보았습니다![79]

안정요법의 비밀은 부드러운 음식과 마사지, 궁극적인 지적 박탈에 있었던 것이 아니라 바로 의사에게 있었다. 미첼은 20세기 의사–환자 관계의 발달에서, 또는 보다 일반적으로 전문가–여성 관계의 발달에서 위대한 선구자들 중 한 명, 아니 어쩌면 가장 위대한 선구자로 여겨져야만 한다. 그의 친구이자 동료인 윌리엄 오슬러 경은 후대에 남성우월주의적 치료자의 이상을 대표하게 된다. 그러나 병약함과 신경쇠약증을 가진 여성들이 끝없이 밀려드는 축복 속에서 *명령*에 의한 치료술을 완성시킨 사람은 바로 미첼이었다.

미첼이 직접 서술한 바에 따르면 그는 병실의 "독재자"였다. 환자들은 결코 질문을 할 수 없었다(또는 불쌍한 길먼처럼 자발적으로 정보를 제공하려고 애써도 안 되었다). 그의 태도는 신사답고 동정적이다가도 곧잘 퉁명스럽고 고압적으로 돌변했다. 이제 안정요법의 규율을 통해 의사 미첼의 권위주의를 자세히 들여다보자. 환자는 컴컴한 방에 하루 종일 누워 있다. 간호사 외에는 몇 주 동안 어느 누구도 보지 못한다. 그녀는 여전히 오랫동안 누워 있어서 약하고 무기력하다. 아마도 긴 마사지는 그녀가 상상 속에서조차 집중하기를 꺼리던 허용할 수 없는 감각을 남겼을 것이다. 의사 미첼을 보자. 그의 신체적 왜소함은 기진맥진한 여성에게는 아무런 문제가 되지 않는다. 그는 자신감 있고 당당하며 과학적이다. 환자의 병에 차도가 없다고 꾸짖거나 다음 날, 일주일 후, 한 달 후에 어떻게 느낄지 정확하게 예측한다. 환자는 인간적 관계의 이 이상한 대용품인 작은 관심에 그저 너무나 기뻐한다. 미첼이 반드시 그래야 한다고 말했으므로, 그녀는 *나을 것이다*. 이는 그녀가 재생산 기능에 더욱 완전하게 집중하며 더 나은 여성이 되기 위해 노력할 것이라는 것을 의미한다.

의사 미첼이 인식했던 것처럼 자궁과 뇌의 싸움에 제3의 기관, 즉 음경이 역할을 해야만 할 것이었다. 초기 수십 년간의 "국부 치료"는 잘못된 여성을 바로잡기 위해 남성의 직접 삽입이 필요하다는 것을 이미 인정한 상태였다. 19세기 의사들은 아픈(또는 다루기 힘든) 여성들이 다리를 벌려 거머리, "달인 즙", 외과용 겸자 등등 의사가 무엇을 골라 집어넣든지 간에 받아들이도록 요구했다. 그러나 이는 위어 미첼이 도입한 발기한 음경 치료에 비하면 새 발의 피였다. 그는 (지속적으로 입에 부드러운 음식을 집어넣는 것을 제외한다면) 신체적 삽입을 죄다 중단한 "국부 치료"를 개탄하였다. 미첼에 따르면 의사는 그의 남성성만으로도 치료할 수 있었다. 물론 이는 여성 의사들에 대한 최후의 일격이었다. 여성 의사들은 "자신과 같은 여성 환자들에게 필요한 지배력"을 가질 수 없었다.[80] 오직 남성만이 그 "치료"를 구성하는 완전한 복종을 요구할 수 있었다.

만약 환자가 침대 옆에서 미첼의 똑바로 선 물건에 굴복하지 않는다면 미첼은 자신의 물건, 즉 글자 그대로 음경을 꺼낼 것이라고 위협하곤 했다. 실례로, 한 환자가 안정요법이 끝나고도 회복에 실패했을 때의 유명한 일화가 있다.

의사 미첼은 모든 논쟁과 설득을 동원한 뒤 마침내 선언하기를 "만약 당신이 5분 내로 침대 밖으로 나오지 않는다면 내가 당신 안으로 그것을 넣으리라!" 그는 거기서 코트를 벗었고, 환자가 여전히 완강히 버티자 조끼를 벗었다. 그러나 그가 바지를 벗기 시작하자 그녀는 화를 내면서 침대 밖으로 뛰쳐나왔다![81]

환자 역할 뒤집기: 히스테리

의사와 여성의 병약성 사이의 로맨스는 위어 미첼의 치료에서 만개(거의 정점에 도달)하기에 이르렀다. 그러나 앞서 언급된 일화가 폭로하듯이 이 사건에는 더 불쾌한 국면이 도사리고 있었다. 화가 나서 나무라는 어조는 그의 목소리가 되었고, 육체적 완력을 쓸 가능성은 높아졌다. 시간이 흐르면서 미국 도시의 안방에 병약한 여성들이 산더미처럼 늘어나 헬스클럽과 상담실을 순회하는 동안, 나무라는 어조는 더 커져만 갔다. 의료는 자신들이 만든 모순에 사로잡혀 환자에게 등을 돌리기 시작한다.

의사들은 여성들은 아프고, 그 아픈 것은 선천적이며, 자궁과 난소를 가졌기 때문이라는 논리를 확립했다. 의사들은 여성이라는 성에서 "병"과 "건강"의 이중성을 제거했다. 여성에게 남은 것은 보다 총체적인 휴식을 향한 재생산의 "폭풍우"에 의해 끊임없이 시달리는 길게 늘여진 반쪽짜리 삶뿐이었다. 그러니 동시에 의사들은 치료할 것으로 기대되었다. 치료에 대한 공격적이고 기계적인 접근을 동반한 성입적 의료의 발달은, 의사들은 무엇인가를 할 수 있고 그것을 고칠 수 있다는 어떤 대중적 신념을 요구했다. 확실히 샬롯 퍼킨스 길먼도 자신이 치료되기를 기대했었다. 수많은 여성 병약자들의 남편, 아버지, 자매 등은 의사들이 환자를 치료해 주기를 기대했다. 질병에 대처하는 의료 전략으로서 명령에 뒤이어 등장한 "치료"는 증상을 흉내 냈거나 새로운 증상을 일으켰거나 간에 수십 년 동안 성공적인 의료 전략이었다. 그러나 그 치료는 장기적인 상업적 생존력을 갖지 못했다.

문제는 의사들의 상업적 신용 논란보다 더 심각했다. 이상적인 가정적 여성성을 구성하기 위해 의료계가 그렇게 열심히 작업했음에도 불구하고 막상 구축된 여성성은 모순을 가지고 있었다. 의료는 여성은 아프며 또 여성의 생활은 재생산 기능에 집중되어 있다고 주장했다. 그러나 이것은 모순적인 주장이다. 만약 너무나 아프다면 재생산을 어떻게 할 수 있는가? 재생산에서 여성의 역할은 체력을 요구하며, 육아와 가사 같은 모든 활동을 고려한다면 완전하고 원기 왕성한 건강이 필요하다. 19세기 여성성의 쌍둥이 기둥인 병과 재생산은 서로 양립할 수 없었다.

세기말에 이르면 사실상 병이 재생산을 눌러 이기는 것처럼 보였다. 1800년에서 1900년 사이 백인 출생률은 반으로 줄어들었고, 특히 백인 앵글로색슨 신교도, 즉 "더 좋은" 계급의 사람들 사이에서의 출생률이 가장 급락했다. 반면 흑인과 유럽계 이민자들은 훨씬 더 높은 사망률에도 불구하고 아이를 더 많이 낳고 있는 것으로 나타나 그들이 실제로 "토착 혈통"을 대체할지도 모른다는 두려움이 생겨났다. 프린스턴대학의 에드윈 콘클린Edwin Conklin 교수는 다음과 같이 썼다.

경계해야 할 것은 열등한 인구 요소들 사이에서는 출생률이 계속적으로 증가하는 반면 인구의 가장 우수한 인자들 사이에서는 출생률이 하락하고 있다는 점이다. 청교도와 왕당파의 후예들은 … 이미 사라지고 있는데다, 기껏해야 몇 세기만 지나면 출산율이 더 높은 종족으로 대체될 것이다. …**82**

1903년 루스벨트 대통령은 국민들에게 "인종 자살"의 위험에 대해 엄포를 놓았다.

다른 살아 있는 생명체에서와 마찬가지로 인류에서도 가장 좋은 표본이 번식하지 않고 더 열등한 표본이 번식하면 그 유형[인종]은 쇠퇴할 것이다. 만약 오랜 혈통의 미국인들이 이기적인 독신 생활을 주도하거나 … 결혼한 사람들이 자신을 위해서든 아이들을 위해서든 간에 생활의 이기적인 두려움 때문에 괴로워 자녀를 한두 명 이상 더 갖지 못하게 된다면 국민에게는 재앙이 기다리고 있을 뿐이다.**83**

스탠리 홀과 다른 전문 논평가들은 하락하고 있는 WASP의 출생률을 여성의 병약성이라는 유행병과 간단하게 연결시켰다.

미국 전체에서 1860년부터 1890년 사이의 출생률은 25.61에서 19.22로 감소했다. 많은 여성들은 결혼 전에 너무 지쳐 한두 명의 아이를 낳은 뒤에 망가져 버린다. 아마도 출산과 아이들로 인한 성가심에 대한 두려움은 증가하는 데 반하여, 많은 훌륭한 여성들은 자신들이 기력이 충분하지 않다고 느낀다. …**84**

계속해서 그는 "만약 여성들이 개선되지 않는다면" 남성은 "이주자 아내에 의지해야" 하거나 아마 "사비니 족에 대한 새로운 강간"(로마 인들이 여자 부족 문제를 해결하고자 이웃 나라 사비니의 여자들을 납치해 강간하고 아내로 삼았다는 일화—옮긴이)이 있어야 할 것이라고 주장하기에 이르렀다.

"열등한 인자"에 의해 제기된 유전학적 도전은 여성의 병약성에 대해 호의적이지 않은 실마리를 던졌다. 여성이 "실제로" 고통을 받고 있든 그렇지 않든 간에 여성이 자신의 의무를 다하지 않고 있다는 것이 명백해졌다. 동정심은 여성이 일부러 *꾀병을 부리는 것*일 수도 있다는 의구심으로 대체되기 시작한다. 위어 미첼은 자신의 소설에서 환자에 대한 개인적인 판단을 드러냈다. 그의 소설은 다른 사람을 부릴 권력을 얻기 위해 병을 이용하는 욕심 많고 이기적인 여성 허약병자를 그리고 있다. 미첼의 소설『롤런드 블레이크 Roland Blake』(1886)에서 사악한 병약자 "옥타피아"는 그녀의 고상한 사촌 올리비아의 삶을 고달프게 만들려고 애쓴다. 『콘스턴스 트레스콧Constance Trescot』(1905)에서 여주인공은 지배욕이 강하고 충동적이며 남편의 삶을 파멸시키고 나서 다시 허약병에 빠지는데, 이는 자신의 아픈 여동생 수전을 꼼짝 못하게 하려는 수작이었다.

> 수전 또한 점차 콘스턴스가 과도하게 동정적인 애정과 끊임없는 보살핌을 받으려고 자신의 불행과 오랜 병에 의존하고 있다는 것을 알았다. 덜 이기적이었던 여동생은 이 사실을 알고 고민에 빠졌다. …85

이야기는 수전이 결혼해 남성을 돌보는 훨씬 더 여성스러운 역할을 떠맡기 위해 떠나면서 콘스턴스를 냉정하게 거절하는 것으로 끝이 난다. 의사 미첼의 환자들 중 그의 이상적 여성상이 침대 위의 병약한 숙녀가 아니라 그 뒤에서 있는 어머니 같은 간호사의 모습일 것이라고 의심한 사람은 거의 없었다! 사실 미첼의 안정요법은 암묵적으로 그의 환자가 꾀병이라는 생각에 근거한 것이었다. 그의 생각은 환자에게 오랜 병약성의 경험을 제공하되, 그런 상태와 주로 함께하는 어떠한 쾌락이나 특권도 누리지 못하게 한다는 것이었다.

> 반나절 동안 침대에서 누워 지내기, 바느질 조금, 독서 조금, 흥미 끌기와 동정심 유발, 다 좋다. 그러나 한 달 동안 읽지도, 쓰지도, 바느질도 하지 않고 침대에 붙어서 친척이 아닌 한 명의 간호사만 데리고 있도록 명령을 받아, 휴식이 어떤 여성들에게는 오히려 쓴 약이 되어 버리면 그 여성 환자들은 일어나서 가라는 의사들이 내린 명령을 받아들일 때 무척 기뻐한다. ···**86**

많은 여성들은 아마도 재생산이나 가정적 의무로부터 탈출하기 위한 방법으로 환자 역할을 이용하고 *있었을* 것이다. 정말로 섹스에 반감을 가졌으나 그것이 "의무"였던 여성들, 또는 임신을 피하고 싶어 했던 일부 여성들에게 병은 출구였으며 다른 방법은 거의 없었다. 이용할 수 있는 피임법은 신뢰할 수 없었고 그것이 항상 사용 가능했던 것도 아니었다.**87** 낙태는 불법이었고 위험했다. 따라서 여성의 병약성은 20세기 중반, 남편들을 매우 귀찮게 했던 한밤중의 "두통"의 원조였는지도 모른다.

임신을 회피하기 위한 것이든 관심을 끌기 위한 것이든 간에 꾀병이라는 의심은 의사-환자 관계에 장막을 쳤다. (여성이 아파야 한다고 의사들이 말했던 것처럼) 만약 여성이 정말로 아프다면, 의사들의 노력은 아무리 효과가 없을지라도 적절하고 정당하고 당연히 비용을 지불할 만한 것으로 해석되어야 한다. 그러나 만약 그녀가 아프지 *않았다면*, 의사는 바보처럼 속고 있었던 것이다. 치료에서 남자답고 전문적인 시도들은 단지 여성 환자가 주연과 감독을 맡은 사기극의 일부였을 뿐이다. 하지만 어떻게 가짜 환자와 진짜 환자를 구별할 수 있었겠는가? 아무리 많은 투약과 휴식, 무시하기, 또 윽박지르기로도 여자를 낫게 할 수 없을 때, 도대체 뭘 할 수 있었겠는가?

의사들은 여자들이 아프기를 원했었지만 이제는 자신들이 그다지 허약하지 않은 환자들과의 권력 투쟁에 갇히게 되었음을 깨달았다. 병은 의학적 상상력에서 나온 구성이었을까, 환자의 상상의 산물이었을까, 이도 저도 아니면 의료과학의 가장 강력한 노력이 아무 효과를 발휘하지 못하게 만드는 어떤 "실체"였을까? 도대체 여성의 병약성에 붙여진 "신경쇠약증," "지각과민증" 또는 수십 개의 이름표들은 무엇이었단 말인가?

모호한 의사-환자 관계를 견딜 수 없게 만들고, 마침내 여성 심리에 대한 부인과 의사들의 독점권을 깨뜨린 것은 특정한 증상이었다. 바로 히스테리였다. 여러 가지 면에서 히스테리는 여성 병약성 숭배의 전형이다. 히스테리는 중상류층 여성들에게 거의 독점적으로 영향을 미쳤고, 식별할 수 있는 어떤 유기체적인 근거도 없었을뿐더러 의료적 치료를 전면적으로 거부했다. 그러나 병약성의 보다 보편적인 유형과는 달리 히스테리는 변덕스러웠다. 그것은 예측할 수 없이 빈번히 폭력적인 발작으로 일어났다가는 사라졌다.

당시의 묘사에 따르면 히스테리 희생자는 졸도하거나 사지를 걷잡을 수 없이 마구 떨기도 했다. 몸 전체가 경직되면서 등이 둥글게 구부러지거나 자신의 가슴을 치고 머리카락을 쥐어뜯거나 자기 자신이나 다른 사람을 물어뜯으려 하기도 했다. 발작과 졸도 외에도 그 병은 다양한 형태를 취했다. 히스테리적인 목소리 상실, 식욕 상실, 히스테리성의 기침이나 재채기, 그리고 물론 히스테리적인 비명, 웃음, 울음 등. 그 병은 미국뿐만 아니라 영국과 유럽 전역에 걸쳐 널리 퍼져 나갔다.

의사들은 이 "가장 혼란스럽고, 이해할 수 없고, 잘 낫지 않는 질병"에 몰두하게 되었다. 어떤 면에서 그것은 의사들에게 이상적인 병이었다. 그 병은 결코 치명적이지는 않으면서 거의 끝없는 의료적 관심을 요구했기 때문이다. 그러나 그 병은 병에 시달리는 여성의 가족이나 남편이 보기에는 이상적인 병이 아니었다. 온순한 병약함과 폭력적인 발작은 별개였기 때문이다. 따라서 히스테리는 의사들을 곤경에 처하게 만들었다. 그 병의 유기체적 근거를 찾아내 치료를 하거나, 아니면 그 병이 영악한 사기극임을 폭로하는 것이야말로 의사들의 직업적 자존심을 지키는 데 필수적이었다.

후자의 관점에 대한 증거들은 상당히 많았다. 의혹이 쌓이면서 의료 문헌은 히스테리가 혼자 있을 때는 결코 발작을 일으키지 않고, 쓰러져 누울 푹신한 것이 있을 때에만 발작한다고 진술하기 시작했다. 어떤 의사는 여성들이 기절할 때 머리카락이 화려하게 떨어지게끔 머리에 핀을 꽂는다고 비난했다. 히스테리의 "유형"은 남편과 하인과 아이들, 그리고 할 수만 있다면 주치의에 대해 행사하는 "권력에 맛들인" "작은 폭군"으로 특징지어지기 시작했다.

역사가 캐럴 스미스 로젠버그Carroll Smith-Rosenberg의 해석은 의사의 비난이 일정 부분 진실이었다고 보고 있다. 많은 여성들에게 히스테리성 발작은 유일하게 있을 만한 일로 받아들여지던 폭발—격분, 절망, 혹은 단지 *에너지* 폭발—이었음에 틀림없다.[88] 청년기에 히스테리가 발병하여 평생 아픈 상태로 살았던 앨리스 제임스는 자신의 상태를 통제할 수 없는 육체적 에너지에 대항하는 투쟁으로 묘사했다.

일순간 자제력을 잃을 거라는 생각 없이는 못 산다고 생각해 보라 … 모든 것을 포기해야 한다. 자신이 불변의 법칙 앞에서 비참하리만큼 무능하다는 것을 인정하면서, 제방이 깨지게 하고, 홍수가 밀려들어 오게 내버려 두라. 개인의 모든 도덕적이고 타고난 품성이 약간의 포기나 근육 이완도 잠시 못하는 끼임일 때 그것은 끝없는 싸움이 된다. 학교에서 수업 연구를 할 아침 시간을 각양각색의 공상 때문에 잃었을 때 상상조차 할 수 없는 격동의 느낌으로 비명을 지르거나 몸부림치는 대신 내 머리 속은 격렬한 반항심으로 가득 찼고, 그래서 나는 나의 뇌를 "포기"해야만 했다.[89]

그러나 대체로 의사들은 히스테리가 진짜 질병, 사실상 자궁의 질병이라는 것을 계속 주장했다. (히스테리의 어원은 자궁을 지칭하는 그리스 어다.) 의사들은 왕진과 높은 사례비가 절대적으로 필요하다는 흔들림 없는 확신에 차 있었다. 동시에 의사들은 치료와 글에서 점점 화난 듯하고 위협적인 태도를 취했다. 한 의사는 "그녀가 곧 나을 리는 없겠지만, 환자의 면전에서 머리를 밀거나 찬물로 샤워를 시킬 필요성에 대해 단호한 어조로 말하는 것은 때로는 권장할 만하다."라고 썼다. 그러고 나서 "내가 그동안 알고 있었던 것처럼, 공포가 주는 진정 효과는 신경 중추의 흥분을 가라앉힐 수도 있다. …"라고 말하며 이 치료를 "과학적으로" 합리화했다.[90]

캐럴 스미스 로젠버그는 의사들이 히스테리 여성들의 발작이 멎을 때까지 그녀의 숨을 막고 얼굴과 몸의 곳곳을 젖은 수건으로 때리고 가족과 친구들 앞에서 창피를 주도록 권했다고 쓰고 있다. 그녀는 의사 스케이F. C. Skey의 말을 인용한다. "예민한 심성을 가진 여성에게 비웃음은 강력한 무기이다. … 두려움과 개인적 처벌이라는 위협에 필적할 만한 감정은 없다. … 그들은 권위 있는 목소리에 귀 기울일 것이다." 점점 더 많은 여성들이 히스테리적이 되면 될수록 점점 더 많은 의사들이 이 병에 대해 가혹해졌다. 동시에 의사들은 여성들의 모든 독립적인 행동, 특히 여성 권리 찾기 행동을 "히스테리"로 진단할 만큼 어디에서든지 그 질병을 찾아내기 시작했다.

히스테리와 함께 여성의 병약성에 대한 숭배는 논리적인 결론에 도달했다. 사회는 부유한 여성들에게 유폐와 나태한 생활을 배정했고, 의료는 여성을 선천적으로 아픈 것으로 묘사함으로써 이러한 배정을 정당화해 왔다. 히스테리가 유행하면서 여성들은 그들의 타고난 "병"을 받아들이고 있었고, *또한 참을 수 없는 사회적 역할에 대항해 반발하는 방법도 찾아내고 있었다. 삶의 방식이 되어 버린 병은 반란의 방식이 되었고, 항상 강압적인 성격이 강했던 의학적 치료는 노골적이고 잔혹하게 억압적이 되었다.

히스테리를 둘러싼 교착 상태는 여성에 대한 전문가들의 관계에 새로운 시대를 열게 만들었다. 미국에서는 히스테리 여성과 의사 사이의 갈등이 증폭되고 있는 동안 빈의 지그문트 프로이트Sigmund Freud는 그 병을 부인과학의 장으로부터 완전히 떼어 내는 치료법에 대한 연구를 막 시작하고 있었다.

프로이트의 치료는 그 여성이 속이고 있는지 아닌지에 대한 난처한 질문을 없애 버렸다. 어느 쪽이든 그것은 정신질환이라는 것이었다. 토마스 자츠 Thomas Szasz가 지적했듯이 정신분석학은 "꾀병도 *병이다*. 사실상 히스테리보다 '더 심각한' 병이다."라고 주장한다.[91] 프로이트는 정신적 쇼크가 큰 "치료"를 몰아내고, 오직 대화에 근거한 의사—환자 관계를 정당화했다. 그의 치료는 여자 환자에게 그녀의 분노와 반항심을 고백하게 한 뒤 결국 여성으로서 자신의 역할을 받아들이라고 촉구했다. 히스테리에 대한 프로이트의 통찰력은 즉시 새로운 전문 의학 분야를 등장시켰다. 페미니스트 역사가 캐럴 스미스 로젠버그의 말에 따르면 "정신분석학"은 "히스테리 여성의 자식이다." 20세기에는 심리학자와 정신과 의사가 여성의 삶에 주도적인 전문가로서 의사들을 대체할 터였다.

20세기에 들어서도 수십 년 동안 의사들은 계속적으로 생리, 임신, 폐경을 육체적 질병과 지적 책임으로 보곤 했다. 어린 소녀들은 여전히 공부를 적게 하라는 충고를 받았고, 성인 여성은 무조건 난소 절제술의 현대적 대체물인 자궁 적출술 치료를 받곤 했다. 여성의 재생산 기관은 화학적·외과적 확장주의와 검증되지 않은 약, 무모한 실험을 위한 일종의 미개척 영역으로 계속 산주될 터였다. 그러나 **여성 문제**에 대한 논쟁은 19세기 의학 이론이 설명했던 것처럼 여성의 본성을 통제하기 위해 자궁과 "싸우는" 뇌라는 조잡한 물질주의적 용어로는 더 이상 표현되지 않았다. 히스테리에 대한 정신분석적 해석, 나아가 "신경쇠약증"과 여성 병약성의 다른 모호한 증상에 관한 해석은 뇌가 지휘한다는 학설을 최종적으로 확립했다. 20세기의 전문가들은 여성의 지성과 에너지를 받아들일 터였다. 문제는 여성이 무엇을 *할 수 있는지*가 아니라 오히려 여성이 무엇을 *해야 하는지*였다.

제5장
세균과 가사노동의 생성

긴 의자에 누워 시들어 가던 병약한 여성은 새로운 세기의 전환기에 이르러 마침내 여성의 이상형이던 자신의 병적 존재를 마감하려는 참이었다. **여성 문제**에 대한 부인과 의사들의 해답이었던 여성 병약성은 항상 여성을 지나치게 배제시키고 여성에게 너무 많은 요구를 했었다. 이제 행동주의라는 새로운 정신이 중간 계급 남성들뿐만 아니라 여성들을 사로잡았다. 미국의 산업이 전 세계로 시장을 확대하고 있는 동안 국내에는 한편으로는 2000만 이민 노동자들을 동화시켜야 하고 다른 한편으로는 악덕 자본가를 교화시켜야 하는 엄청난 과제가 있었다. 천식을 앓던 소년에서 강박적인 행동주의자로 성장한 테디 루스벨트의 부상은 세기말의 가장 쇠약하고 명부에도 없는 퇴역 군인들(여성들—옮긴이)에게까지 영감을 주었다. 모든 사람들은 "시류에 밝고" "끊임없이 일하는" 사람이 되고자 했으며, 심지어 최고 특권층 여성조차 미국의 세기를 두통에 시달리며 주저앉아 있지는 않을 참이었다.

갇혀 있던 에너지가 분출하면서 미국의 중간 계급 여성들은 이제 그들의 긴 윗옷을 느슨하게 풀고 자전거를 타고 집을 나와 여성 클럽, 자선 단체, 사회 개혁 그룹을 조직하고 있었다. 그러나 여성들은 대체로 여전히 가정중심성의 기본적 전제들을 거부할 준비가 되어 있지 않았다. 여성들은 이를테면 생식 검고디 믿가 좀 더 미주적이 것, 좀 더 건강한 것, 좀 더 활동적인 것 등 가정적 이상의 새로운 형태를 찾고 있었다.

1800년대의 첫 10여 년간 조성된 새로운 이상은 정치 활동가나 사회 개혁가가 아닌 가정주부가 되는 것이었다. 여성은 병약한 여성이 그랬던 것과 똑같이 집에 안전하게 묶일 터였다. 여성이 너무 약해 다른 것을 전혀 할 수 없었기 때문이 아니라 집에서 할 일이 너무 많았기 때문이었다. 자신의 일에 정서적으로 지적으로 몰두하는 여성으로서 바쁘게 일하는 유능한 가정주부는 비단 부유한 여성들뿐만 아니라 모든 여성들의 모델이 될 수 있었다. 남성은 은행장이나 벽돌공, 교수나 광부가 될 수 있었고 여성은 가정주부가 되었다.

가정관리가 전업 전문직이라는 생각은 의사 같은 사람들이 아니라 주로 여성 자신들인 새로운 전문가 집단에 의해 정교하게 다듬어졌다. 집안일을 하나의 직업으로 만든다는 것은 당연히 그것을 과학으로 만든다는 것을 뜻했다. 1890년대 후반에서 1910년대 사이, 여성들은 양육*과학*과 가사*과학*의 토대를 세우기 위한 시도 속에서 조직화하고 토론하고 실험하고 남성 전문가들의 조언에 크게 의존했다. 다음 두 장에서 우리는 "과학적 육아"의 발달과 남성 전문가, 의사, 정신분석가들이 그것을 점차적으로 인수해 가는 양상을 추적할 것이다. 이 장에서는 가정과학 혹은 가정경제학 전문가들, 그리고 여성의 가내 업무를 재정의하고 새롭고 과학적인 가사노동을 "팔고자" 하는 이들의 노력에 초점을 맞출 것이다.

가정의 공허함

산업혁명 전에는 여성들이 집에서 무엇을 하고 있어야 하는가에 대해 아무런 의문도 없었다. 18세기와 19세기 초 농촌 여성들(그 당시 대부분의 여성들은 농촌에 살고 있었다)은 단지 애플파이나 자수 작품만 만들고 있었던 게 아니다. 그들은 빵, 버터, 옷감, 옷, 비누, 양초, 약, 그 밖에 가족의 생존에 필수적인 것들을 만들고 있었다. 1787년 농작물 판매로 한 해에 150달러를 번 뉴잉글랜드의 한 농부는 다음과 같이 썼다.

> … 소금, 못 같은 것들에 1년에 10달러 이상을 써 본 적이 없다. 내 농장에서 모든 것이 조달되었기 때문에 먹을 것, 마실 것, 입을 것은 전혀 사지 않았다.[1]

전 산업사회의 농촌 가정은 여성 일꾼에게 다양한 기술과 고역을 감당해 낼 끝없는 능력을 요구하는 작은 작업장이었다.

가구 생산 활동의 부담으로 인해 오늘날 가사노동으로 인식되는 일을 할 수 있는 시간이 거의 없었다. 누가 보더라도 산업혁명 이전의 여성들은 오늘날의 기준으로 봤을 때 형편없는 가정주부였다. 매일 하는 청소나 주간 청소가 아니라 봄 청소라는 것만 있었다. 식사는 간단하고 반복적이었고 옷은 어쩌다 갈아입었고, "식구들의 빨랫감을 쌓아 두는 것이 허용되었으며 빨래는 한 달에 한 번, 어떤 집은 석 달에 한 번만 했다."[2] 빨래를 할 때마다 대량의 물을 나르고 데워야 했기 때문에 더 높은 청결 수준을 달성한다는 것은 상당히 의욕을 꺾는 일이었다.

그러던 중 19세기 초가 되면서 산업화가 시작되고 시장경제가 성장하였다.

점차 임금 노동과 "상업"이 미국식 삶의 방식인 농업을 대체하기 시작하였다. 젊은 여자, 성인 남자, 심지어 어린아이들까지 가족에게 당장 필요한 것을 사기 위해서라기보다 현금을 벌기 위해 도시로 나갔다. 그러나 도시화, 산업화, 전쟁이라는 대격변이 있었던 19세기 내내 앞 세대의 어머니들처럼 집에만 있던[3] 기혼 여성의 95퍼센트 이상은 미국적 삶을 휩쓸던 산업적·사회적 혁명에 겉으로는 전혀 영향을 받지 않은 것처럼 보였다. 그렇지만 그들의 삶 역시 대대적으로 변했다. 전통적인 가내수공업은 공장 속으로 사라지고 있었다. 알렉산더 해밀턴Alexander Hamilton이 공화국 초기 경제의 중심이라고 찬양했던[4] 가내 직물 수공업은 1825년에서 1855년 사이에 사라진 것이나 다름없었다.[5] 단추와 바늘이 그랬던 것처럼 옷감에 뒤이어 양초, 비누, 버터가 대부분의 여성이 만드느니보다 *사*는 물건의 대열에 합류했다.

세기말에 이르면 어느 누구도 손수 빨랫감에 풀을 먹이거나 솥에 빨래를 삶지 않았다. 도시에서 여성들은 적어도 빵과 속옷 정도는 기성 제품을 샀고, 자녀들을 학교에 보냈으며, 아마도 약간의 옷을 세탁소에 보냈고, 통조림 식품의 이점을 놓고 논쟁을 벌이고 있었다. 중간 계급 가정에는 아이스박스가 상당히 보급되었고 청소하기 쉬운 리놀륨 바닥재가 등장했다. "산업화의 홍수가 지나가자 헛간에는 비누 가마가, 다락에는 베틀이 남았다."[6]

집에서 *만드*는 것이 점점 줄어들자 집에서 *하*는 일은 곧 아무것도 남지 않을 것처럼 보였다. 교육자와 대중작가, 심지어 선도적인 사회과학자들조차 가정의 공허함이 점점 커져 가는 것에 안달했다. 사회학자 에드워드 로스는 "1850년이 되자 미국의 일반 가정에서 수행하던 생산 과정의 4/5는 떠나 버렸고 다시는 돌아오지 않았다."라고 논평하며 "허비된 에너지"에 대해 설명이 필요하다고 주장했다.[7] 경제학자 소스타인 베블런Thorstein Veblen은 부유한 가정주부가 집에서 일하고 있는 것으로 보일 때조차 하는 일이 너무나 사소해

가족 차원의 "과시적 소비"를 만드는 "낭비된 노력의 증거"로 간주될 수 있다고 주장했다.[8]

물론 많은 노동 계급 여성들에게는 무슨 일을 해야 하는가가 전혀 문제가 되지 않았다. 그들은 자신들이 옛날부터 하던 "여성의 일"을 좇아서 한때 집에서 만들던 직물, 옷, 비누를 만드는 공장으로 들어갔다. 그러나 새롭게 등장한 도시 중간 계급에게 가정의 공허함은 **여성 문제**를 놓고 진행 중이던 논쟁과 맞물린 절박한 문제였다. 자신의 어머니들이 취미로 놓는 자수와 그림 그리기 같은 작은 "성과물"에 만족했다면, 이 계급의 젊은 여성들은 점차 전면적인 대학 교육을 요구하거나 이미 대학 교육을 받고 있었다. 미국의 가정에 무엇인가 빠진 것이 있다는 이 여성들의 자각은 교육을 통해 점점 더 높아졌다. 어떤 이는 한때 여성성에 존엄과 목적을 주었던 생산적 기능을 남성 제조업자가 선점한 것에 대해 개탄했다. ≪레이디스 홈 저널Ladies' Home Journal≫의 영향력 있는 편집자 에드워드 복Edward Bok이 여성들에게 정치로부터 떨어져 여성의 영역을 고수하라고 조언하자 ≪우먼스 저널Woman's Journal≫(여성참정권운동 신문)의 한 작가는 다음과 같이 비난했다.

제빵사, 세탁업자, 속옷 제조업자, 기성복 제조업자, 요리사, 재단사, 모자 제조업자 그리고 더 많은 사람들이 사라져야 할 것이다. 여성이 남성의 고유한 영역을 침해하지 않는다면 남성도 자기 쪽 울타리를 지켜야 하며 여성의 영역을 침범해서는 안 된다.[9]

가정관리를 과학적 토대 위에 세우는 운동을 이끌었던 엘렌 리처즈는 남성 청중에게 다음과 같이 말했다.

… 나는 창조적인 일이 제거됨으로써 [가정생활이] 도둑맞고 있다고 재
치 말할 수밖에 없다 … 아이를 돌보는 일은 70 평생 중 겨우 5년이나 10
년밖에 차지하지 않는다 그 나머지 시간에 여성들이 해야 할 일은 무엇인
가? … 당신들 남자들이 실잣기, 천짜기, 비누 만들기를 가져가 놓고서 여
성들을 할머니가 있던 자리에 그대로 머무르게 만들 순 없다. 그때는 집에
늘 할 일이 있던 시절이었다. 지금은 단지 *해야* 될 일이 있을 뿐이다.**10**[강
조는 원문대로]

어떤 이들은 바로 그 "강도짓"이 여성에게 최고의 기회라고 믿었다. 페미니
스트 올리브 슈라이너는 산업혁명이 "보수를 받는 남성 노역의 장"을 매우 풍
족하게 만들었으며, 그 혁명은 고대로부터 여성이 담당하던 "생산적이고 사
회적인 노동의 가치 있는 부분을 단지 일부가 아니라 거의 모두 강탈 …" 하는
것이었음을 인정했다. 그러나 슈라이너는 여성들이 과거를 향수에 젖어 바라
보는 대신, 도전할 만한 최적의 일이 산업, 과학, 공공업무 같은 남성의 세계
에 있다는 것을 깨달을 시대가 왔다고 믿었다. "우리들에게 노동과 그 노동에
적응할 수 있는 훈련을 제공하라."라고 슈라이너는 요구했다. 그녀는 "그것이
무엇인지 알지도 못한 채 앞으로 수행해야 할 의무"를 완수하려고 안달복달
하면서 정신노동이든 육체노동이든 간에 모든 새로운 노동 분야의 이미 닫힌
문을 두드리고 있던 젊은 여성에게 믿음을 가지고 있었다.**11**

물론 가정 내 유폐에서 해방될 날이 임박했다고 믿었던 데에는 그만한 이
유가 있었다. 19세기 페미니스트들은 구두장이, 대장장이, 옹기장이, 모자 제
조업자 등 도처의 소규모 생산 작업장들이 공장 체계에 의해 쓸모없게 되는
것을 목격하였다. 이제 도시는 커졌으며 중간 계급 가정의 집 크기는 훨씬 작
아졌고 가족의 규모 역시 축소되었다. 그들 생각에 정말로 집안일이 완전히

산업화되어 해방된 여성이 남성의 세계에 합류하기까지는 얼마 남지 않은 것 같았다.

가정의 낭만

그러나 가정이 과거의 다른 오래된 유품들과 함께 구석으로 내던져진 또 하나의 기이한 시대착오였던 것만은 아니었다. 올리브 슈라이너나 샬롯 퍼킨스 길먼 같은 여성들은 가정중심성을 역사의 쓰레기통으로 쓸어 넣을 준비가 되어 있었지만, 수백 명 이상의 여성들은 **여성 문제**에 대한 유일한 해답이 가정을 지키는 데 있다고 믿었다.

가정은 그 자체로 주요 쟁점이 되고 있었다. 성직자, 대중잡지, 정치인들은 계속해서 가정의 신성함과 가정에 붙어 다니는 위험에 대해 읊어 댔다. 1909년 '자녀 양육에 관한 백악관회의White House Conference on the Care of Dependent Children'는 "가정생활은 문명의 가장 고귀한 산물"이라고 선언했다.[12] 문명을 고상한 가정생활의 산물로 보는 역발상적 관념 역시 자명한 사실로 간주되었다. 스페인–미국전쟁 시기에 널리 인용된 데몰린스Demolins의 책『앵글로색슨의 우월성Anglo–Saxon Superiority』은 앵글로색슨 "인종"의 화려한 성공을 앵글로색슨의 타고난 가정 사랑에서 찾았다.*[13] 이 시기에 이르면 대문자 "H"로 쓰인 Home가정은 애국적 미국인이라면 감상적인 감정의 격정 없이는 거의 내

---

* 우리는 마침내 이러한 앵글로색슨의 "특성"에 관한 "과학적" 설명을 발견했다. 에드워드 로스는 자신의 대표작인 『사회심리학(Social Psychology)』에서 자신이 앵글로색슨의 "가족주의" 또는 가족중심성이라고 부른 것은 "자신들의 삶의 중심을 난롯가의 둥근 원(가정을 말함–옮긴이)에 두는 분위기에 의해 강요된" 생활방식의 결과라고 설명한다. 그렇다면 사회학자들이 이뉴잇 족이나 라플란드 족에게 가장 뛰어난 인종적 우수성이 있다고 여기지 않는 것은 참으로 이상한 일이다.

뺄 수 없는 단어가 되어 있었다. 그러나 동시에 실제의 가정은 해체되고 있는 것처럼 보였다. 1919년, 사회역사학자 아서 칼훈은 증가하는 이혼율과 안정된 가정생활에 대한 젊은 커플들의 무관심에 대해 수십 년 동안 조사한 후 가정의 미래는 "문제가 많다."고 경고했다.[14]

역설적이게도 19세기 동안 물리적 공간으로서 가정을 숭배하거나 관심을 가진 미국인은 매우 드물었다. 마을 전체가 짐을 꾸려 서부로 가는 행렬은 1820년대에 시작됐다. 사람들은 늘어나는 가족을 먹여 살리기에 땅이 부족해지거나, 소문에 의하면 이웃의 난로 연기가 갑갑하게 느껴지면 다른 곳으로 떠났다. 5월 1일은 동부 도시들의 "이삿날"이었는데, 그날 "거리는 버려진 가구로 난장판이었고 가족들은 몇 집 또는 몇 블록 떨어진 곳으로 '모든 것을 옮기는' 연례행사를 하느라 정신없었다."[15] 어머니가 난롯가 흔들의자에 앉아 있는 부모의 집은 멀리 떨어져 있거나 아예 잊혔다. 다 자란 아이들, 특히 아들은 어머니의 앞치마 끈에서 가능한 한 멀리 떨어져 독립해야 하는 것으로 여겨졌다.

19세기 초·중반에 이루어진 대규모 국내 이주기 동안, 가정은 "어머니가 있는 곳"으로 (최소한 "모자를 걸어 두는 곳"으로) 사실상 재정의되어야만 했다. 그러나 산업화는 이렇게 규모가 축소되고 역할이 손상된 형태의 가정과 가족마저 위협했다. 세기말 사회평론가들은 시간이 지날수록 더욱 매력적으로 보이는 산업화 이전의 농촌 가정을 되돌아보며 근대 가정을 받쳐 줄 만한 받침대란 아무것도 없다는 사실을 깨달았다. 서로 도와 가며 함께 하던 일은 더 이상 가족을 함께 묶어 놓을 수 없었고, 생존의 원천은 **가정, 모성,** 아동기 그 어디에도 가치를 부여하지 않는 집 밖 공장 체계 안에 있었다. 그 체계는 개별 노동자에게서 뽑아낼 수 있는 노동에만 가치를 두었다. 일하지 않는 아버지 외에는 모든 것을 다 가진 부유한 가정조차 바깥에서 끌어당기는 힘에 의해 찢겼다. 아버지는 직장에 자신의 모든 것을 쏟아부은 후 클럽에서 휴식을 취했고, 어머니는 물건을 사거나 이웃을 방문했고, 아이는 학교에 갔다. ≪라이프Life≫ 잡지는 다음과 같이 신랄하게 논평했다.

> 시민들이 모이는 장소였던 학교가 초만원이 되자 몇몇 똑똑한 사람들은 집을 주민센터로 사용하자고 목소리를 높였다. 낮 시간 내내 비어 있는 집은 자정이 지나 잠만 자는 공간으로 사용하기보다 다른 용도로 사용하는 것이 훨씬 효율적인 듯하다.[16]

그러나 이렇게 대범한 논평자들은 별로 없었다. 역사학자 칼훈은 자신의 책의 한 장인 "위태로운 가정"에서 가정의 건강성, "가정의 방치", "가정이 처한 미묘한 위험" 등을 근심스럽게 검토한 수십 권의 책, 기사, 특별 보고서 들을 인용하고 있다.[17]

세기 전환기의 중간 계급 출신 평론가들에게 사회적 안정성은 사람들이 정착해야 가능한 것처럼 보였다. 서부 정복을 위해 꼭 필요했던 끊임없는 움직임과 모험이라는 오래된 가치는 더 이상 적절하지 않았고 어쩌면 위험한 것이었다. 개척은 끝났다. 철도와 목장주가 서부를 나눠 가졌고 개척 정신으로 가득 찬 개인들에게 돌아간 것은 거의 없었다. 경제적 개척 역시 급속도로 막을 내리고 있었다. 독점이 정착되고 있었고, 그 독점은 허레이쇼 앨저Horatio Alger(사수성가로 입신출세한 사람을 지칭함─옮긴이)가 될 수도 있었을 사람들의 상승 궤도를 방해하거나 그들을 회사 노동자의 지위에만 묶어 두고 있었다. 계급 간 경계가 생겨나고 있었으며 새로운 산업 질서 속에서 개척지의 무모한 가치관은 오직 혼란과 불안정을 의미할 따름이었다. 적어도 대부분의 사람들은 더 넓은 세상을 향한 자신들의 열망을 거둬들여 이를 다시 가정이라는 좁은 공간에 집중시켜야 했을 것이다.

사실 미국인들은 자신들이 가정의 안전함에 점점 매료되고 있음을 느꼈다. 농장에서 자란 사람은 이제 더 이상 인간이 작업 과정이나 고용 조건을 통제할 수 없는 일의 세계에 직면해 있었다. 19세기의 마지막 수십 년 동안 반복적으로 찾아온 불경기로 인해 일자리는 사라졌고 가계 저축은 바닥났다. 민족 구성은 물론 거리 표지판조차도 몇 년에 한 번씩 바뀌며 급속히 성장하는 도시에서는 이웃조차 안전함을 제공하지 못했다. 오직 가정만이 안전하고 안정적인 것처럼 여겨졌다. 역사학자 리처드 세넷Richard Sennett은 1870년대 시카고의 중하층 계급 거주 지역 연구에서 가정으로 돌아가 은둔하는 현상에 대해 기록하였다. 남자들은 술집이나 클럽에 덜 갔고, 가족들은 서로 간의 방문 횟수를 줄였다.[18] 수천 명을 몇 번이고 집단 투쟁으로 끌어냈던 노동조합운동조차 가정중심성이라는 중간 계급의 이상에 결코 의문을 제기하지 않았으며, 사실상 임금 상승과 노동시간 단축을 위한 요구들을 정당화시키는 데 이 이상을 이용했다.

회사 지도층들은 여느 사람처럼 가정중심성의 미덕을 정력적으로 주창했다. 사회학자 로스는 회사 지도층들이 주택 소유를 사회 통제의 수단으로 보도록, 혹은 그가 위생학적으로 표현한 것처럼 "폭도 기질 예방약"으로 인식하도록 고무시켰다.

토지 소유를 널리 확산시키는 것은 오래전부터 안정적이고 보수적인 정치적 습관을 기르는 것으로 인식되어 왔다. … 사람이 집을 소유하지만 어떤 측면에서는 집이 사람을 소유한다. 집은 무분별한 충동을 억제시키고, 인간적 혼란으로부터 그를 붙잡아 주며, 항상 '내 말 좀 들어 봐요, 나를 돌봐 줘요, 그렇지 않으면 나를 잃게 될 거예요!'라고 나지막이 말한다.[19]

1892년 노동자 대파업 직후, 카네기철강회사는 홈스테드 정책Homestead(도시 정주定住 장려를 위해 주택을 공급한 정책-옮긴이) 혜택을 받는 회사 노동자들을 위해 주택 소유 보조금을 지급하는 사업에 뛰어들었다. 이후 몇 십 년 동안 수십 개의 회사들이 주택 단지를 짓고 회사 노동자들에게 가계 대출을 제공했다. (신원을 밝히지 않은) 어느 대기업의 복지 담당자는 20세기 초 주거 개혁가 찰스 휘터커Charles Whitaker에게 다음과 같이 설명했다.

> 노동자들이 저축을 집에 투자하게 해서 집을 소유하게 해라. 그러면 그들은 떠나지도 않고 파업도 못할 것이다. 집이 그들을 주저앉혀 회사의 번영에 관심을 갖게 만들 것이다.[20]

그러나 사회 통제는 가장 크고 가장 멀리 내다볼 줄 아는 회사만 감당할 수 있는 투자였다. 대부분의 고용주들은 노동자들이 어떻게 사는지 신경 쓸 여력이 없었고, 당연히 모든 고용주들은 생활수준을 향상시키려는 노동자들의 시도에 악의적으로 반대했다. 노동자들 사이에 가정의 가치를 증진시키고자 하는 시도들은 보통 비용이 가장 적게 들고 가장 하찮은 방법에 국한됐다. 파머제조회사Palmer Manufacturing Company는 종업원들에게 대야와 수건을 지급해 그들이 "신사"처럼 말쑥한 모습으로 집으로 돌아가 가정생활에서 더 존경받을 수 있도록 하였다.[21] 산업이 가정을 *시장*으로 보기 시작한 1920년대가 되어서야 비로소 미국의 회사 경영자들은 노동자들에게 가정중심성을 장려하기 위한 종합적인 노력을 기울이기 시작했다.

세기 전환기에 이르러 가정을 "구원"하기 위해 가장 적극적으로 헌신하겠다는 의사를 표현한 이들은 바로 중간 계급이었다. 그들은 가정이 보잘것없는 노동자와 회사 중역을 완벽하게 하나로 만들 수 있다고 보았다. 노동자들은 안전하고 안락한 가정 외에 정말로 아무것도 원하는 게 없었던 게 아닌가? 사람들은 "노동이 평화"를 위해서는 가정적인 노동력이 최고라는 것을 몰랐는가? 게다가 가정은 산업직 "미덕"을 훈육하는 데 가장 중요한 장소가 될 수 있었다. 이혼 자유화 법률에 반대하는 운동을 이끌던 새뮤얼 다이크Samuel Dike 목사는 다음과 같이 설명했다.

근면성, 능률성, 과업에 대한 충실성, 직장의 모든 요구에 따르는 충성심 같은 산업 세계의 근본 요건들은 노동자 뒤에 있는 가정에 따라 크게 달라지는 정신 및 성격의 적합 여부에 달려 있음을 산업 세계는 알아야만 한다. …**22**

나아가 가정은 점점 계층화되어 가는 사회에서는 충족될 수 없는 열망을 담아내는 이상적 "그릇"이었다. 중간 계급의 관점에서 볼 때 가정은 노동 계급의 야망을 충족시킬 건전한 목표였으며, 남성의 관점에서 볼 때 가정은 여성의 에너지를 모아 줄 안전한 중심이었다.

이 기간 동안 개혁을 위해 취해진 많은 노력들은 **가정**을 방어하는 것을 직·간접적인 목표로 삼았다. 제일 많이 공표된 주제들은 알코올, 성매매, 열악한 주거 환경, 제멋대로인 여성, 아동 노동처럼 용어 자체가 이미 가정을 위협하는 외부적 위험을 지칭하는 것들이었다. 개혁가들 중 가정과학자들은 주목을 크게 받지 못했다. 왜냐하면 그들에게는 폭로할 만한 끔찍한 학대 사례도 없었고, 또 기업가와 정치가에게 집단적 양심을 발휘하라고 요구하지도 않았기 때문이다. 그들은 단지 이미 훼손된 가정의 중심, **가정의 공허**라는 *내부*의 위험만 강조했다. 가정과학자들은 그 공허가 가장 명백하고 위협적이었던 중간 계급 가정을 어쩔 수 없이 최우선 순위로 삼았다. 더 좋은 집, 더 높은 임금,

여성고용제한법 같은 이 모든 것들은 가정을 구할 수 없었으며, 여성이 집에서 할 유용한 일이 없다면 **여성 문제**에 대한 가정적 해법도 시행할 수 없었다. ≪레이디스 홈 저널≫의 칼럼처럼 사회적 안정성은 가정의 공허가 채워질 때 가능했다.

오늘날 특정 유형의 여성이 다른 어떤 것보다 사실상 필요로 하는 것은 "자신을 구속할" 어떤 임무이다. 그로 인해 우리 사회의 전체 구조는 더 좋아질 것이다. 너무 많은 여성들이 위험할 정도로 한가하다.[23]

가정과학자들이 집을 관리하다

단도직입적으로 말해 가정과학은 그 옹호자들이 바란 것처럼 "운동"이 아니라 새로운 전문 영역이었다. 가정관리를 위한 정보를 체계화하고 많은 여성들이 그 정보를 사용하도록 만들겠다는 생각은 수십 년 전부터 시작되었다. 일찍이 1840년대에 캐서린 비처—영국에서 비처와 비견될 수 있는 사람은 저 유명한 비턴Beeton 부인이다—가 집안일을 교육적으로 접근하자는 운동을 펼쳤으며, 1800년대 후반 미국 중서부 지방의 주립대학들은 미래의 농장주 부인들에게 가정교육을 제공했다. 세기 전환기의 미국에는 스스로를 가정관리 전문가로 여기는 수백 명의 전문직 여성들이 있었다. 이들은 주로 사회복지사와 교사였다. 앞에서 이미 보았듯이, 이때는 전문성 확립의 전성기였다. 의사들은 자신의 지위를 강화하며 의료의 과학적 근거를 찾고 있었고, 다양한 학문적 분과들(사회학, 심리학, 정치학 등등)은 19세기 중반의 불명확한 학제 시스템에서 벗어나 체계화되고 있었으며, 심지어 사회사업조차 배타적이고 "과학적인" 직업으로 스스로를 확립해 가고 있었다. 가정관리 전문가들이 요리법과 기사 요령 습득 단계를 뛰어넘어 과학적 전문성이라는 더 높은 토대 위에 자신들의 전문 지식 영역을 올려놓고자 조직적으로 노력하는 것은 어찌 보면 당연한 일이었다.

엘렌 스왈로 리처즈는 훈련된 화학자이자 가정과학을 요리책 단계에서 과학 단계로 올린 여성이었다. 플랙스너 같은 조직가와 파스퇴르 같은 연구자, 오슬러 같은 존경할 만한 대중적 인물 들의 합쳐진 재능이 있었기에 의료 전문직이 탄생할 수 있었다. 그러나 가정과학에는 오로지 엘렌 리처즈뿐이었다. 그녀는 기초 연구의 많은 부분을 담당했다. 가정 용수의 순도, 음식, 가정용 기구들을 시험했으며, 학회와 저널을 만들고, 세계 순회강연을 다니며 새로운 영역을 홍보했다. 그리고 새로운 가정과학에 이끌린 잡다한 사회사업가나 교육자와 달리, 그녀는 실험실 훈련을 완비한 진짜 과학적 교육을 실시했다. 그녀는 초월적인 과학의 세계로 연결되는 데 필요한 고리였다. 현대의 "가정경제학" 교재는 모두 엘렌 리처즈에 대한 경의를 표할 수 있는 지면을 마련해 놓고 있다. 교재에 실린 사진 속 그녀는 여성으로서 최고 수준을 성취했음을 드러내는 모자와 가운으로 치장하고 있다. 단단한 턱, 짙은 눈썹, 자신감은 활동의 정점에 있는 그녀를 보여 준다.

화학에서 가정과학으로 나아간 엘렌 리처즈 이야기는 아마도 그녀에 대해서만큼이나 그녀의 추종자들, 즉 "과학적 가정관리"를 마침내 실행하려고 노력했을 수백만의 여성들에 대해서도 알도록 해 준다. 리처즈는 자신의 능력을 발휘하기 위해 가정보다 훨씬 넓은 영역을 찾고자 항상 고군분투했지만 매번 남성 집단의 성적 불안감에 포위되었다. 그녀가 학생 신분일 때, 남녀 공학은 "강의실에 낯선 관심거리인 **감정**을 들여온다."는 교수(이자 미래의 남편)의 주장에 맞서야 했다.[24] 리처즈의 경력에서 최종 결과물인 가정과학 창시자로 예우를 받는 것은 대단한 승리라기보다는 오히려 양보였다.

엘렌 리처즈가 소녀였을 때, 그녀는 산업이 여성에게서 "훔쳐 간" 기술을 체험했었다. 완고한 뉴잉글랜드 농부와 병약한 어머니의 딸이었던 엘렌은 집안 관리, 요리, 바느질, 정원 손질, 간병에 대해 배웠다. 그녀가 13살이 되었을 때, 그녀가 만든 빵과 자수는 지역 대회에서 두 번이나 대상을 받았다. 그러나 그녀는 이러한 흥미를 좇아 결혼이라는 통상적인 결론에 이르고 싶은 욕구가 전혀 없었다. 그녀는 가정교사를 하며 고학하던 곳인 워세스트에서 친구에게 "젊은이든 나이든 신사든, 자유롭고 독립적인 삶에서 나를 유혹해 낼 수 있는 사람은 아직 나타나지 않았어."라는 편지를 썼다.[25] 어머니의 간병을 위해 이 독립적인 삶에서 불려 나왔을 때, 리처즈는 2년 동안 우울증에 빠졌다. '여성은 삶에서 무엇을 *하며 사는가*?'라는 **여성 의문**은 그녀의 어머니처럼 영구적 병약성 안으로 그녀를 거의 깔아뭉개다시피 내리눌렀다.

리처즈에게 그 해답은 매슈 바사Matthew Vassar라는 한 뉴욕 양조업자가 여성을 위해 대학을 기부했다는 믿기지 않는 소식과 함께 찾아왔다. (그 당시 뉴잉글랜드에는 여성에게 개방된 대학이 전혀 없었다.) 그녀는 우울증을 털어 버리고 저금을 긁어모아 포킵시로 출발했다. 그때부터 그녀는 두 번 다시 우울증에 걸리지 않기 위해 잠시도 쉬지 않았다. 바사대학에서 그녀는 만족을 모르는 듯 마구 공부를 해 댔는데, 심지어 책을 앞에 펼쳐 들고 걷는 연습을 해 강의실 사이를 걸을 때도 공부할 수 있게 되었다. 엄청난 노력과 세세한 부분까지 파고드는 열정을 가진 (그녀는 매일 자신이 오른 계단의 수를 일기장에 기록했다) 리처즈는 천문학자이자 바사대학 교수인 마리아 미첼Maria Mitchel의 총애를 받았다. 리처즈는 미첼 교수를 통해 과학이라는 남성의 성채를 부수도록 고무되었다.

(이때까지는 여전히 미혼으로 성이 스왈로였던) 엘렌은 과학 내부의 성소

에 들어가기로 결심했다. MIT에서 화학을 공부하기로 한 것이다. 그 당시 여성이 화학자 같은 실험과학자가 되는 것은 적당한 거리에서 자연을 수동적으로 관찰하는 천문학자나 동식물 연구가가 되는 것보다 훨씬 더 어려운 일이었다. 여성들은 자신의 여성성을 위험에 빠뜨리지 않고도 꼼꼼한 관찰자나 노트 기록자 정도는 될 수 있었다. 그러나 화학이나 세균학 실험실은 활동의 장이었으며, 남자가 자연을 구석으로 몰아넣고 그녀(자연)에게서 비밀을 캐내는 곳이었다.

MIT 교수들은 엘렌 스왈로를 받아들일지 말지에 대해 몇 주 동안 논의했고, 결국 한 무리의 외과의들이 수술실에 전염병 보균자가 참여하는 것을 받아들였을 정도의 조건하에서만 입학을 허가했다. 그러나 그녀는 단지 "특별한" 학생일 뿐이었다. 그녀는 남학생과 따로 떨어져 공부해야 했고 그녀만의 분리된 실험실에서 연구해야만 했다. 리처즈가 무엇을 이루든지 간에 대학원 학위를 받을 수 없었다. 결정적으로 리처즈가 연구 성과로 인해 "여자답지 않게" 되는 것을 확실하게 막고자, 교수들은 그녀에게 자신들의 논문을 분류하고 멜빵을 수선하라고 요구하곤 했다. "나는 바늘, 실, 핀, 가위 같은 그런 종류의 모든 것들을 늘 곁에 지니고 있으려고 신경 쓴다. 그들은 그 무엇으로도 공부가 나를 망친다고 말할 수 없다. …"라고 그녀는 다소 만족하는 듯 썼다.[26]

엘렌 리처즈가 두 번째 학사 학위를 취득하고 MIT를 졸업했을 때, 화학이라는 남성의 세계에 그녀를 위한 공간은 여전히 없었다. 자비롭게도 MIT는 그녀가 고등학교 여교사에게 기초화학을 가르칠 수 있도록 실험실을 빌려 주었다. 그러나 이것은 지위와 보수가 주어지는 직업이 아니라 단지 리처즈 부인 같은 지적인 교수 부인이라면 할 것으로 기대되는 일종의 "자선 행위"였다. 리처즈는 남성 과학자들을 거들고, 그들과 친하게 지내고, 그들을 위해 바느질하고 심지어 그들의 지식 일부를 여교사들에게 전달했지만, *남성 과학자들의 일원이 될 수는 없었다.*

　화학계에서 거부당하자 리처즈는 자신의 엄청난 에너지를 남자들과 동등한 위치에 *있게 할* 새로운 과학을 창조하는 쪽으로 돌렸다. 1873년 그녀는 상류 사회 모임의 연설에서 "생태학oekology"이라는 새로운 과학의 탄생을 선언했다. 리처즈를 존경한 어느 전기 작가는 현대의 환경주의자적 입장에서 이것을 *생태학ecology*의 때 이른 탄생으로 해석했지만, 실제로는 "올바른 생활에 관한 과학"의 초보적 견해 정도였다. 그게 아니라면 당시에 그녀가 말했듯 화학, 생물학, 공학적 원리들을 혼합한 일상생활 실천 지침서로서 "어떻게 살지를 가르치는 과학"이었다. 그러나 기존의 과학자들은 리처즈의 전략을 받아들이지 않았으며, "생태학"을 신앙 치료와 특허 받은 약 같은 일종의 "사기극"으로 무시했다. 이후 리처즈는 "생활개선학"이라는 새로운 이름을 붙여 "올바른 생활에 관한 과학"을 다시 일으키고자 했으나 이 또한 퇴짜를 맞았다. 과학자가 되기 위해 노력한 그녀를 거절했던 과학 공동체는 이제 충분히 과학적이지 못하다는 이유로 등을 돌렸다.

　이러한 경험들 중 어떠한 것도 페미니즘에 대한 리처즈의 반감을 수그러지게는 못했다. 젊은 여성으로서 그녀는 "… 높은 수준의 지식과 책임"을 갖추지 못했다며 초기 페미니스트운동을 비판했다. 그녀의 전기 작가들 중 어느 누구도 그녀가 여성의 권리(혹은 아동 노동 폐지나 그녀 생전에 뜨거운 논란이 되었던 많은 사회 쟁점들 중 어느 것에 대해서든)에 관심을 가지고 있었다고 언급하지 않는다. 리처즈는 여성들을 위한 고등 교육 기회의 확대에 상당한 에너지를 바쳤지만, **여성 문제**에 대한 그녀의 기본 입장은 엘리트주의적이면서 동시에 남성우위적이었다. 여성들은 함께 결집해 싸울 필요가 없으며 개별적으로 이미 준비되어 있음을 여성 스스로 입증했으므로 "받아들여"

질 것이라고 주장했다. 따라서 MIT의 "첫 번째" 여성이라는 롤 모델임에도 불구하고, 리처즈는 1878년 MIT가 남성과 동등한 기준으로 여성을 받아들이기 시작하기로 결정했을 때 매우 탐탁잖아 했다. 그녀가 열거한 이유들 중 몇 개는 확실히 억지스러웠다. 소녀들이 군사 훈련을 면제받을 것인가? 만약 그렇다면, 그들은 "특별한 특권"을 갖는 것이며 정말로 남자와 동등한 기반 위에 있지 않다는 것이다. 리처즈는 "결정적으로, 내 생각에 가장 근본적인 [이유]"는 다음과 같다고 결론 내렸다.

이렇게 말할 수밖에 없는 것이 나도 슬프지만, 현재 여성들 사이에 존재하는 공론에 따르면, 입학 허가가 주어지면 들어갈 수 있는 16세 소녀 100명 가운데 단 10명이라도 이 과정을 통과할 수 있을 것이라고 믿을 만한 근거가 없다. 이러한 결과는 여성을 위한 과학 교육이 이제 막 시작 단계에 있는 지금으로서는 사기를 꺾는 일이다.[27]

수십 년 후, 리처즈는 비슷한 이유로 콜롬비아세계엑스포World's Columbian Exposition 여성위원회에 참여해 달라는 초대를 거절했다.

20년 전에는 여성 교육을 위한 여성위원회에서 일하는 것이 기뻤다. 그러나 내 생각에 그런 방식으로 일하는 것이 현명하게 보이던 때는 이미 수년 전에 지나갔다. 이제 여성들은 수행하기에 적합한 수준보다 더 많은 권리와 의무를 가지고 있다.[28]

그러나 결국 리처즈는 여성 그룹과 함께하는 "그런 방식", 그리고 여성 그룹을 통해 일하는 것에 대한 자신의 반감을 극복해야만 했다. **가정과학**은 공동체, 가구 위생, 일상적인 "올바른 생활"이라는 그녀의 모든 아이디어를 쏟아부을 마지막 피난처가 되었다. 캐럴라인 헌트Caroline Hunt에 따르면, 그곳은 엘렌 리처즈가 종착지로 삼기에는 낯선 곳이었다.

> 남녀 동등한 교육 기회에 대한 그녀의 열정적인 바람, 여자 혼자서가 아니라 남자와 여자가 함께 일하는 것에 대한 그녀의 선호, 여성을 특별하게 대우하는 것에 대한 격렬한 저항을 고려해 봤을 때, 주로 여성들의 이익을 위한다고 여겨지는 가정경제학운동에 … 리처즈 부인 스스로 관심을 가져야만 했다는 것은 이상하게 보일 수도 있다.[29]

실제로 인간적 노력에 대한 자신만의 독특한 영역을 구축하도록 애써 보라고 리처즈를 다시 한 번 설득한 한 남자가 있었다. 범주 및 하위범주 체계 안에 인간의 모든 지식을 분류하는 것이 일생일대의 작업이었던 듀이십진분류법 창시자 멜빌 듀이Melville Dewey는 그녀에게 최상의 조언자였다. 중간 계급의 입장에서 세기 전환기 무렵의 시대를 "질서의 탐구"라고 특징지을 수 있다는 어느 역사학자의 견해에 따르면, 당시 멜빌 듀이는 고성능 탐조등으로 그 길을 이끌고 있었음에 틀림없다.[30] 그는 십진분류법을 발명했을 뿐만 아니라 뉴욕능률협회New York Efficiency Society 회장이었다. 그 협회는 인간의 존재와 관련 있는 모든 사소한 것에까지 산업 관리 기술을 유포시키는 것을 목표로 했다. 이를테면, 그는 멜빌 듀이에서 마침내 멜빌 뒤Melvil Dui로 자신의 이름을 능률화함으로써 인생에서 낭비될 시간을 줄였다. 새로운 자연과학을 만들어 내고자 하는 노력을 포기하고, 사회과학과 자연과학 사이의 혼성물인 "올바른 생활"과학을 정립하는 것에 만족하도록 리처즈를 설득한 사람은 결국 듀이(속독자에게는 뒤)였으며, "가정경제학"도 그가 제안한 이름이었다.* 듀이는 새로운 학문분과를 조직하도록 그녀를 독려했고, 1899년에서 1907년까지 매년 가정과학사들이 모임을 가셨던 곳은 애니론낵 산맥의 레이크플래시드에 있는 듀이의 여름 별장 근처였다.

새로운 분야의 진척 과정을 평가하기 위해 매년 레이크플래시드에 모인 수십 명의 남녀 전문가들, 즉 가정과학의 최상층 핵심 인사들은 자신들이 **여성문제**의 어느 부분에 서 있는지 확실하게 알고 있었다. 가정과학의 임무는 가정의 공허를 가득 채워 가정을 보존하는 것이었다. 엘렌 리처즈는 "가족 집단이 해체되고 있는 상태다."라는 우려를 자주 표명했다.[31]

1904년 시카고대학 교수이자 레이크플래시드회의의 단골 연설자였던 앨리스 노턴Alice P. Norton 부인은 동료 참석자들에게 다음과 같이 말했다.

우리 중 많은 사람들이 가정의 미래를 염려하고 있습니다. 매우 강한 원심력이 가정에 적대적으로 작동하고 있으며, 가정 바깥에서의 생활이 너무 매력적이어서 사회적 관심의 중심이 가정에서 그 정상적인 지위를 잃을 위험에 처해 있습니다. 가정학에 대한 연구는 올바른 정신으로 가르치기만 한다면 틀림없이 가정을 보다 더 재미있는 곳으로 만들 것입니다. …**[32]

---

* 학명에 관한 기록: 엘렌 리처즈는 1897년 "생태학"이 인기를 얻는 데 실패한 이후 자신의 새로운 영역을 "가정과학"이라 부르고 있었다. 1904년에 레이크플래시드회의에서 다음과 같은 공식 용어가 제안되었다. 그 과목은 초등학교에서는 "수공(handwork)"으로, 중등학교에서는 "가정과학"으로, 사범학교와 전문학교(기술학교)에서는 "가정경제학"으로, 2년제 대학과 종합대학에서는 "생활개선학"으로. 실제로 레이크플래시드그룹은 "가정경제학"과 "가정과학"을 같은 의미로 사용하는 경향이 있었다. 나중에는 "가정경제학"이 훨씬 더 보편적이 되었으나 여기서는 리처즈의 용어인 "가정과학"을 사용한다.

** 교육이 가사노동을 흥미로운 것으로 만들 것이라는 희망은 쉽사리 없어지지 않고 있다. 1974년 가정경제학 교재에는 다음과 같이 쓰여 있다. "지난 몇 년 동안 미국 가정주부의 권태와 좌절감에 대해 논의한 문헌들이 많았다. 가사에 서툰 사람들이 자주 권태로워하거나 좌절한다. 가정관리에

1902년 회담에서 당시 전국가사경제학협회National Household Economics Asso-ciation 의장이던 린다 헐 라니드Linda Hull Larned 부인은 사교 클럽 여성들 사이에 가정과학운동이 퍼지고 있는 현상에 대해 보고하며 다음과 같이 말했다.

다행스럽게도 세상에는 우리 외에도 생각 있고 진보적인 사람들이 많이 있습니다. 그들도 우리와 마찬가지로 가정을 관리하는 일이 여성에게 가장 자연스러운 직업이며, 그렇기 때문에 여성에게 가장 매력적인 천직이라는 확고한 믿음을 가지고 있습니다.[34]

의사들은 의학적 주장을 가지고 이러한 자세를 서둘러 지지했다. 1899년 미국의사협회는 가정과학 교육이 장차 "영아 사망률, 전염병, 과음, 과식, 이혼, 정신병, 빈곤, 직장 내 성별 경쟁, 남성 클럽, 여성 클럽 등"을 감소시키게 할 것이라는 점을 근거로 그 교육의 필요성을 지지했다.[35]

그러나 가정과학 전문가들도 알고 있었듯이 가정관리를 심오하고 흥미로운 직업으로 변모시키기 위해서는 가정의 신성함에 관한 몇몇의 권고를 훨씬 뛰어넘는 그 무엇이 필요했다. 산업적 진보라는 새로운 시대에 모든 것은 행동주의적이고 미래 지향적인 과학의 이름으로 정당화되어야만 했다. 1897년에 개최된 한 여성회의에서 가정과학 교육 지지자 중 한 명은 다음과 같이 선언했다.

여성에게 주어진 영역의 위대한 의미와 숨겨진 힘이 과학적 연구를 통해

대해 교육받은 가정주부라면 개인적으로 만족스럽고 행복한 삶을 이루기 위해, 또 성공적인 가족 생활에서 사회적, 경제적, 미학적, 과학적 가치들을 달성하기 위해 창조적인 방식으로 자신의 지식을 사용할 수 있다.[33]

통째로 여성에게 주어진다면, 그때는 여성이 한숨 쉬지 않을 것이다. 왜냐하면 여성의 본능을 따라야만 남성이 안전하다고 여길 수 있는 특별한 임무를 **자연**이 여성에게 부여했기 때문이다. 그러나 현실에서 여성이 역할을 수행하기 위해서는 최고의 과학적 지식이 필요하다.[36]

세균박멸운동

가정과학자들은 과학적인 실험실과 평범한 가정 사이를 연결하는 직접적인 통로를 만들고 싶어 했다. 그들은 일상적인 집안일의 수준을 향상시키기 위해서 사용될 수 있다고 여겨지면 어떤 과학이든 어떤 분야든 어떤 발견물이든 간에 꽉 움켜잡았다. 리처즈는 마침내 생화학이 요리를 정밀한 실험 실습으로 바꿀 수 있고, 경제학이 가계와 쇼핑을 혁신시킬 수 있으며 그 외의 것들도 가능하게 할 것이라고 믿었다. 청소를 위해서는 이제 새롭고 견고한 과학적 토대, 즉 세균학자들의 **세균병인설**이 마련되어 있었다.

1890년대에 대중에게 알려지기 시작한 세균론은 (다소 왜곡된 방식으로) 감염에 대한 대중의 불안감을 높였다. 1900년에서 1904년 사이 대중잡지에 등장한 기사 제목처럼 공공장소나 물건은 무엇이든지 의심받았다. "책으로 전염된다", "전화기를 통한 전염", "감염과 우표", "공중 세탁실에서 생긴 질병", "이발소의 위협" 등이 있었다. 중간 계급 사람들은 특히 "하층" 계급 사람들로부터의 감염을 무서워했다. 플렁킷Plunkett 부인은 『여성, 배관공, 의사, 가구 위생Women, Plumbers and Doctors, or Household Sanitation』이라는 자신의 가구 위생학 책에서 다음과 같이 경고했다.

어떤 사람은 화려한 "거리"에 있는 값비싼 최신의 양식으로 배관 설비된 저택에 살지도 모른다. 그러나 그 집의 열린 창에서 일직선으로 반 마일 떨어진 곳에 "빈민가"나 방치된 싸구려 공동주택이 있다면, 산들바람이 지나면서 세균을 옮겨 와 백만장자든 가난뱅이든 간에 스치는 사람에게 죄다 병균을 퍼뜨릴 것이다. …**37**

"산들바람"뿐 아니라 허름한 가내 공장에서 만들어진 의복, 담배 등도 가난한 사람들의 집에서 중간 계급 사람들의 집으로 세균을 옮길 수 있었으며 이는 대단히 두려운 것이었다. 그 가운데서도 가장 무서운 것은 하인이나 시간제 도우미가 가족에게 질병을 가져다주는 일종의 제5부대가 될 수도 있다는 가능성이었다. 3개의 치명적인 증상을 포함해 총 52개의 장티푸스 발병 흔적을 고용주들의 가정에 남긴 아일랜드계 미국인 요리사 장티푸스 메리Typhoid Mary의 사례는 불안한 사람들에게 전해진 엄중한 경고였다.

어디에나 있는 세균의 이 같은 위협에 직면해 누가 사람들의 건강을 책임져야 했을까? 의료 전문직에 따르면 그 해답은 가정주부였다. 미국 가정과학자들이 자주 인용하는 연설에서 영국의사협회 회장은 "충만한 위생의 빛이 드리워져야 하는 사람은 바로 여성이다."라고 선언했다. 그는 가정에 왕진을 갈 때는 언제나 "그 집의 설비와 관리 및 정돈 상태"를 확인하는데, 그 이유는 질병이 퍼질 가능성은 "집을 관리하는 자질이나 그 작은 영역을 관장하는 여성"에게 달려 있기 때문이라고 털어놓았다.**38** 같은 맥락에서 미국의사협회도 과학적으로 훈련된 가정주부를 전염병과의 전쟁에 참전한 간호사 동맹처럼 여겼다.

훈련된 간호사의 가치를 아는 의료진이라면, 미국 주부들을 알뜰하고 경제적이고 검소하게 만들뿐만 아니라 부엌과 식당, 그리고 집 안의 모든 방에 위생 체계를 세우는 훈련의 가치를 즉각 인정할 수 있을 것이나.[39]

가정과학 전문가에게 세균병인설은 그들의 첫 번째 승리를 향한 길을 제시했다. 그 길은 취미로 하는 먼지 털기에서 "위험한 내부의 적"에 대항하는 위생운동으로 청소를 변모시키는 것이었다. 교육받은 여성들의 능력과 에너지에 적합한 도전이 바로 여기에 있었다. 헬렌 캠벨Helen Campbell은 자신의 책 『가사경제학Household Economics』에서 오랜 가내 수공 기술을 남성들이 점차 접수해 버렸으나 청소만큼은 여성들의 손에서 "결코 떠날 수 없었던" 이유에 대해 설명했다. "세상을 깨끗하게 하는 것, 이것이야말로 여성들의 위대한 임무"라며 그녀는 의기양양해했다.[40]

세균론의 영향 속에서 청소는 도덕적 책임이 됐다. 가사를 세균론과 연관시킨 초창기 대중이론가 중 한 명인 플렁킷 부인은 1885년에 다음과 같이 썼다.

위생학에서 여성이 이해할 수 없는 것이란 있을 수 없다. 여성은 아주 자주 이 사실을 알아차리고 위생학을 연구하기 시작한다. 하지만 그때는 너무 늦어 버려서, 예방할 수 있는 질병 중 하나에 의해 살해당한 귀한 자녀의 시신 옆에 여성이 서 있을 때다. 이는 도래하는 위생의 새 천년에는 살인처럼 여겨질 것이다.[41]

집 안 청소에 무관심한 것은 아동 학대에 버금가는 것이라는 이러한 경고는 가정과학운동이 성장하는 내내 울려 퍼졌다. 비누와 세제 제조회사는 어머니의 걱정과 죄를 직접적으로 드러내는 광고에서 그 주제를 다뤘다. 스튜어트 유엔Stuart Ewen은 1920년대의 광고에 대해 다음과 같이 전하고 있다.

··· 히게이아Hygeia 아기 젖병은 "안전"하고 "당신의 아기에게 세균을 옮기지" 않는다. 플라이-톡스Fly-tox 살충제는 그것이 없으면 "무방비 상태일" 아이를 위한 하나의 방어선으로 표현되었다. ··· 여성들은 "병균이 도처에 있다고 말하는" "건강 권위자"의 지시를 따르라는 광고 카피를 들었다. 리졸Lysol 소독제는 상세하게 정의된 위험 집합체로 집을 세분화했고 어머니들은 "문손잡이조차 ··· 질병으로 [아이들을] 위협한다."는 사실을 알고 있어야 한다는 광고 카피를 들었다.[42]

(대부분 전염성 질병 때문인) 영아 사망률이 오늘날의 5배에 달했던 그 당시 어머니들은 질병을 퇴치하는 방법을 제안하는 듯한 사람이라면 누구에게든지 귀 기울이려고 했다.

불행하게도 "과학적 청소"가 담고 있었던 과학적 내용은 극히 빈약했다. 가정과학자들은 세균이 있다고 주장한 점에서는 옳았지만, 가정과학자들이나 진짜 과학자들 어느 누구도 가정 질병 예방에서 당연히 핵심 주제인 세균의 전파와 퇴치에 대해서는 별로 아는 바가 없었다. 일례로 가정과학자들은 가정의 주요한 세균 감염 경로가 먼지라고 믿었고 "축축한 걸레"에 세균을 죽이는 성질이 있다고 여겼다. 헬렌 캠벨은 "3000개의 살아 있는 유기체들"이 "소량의 먼지"로부터 번식한다는 실험 결과를 불길하게 묘사한다. "마른 걸레에는 절대로 먼지가 붙지 않았다. 깃털로 만든 걸레는 먼지를 마구 퍼프렸다. 축축한 걸레만이 먼지를 무해하게 만들 수 있었다. ···"[43] 실제로 먼지는 알레르기의 원인이라는 점만 빼면 아주 무해하다. 그리고 축축한 걸레는 다른 장점이 무엇이든 간에 미생물의 더할 나위없는 안락한 서식지가 될 수 있다.

20세기에 들어서 축축한 걸레는 현대 가정주부의 최신식 무기이자 어디에

나 있는 가정용 스펀지로 계승되었다. 극심한 광고 세례를 받은 다량의 청소용품들이 부엌과 화장실에 자리 잡는 수십 년 동안 전문적인 가정경제학자들은 새롭게 등장한 세균학이니 전염병학에서 무엇을 청소해야 하는지, 어떻게 청소해야 하는지에 대한 질문에 답이 될 만한 것들을 건진 게 별로 없어 보였다. (우리가 1976년에 가정과학자들을 대상으로 실시한 비공식적 조사를 통해 알게 된 것은 과학이 실제로 가사노동을 개선했는지 어떤지에 대해 혼란과 교묘한 발뺌뿐이라는 것이었다.) 2004년이 되어서야 비로소 ≪뉴욕 타임스≫에 보도된 연구들은 "온기와 습기로 틈이 메워진 스펀지 역시 세균 사육장이다."라고 폭로했다. ≪뉴욕 타임스≫의 기사는 집 부엌에 서식하는 세균에 관해 연구한 애리조나대학 환경미생물학과 교수의 말을 인용했다. 그는 "… 가장 깨끗해 보이는 부엌을 가진 사람들이 종종 가장 더럽다."는 것을 발견했다. 왜 그런가? "'깨끗한' 사람들은 걸레로 너무 많이 닦기 때문에 그 스펀지를 매우 자주 소독하지 않는다면 결국 집 안 곳곳에 세균을 확산시키기 일쑤다. 가장 깨끗한 부엌은 한 번도 걸레질을 한 적이 없고 싱크대에 더러운 접시를 쌓아 놓는 독신 남성의 집이었다."라고 그는 설명했다. 비슷한 시기에 먼지에 대한 깜짝 놀랄 만한 재평가가 등장했다. ≪뉴잉글랜드 의학저널The New England Journal of Medicine≫에 보고된 연구들은 너무 과도한 청소가 아이들을 알레르기와 천식에 더 잘 걸리게 만들 수 있다는 이론인 "위생 가설"에 신빙성을 보탰다. 세균에 훨씬 더 많이 노출되는 농장 아이들이 도시 아이들보다 천식과 건초열에 덜 걸린다는 것이다. 주방 조리대를 닦는 것이 건강에 나쁜 건가? 집의 먼지와 애완동물의 비듬이 아이들에게 좋은 건가? 그토록 오랜 세월이 지난 후에도 여성들의 가사노동과 공중 보건이라는 이 중요한 영역이 여전히 추측과 관습, 그리고 상업 광고가 정한 기준에 휘둘리고 있다는 사실이 놀라울 따름이다.[44]

새로운 과업의 생성

20세기 초의 가정과학자들은 자신들이 과학적 청소, 과학적 요리, 혹은 다른 여러 과학적 과업에 결정타를 날릴 만한 이론을 가지고 있다고 주장하지 않았다. 만약 그들이 그랬다면 가정관리는 판에 박힌 일들로 축소되었을 것이다. 그러기는커녕 엘렌 리처즈는 과학이 가정관리를 새로운 지식에 대한 탐구라는 끝없는 모험으로 바꾸어 놓았다고 썼다.

여성이 필요로 하는 것은 누군가의 심오한 지식이나 하나 또는 한 세트의 과학이 아니다. 이런 것들은 새로운 문제에 대한 여성의 판단을 정지시키고, 전문가의 도움을 구하게 만드는 작금의 과학적 진보에 여성이 관심을 갖는 태도만큼이나 불필요하다. 전문가에게 도움을 구한다는 것은 다음과 같은 질문을 하게 만든다. "내가 지금 하고 있는 것보다 더 잘 할 수 있을까?" "내가 사용할 수 있는 기구가 있나요?" "우리 집은 위생 설비가 제대로 되어 있는 건가요?" "내가 만든 음식은 최상인가요?" "제가 가장 좋은 재질과 알맞은 색깔의 옷을 선택한 건가요?" "제가 시간을 유용하게 쓰고 있나요?"[45]

지속적으로 발전하는 과학의 불빛 아래에서 자신의 가정관리를 끊임없이 점검하는 그런 질문들을 하는 것만으로도 "시간의 유용한 사용" 그 자체였으며, 가정과학이 가정관리에 추가한 최초의 새로운 "화이트칼라" 직무였다.

가정과학이 가져온 화이트칼라다운 혁신의 핵심은 바로 관리업무였다. 최초의 효율성 전문가 중의 한 명인 프레더릭 테일러는Frederick Taylor 1899년 베들레헴철강회사Bethlehem Steel Company 노동자가 하루에 통상적으로 12.5톤의 선철鐵鐵을 선적하던 것을 47톤씩 선적이 가능하게끔 유도하여 새로운 역사를 썼다. 늦신 세급 '사람들을 세규에게 겁먹었던 것처럼 "효율성"에 매료되기 시작했다. 요점은 신업에 서용된 깃치럼 업무 전체가 아니라 각 업무를 구성하는 동작들(삽 들기, 세 발자국 걷기 등등)을 분석해 내고 이 동작들을 노동자들에게 배정하는 것이었다. 이를 위한 전제는 어떤 노동자도 자신의 일이 어떻게 조직되어 있는지 알 수 없다는 것이며, 가장 미세한 결정에 이르기까지 모든 생각을 관리자의 수중에 둠으로써 시간을 절약할 수 있다는 것이었다.[46]

새로운 "과학적 관리"는 고된 일을 없애거나 재정의하여 가정관리를 도전할 만한 활동으로 승격시키려는 가정과학자들의 목표에 딱 들어맞았다. 엘렌 리처즈는 "쓸데없는 동작"을 싫어했지만 이 문제는 1912년 가정에서 완전한 관리 혁명을 달성하자는 글을 쓴 크리스틴 프레더릭Christine Frederick에게로 넘어갔다. 과학적 관리가 약속한 것은 당연히 일을 더 적게 하는 것이었다. 청소에 관한 "과학적" 접근법이 더 많은 일을 만들고 있었던 그 당시에는 특히 먹혔들었다. ≪레이디스 홈 저널≫에 연재된 프레더릭의 모든 기사는 마치 가정주부도 4배의 생산성 증대를 이룰 수 있다는 듯 선철 이야기가 들어간 작은 박스 기사로 시작했다.[47] 그녀가 말했던 것의 상당 부분은 유용하긴 했지만 깜짝 놀랄 만한 내용은 거의 없었다. 다리미판은 허리를 굽히지 않아도 될 정도의 적절한 높이에 있어야 한다, 가정용 기구는 주의 깊게 선택해야 한다, 스케줄은 하루 일과와 주간 일과로 짜야 한다 정도였다. 확실히 많은 여성들은 산업적 효율성의 원칙이 가사의 수준을 낮추지 않고도 자유 시간을 더 많이 가질 수 있게 해 줄 것이라고 여겼다. 크리스틴 프레더릭의 기사가 ≪레이디스 홈 저널≫에 처음 실렸을 때, 한 달 동안 1600명이라는 기록적인 수의 여성들이 더 많은 정보를 원한다고 편지를 보내왔다.[48]

과학적 산업관리 기술이 가정주부에게 제공한 것은 사실상 거의 아무것도 없었다. 첫째, 가사노동의 규모가 너무 작아 시간–동작 연구에 따라 시간을 절약하는 것이 별 의미가 없었다. 프레더릭의 과학적 방법("선반으로 가서 … 칼을 집어라. …" 등)으로 감자 껍질 벗기는 일에서 절약된 몇 초는 수천 개의 감자 껍질을 벗겨야 하는 공장에서는 의미가 있을 수 있지만, 4인분의 저녁 식사 준비 과정에서는 무의미했을 것이다. 둘째, 후세의 가정과학자들이 알게 되었듯이, 가정에서는 관리자와 노동자가 동일한 사람이다. 계획과 지시 기술을 관리 전문가에게 집중시키는 테일러의 경영과학 요지는 한 명의 여성에 의해 움직이는 부엌에서는 길을 잃을 수밖에 없었다.

주부에게 과학적 가정관리는 *새로운* 일을 의미하는 것으로 바뀌었다. 새로운 일이란 일을 세부적으로 분석하고, 계획하고, 기록하는 새로운 관리업무였다. 사실 프레더릭이 ≪레이디스 홈 저널≫에 연재한 시리즈의 대부분은 이 새로운 화이트칼라 노동에 관해 묘사하는 데 할애되었다. 먼저 모든 일을 연구하고 시간을 측정해야 했다. (프레더릭은 아기 목욕 시간을 눈 깜짝할 사이인 15분으로 측정했다.) 그래야만 정확한 주간 일과와 하루 일과를 고안할 수 있기 때문이다. 그다음에는 가계 통장, 재정 기록, 의료 기록, "그 집안의 주의 사항들", 친구와 친척의 생일, (우리로서는 어디에 사용되는지 도통 알 수 없는) "농담과 인용문 등"이 든 특별 서류 같은 것들—요리법을 적어 놓은 문서와 가족이 갖고 있는 각각의 의류 위치와 상태를 알려 주는 목록은 말할 것도 없고—을 항목별로 정리해 놓은 가족 문서를 관리하는 엄청난 사무 작업이 기다리고 있었다.

그럼에도 불구하고 프레더릭의 기사들은 가정의 효율성을 아주 열광적으로 부추겼다. 가정과학자들은 "가정공학 원리"를 발견하기 위해 "가정관리 실험실"을 세웠다. 과학적 가정주부는 이제 스스로를 세균 박멸꾼이자, 산업적 효율성의 원리에 따라 움직이는 관리자로 인식했다. 1930년대가 되자 가정 과학자들은 가사노동 사세글 시 닐상 줄이는 "관리"를 가정관리의 주요 취지 라고 인식했다. 아이오와 주립대학 가정과학자 마거릿 리드Margaret Reid는 가 구 내의 모든 일을 "선택", "과업, 시간, 에너지 배분", "계획", "감독"이 포함된 "A. 관리"와 "가사노동"이 포함된 "B. 수행"으로 범주화했다.[49]

과학적 관리가 개입된 모든 노력에도 불구하고 가정과학자들은 과학적 관 리가 더 큰 효율성과 더 많은 자유 시간을 만들어 낼 가능성에 대비했다. 앨리 스 노턴 부인은 "현대적 방식으로 인해 자유로워진 시간에 우리는 무엇을 해 야 하는가?"라는 제목을 붙인 1902년 레이크플래시드회의에서 이 문제에 대 해 연설했다. "자아 개발"의 가능성이나 그저 단조로운 휴식 등 이것저것을 언급한 후 그녀는 다음과 같이 확정적으로 말했다.

> … 만약 한 여성이 직업으로서 가사를 맡는다면 그녀는 가사를 *사업*으로
> 만들어야 한다. 오늘날 이 가능성은 아주 무한하다. … 그녀는 그 사업에
> 적응하는 데 필요한 더 많은 지침을 얻을 때까지 남는 시간의 일부를 소양
> 을 기르는 데 사용해야 한다.[50]

다시 말해 여성은 가정과학에 의해 자유로워진 시간을 가정과학을 공부하 는 데 쓸 수 있다! 크리스틴 프레더릭 역시 그 자유 시간에 대해 고민했으나, 가정주부가 한층 유능해지면 그들의 *표준*도 빨리 향상될 수 있을 것이라며 행복하게 결론을 내렸다.[51]

이로써 **가정의 공허**는 채워지기 시작했다. 오래된 일에 과학의 위엄이 부여 됐고 도전할 만하고 사업 같아 보이는 새로운 일이 고안됐다. 만약 가정관리 가 전업 직업이라면, **가정**은 안전할 것이고, **여성 문제**는 답을 찾게 될 터였다.

페미니즘, 가정과학을 받아들이다

　새로운 과학은 급속도로 대중의 인정을 받았다. 한 고등학교 교사의 말마따나 그것은 열광이라고밖에 말할 수 없었다. 1916년에서 1917년경까지 공립 고등학교의 20퍼센트가 가정과학이나 당시에 좀 더 보편적으로 가정경제학으로 불리던 과목을 개설했다. 대학에서도 가정경제학은 눈부신 성과를 달성했다. 전국적으로 가정경제학 전공 학생은 1905년 213명에서 1916년 1만 7778명으로 증가했고, 그들 대부분은 가정경제학 교사가 될 준비를 하고 있었다.[52] 레이크플래시드회의는 배타적인 소집단에서 1909년 700명의 회원을 거느린 미국가정경제학회American Home Economics Association라는 큰 전문가 조직으로 확장되었다. 모든 사람들이 가정경제학을 공부하고 싶어 하는 것처럼 보였으며, 적어도 소녀들은 반드시 배워야 한다고 여겨졌다. 아버지에게 성적표를 보여 주는 여고생에 관한 웃지 못할 일화가 있다. "아버지, 대수학 100점, 라틴 어 96점, 그리스 어 90점, 철학 88.5점, 역사 95점 받았어요. 뿌듯하지 않으세요?" 그 말에 아버지가 대답하기를, "그래, 정말로 만족스럽구나. 그런데 네 남편이 마침 가사, 바느질, 요리에 대해 뭔가를 좀 알고 있는 사람이라면 너의 결혼생활이 아주 행복할 것 같구나."[53] 가정경제학이 그 해답이었다. 그리스 어와 케이크 둘 다를 가질 수 있었기 때문이다.

　새로운 과학을 가장 잘 받아들인 지지자들 중의 하나가 여성운동이었다는 사실은 돌이켜보면 참 아이러니하다. 1897년에 열린 여성참정권연합Woman's Suffrage Association 회의의 기조연설 주제는 바로 가정과학이었으며, 참정권을 주장하는 신문은 가정경제학 지도자들의 생각을 전하는 안정적인 통로로 역할을 했다. 이것이 이상하게 보인다면, 세기 전환기의 여성운동은 현대적 관점에서 보면 *페미니스트*운동이라고 할 수 있는 것이 아니었음을 상기해야 한다. 당시 여성운동의 이념은 가정중심성에 초점을 맞추고 있었다. 여성이 투표한 자격이 있는 이유는 가정주부이기 때문이었다. 수전 앤서니 세대의 폭넓은 페미니즘은 포기되었고 오로지 투표권을 획득하는 것, 그리고 부차적으로 여성을 대학에 들어가게 하는 것에 집중하였다. 가정과학은 두 가지 활동 모두를 우아하게 포장했기 때문에 호소력을 갖고 있었다. 고등 교육이 여성스러움을 "없앨" 것이라는 논쟁을 떠올려 보라. 가정과학은 완벽한 답을 가지고 있었다. 고등 교육이 여성을 파괴하지 않을 뿐만 아니라 더 나은 여성으로 만든다는 것이다. 엘렌 리처즈는 1890년 여성대졸자협회Association of Collegiate Alumnae에서 다음과 같이 말했다.

> 우리[대졸 여성]는 우리의 정신적 능력, 도덕적·육체적 상태, 결혼에 대한 애호, 대통령에 출마하거나 투표할 수 있는 능력의 적합성에 대해 수년 동안 저명한 남성들의 토론 거리로 다뤄졌다. 그러나 만약 우리가 만든다면 반드시 만들어야 하는 유형의 가정, 하인 문제에 관한 우리의 입장, 정치·경제의 원천이자 중심인 부엌에 대한 우리의 영향력은 무시돼 온 것처럼 보인다.[54]

아울러 대학 나온 여성이 제일 중요한 기여를 할 수 있는 곳은 바로 가정이라는 영역이었다. 리처즈는 1912년 다음과 같이 썼다.

> 밀가루 1배럴이 발효될 때까지 여기 한 명, 또 저기 한 명, 이런 식으로 성공적으로 가정과 가족을 꾸리고 경영하기 위해 많은 대졸 여성들(약 5만 명의 대졸 출신 여성들 중에서)이 필요했다. 사회는 재조직되는 중이다. 갑작스럽고 폭발적인 방식이 아니라 거품과 발포 아래에서 효모가 작동하

는 방식이다.[55]

1898년 ≪우먼스 저널≫에서 한 작가는 "… 가사와 관계된 모든 것을 확실한 과학으로 만드는 데 가장 중요한 역할을 한 사람들은 바로 대학 나온 여성들"이라며 리처즈 같은 여성을 칭송했고 다음과 같이 결론 내렸다.

남자 대학에서 남자들이 배우는 것을 여자들이 배운다고 해서 여자들이 "자기 본래의 영역"에서 이탈하지는 않는다![56]

가정과학은 여성을 위한 고등 교육을 정당화시키는 방편이 되었다. 레이크 플래시드회의에 따르면 진정으로 과학적인 가정주부는 화학, 해부학, 생리학, 위생학을 최소한도로 공부하고 실내 인테리어를 위해 취향을 세련되게 만들 필요가 있었으며, 이외에 위대한 문학·예술 작품에 대한 소양도 갖추어야 했다. "남성적인" 직업을 위해서는 당연히 아니었고, 만약 누군가 그녀 자신을 위해 그러한 것들을 공부하라고 요구할 수 없었다면 최후의 수단으로 *가정*을 위해 공부하라고 그들에게 요구할 수는 있었다.

투표권에 관해 말하자면 가정과학이 참정권에 대해 직접적으로는 할 말이 없었지만, 가정과학은 투표권을 행사하는 여성들조차 집에서 두문불출하게 만드는 데는 확실히 일조를 했다. ≪우먼스 저널≫의 투쟁적인 참정권 관련 기사들은 가정관리 기술 관련 칼럼과 베이킹파우더, 난로용 세제 광고 사이에 파묻혀 있었다. 여성 참정권이 와이오밍 주에서 통과되었을 때, 한 여성은 참정권 반대론자들의 예측과는 달리 와이오밍의 가정생활은 붕괴되지 않았다고 ≪우먼스 저널≫에 기고했다.

당신이 와이오밍을 방문한다면, 낮 동안의 걱정에서 돌아와 가정에 충실하고 맵시 있게 드레스를 차려입은 여성스러운 아내가 꾸민 사랑스럽고 매력적인 집의 따뜻한 난롯기와 잘 차려진 저녁 식탁을 마주한 가장의 만족스럽고 행복한 표정에 감동받을 것이다.[57]

사실 가정 바깥에는 교육받은 여성들이 선택할 수 있는 매력적인 것들이 거의 없었다. 엘렌 리처즈의 경우처럼 페미니스트에게 가정과학은 나쁜 거래에서 최선을 뽑아내는 방법으로 여겨졌다. 전문직에 들어가 남성이 점거하고 있는 공적 세계에 합류하는 것이 불가능하다면, 적어도 여성은 고립되고 눈에 띄지 않는 가사 활동이 똑같이 전문적인 활동으로 인식되도록 요구할 수는 있었다. ≪우먼스 저널≫의 편집자는 "전문직으로서의 가정관리"라는 제목의 기사에서 법률계와 의료계의 위세가 점점 커지는 것을 지적하며 다음과 같이 논평했다.

일군의 **가정과학** 및 **가정학** 전공 졸업생들을 배출해 내는 것도 가정관리를 존중과 명예의 반열에 올려 놓을 것이다. 가정관리는 의학, 법률, 신학처럼 진정으로 높이 존중될 만하다. 훌륭한 가정만큼 귀중한 것이 어디 있는가?[58]

그와 동시에 중간 계급의 관점에서 볼 때 가정과학은 끊이지 않는 하인 문제에 관한 새로운 접근법을 제시했다. 이 문제는 ≪우먼스 저널≫에 자주 등장한 또 다른 이슈였다. 점점 더 많은 노동 계급 여성들이 가사 서비스직에 대한 냉대와 낮은 임금 대신 공장 노동이나 간호직을 선택했기 때문에 좋은 하인을 구하는 것이 점점 더 힘들어졌다. 많은 중상류 계급 여성들은 "하인 계급"이 병균으로 가득하고 부도덕하다고 의심했다. 이제 가정과학자들 덕분에 어쨌든 가사노동이 너무 과학적이고 복잡해져 교육받지 않은 여성은 수행할 수 없는 일이 되어 가고 있었다. 헬렌 캠벨은 그 문제를 다음과 같이 제시했다.

> 집안 하인이 하는 가사의 수준은 우리의 복잡한 가사 산업을 수행하기에 충분하지 못한 정도의 능력만을 개발하도록 만든다. 그래서 지금 이런 상태다. 우리가 현대적인 가사 산업을 수행할 능력을 가진 사람을 발견하더라도 그 사람은 우리 하인이 되지는 않을 것이다. 또한 기꺼이 우리 하인이 되고자 하는 사람을 발견하더라도 그 사람은 현대적인 가사 산업을 수행할 능력이 없을 것이다.[59]

따라서 하인을 둘 형편이 안 되는 여성이거나 하인을 찾을 수 없는 여성이라도 불쌍하게 여기면 안 되는 것이었다. 왜냐하면 그녀는 다만 가사노동이 더 이상 사회적으로 열등한 사람들에게 위임될 수 없는 직업이라는 사실을 알게 되었을 뿐이었기 때문이다.

그러나 페미니스트가 가정과학을 끌어안은 것은 어딘가에 고용되어 있지 않으면서 하인도 없는 여성 쪽의 단순한 오기 때문만은 아니었다. 병약자로 시들어 가기보다는 활발하게 청소하고 정리 정돈하며 왔다 갔다 하는 편이 훨씬 더 낫다! 또한 가정생활이라는 단 하나의 표준에 맞추기 위해 노력하는 것, 이 얼마나 좋은 것이며 얼마나 미국적인가. 어떤 계급에서는 하인들의 노동에 의해 유지되는 나태함이 있고, 또 어떤 계급에서는 소모적인 노역이 있었다. 그러나 이제는 그런 것들에서 벗어나 가정주부라는 탈계급적 이미지에 중심을 둔 가정생활이라는 단일한 이상이 있을 뿐이다.

페미니스트 관점에서 보자면 감상을 허용치 않는 가정과학운동에는 신선한 측면이 있기도 했다. 가정과학을 설계한 사람들은 19세기의 가정과 여성성의 낭만화에 질렸다. 그들은 지친 가장을 차분히 기다리는 사랑스럽고 "귀여운" 여성이라는 레이스 징식 기득한 이미지를 혐오스러워 했다. 가정은 사회로부터의 도피나 개인적 방종을 위한 천국이 아니라 공장과 마찬가지로 매우 중요한 곳이었으며 실제로 가정은 공장*이었다*. 한 가정과학 저술가는 여성이 집안일을 "군대생활처럼 한다며"(일할 때 최고 속도보다 덜 내는 것을 가리키는 산업 용어) 신랄하게 비난했는데, 그 이유인즉슨 가정은 "시민을 생산하는 거대한 공장의 일부"이기 때문이었다.[60] 헨리에타 구드리치Henrietta Goodrich는 1902년 레이크플래시드회의에서 다음과 같이 말했다.

> 가정경제학의 목표는 오늘날 가정 밖 더 큰 세계에서 성행하는 사회적 이상과 산업 환경이 가정과 조화를 이루게 하는 것입니다. 이 목표는 보통 사람들이 인식하는 가정이 개별 가정에서 이루어지는 개인적 관계라는 개념 이상의 어떤 것으로 구체화될 때까지는 결코 성취될 수 없습니다. 모든 사람들은 가정이 사람을 만드는 사회적 작업장임을 의식적으로 받아들여야 합니다. 얼마나 고립됐든지 간에, 어떠한 가정도 주어진 사회적 의무로부터 벗어날 수 없습니다. …[61]

가정은 "사람을 만든다."는 공공의 목적을 위해 존재했으며, 감정의 거미줄을 깨끗이 걷어 내고 과학의 불빛을 향해 창문을 활짝 열어 놓은 과학적 가정은 여느 일터와 다름없는 일터일 뿐이었다. 끈적거리는 의존심이 과학적 가정주부를 가정에 붙잡아 둔 것이 아니라, 오로지 전문가적 헌신이라는 뚜렷한 의식이 가정주부를 붙잡아 두었다.

그렇지만 가정과학 옹호자들은 가정관리의 합리화된 논리를 따라 다음과 같은 결론에 이르고 싶은 생각은 없었다. 만일 가정관리 활동이 정말로 "전문직"의 내용이라면 글자 그대로 가정을 탈사유화하는 것은 왜 안 되는가? 가정의 기능을 훈련된 전문가들에게 넘겨주는 것은 왜 안 되는가? 엘렌 리처즈와 그녀의 동료들은 비누 제작, 실잣기 등등이 모두 산업에 흡수됨으로써 개선되었다는 것에 동의했다. 그렇다면 요리, 청소, 육아는 왜 안 되는가? 사실 "가정"은 도대체 왜 있어야 하는가? 관습적이고 비과학적인 가정에 대해 비판한 모든 미국 비평가들 가운데 오직 샬롯 퍼킨스 길먼만이 이 단계에 도달했다.

우리는 **가정과학**의 초석을 세운 사람들이며, **가정경제학**에 관한 책을 쓰고 있다. 또 우리는 가정 산업의 표준을 향상시키기 위해 부단히 노력하고 있다. 그런데도 우리는 이 모든 문제에 필요한 것이 바로 가정 산업이라는 것을 알아채지 못하고 있다.[62]

한 사람이 서너 명의 타인을 위해 요리하거나 청소한다는 사회적 구조는 본질적으로 불합리한 것이라고 길먼은 주장했다. 아무리 많은 "과학"이 가정에 세세하게 적용되었어도 가정의 규모 그 자체가 집안일의 합리화를 불가능하게 만들었다. "사람 만들기" 차원에서 보자면 여성이 남성을 시중드는 모든 가정은 과학적이든 아니든 간에 필연적으로 "끝없는 이기심을 [남성에게] 길러 주는" "자아도취의 온상"이었다.[63] 길먼은 "효율성" 주장을 그 논리적 결론에까지 밀어붙였다. 과거와 같은 가정을 해체하고, 중앙집중식으로 음식 준비, 청소, 양육, 세탁을 담당하는 전문 직원을 갖춘 아파트 공동체에 사람들을 살게 하라는 것이다. 그러면 여성들 대부분이 남자와 동등한 기반으로, 세상에서 생산적인 일을 할 수 있는 자유를 가지게 될 것이었다.

실제로 많은 미국인들은 길먼이 제안한 것과 다르지 않은 생활양식에 매료되었다. 길먼에 따르면 수많은 미국 가정들, 적어도 성직자들이 경종을 울릴 만큼 많은 수의 가정들이 "가족생활이라는 사생활보다 문란한 호텔 [그리고 하숙집] 생활"을 더 선호하는 것처럼 보였고, 그 이유는 명백히 그 생활이 여성을 요리에서 해방시켜 주기 때문이었다.[64] 심지어 20세기 초반 수십 년 동안 중간 계급 가족은 물론 가난한 이민자 가족에서 공동 주거에 대한 실험이 산발적으로 일어났다.[65]

하지만 가정과학 옹호자들에게 길먼의 제안은 너무나 혐오스러워서 길먼이 "자유연애"를 주장했더라도(그녀는 결코 주장하지 않았지만) 오히려 그보다 낫다고 할 정도였다. 그러나 길먼은 단지 가정과학자들의 논리를 따르고 있을 뿐이었다. 가정과학자들이 길먼과 같은 입장을 취할 수 없었던 이유는 가정, 말하자면 여성 직원이 근무하는 가정에 대한 그들의 헌신이 효율성이나 과학적 합리성에 대한 그들의 헌신보다 훨씬 더 뿌리 깊었기 때문이었다. 엘렌 리처즈의 전기 작가이자 동료인 캐럴라인 헌트는 리처즈에 대해 다음과 같이 말했다.

… 저만의 지붕과 저만의 한 뼘의 땅을 가진 가정에 대한 믿음이 너무나 확고해 가정의 중요성은 논쟁의 대상이 아니라고 생각했다. 유일한 문제는 가정을 어떻게 보존하느냐 하는 것이었다. …[66]

빈민가에서의 "올바른 생활"

엘렌 리처즈 같은 가정과학 지도자들이 위기에 처한 가정에 대해 말하고

난 뒤 제일 먼저 관심을 가진 곳은 중간 계급의 가정이었다. 중간 계급의 가정은 그곳에 사는 가정"과학자"인 과학적 가정주부의 노력을 통해 합리적으로 되고, 위생적으로 되고, 무엇보다 안정되어야 했다. 그러나 최소한의 사회적 인식을 가진 사람이라면 누구라도 가정에 대한 가장 큰 위협, 즉 "문명"에 대한 가장 큰 위협은 도시 빈민가에 있음을 알고 있었다.

자선교정학회Conference on Charities and Corrections의 회장이었던 헨더슨C. R. Henderson 교수는 1902년 레이크플래시드회의에서 빈민가에 관한 이슈를 환기시켰다. 위험은 외국의 이념이나 노동조합주의자들에게서 나오는 것이 아니라 바로 *사람들이 사는 방식*에서 나온다고 그는 주장했다. "공산주의적 주거(그가 의미한 바는 싸구려 공동주택이었다)는 한 가족의 구성원들이 무의식적으로 공산주의적 사고방식에 순응하게 만드는 힘을 가지고 있다."[67] 더 나쁜 것은 빈민가의 생활 조건들이 진화적 퇴행을 초래하고 있다며 그는 다음과 같이 말했다.

현대 인구의 상당수가 오랜 투쟁과 고통을 통해서만 인류가 올라갈 수 있었던 수준에서 다시 동물적 수준으로 내려오는 것을 우리가 방치한다면, 우리는 형편없는 사람이 될 것이다.

장기적 관점에서 유일한 해법은 빈민들을 분산시켜 그들을 각자의 집에 수용하는 것이었지만, 가정과학 지도자들은 당분간 "올바른 생활에 관한 과학"을 가르침으로써 은밀히 스며드는 공산주의와 야만성을 저지할 수 있다고 믿었다. 빈민지역에서 엘렌 리처즈는 **가정경제학** 교사들을 위한 현장이 바로 가까이에 준비되어 있다."고 선언했다.[68]

당시 이 "현장"은 이미 다양한 도시 개혁가들, 자선단체, 인보관鄰保館 활동가들이 집중적으로 개량하고 있었다. 빈민 개혁의 철학은, 가난한 사람들이 위협석이기 내문에 가능한 한 빨리 진압하거나 미국적으로 만들어야 한다고 인식하던 (대부분의 가정과학 지노사들이 공유하고 있던) 보수주의적 관점에서부터, 가난한 사람들을 타락하고 몰인정한 사회의 희생자로 보는 자유주의적 관점까지 망라되어 있었다. 그러나 어느 철학적 관점으로 봐도 가정과학은 유용한 수단이었다. 가난을 빈민들의 개인적인 결점으로 비난하던 보수주의자들에게 가정과학 교육은 무절제, 방종, 잡다한 무질서를 해결할 수 있는 확실한 방책이었다. 자유주의자들에게 가정과학은 표준 이하의 가옥들, 불결한 거리, 파렴치한 상인 등 점점 더 악화되고 있는 빈민가 환경을 극복하는 데 도움을 줄 수 있는 방편이었다. 또한 가난한 사람들에게 그들의 급여 내에서 생활하도록 가르치는 것은 자유주의자와 보수주의자 모두에게 실용적인 가치가 있었다. 몇몇 가정과학자들이 제안한 것처럼 하루에 10센트로 가족을 부양할 수 있다면 더 높은 임금은 필요치 않았다.

실제로 가정과학은 곤경에 빠져 자주 당황하는 도시 빈민지역 거주자들에게 유용하고 핵심적인 정보를 제공했다. 제인 애덤스 같은 개혁가들은 어쨌든 가난한 사람들이 도시 생활에 적응할 수 있도록 도움을 줄 수 있는 것이라면 무엇이든지 필요하다고 확신했다. 대부분의 가난한 사람들은 최근 시골에서 올라온 이주자였으며 많은 이들이 길거리에서 닭을 키우고, 공동주택 지하에서 가축을 사육하고, 도로에서 빵을 굽는 등 옛날 방식을 그대로 고수하고 있었다.[69] 그러나 옛날 방식을 고수하는 생활은 단지 비위생 문제가 아니더라도 복잡한 빈민가에서는 실현할 수 없는 것이었다. 음식 재료를 직접 기르는 데 익숙했던 여자들은 이제 재료를 가게에서 사야 했고, 가스나 석탄 난로 작동법을 익히고, 수돗물이 나오지 않는 좁은 부엌에서 빨래하는 기술을 섭렵해야 했다. 거리와 공터에 수거되지 않은 채 쌓여 있는 쓰레기, 자주 끊기는 급수, 안전하지 않은 우유 같은 세기 전환기에 도사리고 있던 도시 생활의 위험에 대비해 그들에게 준비된 것은 아무것도 없었다. 많은 이주 여성들과 그 딸들에게 가정과학의 지침은 생존투쟁에서 반길 수 있는 아주 작은 원조 같은 것이었다.

도시 빈민의 사기를 진작시키고 미국화시키려는 노력이나 그들을 단순히 원조하려는 계획이 있는 곳이라면 어디서든지 가정과학은 준비된 토론장을 재빨리 찾아냈다. 공립학교와 인보관은 가정과학 과정을 개설했다. 뉴욕빈민환경개선협회New York Association for the Improvement of the Condition of the Poor 같은 자선단체는 훈련받은 가정과학자들을 가난한 여성들의 집으로 파견했다. 몇몇 가정과학자들은 빈민가에 요리나 가정관리 과정을 직접 개설하기 시작했다.

그러나 가정과학이 제공했던 유용한 생존 요령을 따라 일부 모호한 종류의 메시지도 따라왔다. 첫째, 형식적인 면에서 가정과학 전도 사업의 많은 부분은 거만하고 가혹한 방법으로 수행됐다. 특히 자발적인 자선단체에서 더욱 가혹했는데, 이들은 가정과학 지침을 좀 더 구체적인 지원 형태를 위한 대용품이나 전제 조건으로 이용했다. "우애방문자"(나중에는 훈련받은 사회사업가로 대체된 자선 기관의 자원봉사자들)는 어떡하든지 자선을 베푸는 것만은 피하도록 지시 받았다. 왜냐하면 그것은 수혜자의 성품을 타락시키고, 계급 간의 "우애" 관계를 파괴시키기 때문이었다.

방문자는 개인적인 친/구로서 해당 가정의 생활에 들어가 그들 삶의 욕구와 약점과 가능성을 찾아내고, 또 충고하고 용기를 북돋우고 제안하고 필요한 곳에 도움을 주어야 한다. 그러나 돈, 음식, 옷을 나누어 주는 것 때문에 그의 [대부분의 방문자들은 여성이었다] 활동이 방해받거나 저지당해서는 안 된다.[70]

모든 사람들이 우애적인 접근에 찬사를 보낸 것은 아니었다. 칼훈은 한 가톨릭 개혁가가 자신 활동가의 여한에 관해 비꼰 풍자를 인용한다.

실패한 자들의 아내들이 어떻게 두 칸짜리 방에서 온 식구가 살고, 요리하고, 먹고, 자고, 결혼하고, 하숙을 치는지와 같은 끊임없이 계속되는 문제 앞에서 점차 실망하고 맥없이 지낸다면, 활동가나 혹은 그보다 훨씬 나은 경우인 성공한 자들의 아내들과 아름다운 딸들이 가서 조사하고 그 가족이 도움 받을 가치가 있는지 알아보게 하라. 만약 그 가족이 도움 받을 가치가 있다면 활동가들에게 돈이 아니라 (그들이 가난한 사람들에게 절대 돈을 주지 못하게 하라) 좋은 충고를 쏟아 붓게 하라. 절약하는 법, 저축하는 법, 뼈로 스프 끓이는 법, 아무것도 없는 것에서 무언가를 만들어 내는 법, 더 이상 저축할 것이 없어질 때까지 저축, 저축, 저축하는 법에 대한 충고 말이다. 그러면 그들은 죽을 때 소나무 관에 넣어져서 더 좋은 세상으로 갈 수 있다.[71]

우애방문자는 늘 그렇듯 가족의 가정관리 표준에 대한 평가로 "사례 관리"를 시작했다. 엘리너 핸슨Eleanor Hanson 양은 "우애방문으로 치료된 마흔세 가정"이라는 보고서에서 "관리받지 못한" 가정의 "불결함"과 "무질서"를 설명한 후, 성공적으로 관리된 사례들에 대해 다음과 같이 말했다. "… 그 집에 질서와 절약을 심어 주었다."[72] 1896년 전국자선교정학회에서 어떤 감성적인 우애방문자가 고백했듯이 그것은 쉬운 일이 아니었다.

내가 이 사람들과 그토록 가까이에서 살기 전에는 종종 그 집에 당당하게 들어가 가장 오만한 태도로 "청소하라."고 말했음을 고백할 수밖에 없다.

… [이제는] 그 더러움을 보고 안타까워하고, 다음에는 깨끗하고 더 좋은 상태가 되기를 바란다. 나는 나 자신에 대해, 그리고 사람들에게 청소하라고 말할 수 없는 나의 무능함에 대해 매우 실망했다. 나는 그렇게 할 수 없다.[73]

1908년 전국자선교정학회(후에 사회사업가들의 전문단체가 된다)에서 커비W. J. Kerby 목사는 자선단체들이 개최하는 지역가정관리대회라는 더욱 비인격적인 방법을 제안했다. 그는 대회 상품이 "중요하거나 비싼 것이어야 할 필요가 없기 때문에"[74] 비용이 거의 들지 않을 것이라고 덧붙였다.

수준 낮은 자선단체가 아닌 인보관처럼 상황이 괜찮은 경우에서조차 가정 과학 지침은 도시 빈민을 미국화시키고 훈계하는 역할을 했다. 동네 여성들을 사로잡은 요리, 쇼핑 등에 관한 유용한 정보는 필연적으로 "올바른 생활"이라는 이데올로기와 함께 들어왔다. 올바른 생활이란 미국 중간 계급이 살고 있거나 혹은 살기를 열망하는 생활을 의미했다. 그것은 마음대로 살거나 이웃들과 어울려 사는 것이 아닌 절약과 질서정연함, 사생활 보호를 의미했다. 생산 노동과 명확하게 분리되어 있고(닭과 하숙생들은 내보내야 했다!), 산업적 정밀함으로 질서정연하며, 전업 가정주부가 통솔하는 가정에서 핵가족이 중심이 되는 생활을 의미했다.

절약은 미덕임에 틀림없지만 어떤 것이 비용을 들일 만한 것인가에 대해서는 온갖 억측이 따라왔다. 이를테면 비누는 괜찮지만 많은 유럽 이민자들이 습관적으로 저녁 식사 때 마시는 와인은 지나친 방종이었다. 청결은 전염병으로 가득 찬 빈민가에 필요한 미덕이었고 미국주의 그 자체와 동일시되었다. 따라서 가족이 성공하기를 바라는 가정주부는 매일 깨끗하게 세탁되고 다려진 흰 셔츠를 가족에게 입혀 내보내는 방법을 찾을 터였다. 질서정연함은 가족 스케줄—장차 입문하게 될 노동 세계에 아이들을 데비시키기 위해서 꼭 필요한, 먹고 자는 정확한 시간—을 지키는 것을 의미했다. 심지어 요리 강습소차 애국적이고 중간 계급적인 냄새를 풍겼다. 요리 강습은 가난한 사람들에게 구운 콩과 인디언 푸딩 같은 "미국적" 음식을 소개하고, 스파게티 같은 "이국적" 음식을 멀리하도록 하는 데 역점을 두었다. 거기에는 상당한 이데올로기가 내포되어 있었기 때문에 소량의 가정과학 지침으로도 큰 효과를 낼 수 있었다. 제인 애덤스가 썼듯이 "공립학교에서 요리 수업을 들은 한 이탈리아계 소녀는 가족 전체가 미국식 음식과 미국식 가족 습관에 동화되도록 어머니를 돕게 될 것이다."[75] 가정과학운동 내부의 많은 활동가들은 빈민들에게 단순히 "올바른 생활" 습관과 기술을 전달하는 것에 만족하지 않았다. 그들은 가정과학 지침서가 중간 계급 가정 문화의 잘 드러나지 않는 많은 측면까지 포함할 만큼 충분히 광범위하다고 믿었다. 1905년 레이크플래시드회의에서 탤벗Talbot 양은 다음과 같이 말했다.

나는 아이들이 삶의 일부를 강화하는 과정에서 그들이 무엇을 하는지 알기 위해 요리강습 여섯 개 정도는 희생할 만한 가치가 있지 않을까 생각합니다. 가족에서 옳다고 생각되는 것은 무엇인지, 기분전환을 위해 무엇을 하는지, 어떤 미술관에 가는지, 돈을 어떻게 쓰는지, 교회에서의 관계는 어떤지, 도덕적 정신적 삶은 무엇인지. …[76]

"문화" 그 자체를 전파하고자 노력한 선구자는 이탈리아계 빈민가와 러시아계 유대 인 빈민가에 위치하고 있던 보스턴 인보관, 루이자메이올컷클럽Louisa May Alcott Club이었다. 올컷 클럽의 자선 활동가이자 가정과학자였던 이

사벨 하이암스Isabel Hyams는 1905년 레이크플래시드회의에서 직원의 (항상 "예고 없는") 우애방문이 진행되는 동안 지나친 폭음이나 낭비 사례가 거의 적발되지 않았다고 보고했다. 그러나,

그렇지만 우리는 대부분의 경우 불결한 가정에는 비위생적인 가구로 가득 차 있고 질 좋은 음식이 식욕을 돋우도록 차려지는 경우란 없다는 사실을 알았습니다. 그래서 우리가 직접 상차림, 가정관리, 가구, 실내장식을 정하고, 마지막으로 우리는 예절이 가장 중요하다고 결정했습니다. 토머스 데이비슨Thomas Davidson이 말하기를 … "교양 없는 사람이 교양 있는 사람과 어울리지 못하는 것은 대체로 세련된 예절이 부족하기 때문이다. … 육체노동으로 생계를 벌어야 하는 남자와 여자가 다른 계급의 사람들만큼 예절과 몸가짐을 고상하게 갖추지 말아야 할 이유는 세상에 없다."[원문에 인용부호의 뒷부분이 빠져 있음][77]

"교양 있는 남자와 여자의 임무는 이 사람들 내부에 있는 올바른 생활에 대한 열망을 깨우도록 힘쓰는 것"이라고 보았던 올컷클럽은 "자연스러운 가정의 모든 활동을 배울 수 있는 이상적인 가정"으로 자신들을 이웃에 소개했다.[78] 이웃의 아이들은 정리정돈, 세련된 집 꾸미기, 상차리기, 예절, 티 파티 준비하기 등을 배우기 위해 오후 강습에 초대받았다. 하이암스도 그러한 강습이 방 두 칸짜리 빈민주택에 사는 아이들에게 그다지 실용적이지 않다는 것은 인정했지만 그런 것들이 미래에 대한 아이들의 포부를 만들어 준다고 주장했다.

매우 가난한 환경 때문에 지금은 아이들이 배우는 모든 것을 실생활에서

사용하기가 불가능할지도 모르지만 우리는 미래와 세계를 위해 가르치고 있으며, 기회가 주어지면 아이들이 그것을 슬기롭게 받아들일 수 있을 것이다.[79]

루이자메이올컷클럽처럼 "가정의 가치" 교육에서 혁신적인 인보관은 별로 없었지만 보스턴가정관리학교의 제시카 브레일리Jessica Braley는 "당연히 모든 인보관의 원칙적인 목표는 더 나은 가정을 만드는 것이다."라고 말했다.[80] 인보관은 빈민가 속의 중간 계급 거주지였기 때문에 본보기로 성공하게 돼 있었다. "인보관들은 그 자체로 매력적인 집이었고, 그래서 이웃들에게 항상 좋은 본보기가 된다."라고 브레일리는 주장했다. 무정부주의 지도자인 옘마 골드만은 자서전에서 "성공적인" 인보 사업의 효과를 다음과 같이 묘사했다.

나는 한때 옘마 리Emma Lee(뉴욕 시 맨해튼의 이민자 거주 지역에서 일했던 간호사)에게 말하기를, "가난한 사람들에게 포크로 먹는 법을 가르치는 것은 썩 좋은 일이기는 하나 그들에게 음식이 없다면 그게 무슨 소용이 있는가? 먼저 그들이 삶의 주인이 되게 해라. 그러고 나서 그들은 먹는 법과 사는 법을 알게 될 것이다." 옘마 리는 인보관 직원들이 직원으로서는 성실하지만 좋은 것보다 더 많은 해를 가하고 있다는 나의 관점에 동의했다. 그들은 자신들이 도우려고 애쓰는 바로 그 사람들 사이에서 속물근성을 만들어 내고 있었다. 예를 들어, 여성용 블라우스 제조공 파업에 참가했던 한 어린 소녀는 직원들에 의해 뽑혀 인보관의 애완동물처럼 전시되었다. 그 소녀는 으스댔고, 문화와 고상함에 대한 이해가 부족했던 "가난한 사람의 무지"에 대해 끊임없이 떠들어 댔다. 한번은 그녀가 옘마에게 "가난한 사람들은 매우 거칠고 천박하다!"라고 말했다. 그 소녀의 결혼식이 곧 인보관에서 열릴 예정이었고 옘마는 그 행사에 나를 초대했다. … 무엇보다 거만한 신부를 바라보는 것이 무척 고통스러웠다. 그렇게 멋있는 사람을 남편으로 선택한 것을 축하하자, 그 소녀는 "네, 그는 꽤 멋져요. 하지만 물론 그는 내 수준에 맞지 않아요. 보다시피 나는 정말로 내 지위보다 못한 결혼을 하고 있어요."라고 말했다.[81]

학교 또한 노골적인 선전을 일삼는 가정과학의 면모에 배출구를 제공했다. 엘렌 리처즈와 앨리스 노턴이 만들고 뉴욕주립도서관 가정교육부서Home Education Department of New York State Library가 배포해 광범위하게 사용된 초등학교 과목 개요는 다음과 같이 시작된다.

생활의 이상과 표준
Ⅰ. 가족의 역사적 발전
  a. 역사의 암흑기
  b. 인간 사회의 시작
  c. 인종 심리학 – 앵글로색슨 외의 인종이 가진 가정적 이상의 표현
  d. 앵글로색슨 족의 초기 사회생활
    1. 앵글로색슨의 가정생활 대 공산주의적 가족 체계[82]

아이들은 "자신의 가정과 열등한 동물 및 미개한 사람들의 생활양식을 비교"하는 것으로 1학년을 시작했다. 3학년이 되면 아이들은 모형 집을 만들고 꾸밀 만큼 진보하게 되었다. 가정과학 과목이 내포한 자민족중심주의에도 불구하고, 한 공립학교의 가정과학자는 "외국계 혈통 학생들의 상당수는 불리한 처지에 있을 것이라는 주장과 달리 그 학생들은 그런 처지에 있지 않다."라

고 보고했다.[83]

이후 몇 년 동안 가정과학은 소수 민족 집단과 전체 노동 계급에게 중간 계급의 "가정 가치들"을 전달하기 위한 중요한 매개물로 존속했다. 1920년대와 1930년대에 고등학교 "가정학" 과목의 강좌 수가 놀랄 만큼 증가했다. "가정 경제학" 강좌, 고등학교, YWCA, 그리고 그 밖의 지역사회 단체는 소녀들에게 아침 식사로 "선황색 계란"을 준비하는 법 같은 비법 기술뿐만 아니라 "고귀한 이상", "감상과 문화"를 소개했다. 기자재를 완벽하게 갖춘 "가정실습실"과 모델 하우스는 경우에 따라 실험실처럼 사용되었다. 1920년대 신시내티에 있던 더글러스 주민회관은 "수많은 흑인들"을 위한 가정관리 "가정실습실"을 자청했다.

> 목적은 지역사회의 구성원이라면 누구나 이용할 수 있는 이러한 모델 하우스를 만듦으로써 생활수준 향상에 영향력을 행사하는 것이다. 소녀들은 집 안에서 모든 일을 한다. … 소녀들은 그 일을 사랑하며, 누군가 그 유쾌한 가정 분위기와 다양한 의무를 자유롭게 수행하는 소녀들을 본다면 그리 놀랄 일도 아니다.[84]

가정과학 강좌에 관해 기록된 설명들 대부분은 위의 인용문처럼 교육 전문가나 가정과학자 자신들이 남긴 것이다. 가정과학 교육이 그 교육을 받은 수십만의 젊은 여성들에게 미친 교육적 효과를 판단할 수 있는 실질적인 방법은 없다. 그렇지만 러시아계 유대 인 이민자의 딸인 엘리너 폴란스키Elinor Polansky가 우리에게 들려준 다음의 이야기는 시사하는 바가 크다.

1949년 브롱크스중학교에서 나는 가정과학 수업을 들었다. 그 수업을 아주 잘 기억하고 있다. 선생님들은 우리에게 화려한 디너파티 상 차리는 법을 가르쳤다. 나는 아직도 암모니아 냄새를 기억하는데 그들은 양탄자 세탁법을 가르치고 있었다. 누가 양탄자를 가지고 있었던가? …

자신의 가정환경이 좋지 않으면 *본인이* 그것을 변화시켜야 한다는 생각이 우연히 떠올랐다. 우리는 올바르게 요리하는 최적의 방법은 모든 것을 분리해서 조리하는 것이라고 배웠다. … 그것만이 유일하게 좋은 것이며 유익한 방법이었다. 스튜처럼 여러 가지가 함께 뒤섞여 있는 것은 농부의 음식으로 여겨졌다. 나는 선생님에게 우리 가족이 함께 뒤섞여 있는 그런 음식을 먹는다는 사실을 결코 말할 수 없었다. 음식이 서로 닿는 것에 대해서도 거부감이 있었다. 껍질 콩은 으깬 감자와 닿아서는 안 된다는 것 등등 … 나중에서야 나는 내가 그런 조리법을 싫어한다는 것을 깨달았다. 그렇지만 나는 어머니에게 음식을 나누어 담을 수 있게 돼 있는 접시를 사라고 요구하기까지 했던 것도 기억난다.

가정과학 수업에서는 "침대 시트 모서리가 삼각형이 되도록 접는 법"처럼 특정한 방식으로 침대를 정리하는 법을 가르쳤다. … 그러나 집에서는 단지 시트를 잡아서 침대 밑으로 찔러 넣는다. 학교에서는 우리가 집에서 하기 싫어하는 것들을 가지고 일종의 웃음거리로 만들었다. 그러면 나는 내 어머니를 비난하게 되고 어머니는 정말로 화가 나서 "여기는 근사한 집이 아니야."라고 말하곤 했다. 이제 와 돌이켜 보니 대체로 그런 것들로 어머니와 항상 싸웠다. 우리는 가정에서 생활이 어떠해야 하는지에 대해 싸우고 있었다.

과학 없는 가정중심성

엘렌 리저즈와 동료들은 자신들의 운동이 결국에는 성공할 것이라는 것에 대해 결코 의심치 않았다. 한때 그녀는 "1950년의 대학 여성"에 대해 공상을 펼쳤다.

> 그녀는 보기만 해도 너무 멋지고 너무 세련되고 꿈에서도 너무 침착해, 주
> 먹까지는 쥐지 않더라도 가슴에는 긴장을, 눈에는 의혹을 품은 채 "자, 이
> 제 어떻게 하실 겁니까?"라고 대들며 기존 질서에 맞서던 옛 반역자들과
> 그녀가 같은 종족이라고는 꿈에도 상상할 수 없을 것이다.[85]

전적으로 가정과학 전문가들의 노력을 통해서인 것만은 아니지만 1950년 대에 이르면 "그 문제", 즉 아무렇게나 관리되고 위험에 빠진 가정에 대한 조처가 장기간 취해졌다. 사실상 가정과학 자체가 거의 불필요하게 됐다. 가정 관리 업무를 지시하고 표준을 정하기 위해 헌신하는 작가와 강사는 더 이상 필요 없게 됐다. 20세기 중반에 이르면 "올바른 생활"의 원칙인 가정과학자들의 권고는 점점 더 많은 여성들을 위해 일상생활 안에 실질적으로 자리 잡게 되었다.

가정과학자들의 오랜 꿈인 주택 소유는 20세기 전반에 걸쳐 꾸준히 확장되었다. 가정과학 개혁가들은 자기 집을 소유한 핵가족이 "올바른 생활"의 완전성을 위한 조건이라고 말하지는 못하더라도 가정과학을 총체적으로 수행하기 위한 필수적인 물질적 조건이라고 믿고 있었다. 재계의 지도자들은 "주택 소유를 통해 미국 땅에 단단하게 발붙이고 있는 계층에는 사회주의와 공산주의가 뿌리 내릴 수 없다."라고 믿었다.[86] 전후 연방정부가 제공한 재정원조로

주택 소유는 생산직 노동 계급으로까지 확장되었다. 비농가의 주택 소유 비율이 1900년에 36.5퍼센트였는데 비해 1970년대 후반에는 60퍼센트 이상이 되었다.[87] 주택 소유와 함께 가정관리는 일상적인 생존을 유지하는 것 이상의 중요성을 갖게 되었다. 가정관리는 투자 자본을 관리하는 일이 되었다.

더욱 중요한 것은 집안일이 어떻게 이루어져야 하는지를 지시하기 위해 새로운 업무관리자가 등장했다는 사실이다. 1920년대에 대량 판촉되기 시작한 "노동절약" 기구들의 엉뚱한 효과를 생각해 보라. 역사학자 하이디 하트만 Heidi Hartmann은 새로운 가정용품의 도입이 가사노동에 드는 시간을 결코 감소시키지 않았다는 사실을 보여 주는 방대한 양의 증빙자료들을 제시했다.[88] 조앤 바넥Joann Vanek은 자신이 수행한 유명한 연구에서 "확실히 사람들이 더 많은 옷을 가지고 있고 더 자주 옷을 세탁하기 때문에" 세탁기, 건조기, 다림질이 필요 없는 옷이 등장했음에도 불구하고 "지난 50년 동안 세탁에 드는 시간은 사실상 늘어났다."는 것을 발견했다.[89] 세탁기는 매주가 아니라 매일 빨래하는 것을 가능케 했다. 진공청소기와 양탄자용 세제는 먼지와 살거나 카펫 위의 얼룩을 참고 살 필요가 없다는 사실을 일깨운다. 식기세척기, 빵 보온기, 냉동고, 믹서 같은 기계들은 모두 임무의 물질적 구현체이자 **노동**이라는 소리 없는 명령이다.

초창기 가정과학 개혁가들이 몇 십 년만 더 살았더라도 자신들의 수많은 목표들이 실현된 것을 보고 크게 기뻐했을 것이다. 청결의 표준은 완벽주의자 수준으로 상승했고, 쇼핑 같은 "관리" 활동들은 크게 확장되었으며, "가정의 공허" 문제는 잊혀 버렸다. 1930년 ≪레이디스 홈 저널≫ 5월호에서 한 작가는 자신의 기억 속에 남아 있던 가사노동의 확장에 대해 증언했다.

오늘날 우리 가정주부들은 좋은 도구를 가지고 있기 때문에 할머니가 봄

대청소 때 하려고 남겨 두었던 먼지를 매일 쫓아다니며 파헤친다. 극소수
는 배구 □ 요 시켜야 하는 9명의 아이가 있지만, 우리 대부분은 매일 목욕
물에 담그는 두어 명의 아이가 있다. 텅 비어 있는 파이 선반 위나 비어 있
는 쿠키 상자가 이제 우리의 양심을 괴롭히진 않는 대신 식사에 비타민이
빠졌다거나 칼로리가 부족할지 모른다는 사실이 우리의 양심을 괴롭히고
있다.[90]

그러나 한 가지 중요한 측면에서 개혁가들은 패배를 인정해야만 했다. 가
정관리를 전문가적 지위로 상승시키겠다던 페미니즘과의 약속이 도중에 깨
진 것이다. 가정주부는 엘리트 전문가 부대가 되는 대신 하찮은 일을 하는 가
장 거대한 노동자 부대가 되었다. 가사노동에 대한 과학적 지식과 통제는 가
정주부로부터, 심지어 가정과학 전문가로부터 여성의 일을 "훔쳐 갔던" 기업
으로 애초에 넘어갔다.

"올바른 생활"의 깃발을 가정용 기구, 수프, 간이식품, 가사 보조기구 제조
회사로 넘겨준 이는 바로 가정과학 지도자 자신들이었다. 가정경제학자들은
박람회와 주택전시회에 유명회사의 설비를 전시했으며, 도처에 널린 "우수가
정관리인증마크"를 자신들의 전문가적 명예를 동원해서 지지하였다. 크리스
틴 프레더릭은 가정용 기구 산업의 시장 조사자가 됨으로써 자신이 직접 초
창기의 "대의명분"과 후대의 상업화 사이에 연속성을 제공했다. 프레더릭은
1929년 자신의 책 『컨슈머 부인에게 팔기Selling Mrs. Consumer』(허버트 후버Her-
bert Hoover에게 헌정함)에서 가정과학운동이 "가정용 기구 혁명"의 첨병 역할
을 했다고 그 공로를 인정했다. 그뿐만 아니라 광고주가 컨슈머 부인의 불안,
선입견, 허영심에 어떻게 호소할 수 있을 것인지에 대해 거의 400페이지에 달
하는 조언을 쏟아 냈다.[91]

30년 후, 가정경제학자는 기업의 팀원으로 받아들여졌다. 이들은 신상품 개발에 도움을 줄 뿐 아니라 마케팅과 광고에도 직접 참여했다. 코닝(파이렉스)Corning(Pyrex)의 부사장 리 워터맨R. Lee Waterman은 "우리는 항상 가정경제학 부서의 팀원들을 부드러운 판매기술의 달인으로 생각하고 있었다."라고 말했으며, 마케팅 잡지 ≪영업 관리Sales Management≫는 1959년 기사에서 기업의 가정경제학자를 다음과 같이 칭송했다.

> 한 사람을 알려면 한 사람이 필요하다. 여성에 대해서도 마찬가지다! 더 강한 성性 중에서 가장 용감하거나, 가장 무모한 사람만이 여성의 심리를 이해한다고 … 따라서 판촉에서 가정경제학자의 중요성이 커지고 있음을 안다고 주장한다. …
>
> 그녀는 사회학자의 감각과 창조적 기질을 가지고 있으며 자연과학 교육을 받았다. 게다가 칭송 받는 여성적 감각도 가지고 있다. 그녀는 여성을 설득시키는 여성 … 판촉을 담당하는 **가정경제학자**이다.[92]

세기 중반이 되자 가정경제학자의 일은 더 이상 교육시키기가 아니라 "설득시키기"가 되었다. 기업의 관점에서 지식을 겸비한 "과학적" 소비자보다 더 위험한 것은 없었다. 화학, 위생, 영양, 경제학에 아주 조예가 깊은 가정과학자의 이상적 가정주부에게 요란하게 눈길을 끌고 감미롭지만 시시한 배경음악이 깔리는 슈퍼마켓은 맞지 않는 장소였을 것이다. 마치 엘렌 리처즈 부인이 화장품 브랜드 에이번Avon 파티에 있다면 그랬을 것처럼.

가사노동 기술 자체가 품격을 잃고 있었다. 음식 포장지에 씌어 있는 머리를 멍하게 만드는 안내문을 생각해 보라. **하나.** 상자를 **열어라. 둘.** 큰 그릇에 내용물을 **비워라.** … 드디어 이게 바로 가정의 진짜 "과학적 관리"다. 극단적으로 와해된 임무, "관리자"(저 멀리 사무실에 있는 제조업자)에게서 완전히 분리된 "노동가"(가정주부)의 형태로. 그래도 자율이라는 외형은 남아 있다. 어쨌거나 그 맛과 상표를 스스로 선배하고, 원하다면 계란을 첨가할 수도 있을 테니까.

가정과학자들은 가정주부를 영양사, 위생사, 경제학자 같은 과학적 전문가들과의 협력관계로 격상시키고자 기대했다. 세기 중반에 그들은 가정주부가 전문가로 격상되는 대신 과학의 연구 *대상*이 되어 버렸다는 것을 알고는 충격을 받았을 것이다. 기업에 소속된 사회학자들은 가정주부의 약점을 면밀히 조사했고, 심리학자들은 가정주부를 현혹시키고 쉽게 암시에 걸리도록 하는 기술을 연구했다. 그 결과 슈퍼마켓은 가능한 한 *오랜 시간* 쇼핑하도록 설계되었다. 상품 진열은 "충동구매"를 자극하는 "감각 과부하"를 만들어 내도록 설계됐다. 시리얼과 사탕은 교묘하게 아이들의 눈높이에 자리 잡았다.

소비자 교육은 소비자 조작으로 변했다. 시장 조사자들은 구매 성향이 가장 높은 소비자가 사회적으로 고립되어 있고, 충분한 기술 지식이 없으며, 자신이 가진 가사 능력에 대해 늘 불안해한다는 것을 알아냈다.[93] 새로운 소비자 "교육가"인 제조업자와 광고업자가 만들어 내려고 추구한 것이 바로 이러한 특징이었다. TV 속 가정주부는 자기가 한 빨래의 선명함, 자기가 만든 커피의 향, 자기 집 마룻바닥의 광택에 대해 근심한다. 남성 "전문가"―전문직처럼 보이는 남성 혹은 "미스터 클린Mr. Clean" 같은 마법사 도우미―가 등장하고, "광고 속의 연구에 따르면" 그 제품들이 모든 것을 해결해 줄 것이다. 광고 속 여주인공인 가정주부는 즉석조리 제품 햄버거 헬퍼Hamburger Helper나 브릴로Brillo 수세미가 자신의 전체 이미지까지는 아니더라도 자신의 생활에 미친 영향력에 대해 간증하며 감사의 미소를 짓는다. 제조업자가 번성하는 한 가정주부는 여전히 (감사하게도) 가정부일 뿐 (다행스럽게도) 과학자는 *아니다*.

제6장
아동의 세기

  가정과학자의 세계에는 항상 무엇인가가 빠져 있었다. 먼지 하나 없는 방에는 기묘한 침묵이 있었고, 반짝반짝 빛나는 부엌과 식품 저장실은 텅 비어 있었다. 청소, 정리정돈, 일정 잘 짜는 법 등 가정과학자가 관여하던 모든 것은 단지 무대의 배경이었을 뿐 극의 중심은 아니었다. 이제 우리는 무대가 만들어진 이유인 주인공 배우에 주목한다. 20세기의 그 배우는 더 이상 가부장적 남편이 아니라 바로 아동이다. 세기의 전환기에 미국은 아동이 역사에서는 아니더라도 가족에서는 주도적인 인물임을 "발견했다."

  1899년 말경 조지아 주 교육감이 전미교육협회National Education Association에서 다음과 같은 연설을 했다.

  만약 금세기의 위대한 발견이 무엇이냐고 나에게 묻는다면 … 나는 인간이 나무와 돌과 철과 놋쇠에 새긴 모든 눈부신 업적들을 그냥 지나칠 것입니다. 인쇄기, 베틀, 증기 엔진, 증기선, 해저 케이블, 전신기, 무선 전신, 전화기, 축음기를 기록해 놓은 목록으로 가지 않을 것이며, 인간의 신체뿐만 아니라 인간의 뇌 연구에 대혁명을 일으킬 것이라고 약속한 뢴트겐선을 불러내지도 않을 것입니다.

무엇보다도 시간의 흐름 속에서 이룩한 세계의 진보 중 단연 최고는, 이제 종반으로 치닫고 있는 이번 세기의 위대한 발견인 어린 아동입니다.[1]

사회역사학자 칼훈은 "전반적으로 미국이 '아동의 세기'로 진입했다는 것은 의심할 바 없는 사실이다. … 더 확장되는 미래를 가진 문명에 어울리므로 아동이 삶의 중심이 되고 있다."라고 썼다.[2]

다양한 종류의 과학자들이나 전문가들과 같이 대중에게 알려진 성인 남성에 의한 아동의 발견은 인도주의적인 약속으로 가득 찬 발걸음이었다. 아마도 여성들은 남성 권위자들이 그제야 주장하고 있는 것, 이를테면 아동은 단순히 작은 어른이 아니라 그들만의 욕구와 능력, 매력을 가진 피조물이라는 것을 전부터 늘 알고 있었다. 대중이 아동의 특별한 욕구를 인식하고 그 욕구를 충족시키는 것은 이제 공공의 *책임*이 될 가능성이 있었다. 예를 들면 크게 확대된 아동 복지와 건강 프로그램들, 무상 공공 보육 시설, 육아에서 발생하는 문제를 해결하기 위한 지역사회의 자원 등등이 있었다. 그러나 20세기 초반에 공립학교 체계가 확대된 것을 제외하고는 이러한 약속은 거의 실현되지 않았다. 대단히 요란스럽게 "발견되었던" 아동들은 어머니들의 개인적인 책임으로 남겨져 있곤 했다. 사회역사학자 칼훈이 설명하지 못한 것은 왜 아동이 오로지 여성들에게만 "삶의 중심"이 되고 있었는가 하는 점이다. 그리고 아동에 대한 더 큰 사회적 관심은 당시 막 생겨나던 육아 *전문가* 집단에 의해 표명될 터였다. 물론 그들은 구체적인 도움을 제공하는 것이 아니라 고립되어 있는 개별 여성이 소비할 일련의 조언, 경고, 지침만 가지고 있을 뿐이었다.

이 장에서 추적할 육아 전문가의 부상은 육아에 대한 *과학적* 접근의 정교함에 달려 있었다. 이 또한 전도유망한 시도였다. 비록 과학적 접근법이 어머니에게 홀로 자녀 돌봄의 책임을 지우는 틀 안에 있었다 할지라도, 잠재적인 토대는 어머니의 욕구와 감정뿐만 아니라 아이의 실제적인 욕구에 근거했을 수 있다. 그러나 발전된 육아과학은 남성우위론자의 과학이었고, 여성과 아이들 사이의 거리를 점점 멀어지게 만들었다. 그것은 전문가의 연구와 판단에는 점점 더 많이 의지한 반면 어머니의 경험에는 점점 더 적게 의지했던 과학이었다. 우리가 알게 되듯이 육아과학은 어머니를 아동 발달의 주요 행위자로서뿐만 아니라 아동 발달의 주요한 *방해*물로 바라보게 된다.

아동의 발견

세기 전환기 즈음 무슨 일이 있었기에 아동이 배경에서 나와 대중적 관심의 집중 조명을 받게 되었는가? 아동을 독특하고 참신한 삶의 형태로 발견한 것은 여성을 "변종"이나 문제로 발견한 것처럼 **구질서**에서는 일어날 수 없는 일이었다. 심지어 100년 전까지만 해도 개별 아동은 성인 남성의 관심을 불러일으키는 인물이 전혀 아니었다. 여성은 생애 주기 동안 대략 7명의 아이를 낳았는데, 그중 1/3 내지 1/2은 다섯 살이 채 되기도 전에 죽곤 했다. 개별 아동은 각자 일시적인 방문자로 여겨야만 했다. 서부 개척 시대의 부모들은 자신들이 좋아하는 이름을 "허비"하지 않기 위해 아기들을 종종 수개월 동안 이름도 없이 내버려 두었으며, 어머니들은 자신들이 몇 명의 아이들을 키웠는지뿐만 아니라 몇 명의 아이들을 땅에 묻었는지도 얘기했다. 1885년 10월, 위스콘신 주 지역 신문에 보도된 아래의 기사는 죽음의 그림자 아래에서 살았던 사람이 성인이 아니라 어린이였던 시대에 전형적인 것이었다.

라크로스 카운티의 루이스 밸리에서 악성 디프테리아 전염병이 마틴 몰로니 가족의 모든 아이들에게 치명적이라는 것이 입증됐다. 5명 가운데 3명이 하루 만에 죽었다. 집과 가구는 불 태워졌다.[3]

1900년이 되자 아동 사망률은 이미 감소하고 있었다. 이는 의료 전문가의 업적 때문이 아니라 위생과 영양의 전반적인 개선 때문이었다.[4] 한편 출산율은 평균 약 3.5명으로 떨어졌다. 여성들은 모든 아기가 살아남기를 기대했으며, 원하는 것보다 더 많은 임신을 방지할 수 있는 방법을 이미 취하고 있었기 때문이었다.[5] 순수하게 생물학적인 관점에서 보자면 아이들은 그때부터 아이로 인정 받기 시작하고 있었다.

세기 전환기의 경제적 변화 또한 아동의 갑작스러운 명성에 일조했다. "눈에 보이기는 했지만 그들의 말이 들리지는 않았던" 가공의 전前 산업 시대 아이들은 대부분의 시간을 풀 뽑기, 바느질하기, 물 긷기와 불 지피기, 가축 먹이기, 아기 돌보기 등 고된 노동을 하며 보냈다. 오늘날 네 살배기가 자신의 신발 끈을 묶을 수 있다면 아주 놀라운 일이다. 식민지 시대에는 네 살 소녀가 양말과 장갑을 뜨고, 여섯 살이 되면 양털을 자았다.[6] 착하고 성실한 어린 소녀는 가족 경제에 기여한 데에 대한 감사의 표시로 "소녀" 대신 "부인"으로 불렸다. 엄밀히 말해 그녀는 아이가 아니었던 것이다.

그러나 아동의 일상을 가득 채웠던 수많은 잡일을 없애 버리며 생산이 가구와 분리됐을 때 아동기는 인생의 특별하고 매력적인 단계로서 주목받기 시작했다. 그것은 마치 다윈의 유인원 때문에 여전히 동요하고 있었던 후기 빅토리아 시대의 상상력이 갑작스럽게 아래를 내려다보고는 바로 눈앞에서 진화의 잃어버린 고리를 발견한 것과 마찬가지였다. 여기에는 성인 남자가 낭만화시킨 본연의 순수함이 있었으며, 당연히 그 작은 몸집 안에 오늘날의 성인 남자는 직접 들어가기를 원할 수조차 없는 미래가 있었다. 아이에게는 인간의 진화를 통제*할* 열쇠가 들어 있었다. 아동의 습관, 놀이, 친구 관계는 더이상 사소한 문제가 아니라 인류 전체에게 가장 중요한 이슈였다.

아동에 관해 이토록 갑작스럽게 매료되었던 때는 미국 역사에서 아동 학대—말 그대로이자 신체적인 의미에서—가 팽창하는 산업 경제에서 하나의 제도적 양상으로 정착되고 있던 시기였다. 세기의 전환기 즈음 어림잡아 225만 명에 이르는 미국의 15살 미만 아동들은 석탄 광산, 유리 공장, 섬유 공장, 통조림 공장, 담배 제조회사, 부잣집의 전일제 노동자였다.[7] 간단히 말하자면 아동은 값싸고 온순한 노동이 사용될 수 있는 곳이라면 어디서든지 일하는 노동자였다. 그런 점에서 농장 아이들(대부분의 경우 가장 사랑받는 가족 구성원이기도 했던)의 노동 조건과 산업 현장에서 아동 노동자의 노동 조건은 비교 불가능이다. 네 살짜리가 뉴욕 시 셋방에서 매일 16시간 동안 구슬을 고르거나 담배 마는 일을 했으며, 다섯 살 소녀는 남부 면화 공장에서 야간 근무를 했다.

> 충분한 숫자의 소녀들이 계속 일을 할 수 있는 한, 그리고 그들 중 단지 몇몇만 기절하는 한 공장은 계속 가동된다. 그러나 기절하는 소녀들이 너무 많고 너무 자주 발생해서 공장을 계속 돌리기에 수지가 맞지 않으면 그때서야 공장은 문을 닫는다.[8]

이 아이들은 등이 구부정하게 자라 구루병에 걸렸으며, 때로는 정교한 작업이나 용광로의 강한 열에 의해 눈이 멀었고, 다 자랐을 때는 폐가 석탄 가루나 면화 먼지로 망가졌다. 어떠한 형태로든 그들을 위한 "아동의 세기"나 아동기는 아니었다.

골프 코스는 공장에 너무 가까이 있어서

기의 매일

노동하는 아이늘이 밖으로 얼굴을 내밀고

경기 중인 남자들을 볼 수 있네.[9]

아동 노동을 이념적으로 옹호하는 이들이 있었다. 그들은 공장 규율이 주는 교훈을 격찬했던 교육 철학자들, 자녀 노동을 관장하는 것은 아버지의 가부장적 권리라고 주장했던 가톨릭교회, 그리고 물론 공장주 본인들이었다. 그러나 어린아이의 살을 찢는 기계와 매일 아침 등이 구부러진 아이들 무리를 빨아들이는 공장의 참상은 개혁 성향의 중간 계급 시민들에게 대중적 분노뿐만 아니라 일종의 개인적 공포를 불러일으켰다. **시장**의 논리가 내포한 극단적인 "합리화"의 결과였다. 가족의 모든 구성원은 임금 노예 상태로 떨어졌고, 가장 오래되고 친밀한 관계를 포함한 모든 인간관계들은 금전 관계 속으로 흡수되어 버렸다. 누가 **시장**의 논리를 반박할 수 있었겠는가? **시장**이라는 용어 속에는 게으르고 의존적인 아이들을 먹여 살릴 근거라고는 전혀 없었다. 경제적 이기주의는 가족을 보존하는 것과는 아무런 관계가 없었다. 아동 노동은 항상 자본주의가 발달하면 생겨나는 것처럼 보이는 궁극적인 "반유토피아", 즉 **시장**이 삼켜 버린 세계이자 사랑 없는 세계로 나아가는 긴 여정을 대변했다.

따라서 다른 한편으로 보면 세기의 전환기에 아동을 주목하게 된 것은 산업자본주의의 공포에 대항하고자 한다면 무엇이 전통적인 인간적 가치가 되어야 하는가에 대한 단언이었다. 수십 년 동안 그랬듯이 아동은 전원적이고 가정중심적이며 공장의 시간기록계가 아닌 자연적 리듬에 지배받던 시절인 낭만적으로 포장된 과거를 대변했다. 심리학자 스탠리 홀은 아동을 순수하고 자연스럽고 성인 (백인) 남자의 보호를 절실히 필요로 하는 아프리카의 "야만인"과 연관된 인종으로 보았다.

"아동의 세기"에 영감을 준 것은 아동기의 낭만적이고 전원적인 이미지만은 아니었다. 의무 교육, 공중 건강 프로그램 등을 위한 수많은 개혁운동에서 남용된 이름인 **어린아이**는 과거의 상징일 뿐만 아니라 산업적 미래의 상징이기도 했다. 1898년 헤일만W. N. Hailman 박사는 한 여성 모임의 연설에서 아동이 "어린 동물"이나 "태아 야만인" 같은 "원시적" 이미지라는 데 반박하며, 아이들은 종을 진화시키는 전위대로 보아야 한다고 제안했다.

> 아동기는 인류의 절멸을 막는 하나의 임시방편이 아니다. 그것은 바로 죽음을 저지하고 거룩한 운명을 향해 행진하고 있는 인류의 지속적 생명이다. … 인간이 역사 속에서 유전형질을 극복하게 해 주는 것은 아동기의 학습능력이다. … 아동기의 의미와 사명은 바로 인류의 지속적인 진보다. 그것이, 그리고 그것만이 삶을 살 가치가 있게 만든다.[10]

"학습능력"과 유순함 때문에 아동에게 열광하는 것은 실제로 아이들이 어른보다 산업 세계에 더 잘 맞을지도 모른다는 당시의 인식을 반영했다. 세기 전환기의 미국은 "미래 충격"이라는 엄청난 문제로 고통 받고 있었다. 기술이 세계를 매일같이 새롭게 개조하는 것처럼 보였다. 경험이 무슨 소용이 있는가? "성숙함"이 어떻게 노화가 아닌 다른 의미일 수 있는가? 과학적 관리와 조립 라인의 도입으로 산업에서는 노련한 숙련공보다 유연한 젊은이가 필요하게 되었다. 아동의 부상(그리고 가부장적 아버지의 몰락)은 아마도 이주 노동 계급의 가족에게 가장 큰 고통을 주었을 것이다. 그 가족의 부모들은 종종 태도와 언어 면에서 볼 때 완전히 단절된 농부에 불과했으며, 미국 학교에 다니고 영어를 알고 대도시의 방식을 이해하는 아들딸에게 무기력하게 의존하고 있었니.

아동이 미래의 열쇠라는 생각은 진부하게 들리지만 명확한 정치적 메시지를 가지고 있었다. 아동만이 사회 변화의 열쇠를 쥐고 있다고 말하는 것은 성인 기성세대는 그렇지 않다고 말하는 것이었다. 그것은 사회주의자들이나 전투적 조합주의자들의 희망과는 반대로 사회구조는 한 세대 내에서는 바뀔 수 없다는 뜻이었다. 아동중심주의적 이념은 개혁을 향해 수세대에 걸쳐 조금씩 나아가는 사회를 추구했다. 양키 혈통의 전문 직업인이나 사업가와 폴란드계 노동자는 일시적으로는 서로 다른 종의 구성원으로 보일지 모르지만 "미국식" 양육으로 그 아들들 사이의 격차는 줄어들 것이며, 손자들과 후손들 사이에서는 격차가 점점 더 줄어들 것이었다. 사회적 차이는 대중적인 공공 교육을 통해 시간이 경과하면서 사라질 것인 반면 개선된 육아 방식은 "고급" 인간성을 양산하게 될 것이었다. 아이에게 집중함으로써 정치적 열광이나 노동조합의 결성 또는 다른 성급한 대안보다 비록 매우 느리기는 하나 고통 없이 정의로운 사회를 이뤄 낼 수 있었다.

따라서 세기의 전환기에 있었던 아동에 대한 열광은 낭만주의적이자 합리주의적이었으며, 보수주의적이자 진보주의적이었다. 아동은 "원시적"이었으나 이것은 또한 단련될 수 있음을 의미했고, 그래서 다른 누구보다 훨씬 더 "근대적"이었다. 아동은 개혁을 추구하는 이유였으며 또한 개혁을 미루는 이유기도 했다. 아동은 가정의 토대이자 "가족의 설립자"였다. 아동은 또한 무경험이라는 미덕 자체로 바깥 세계의 기술적 격동에 충실히 준비되어 있는 유일한 가족 구성원이었다. 오직 아동이라는 인물만이 거대한 괴물 같은 공장과 애정 어린 가정, 그리고 월 스트리트의 냉정한 논리와 크리스마스의 감상적인 온기 둘 다를 포함할 수 있는 미래로 가는 열쇠를 쥐고 있었다.

"아동 문제"와 여성 문제

아동에 대한 집중이 노동 문제나 도시의 부정부패 같은 사회적 문제를 어떻게 해결할 것인가에 항상 분명한 답을 주지는 못했지만, 아동이 **여성 문제**에 대한 해답을 쥐고 있다는 것만큼은 금세 확실해졌다. 아동은 더 이상 "종의 보존 과정에서 생긴 우연한 사건"이 아니라 더 높은 진화적 발달 단계로 연결시켜 줄 수 있는 잠재적 고리였다. 어머니 외에는 누구도 아동을 책임지지 않을 것이기에 아동에 대한 책임은 그 고리를 잘 만들 개별 어머니에게로 떨어졌다. 스웨덴 작가 엘렌 케이Ellen Key의 1909년 베스트셀러 『아동의 세기The Century of the Child』는 여성의 새로운 진화적 책임을 다음과 같이 명쾌하게 설명했다.

의회와 언론에서 일하는 여성들, 지역 정부와 주 정부, 평화 회담과 노동자 회의, 과학계와 문학계의 여성 대표자들, 이 모든 여성들이 사회 변혁이 아직 태어나지도 않은 아이와 함께 시작된다는 것을 깨닫기 전에는 작은 성과만 이루어 낼 것이다. … 이 변혁은 어머니의 사명을 엄청난 분발과 지속적인 영감으로 완전히 새롭게 규정할 것을 요구한다.[11]

케이에 따르면 여러 세대 동안 전적으로 아동에게 집중한 그 힘에 의해서만 여성은 "완벽한 남자, 즉 **슈퍼맨**"을 낳기를 희망할 수 있다. 만약 진화에 유리한 짝을 선택할 필요가 있다면 일부일처제조차도 포기되어야 한다고 주장한 케이의 제안은 급진적이기도 했지만, 그보다 더 중요한 것은 그녀의 생각이 기성 체제의 낭만적인 경향과 완벽하게 들어맞았다는 것이다. 루스벨트 대통령은 한 여성 집회에서 모성보다 더 중요한 것은 아무것도 없다고 말했다.

가장 유능한 남자보다도 좋은 어머니, 현명한 어머니—사실 현명한 이머니가 아니라면 좋은 어머니가 될 수 없다—가 우리 사회에 더 중요합니다. 대단한 성공을 거둔 어떤 남자의 일보다도 어머니의 일이 우리 사회에서 더욱 존경받을 가치가 있으며 더욱 유용합니다. …

그러나 … 겁 때문인지, 이기심 때문인지, 그릇되고 얼빠진 이상 때문인지 간에 아내와 어머니로서의 의무를 회피하는 여성은 국가가 부를 때 전쟁터에서 자신의 의무를 다하는 것을 어떤 동기에서든 간에 두려워하는 남자와 마찬가지로 경멸을 받아도 쌉니다.[12]

자신이 그처럼 중요한 일을 하는 것에 자부심을 느꼈기 때문이든 대통령이 경고한 것처럼 단지 대안을 추구하는 여성이 경멸을 받았기 때문이든 간에 많은 여성들은 여기에 동의했다. 미국의 한 여성 연사는 1908년 모성에 관한 국제회담에서 다음과 같이 말했다.

우리는 우리가 기울이는 노력의 목표를 똑똑히 알아야 하며, 단호하게 그 목표를 향해 나아가야 합니다. 그 목표는 바로 세계를 구상하고 만들어 갈 수 있는 사람들을 더 수준 높게 교육시킴으로써 세상을 구원하는 것입니다. 내일로 가는 문을 지키는 사람은 어머니의 팔에 안긴 어린아이입니다. 하늘에서 이루어진 것처럼 땅에서도 이루어질 그 왕국으로 가는 길은 아이의 손에 달렸으며, 그 아이의 손은 여성이 잡고 있습니다.[13]

아이에게 투영된 영광 속에서 모성은 더 이상 생물학적 조건이나 시간제 직업으로 여겨지지 않았다. 그것은 "숭고한 소명"이 되고 있었다.

돌이켜 보면 "아동의 세기"가 모성 숭배를 너무나 강력하게 요구함에 따라 아동에 대한 모든 집착은 여성의 가정중심성을 부추기는 또 다른 광고라며 쉽게 무시될 뻔했다. 실제로 그런 측면도 있었다. 여성의 가정에 어린아이보다 더 튼튼한 문지기는 없었던 것이다. 그러나 그 외에 다른 것도 진행되고 있었다. 어떤 점에서 아동의 발견은 여성 *권력*의 발견이기도 했다. 당시의 공식적 이데올로기에서 여성은 이미 사적 생활 영역 안에 격리되어 있었으며 그곳은 결국 "여성이 관장하는 영역"이었다. 남성이 세상 밖에서 자기 생각대로 군림하듯이 여성도 여기서 "군림하는 것"이 허락되었다. 가정에서 일어나는 일들이 하찮았기 때문이다. 그러나 이제 남성우위적 상상력이 어깨너머로 흘 끗 보고는 "여성의 영역"에 뭔가 중요한 것을 남겨 두었음을 알아차린 상황이 되었다. 바로 아이다. 이 아이, 즉 20세기의 새로운 아동은 가부장제의 아이처럼 단순한 상속인으로서만 가치가 매겨지지 않는다. 이 아이는 그리 멀지 않은 미래 사회를 통제할 수단인 (일종의) 진화의 원형질로 여겨진다. 이 아이를 여자들의 손에 맡겨 둘 수는 없게 된 것이다.

그다음에 따라오는 논리는 만약 아이들이 어머니와 함께 가정에 남아 있어야 한다면 아이들이 *어머니하고만* 있어서는 안 된다는 것이다. 새로운 인물이 가족 풍경 속으로 들어갈 것이다. 그 사람은 아이와 어머니 모두를 관리하고, *그리고* 그들 사이의 상호작용을 지시할 능력을 갖춘 과학적 육아 전문가이다.

육아 전문가의 급속한 등장은 여성 삶의 다른 영역에서 점점 커져 가는 전문가의 위세를 반영했다. 치료가 남성에게 넘어감으로써 여성들 사이의 공동체적 결속 및 기술과 정보를 공유하는 네트워크는 약화되었으며, 가사 활동의 모든 영역에서 전문가적 권위를 세우기 위한 모델이 만들어졌다. 그러나 정신의료 전문가들이 아동의 "발견"을 이용해 장악하기 시작한 영역은 치료의 경우보다 너 오래되고 더 근본적으로 여성적 영역이었다. 치료 그 자체는 어머니 역할의 파생물, 즉 출산, 아픈 아기, 겨울 감기 등 위급한 상황에 대한 반응이다. 전문가들이 양육의 영역으로 들어갈 때 그들은 좋은 쪽이든 나쁜 쪽이든 여성의 기술과 존엄의 마지막 남은 성지이자 더 이상 축소될 수 없는 여성 실존의 중심부였던 곳에 뛰어들게 된다.

어머니운동

전문가들이 불청객은 아니었다. 세기의 전환기 즈음, "근대적인" 교육을 받은 젊은 여성들은 육아를 식욕처럼 본능적인 것으로, 또는 자궁 수축처럼 자동적인 것으로 보기를 거부했다. 모든 것들이 산업 시대에 순응하고 있었고 "과학적"으로 되고 있었는데 육아라는 오래된 활동은 왜 안 그랬겠는가? 1888년 뉴욕 시의 중상류 계급 어머니들은 자기네끼리 아동본성연구회Society for the Study of Child Nature를 구성해 음악 감상에서부터 사적 소유 개념에 이르기까지 아동 "본성"의 모든 면을 탐구하기 시작했다. 역사학자 버나드 위시 Bernard Wishy에 따르면 이 여성들은 "최고의 의견을 가능한 한 많이 따르기를 열망했다. 이들은 이제 유명 작가보다 아동 연구 분야에서 훈련받은 전문가로부터 정보를 직접 얻기를 원했다."[14] 이후 10년이 지나기 전에, 육아를 연구하고 토론하는 여성 모임에 관한 생각이 온 나라를 사로잡았다. 아동 연구와 어머니 동호회가 엄청나게 성행했으며, 아동 연구 강사진은 전국을 순회했고 팸플릿과 기사가 넘쳐났다. 마치 미국의 여자들이 다가올 "아동의 세기"에 대해 바삐 공부하고 있었던 것처럼.

"어머니운동"—스스로 운동이라고 여겼으므로—은 가정과학운동을 일으킨 동일한 세력 중 일부에 대한 대응이었다. 전 산업사회의 농가에서 "가정관리"가 결코 쟁점이 된 적이 없었듯이 자녀 양육도 전혀 쟁점 사항이 아니었다. 어머니–아이 관계는 일상적인 임무를 따라 형성됐으며 그것은 항상 어느 정도 도제 관계였다. "육아"는 아이에게 가내 수공업을 경영하는 데 필요한 기술과 절제력을 가르치는 것을 의미했다. 가족의 일이 굴러가도록 하다 보니 그렇게 되었거나 혹은 그렇게 되어야만 했던 것이지 누군가가 *하는* 것이 아니었다.

그러나 근대적 **가정의 공허** 안에는 아이를 기르는 "자연스러운" 방식이라는 것이 더 이상 존재하지 않는다. 가정에서 습득하는 기술은 점점 줄어들었으며 가정에 남아 있는 기술들은 아이(특히 남자아이)가 장차 바깥 세계에서 필요로 할지도 모르는 기술과는 거의 관계가 없었다. 집을 전반적으로 관리하는 **어머니**를 돕느라 배우는 것은 조니가 수학능력시험SAT에서 우수한 점수를 얻는 데나 수지가 타이핑을 배우는 데에 전혀 도움이 되지 않을 것이다. 가정과 일터, 사적 영역과 공적 영역의 분리로 인해 육아의 "성공" 기준은 어머니의 통제를 넘어 가정 밖에 놓이게 되었다. 역설적이게도 "더 좋은" 어머니가 될수록, 더 외곬으로 가정 지향적이 될수록, 그녀의 노력을 최종적으로 평가할 바깥 세계에서 어머니가 얻을 수 있는 경험은 점점 더 줄어들었다. 결국 **구질서**의 폐허 위에 산업자본주의가 만들어 낸 성별 분리 사회에서 *여성이 남성*을 양육할 방법이란 전혀 없다.

가정과학운동처럼 어머니운동은 이 어렵고도 모순적인 상황에 위엄 있게 대응하기 위한 시도였다. **가정의 공허**라는 환경에서, 가정관리에서 무엇이 우선시되어야 하는지는 불명확했으며 육아는 당혹스러운 것이었다. 여성들은 가정의 쟁점들을 토론하고, 정보를 공유하고, 과학적 조언을 입수할 수 있다면 무엇이든 공부하기 위해 자연스럽게 모여들었다. 육아가 본능의 문제이거나 단순한 관리 감독의 문제가 아니라는 인식을 가지고 있던 어머니들은 아이를 작은 보조자 외에는 다른 존재로 생각할 여유가 없었던 두 세대 전의 여성들을 능가하는 진정한 진보를 이루어 냈다. 그러나 세기의 전환기에 어머니 클럽으로 모여들었던 여성들은 어머니가 됨으로써 직면하게 된 새로운 상황에서 비롯된 문제에 어머니로서 감당할 준비는 되어 있었지만, 상황 그 자체에 도전할 준비는 되어 있지 *않았다*. **가정의 공허**를 응시했던 가정과학 지도자들은 가정을 버리라는 무서운 제안을 하지는 않았다. 그리고 어머니운동은 육아에 더 적합한 공동 환경이 있을 수 있다는 것을 제시하려 하지 않았다.

사실상 어머니운동이 1897년 전국어머니회의National Congress of Mothers라는 제도적 형태를 취했을 때, 가정의 보존에 대한 관심이 아이에 대한 관심보다 더 중요한 것처럼 여겨졌다. 예컨대 1908년 어머니회의의 강령 선언에서 "가정"이라는 단어는 처음 네 개의 강령에 네 번이나 등장한 반면 "아이"나 "아이들"은 단지 두 번만 등장한다. 첫 번째 강령은 "그러므로 가정은 사회의 기초이다."로 시작해 다음과 같이 계속된다.

그러므로 신이 내려 주신 부모의 역할은 인간의 가장 고귀하고 가장 원대한 의무이며, 결혼의 이행과 신성함은 사회의 토대다. …
그러므로 범죄와 질병의 원인을 찾아 사회적 조건을 연구하는 사람들은 그 원인을 비능률적인 가정으로까지 추적해 간다. …
그러므로 젊은 사람[즉, 여성들]을 현명한 가정주부로 만들 교육이 없기 때문에 가정은 비능률적이다. …**15**

전국어머니회의는 여성들에게 그 당시 몇 안 되는 육아 전문가—스탠리 홀과 록펠러재단의 소아과 의사 에밋 홀트(3장 참조)—의 연설을 들을 수 있는 기회를 제공했다. 그러나 회의 자료집으로 판단해 보건대 진짜 쟁점은 **여성 문제**였다. 버니Birney 부인이 첫 번째 회의에서 질문했듯이, "제 질문은 우리가 아동 문제에서 여성 문제를 어떻게 분리할 수 있겠는가"였다."[16] 아들라이 스티븐슨Adlai Stevenson 부인과 백만장자 피비 허스트Phoebe Hearst 같은 상류 계급 여성들이 주축이었던 운동 지도부나 그 밑에 있었던 미국 중간 계급으로 이루어진 클럽 여성들 그 어느 쪽도 페미니스트는 아니었다. 오히려 전국어머니회의는 20세기 후반의 낙태반대운동처럼 페미니즘에 대한 당대의 반격이라고 할 수 있다. 한 연사는 "만약 어머니들인 우리가 *법*의 내용이 어떻게 되어야 하는지를 정하게 되면 누가 그 법을 만드는지에 대해서는 우리가 상관할 필요가 없다."라고 주장했다.[17] 수년 동안 어머니회의의 의장이었던 버니 부인은 앵글로색슨의 타고난 가정 사랑이(5장 참조) "현재 직업을 찾기 위해 바깥을 향해 흐르고 있는 여성성의 물결을 결국은 가정으로 되돌려 놓을 것"이라는 자신의 신념을 표출했다.[18]

이미 보았듯이 어머니운동에 참여하고 있는 훨씬 더 보수적인 여성들과 마찬가지로 당시의 페미니스트들도 가정중심성을 전적으로 숭배하고 있었다. 보스턴의 참정권운동가 줄리아 워드 하우Julia Ward Howe는 "여성은 인류의 어머니요, 무력한 갓난아기의 보호자요, 최초의 선생님이자 가장 열광적인 옹호자이다. 또한 여성은 주부이기에 가족의 삶을 신성하고 아름답게 만드는 일이 그녀에게 달려 있다."라고 열변을 토했다.[19] 더 과학적인 육아 접근법은 전통적인 여성 업무의 지위를 향상시킨다고 보증했으며, 어떤 역할로든 여성의 지위가 점점 더 높아질수록 여성 참정권에 대한 주장은 점점 더 힘을 얻게 될 것이었다. 게다가 페미니스트들은 사회 복지와 개혁운동, 심지어 참정권 투쟁까지 여성의 적극적 행동과 관련된 거의 모든 영역에서 "어머니의 마음"을 끼게로 삼을 수 있었다. 페미니스트 비어트리스 헤일Beatrice Hale은 "**페미니즘의 시대**는 아동의 시대이기도 하다. 집에 질려 사람들의 불안감은 여성이 인간성을 획득하여도 여성스러움을 잃지 않는다는 이 사실을 증명함으로써 진정되어야 한다."라고 선언했다.[20] 페미니스트들은 자신들의 활동을 어머니 되기의 확장된 형태로 위장할 수 있는 좋은 이유를 가지게 되었다. 당시는 전국어머니회의조차 여성을 집 밖으로 끌어내는 것 때문에 비난을 받던 때였기 때문이다.

제2회 전국어머니회의 연례회의에서 해리엇 힉콕스 헬러Harriet Hickox Heller 부인은 아마 페미니스트와 반페미니스트 (어쩌면 참정권주의자와 반참정권주의자라고 말해야 할) 모두 동의할 수 있었을 연설에서 고등 교육이 어머니의 본성을 파괴하지 않을 것이라는 자신의 확신을 표명했다.

알려진 모든 "주의"와 "이론", 살아 있거나 죽은 모든 언어, 모든 모자와 가운, 심지어 모든 안경조차 어떤 여성에게서도 자신의 자녀를 양육하고자 하는 욕망을 깡그리 없애 버리지는 못한다.[21]

그렇지만 헬러 부인은 고등 교육이 그 본성을 다소 *약하게* 만들 수 있다는 점은 인정했다. 자녀 양육은 "주의"와 "이론"을 이미 맛봤던 여성들의 흥미를 자극하기에는 충분하지 않았다. 자녀 양육에 여성을 송두리째 몰입시키기 위해서는 자녀 양육이 재정의되고 확장되고 풍부해져야 했을 것이다. 가정과학자들이 **가정의 공허**를 채우려는 자신들의 의도를 선언했던 것과 똑같이 헬러 부인은 "*여성의 모든 힘을 모성에 맞추는 렌즈를 발견하자.*"고 촉구했다.[강조는 원문대로]

즉각적인 해법은 모성을 바로 가사노동의 경우처럼 *전문 직업*으로 재해석하는 것이었다. 전국어머니회의 의장 버니는 제2회 연례회의에서 아래와 같이 말했다.

우리는 지적인 부모 역할이 인류에게 의미하는 바가 무엇인가를 모두 지각해야 하며, 그것을 달성하는 것은 그리스 어, 라틴 어, 고급 수학, 의학, 법 또는 다른 *어떤* 전문 분야에 대한 연구와 마찬가지로 우리의 노력과 관심을 쏟을 만하다.[22]

한 작가는 잡지 ≪코스모폴리탄Cosmopolitan≫에서 모성은 하나의 전문직으로서 공식적으로 제도화되어야 하며, 그 직업에 "적합함"을 증명할 수 있는 이들에게게만 개방되어야 한다고 촉구했다. "의사, 법률가, 교사, 성직자는 인간의 생활을 책임질 수 있게 스스로를 적응시켜야 한다. 어머니라고 왜 그래서는 안 되겠는가?"[23] 또한 샬롯 퍼킨스 길먼조차 페미니스트 관점임에도 불구하고 어머니 역할은 "동물적 본능"보다 "두뇌 작업과 정신 작업"으로 이루어져야 한다고 주장하고 있었다.[24]

모성이 잠재적으로 고급 학위와 면허증을 요구하는 전문직이라는 생각은 자격증을 갖추지 않은 어머니, 즉 보통 어머니들을 불안하게 만들었을지도 모른다. 그러나 그 생각에는 자신감을 주는 면도 가지고 있었다. 구식 아마추어보다 "전문가"의 필요성을 주장하는 것은 적어도 육아가 정말로 까다로운 일이 되었다는 것을 인정하는 것이었다. 고립되고 혼란스럽고 짜증 났던 어머니는 자신의 업무가 어렵고도 도전할 만한 경력으로 인정받게 되었음을 스스로에게 상기시켰다. 어머니는 가정에 유폐되었지만, 그 속에서 그녀는 바깥 세계의 여느 기업가와 마찬가지로 중대하고 이성적인 존재가 될 수 있었다. 이처럼 사적이고 기묘하게 주변화된 환경에서 이루어지는 자녀 양육이 안고 있는 모순 속에서 그녀는 성말로 그렇게 되어야만 했을 것이다.

전문가가 들어오다

"전문직 어머니"의 탄생은 이와 동시에 등장한 다른 종류의 전문가의 탄생으로 인해 처음부터 어둠이 드리워졌다. 그 전문가는 어머니가 무엇을 해야 할지 말해 주는 것을 *자신의* 전공 분야로 삼을 터였다. 새로운 육아 전문가는 물론 의학 분야에서 나왔지만 또한 심리학이라는 새로운 이름의 학문에서도 나오곤 했다. 덜 엄밀했던 시대에 의학은 마음 저 밑바닥까지 자궁이나 난소의 작용에 영향을 받고 있다고 마구 몰아붙였으며 골절과 환상, 세포 조직과 짜증에 대해서도 동일한 처방을 내렸다. 그러나 의학은 구체적 형상이 없는 성격과 감정을 해부할 도구를 갖고 있지 못했다. 1880년대와 1890년대, 이러한 국면에 심리학이 등장하자 의학은 공식적으로 목 아래쪽으로 후퇴할 수밖에 없었다. 심리학은 정신을 차지했고, 의학은 말 그대로 신체(물질적인 몸)만 갖게 되었다. 실제로는 이러한 업무 분할로 인해 육아, 가족생활, 그리고 인간 존재의 모든 사회적·생물학적 양상 같은 신체와 정신이 함께 관련된 영역에 대해 두 분야가 마음껏 떠들 수 있게 되었다.

의학과 달리 심리학은 상업적 과거를 갖고 있지 않았다. 그것은 과학으로 태어났다(나중에서야 상업주의와 연루된다). 역사학자 엘리 자레츠키Eli Za-retsky에 따르면 심리학이라는 본격적인 과학에 대한 요구는 인간 존재가 공적 영역과 사적 영역으로 분리되었음을 반영하는 것이다.[25] 더 이상 개인의 내부 생활은 관찰 가능한 "바깥"세상에서 진행되는 것의 단순한 반영이라고 전제

될 수 없었다. 실제 사람들은 경제학자처럼 **시장**에 정통하며 전적으로 합리적이고 계산적인 사람과는 달랐다. 실제 사람들은 변덕스러우며 잘못된 판단을 하기도 하고 항상 명백한 이기심에서 행동하는 것도 아니다. 그들은 "심리적인" 이유로 행동한다. 따라서 **시장**의 세계와 사적 생활 세계 간의 격차로 인해 인간 본성 자체가 변칙적이고 설명하기 어려우므로, 연구되고 분석되고 가능하다면 통제되어야 하는 것임이 밝혀졌다.

잠재적으로 이것은 과학이 취한 가장 대담무쌍한 조처였다. 위로로 포장된 종교적 도덕주의라는 보호막을 걷어 내고 보면 진화 이론은 자연의 역사가 냉혹하고 어쩌면 무의미한 투쟁임을 드러냈다. 이제 심리학은 바로 영혼 자체를 연구 대상으로 삼겠다고 제안한 것이다. "인간의" 고귀한 본성은 근대 실험과학의 무자비한 심문 속에서 신체처럼 단지 생물학, 즉 물질이 되어 버린 게 아니었을까? 이것은 사실 심리학의 기획이었다. 느낌, 감각, 생각 등을 신경 자극의 문제로 환원시켜 버리고, *철학*의 전통적인 재료를 *생물학*으로 파악하는 것이다. 미국 최초의 심리학자 윌리엄 제임스William James는 (종교적 감정, 신비주의, 다른 초월적인 경험들이 과학에 의해 괴롭힘을 당할까 봐 두려워하지 않고 존재할 수 있는 특별한 철학적 개념을 구성함으로써 해결한) 상당한 개인적 고뇌 끝에 이를 깨달았다. 존스홉킨스대학의 길먼Gilman 총장은 그 대학 최초의 심리학 교수인 스탠리 홀에게 대학 이사들이 화내지 않도록 종교적 주제에 대한 연구는 반드시 삼가겠다는 약속을 받아 냈을 때 이를 알게 되었다.

결과적으로 봤을 때 그다지 걱정할 것은 없었다. 초기 심리학의 위대한 업적은 철학을 생물학으로 변형시킨 것이 아니라 그 반대였다. 생물학을 일종의 일반화된 철학으로 변질시킨 것이다(그리고 이것은 오늘날까지도 어느 정도 적용된다). 20세기 연금술에서 이러한 부분을 등장하게 만든 필수적인 배경은 바로 근대적 실험실이었다. 실험실이 의료를 위해 어떤 일을 했던가를 생각해 보라. 다른 개혁들 사이에서 의료는 실험실을 획득함으로써 "과학적"이 되었으며, 인간의 육체적 상태와 관련된 것이라면 무엇이든 말할 수 있는 절대적 권위를 획득했다. 거의 동시에 심리학자들도 실험실을 획득했고, 인간의 상태와 관련된 것이라면 무엇이든 말할 수 있는 권위를 얻었다. 실험실의 작업대는 연사들의 연단으로 탈바꿈했다. 심리학자들은 그 연단에서 20세기 초반 미국 심리학자들이 전문 지식을 빌려준 영역의 아주 일부인 섹슈얼리티, 범죄학, 민족 간의 지능 차이, 산업 생산성, 육아, 노동 문제에 대해 의견을 늘어놓을 수 있었다.

심리학 실험실을 누가 제일 먼저 세웠고 미국 심리학이 언제 시작되었는지에 대해서는 약간의 논쟁이 있다. 윌리엄 제임스는 일찌감치 1875년 하버드에 실험실을 세웠으나 그가 그곳을 사용했는지는 분명치 않다. 그의 고백에 의하면 그는 실험적 작업을 "증오했다". 최초로 실험실이 활용되게 만든 공로는 아마도 스탠리 홀에게로 가야 할 것이다. 그는 이전에 라이프치히에서 위대한 독일 실험심리학자 분트Wundt와 함께 연구했던 신학생이자 영어 가정교사였으며 교육학 강사였다. 존스홉킨스대학에 자리를 잡기 위해 미국으로 돌아온 홀은 실험실을 제일 먼저 세운 다음 심리학이라는 전문직 전체를 조직하기 시작했다. 그의 주된 관심사는 심리학을 물리학처럼 엄밀하고 계량화할 수 있는 학문 분과로 만드는 것이었다. 홀의 영향력 아래 "실험실 설립의 파도가 온 미국을 휩쓸었으며" 누군가가 재치 있게 말했듯이 실험실은 미국 심리학의 "홀마크hallmark(홀이 세운 실험실을 미국의 유명한 카드회사 이름에 빗댐—옮긴이)"가 됐다.[26] 심리학이 견고한 과학적 분야로 구축되기를 누구보다도 더 열망했던 윌리엄 제임스조차 홀의 실험실 숭배가 좀 지나치다고 생각했다. 그는 홀에 대해 다음과 같이 묘사했다.

(홀은) 놀라운 피조물이다. 그에게서 정확한 개념이 나오는 것은 결코 아니다. 그 대신 심리학적으로 사람들의 영혼을 구할 수 있는 방법이 발음하기도 어려운 독일 실험실 논문과의 끝없는 동화에 있다고 모든 사람들이 믿도록 만드는 일종의 가슴 뛰는 감화력이 있을 뿐이다.[27]

홀 자신은 어떠한 실험 기록 작업도 하지 않았다. 1880년대 후반 그는 아동연구라는 새로운 영역을 세우는 데 실험실의 지루한 경험주의(반사작용 횟수 측정, 공간 지각 등)를 이미 포기한 상태였다. 이 새로운 영역에서 수행한 그의 실험적 수고들은 일반적인 과학적 기준에서 보자면 좀 어처구니가 없는 것들이었다. 한 연구에서 홀은 여섯 살 아이들에게 모든 것을 질문하여 여섯 살 아이의 정신 "목록표"를 작성하려 했다. 심지어 더 의욕에 찬 연구에서 그는 부모에게 102개 항목의 질문지를 편지로 보내 자녀의 기분, 두려움, 인형, 상상력, 말하기, 종교적 감수성, 애정, 놀이, 자의식에 관해 묻고, 마치 하나의 질문지로는 충분하지 않다는 듯 노년, 질병과 죽음, 소유 대 상실, 동정, 생리, 여성을 위한 교육, 종교적 개종에 관한 부모 자신들의 생각을 조사했다.[28] (결과는 출판되지 않았다.) 홀이 만들어 낸 실험적 전통에서 길러진 젊은 세대의 심리학자 중 한 명인 손다이크E. L. Thorndike는 진저리 치며 회상했다.

아동연구운동이라는 사이비 과학적 주장이 교육심리학으로 오인될까 봐 너무 끔찍스러워 상상할 수조차 없다.[29]

세기의 전환기 즈음 교육받은 대중들에게 홀은 여전히 탁월한 과학적 남성이었으며, 그의 이름은 심리학 실험실이라는 이미지와 뗄 수 없을 만큼 결부되었다. 유명 강사로서 그는 신비스러운 독일식 연구를 살짝 맛보게 함으로써 청중들을 압도하였고 동시에 아동기, 모성, 청소년기, 본성 등에 대한 장황한 존경의 언사로 청중들을 안심시켰다. 어머니운동은 그를 숭배했다. 사실 미국의 어머니와 육아 전문가 사이의 오래된 관계에서 양 진영에 처음 구애를 시작한 사람이 바로 홀이었다. 전국어머니회의 모임에 그가 참석하면 실험실의 화학약품이 약하게 발산되는 것처럼 모성과 과학의 영광스러운 연대가 보증되었다. 홀이 자신의 연구를 설명했든지, (아이들에게는 운동이 필요하다는 등) 실질적인 조언을 주었든지, 어머니들에게 더욱 "과학적"이 되라고 타이르기만 했든지 간에 어머니운동 진영의 여성들은 그가 사기를 진작시킨다는 것을 알게 되었다. 한 어머니는 홀과 그의 동료들이 아동 연구 분야에 미친 영향력을 보여 주는 다음과 같은 글을 썼다.

과학적 모성은 평소의 사고방식으로 이해할 수 있는 것 이상을 의미한다. 그것은 구세주가 도래할 땅에 적합한 이타적인 인류이자 웅대하고 고결한 종을 의미한다. 그것이 의미하는 것은 술꾼의 감화, 죄의 구원, 살인자의 회개, 맹인·농아·광인 수용소의 폐지 … 이기심의 제거, 억압의 소멸, 형제애의 탄생, 진실한 영적 기독교 신앙을 통한 인류의 향상이다. …30

그러나 어떤 점에서는 "과학적 모성"에 위엄을 주었던 것은 바로 과학적 내용의 결핍이었다. 만약 육아가 과학이 될 운명이었다고 한다면 그 과학의 "법칙들"은 아직 발견되지 않은 상태였다. 실험심리학이 제공할 수 있는 것은 아무것도 없었고 그것은 의학도 마찬가지였다. 이것은 인간 발달을 지배할 수 있는 과학 법칙을 스스로 발견하려는 노력을 통해 어머니 스스로 과학자가 되거나 적어도 진짜 과학자의 조력자가 될 수 있다는 것을 의미했다. 홀의 관점에서 볼 때 진정으로 과학적인 어머니는 단지 자녀를 기르기만 하는 사람이 아니라 남성 학술 전문가의 현장 자료로 쓰일 수 있는 기록을 작성하며 자녀 양육에 대해 연구하는 사람이었다. 홀은 "많은 사진, 부모의 걱정, 계획, 희망 사항 등과 함께 모든 사건과 성격의 특징 등"을 기록하는 자녀별 "생활기록부"를 작성하라고 어머니들에게 촉구했다.[31] 미국사회과학회American Social Science Association의 에밀리 탤벗Emily Talbot 부인은 대학의 부모역할연구소에 "유아발달등록부"를 만들어 대학 연구자들이 그 자료를 이용할 수 있게 했다.[32] "전문가"인 과학적 어머니에게 "아동은 더 이상 그저 사랑하는 자녀이거나 소우주 안에 있는 국가의 미래가 아니라 가정 실험실의 실험 대상이기도 했다."[33]

자녀의 행동을 기록하고 다른 어머니들의 관찰 결과와 비교하는 등 과학자로서 어머니의 경력은 오래 지속될 수 없었다. 홀과 그의 동료들 같은 심리학자들은 적어도 자료 수집가로서 어머니와의 동반자 관계를 환영했다. 그러나 1900년대 초반의 더 젊은 전문가 집단은 어머니들의 아마추어적인 공헌에 관심이 없었다. 그들의 입장은 오직 과학자만이 자료를 모을 수 있고 법칙을 체계화시킬 수 있다는 것이었다. 어머니들에게 남은 것은 지침을 잘 따르는 것뿐이었다. 1896년도에 출판된 책 『육아와 수유The Care and Feeding of Infants』로 19세기의 스폭Spock(Benjamin Spock) 박사가 된 홀트Holt 박사의 냉정한 소견을 보라.

누군가가 최상의 곡물이나 채소, 또는 최고의 소나 말을 기르고 싶다면, 그러한 것들이 가능한 조건에 대해 공부를 해야만 한다는 것을 모두 알고 있다. 만약 이러한 문제에 관해 잘 모른다면 워싱턴의 농림부에 문의할 수 있을 것이고, 정부의 감독하에서 이러한 주제에 대해 연구한 전문가의 가장 훌륭한 과학적 연구 보고서를 제공받을 수도 있을 것이다. 그러나 어머

니에게는 본능과 모성애만 있으면 충분하다고 간주되는 경향이 너무 흔하다.[34]

어떻게 하면 더 간단할 수 있을까? "최상의 곡물이나 채소"를 생산하는 것이 목표인 농부처럼 확신 없는 어머니는 최신의 과학 정보를 구해 그것에 충실히 따르기만 하면 됐다.

20세기 초, 홀트와 같은 육아 전문가는 그들의 권위를 과학에서 끌어왔지만, 어머니들에게 실제로 말해야 했던 조언의 내용은 실험실이 아니라 공장에서 훨씬 더 많이 가져왔다. 홀은 아동기를 낭만화했으며 아동기의 자발성과 개방성을 성인 세계의 추한 현실로부터 보호하고자 했다. 그러나 아동의 취약성은 그 당시 대부분의 육아 전문가들에게 매우 다른 충동을 불러일으켰다. 만약 아동이 유순하다면 아동은 원하는 대로 만들어질 수 있을 것이다. 만약 원하는 대로 아동이 만들어질 수 있다면 근대 산업의 "진짜" 세계에 바로 들어맞게끔 아동을 만들어 가는 작업을 시작하는 게 어떤가?

그의 운명이 산업 노동자가 되는 것이든 회사 경영자가 되는 것이든 또 다른 전문가가 되는 것이든 간에 목표는 규율이 잘 잡혀 있고 능률적이고 정확한 산업적 인간으로 만드는 것이었다. 그러한 인간을 만들어 내는 비결은 *규칙성*이었다. 1911년 시카고아동복지박람회Chicago Child Welfare Exhibit에서 윈필드 홀 박사가 설명했듯이 아동에게 산업적 생활 리듬을 가르치는 것은 결코 너무 이른 것이 아니었다.

아동기의 초기는 아동이 자신의 일생 동안 계속될 습관을 획득하는 기간이다. … 그리고 많은 어머니들은 자녀 생애의 거의 첫날부터 아기의 습관을 예의 주시하고 아기의 생활에 규칙성이라는 요소를 도입하기 시작할

것이다. ···**35**

  1910년대 후반, 정부 출판국의 베스트셀러 간행물이었던 연방 정부의 25센트짜리 소책자 ≪영유아 보육Infant Care≫도 비슷한 조언을 했다.

  아기 때부터 좋은 습관을 들이기 위해서 어머니는 제일 먼저 무엇이 좋은
  습관인지 알아야 하며, 그것을 가르치는 법을 알아야 한다. 아마도 첫 번
  째이자 가장 기본적인 습관은 규칙성이다. 규칙성은 태어나는 순간부터
  이미 시작되며 아기의 모든 신체적 기능—먹기, 잠자기, 배변—에 적용된
  다.**36**

  산업적 규칙성을 가르치기 위해 자발성은 어린 시절로만 국한시켜야 할 것
이었다. 위에서 인용한 정부 발간 소책자는 "부모들이 아기와 놀아 줘서는 안
된다는 규칙은 지키기 어려운 것으로 여겨질지 모르지만 그것은 의심할 여지
없이 훌륭한 규칙"이라고 조언했다. 아기를 웃게 하기 위해 "지나친 기쁨"으
로 자극하는 것은 신경 체계에 위험한 긴장을 유발하는 행동이었다. 시간표
로 짜인 수유 시간 사이에 아기를 안아 주는 것은 미래에 정신질환이나 최소
한 도덕적 방종을 초래하는 행동이었다. 윈필드 홀 박사는 아기에게 지나치
게 관대한 어머니를 다음과 같이 끔찍하게 묘사했다.

  맛있다고 음식을 먹거나 마시는 것은 호색한을 만족시키는 짓을 하는 것
  이다! 어머니들이여, 만약 맛과 냄새 같은 이러한 단순한 감각들을 자극하
  고 음식과 음료의 맛을 따지는 길을 아이와 함께 시작한다면 원시적인 자
  극이 그 어린아이의 피에 들어가 그가 희열감의 다른 형태를 찾고자 세상

바깥을 보고 이리저리 찾아 헤매게 될 15년 뒤에는 어쩔 것인가?[37]

육아를 산업적으로 접근하는 방식에 대해 가정과학 지도자들은 즉각적으로 찬성했다. 아동에 대해 좀처럼 언급하지 않았던 엘렌 리처즈도 다음과 같이 썼다.

대부분의 힘은 습관의 결과이다. 뇌세포가 유연한 동안은 얼굴의 주름이 아주 깊게 패도록 내버려 둬라. 그러고 나면 인간의 에너지는 효율적으로 사용될 것이고 최소의 저항선이 올바른 주름선이 될 것이다. ⋯ 가정의 일꾼인 여성에게 말하노니, "당신들은 인간의 효율성 증진을 위해 발견된 모든 것을 자녀를 위해 자녀에게 유익하게 활용하려는 의지력을 가져야 한다. 그래야만 자녀가 습관, 즉 *기술*을 갖게 될 것이다."[38]

게다가 과학적 가정관리는 가장 순종적이고 잘 훈련된 아동 외에 다른 것과는 전혀 맞지 않았다. 크리스틴 프레더릭은 두 살과 네 살인 자신의 자녀가 어떻게 자신의 계획표에 적응했는지를 다음과 같이 설명했다.

아이들의 취침, 식사, 놀이 시간이 매우 규칙적이어서 내 친구들 중 몇몇은 내 아이들을 "시간표 아기들"이라고 부르며 비웃었다. 정상적인 대부분의 건강한 아기들은 규칙적인 습관을 갖도록 쉽게 훈련될 수 있다.[39]

산업적 육아 모델의 발달은 전문가가 되기를 열망했던 어머니운동의 포부를 당연히 훼손시켰으며 1910년대의 어머니운동이 쇠퇴하는 데 일조했다. 1897년 전국어머니회의 대회 연설에서 헬렌 가드너Helen Gardener 부인은 다음과 같이 질문했다.

> 모성이라는 직업이 가볍게 여겨지지만 그만큼 폭넓은 전망과 완벽한 균
> 형, 우수한 개인의 발달과 범위, 시야, 이해의 깊이 그리고 풍부한 철학을
> 필요로 하는 직업이 세상에 어디 있습니까?[40]

그러나 얼마나 깊은 이해나 "풍부한 철학"이 있었기에 기상, 식사, 목욕 등을 위한 정확한 시간이 통상적으로 포함된 지시를 따라야 했던가? 산업적 설계 속에서 어머니운동이 찬미해 왔던 아이들과의 접촉이 주는 고상한 부차적 효과 또한 사라져 버렸다. ("너 자신을 알고자 하는가? 인간을 이해하고자 하는가? *가서, 네 아이를 이해해라.*")[41] 아이는 연구되어야 할 대표적인 인간 존재가 아니라 형성되고 다듬어져야 하는 원재료로서 어머니의 업무 대상이었다. 그리고 그 일은 전문가의 일이 아니라 따라야 할 지시 사항만 있으면 되는 반숙련 노동자의 일이었다.

1910년대 후반, 육아에 대한 산업적 접근법은 "행동주의"의 발달로 마침내 과학적 기반을 달성했다. 초창기 심리학자 세대 중의 한 명으로 미로 속의 쥐에 대한 연구로 학문 활동을 시작한 존 왓슨John B. Watson은 1900년대 초 존스홉킨스대학에서 새로운 이론을 주창했다. 그가 발달시킨 행동주의는 어떤 사실을 설명하기 위해 고안된 이론이라기보다는 인간 본성의 본질에 관한 단호한 주장이었다. 간단히 말해서 왓슨의 행동주의는 정신, 영혼, 주체성, 의식, 그리고 다른 모든 애매모호한 철학적 개념들을 제거해 버렸다. 관찰할 수 있는 것만이 존재하고, 행동만이 관찰될 수 있다. 주관적 경험은 단지 다양한 근육과 화학 물질들의 "행위"이다. 왓슨은 감정은 "생식기 조직의 팽창과 수축"인 것으로 밝혀지고, 생각은 들을 수 없는 독백을 만들어 내는 "작은 후두부

운동"으로 이루어져 있음이 밝혀질 것이라고 주장했다.**42** (생각 그 자체만큼
이나 이 "작은 운동" 가설도 관찰될 수 없다는 사실에 대해서는 전혀 신경 쓰
지 않는 듯했다.)

산업적 육아 모델에 찬성하는 다른 전문가들은 아동을 기계 장치처럼 행동
하도록 훈련시키거나 적어도 기계와 같은 규칙성과 규율을 요구하는 세계에
적응하도록 훈련시킬 수 있다고 주장했었다. 왓슨은 여기에 인간이 사실상
기계 또는 하나의 사물이라는 "과학적" 주장을 덧붙였다. 육아의 당면 문제
는 오로지 그 작은 기계 장치를 더 넓은 산업 세계에 딱 들어맞도록 길들이는
것이었다. 왓슨은 그 작은 기계들은 어떤 문화에서든지 적합하게끔 길들여질
수 있다고 보았지만, 행동주의자였던 그는 그 기계들을 실제로 태어난 곳의
문화에 적응시키는 실질적인 문제에만 관심을 가졌다. 이 특유의 문화는 아
마도 왓슨 본인의 성공에 기여한 자질이었을 금욕주의와 독립성, 그리고 엄
격한 규율을 요구했다. 그에 따르면 이상적인 아동은 다음과 같은 아이였다.

바늘에 실제로 찔리지 않는 한 결코 울지 않으며 … 어렵고 힘든 날들을
헤쳐 나갈 풍부한 습관을 곧 확립할 아이, 어른들이 하루 중 잠깐이라도
옆에 두고 싶은 공손함, 정결함, 청결함의 습관들을 가지고 있는 아이 …
무슨 음식이든 자기 앞에 놓여 있는 대로 먹는 아이, 재우면 자고 쉬게 하
면 쉬는 아이, 세 살이 되면 두 살 습관을 떼는 아이 … 안정적인 일과 정
서적 습관으로 너무나 견고해져서 어떠한 역경으로도 절대로 제압되지 않
는 상태로 성인기에 들어가는 아이.**43**

이렇게 모범적인 아동으로 키우기 위해서는 과거에 전국어머니회의에서
칭송했었던 어머니와는 매우 다른 종류의 어머니가 필요했을 것이다. 어머니

운동은 본능이 육아에 대해 실질적인 지침을 제공할 수 없다고 시인했으면서도, 모든 모성 활동의 근간이 되는 정서적인 힘이라며 여전히 본능에 집착했다. "과학적"이 되려고 쏟은 모든 노력 때문에 이상적인 어머니는 통제할 수 없는 모성 본능으로 내몰린 여성이자 **작은 아이**의 청원에 다정함으로 부드럽게 응대하기만 하는 여성이었다. 이 모든 것은 행동주의자가 아주 싫어하는 것이었다.

아이들을 다루는 현명한 방법이 있다. 아이들을 마치 젊은 어른인 것처럼 다뤄라. 주의 깊고 세심하게 아이들을 입히고 목욕시켜라. 항상 객관적이고 단호하게 행동해라. 절대 아이들을 안거나 키스하지 말고, 결코 아이들이 당신의 무릎 위에 앉게 내버려 두지 마라. 만약 꼭 아이들에게 키스를 해야 한다면 밤에 작별 인사를 할 때 이마에 한 번만 해 줘라. 아침에는 아이들과 악수를 해라.[44]

어머니–아이 관계에 비합리적이고 감정적인 요소가 있을 가능성만큼 왓슨을 불편하게 만든 것은 없었다. 실제로 무의식적으로 애정이 표출되는 장면은 왓슨을 감정적으로 폭발할 지경으로까지 몰고 가기에 충분했다.

개가 자라서 집 지키는 개든, 새 사냥개든, 여우 사냥개든, 애완용이 아닌 다른 용도로 쓰일 수 있기를 바란다면, 여러분들이 자녀를 다루는 방식으로 개를 다루지 않을 것이다. 나는 아이가 넘어지거나 발끝을 채이거나 다른 병으로 고통을 받을 때 어머니가 "아, 세상에 이 어린것이"라고 말하는 것을 들으면, 화를 가라앉히기 위해 보통 한두 블록을 걸어야 한다.[45]

왓슨의 행동주의 육아 이론 종합서인 『유아와 아동의 심리학적 양육The Psychological Care of Infant and Child 』이 등장했던 1920년이 되자 어머니운동은 그 생명력을 다했으며, 전국어머니회의는 새롭게 조직된 전국부모교사회의National Congress of Parents and Teachers로 흡수되었다. 그 세기는 육아를 위한 "과학"을 찾기 위해 모여들었던 중간 계급 어머니들과 함께 시작되었다. 이제 그 과학은 발견되었거나 혹은 발견된 것처럼 여겨졌으나 거기에는 어머니들을 위한 여지가 전혀 없었다. 왓슨은 다음과 같이 썼다.

아이들에게 각자의 집이 있어야만 하는지 아닌지, 혹은 아이들이 자기 부모에 대해 알고 있어야 하는지 아닌지에 대해 나는 심각한 의구심을 가지고 있다. 아이를 더 훌륭하고 더 행복하게 키울 수 있는 의심할 여지 없이 더 과학적인 양육법이 있다.[46]

비록 이 문장에서 왓슨은 성중립적으로 표현하고 있지만 그는 골치 아픈 문제를 붙들고 있었다. *여자*가 어떻게 *남자*를 키울 수 있단 말인가? 중간 계급의 어머니는 집 바깥의 노동 세계의 규율로 단련 받지 못한 사람이다. 멀리 떨어진 대학 연구실에 있는 육아 전문가가, 아이를 꼭 껴안고 애지중지하거나 그렇지 않으면 아이를 타락시키려는 뒤틀린 충동을 어머니가 통제할 것이라고 어떻게 신뢰할 수 있겠는가? 어머니가 감독받지 않으면 한 세대의 "애완용 개" 외에 무엇을 만들어 낼 수 있겠는가? 왓슨은 어머니가 없어야 완벽한 과학적 육아법을 훼방 놓는 정체불명의 "풍습"에 대해 탄식했다.

우리가 가진 가정은 언제나 우리와 함께한다. 불가피하고 엄연히 우리와 함께. 그 가정이 실패로 입증된다 할지라도 우리는 항상 가정과 함께 있을

것이다. 행동주의자는 가정을 받아들여 그것을 최고로 만들어야만 한다.[47]

왓슨이 중간 계급 가정의 한계를 남자답게 받아들이는 동안 훨씬 더 심각한 위협이 가난한 사람들에게로 숨어들었다. 어머니운동과 그 운동에 참여했던 전문가들은 가난한 사람들은 애당초 아이를 낳아서는 안 된다는 중간 계급의 편견에 편승해 "하류" 계층의 사람들에 대해서는 별로 신경을 쓰지 않았다. 전문화라는 어머니운동의 꿈이 실현됐더라면 당연히 보통의 노동 계급 여성은 아이를 키울 자격에 결코 적합하지 않았을 것이다. 왓슨은 자녀에게 자기만의 방을 줄 수 있는 여유가 생길 때까지 어느 누구도 아이를 가져서는 안 된다는 단순한 법칙을 적용해 가난한 사람들에게 부적합 판정을 내렸다. 그러나 빈민층과 노동 계급 사람들은 반항했고 계속해서 아이를 낳았으며 그들의 출산율은 부유한 WASP보다 훨씬 더 높았다. 이것은 개혁가가 되고자 하는 사람들에게는 심각한 문제였다. 중간 계급 여성은 육아 지침을 항상 잘 따르지는 않더라도 최소한 전문가들의 책은 읽을 것으로 여겨졌다. 그렇다면 영어를 읽지 못하거나 아예 글자 자체를 모르는 여성은 어떻겠는가? 어머니 모임에 참가하거나 전문가들의 강연을 들을 시간이 없는 일하는 어머니들은 어떻겠는가? 게다가 가난한 사람들이 "더 잘사는" 계급의 사람들보다 자녀들에게 더 충동적이고 더 많은 애정을 쏟는다고 광범위하게 알려졌거나 그렇게 추측됐다. 1900년 한 인보관 직원은 가난한 사람들의 가정에는 "정해진 식사 시간도 없고 취침 시간도 없이 아이들은 부모와 함께 늦게 잠자리에 들고 원할 때 먹고 원하는 곳에서 먹는다."라고 탐탁지 않은 듯이 보고했다.[48]

유명한 간호사이자 인보관 직원이던 릴리언 월드Lillian Wald는 다음과 같이 말했다.

보통 가정의 [즉, 중간 계급의] 아이들이 정식 수업과 훈련 외에도 교육을 받는다는 사실을 우리가 항상 염두에 두고 있는 것은 아니다. 적절하게 차려진 음식을 먹기 위해 정해진 시간에 식탁에 앉는 것은 훈련 과정이며 가정 또한 질서 정연한 조직이다. …

이렇게 규칙적인 가정생활을, 정해진 시간에 가족 식사로 마련된 음식을 먹기 위해 질서 있는 태도로 식탁 주위에 앉아 본 적이 한 번도 없는 뉴욕 대다수 아이들의 경험과 비교해 보라. …**49**

월드는 "혼란에 빠진 공동주택 가정"의 결과물로 17살인 에밀을 인용했다. 에밀은 이민 온 동급생을 야간에 가르치며 고학하는 고등학교 2학년이었다. 어느 주말, 그는 인보관 직원 중 한 명의 전원주택에서 열린 파티에 난처할 정도로 늦게 도착함으로써 자신이 낮은 계층 출신임을 무심코 드러냈다. 기차는 항상 예정된 시간에만 정확하게 출발한다는 사실을 그가 알지 못한 것이 문제였다. 월드가 보기에 이것은 규칙적이지 못한 아동기 습관의 명백한 결과였다.

노동 계급 아동의 문제는 불가피하게 부자들과 권력자들의 관심을 끌었다. 만약 에밀과 같은 노동 계급의 아기들이 자신이 원할 때 먹는다면, 성인이 되었을 때 제 시간에 일터에 도착할 가망이 있겠는가? 현장 책임자의 지시에 따르겠는가? 행동주의 심리학 이론에 의해 보강된 육아의 산업적 경향은 미래의 생산성을 위해 거부하기 힘든 해법을 제공하는 것으로 여겨졌다. 노동자들이 아직 요람에 있을 때, 그리고 노동조합이나 사회주의에 대해 듣기 훨씬 이전부터 그들에게 복종, 시간 엄수, 훌륭한 시민 정신을 주입시키기 위한 방법이 근대 심리학 실험실에 있었거나 막 발견되려던 참이었다. 심리학 실험실에서 개발된 기술을 즉각적으로 적용할 대상을 공장과 빈민가에서 찾고 있던 오류 없는 사회 통제라는 전망은, 록펠러 집안 그리고 그들과 비슷한 생각을 하는 사람들에게까지 뻗어 나갔다.

1920년대 초 '로라 스펠만 록펠러기념재단Laura Spelman Rockefeller Memorial Foundation'은 육아 문제로 관심을 돌렸다. 존 록펠러가 자신의 아내를 기념하기 위해 설립한 재단의 전반적인 목표는 사회 문제에 대한 "과학적" 해법을 증진시키는 것이었다. 1933년에 발간된 재단의 최종 요약 보고서에는 다음과 같이 적혀 있다.

> 사회과학을 통해 가난, 계급 갈등, 국가 간 전쟁으로 대변되는 비합리성을 줄일 수 있는 아주 지적인 사회 통제 방법이 나오게 될 것이라고 생각됐다.[50]

'로라 스펠만 록펠러기념재단'의 국장 비어즐리 러믈Beardsley Ruml은 사회 통제를 위한 수단으로서 심리학에 항상 특별한 관심을 가지고 있었으며, 육아는 명백하게 중재가 필요한 지점이라고 인식했다.[51] 가난이나 계급 갈등 등의 "비합리성"이 없어져야 한다면 육아의 비합리성 역시 시작하지 못할 이유가 있는가? 이 재단의 최종 보고서에 따르면 "가정과 학교에서의 아동 관리"는 기초적인 육아 기술에 관한 무지와 심리학적 통찰력의 부족으로 제대로 이루어지지 않고 있었다. 개별 가정에서 사적으로 수행되고 있는 육아를 합리적으로 만들고 표준화하는 유일한 방법은 무지하고 고립되어 있는 모든 어머니들을 계몽시키기 위해 과학적인 방법에 숙련된 일련의 전문가들을 양성하는 것이었다.

1923년에서 1929년 사이 '로라 스펠만 록펠러기념재단'은 전문가가 관리하는 육아 표준화라는 재단의 미래상을 이루기 위해 700만 달러 이상을 썼다.

그 돈은 전국 방방곡곡의 대학에 "연구소"와 "연구부서"를 설립하고, 다양한 학문 분야에서 신문기들을 한데 무 ㅇ 구(그들 중 1500명은 1925년 록펠러재단이 후원하는 학회에서 일주일 내내 만났다), 그 외에도 "부모 교육가"가 될 가정학자들과 교사들을 양성하는 데 쓰였다. 1920년대 후반의 한 조사에서는 록펠러 기금에 자극받아 창설돼 부모 교육에 관여하고 있는 "큰 규모"의 조직들이 75개나 있는 것으로 나타났다. 여기에는 정부 기관(연방정부는 가정관리와 육아에 대한 대중교육을 1914년부터 지원하기 시작했다), 공립대학 및 공립학교, 자발적인 사회복지 기관, 종교 조직, 간호학교, 보건 단체, 미국아동연구협회Child Study Association of America(1888년 처음 모였던 뉴욕 어머니들의 소모임에서 비롯) 같은 전국 조직이 포함되어 있었다.[52]

부모교육 "운동"을 연구하는 역사학자 오빌 브림Orville Brim은 1920년대 육아사업이 급격하게 "전문화"된 공로를 록펠러재단에게 돌렸다. 그러나 어머니운동 초반에는 희망했을지 모르지만 새로 등장한 전문가는 어머니 자신들이 아니었다. 어머니운동이 일어났던 곳에는 이제 아동 연구와 부모 교육이라는 서로 꼭 닮은 분과 학문이 생겼다. 평범한 보통의 여자들이었던 어머니들이 모였던 곳에는 이제 학술적인 전문가들의 공식적인 학회가 개최되었다. 이제 사람들은 더 이상 어머니들을 잠재적인 연구 조력자로 생각하지 않았고, 하물며 그들을 전문가로 여기지 않는 것은 말할 것도 없었다. 그러나 심리학자와 의사의 연구 결과를 농축해 대중적인 팸플릿과 강좌를 만든 반半전문가인 부모 교육가들은 이미 자격증, 전문 간행물, 보통의 어머니들을 대상으로 하는 새로운 기술 연구를 완비한 하나의 독립된 직업으로 자신들을 조직하고 있었다.

1929년의 금융 위기로 인해 록펠러재단이 후원하는 부모교육운동은 갑작스럽게 중단되었다. 교육자들을 전국 방방곡곡으로 보내어 가장 완강하게 버티는 가정에 침투하도록 지원한 재단의 기금 없이는 부모 교육이 독립된 전문직이 될 수 없었다. 기업의 요구에도 부합하는 것으로서 사회적 "비합리성"이 없는 미래를 보장하는 표준화된 육아라는 록펠러재단의 비전은 일시적으로 폐기되었다. 그러나 어머니운동으로 시작해 전문가와 재단이 주도한 부모교육운동으로 이어진, 육아를 더 "과학적"으로 만들고자 하는 시도들이 사라진 것은 결코 아니었다. 1920년대가 되자 부유하고 교육받은 계급에게 했던 것처럼 노동 계급에게도, 그리고 대도시에서처럼 작은 마을에서도 육아에 대한 전문가들의 조언을 퍼뜨리기 위해 전국적인 기구가 등장했다. 어느 정도는 어머니운동이 초기 조직화를 해 놓은 덕택에, 전문가가 말하는 것이라면 무엇이든지 엄청난 수요가 있었다. 린드Lynd 부부는 자신들의 대표적 연구인 1920년대 중서부 작은 도시 "미들타운"에 대한 연구에서 다음과 같이 말했다.

> 육아는 당연하게 받아들여지는 것이 아니라 연구되어야 하는 것이라는 태도는 [노동 계급과 "상인 계급"] 두 집단의 부모 모두에게서 나타난다. 자녀 교육에 도움이 될 수 있는 모든 자원을 붙잡고 싶어 하는 많은 사람들의 열망에 끊임없이 감동받지 않은 채 미들타운의 어머니와 대화하기란 불가능하다. …**53**

미들타운의 어머니들은 조언을 구하려고 노력하는 과정에서 의사, 가정경제학자, 정부 발간 소책자, 교회가 후원하는 육아 강좌, 육아에 관한 전문가의 조언이 점점 더 많이 등장하는 대중 여성 잡지, 여전히 신뢰받는 에밋 홀트의 『육아와 수유』 같은 책에 관심을 가졌다. 1950년대 도로시 캔필드 피셔 Dorothy Canfield Fisher는 전문가에 대한 어머니들의 의존이 높아진 것을 되돌아보며, 자신의 나이 든 친척 아주머니들이 "아기를 *책*으로 키우는 어머니들"에 대해 어떻게 조롱했는지 회상했다. 그러나 시대는 빠르게 변하고 있었고, 1920~1930년대가 되자 홀트 박사의 "이름은 할머니들이 조롱했던 것만큼이나 젊은 어머니들에게 숭배되었다."[54] 그 할머니들은 육아가 얼마나 어렵고 걱정스러운 노고로 변했는지 당연히 이해할 수 없었던 세대였다.

이러한 것들이 1930년대까지 "아동의 세기"가 달성한 일들이었다. 어머니들은 전문가가 되지 않았으며 육아는 "과학적"이 되지도 않았다. 그러나 육아는 과거 어느 때보다도 더 힘들고 모든 것을 삼켜 버리는 활동으로 여겨지게 되었다. 중간 계급의 한 어머니는 린드 부부에게 "나는 어린 딸에게 내 인생 전부를 바쳤다."라고 말했다.[55] 또 다른 미들타운의 어머니는 "내 어머니 시절에는 사는 것이 더 단순했다."라며 "당시에는 아이를 돌보는 데 대해 알아야 할 것이 그렇게 많다는 것을 알지 못했다."라고 했다.[56] 어린아이는 **여성 의문**에 대한 효과적이고 최종적인 해답으로 여겨질 만한 것을 제공했지만, 그 과정에서 아동은 여성에게 *맡겨지지 않았다*. 초기 "아동의 세기"가 달성한 또 하나의 위대한 업적은 육아 전문가를 창조한 것이며, 그를 가정 내 가부장적 권위의 새로운 자원으로 삼은 것이었다.

제7장

병리적 모성

전문가들에 따르면 과학적 모성의 목표는 "가정을 산업적 조건과 조화되게" 하는 것이었다. 어머니들은 "바깥"세상의 실험실과 상업 시설에서 자신들의 이상과 방법을 찾을 의무가 있었다. 만약 가정이 규율, 효율성, 절약이라는 산업적 표준을 달성할 수 있다면, 그 가정의 생산품인 어린아이는 가족으로부터 거대한 산업 세계로 이끄는 컨베이어 벨트를 따라 쉽게 움직일 것이었다. 궁극적으로 어머니의 성공 여부는 멀리 떨어져 있는 공장에서 재는 기준에 따라 판단될 것이었다.

그러나 20세기를 거치며 중대한 문화적 역전이 일어난다. 사적 생활은 그 자체로서 목적이 되고, 바깥세상에서 기울이는 노력은 단지 *사생활*의 더 큰 만족을 위한 도구가 된다. 1920년대부터 줄곧 "진보적" 어머니가 육아의 표준을 찾기 위해 할머니들의 구식 사고방식에 눈을 돌리지 않았던 것과 같이 공장이나 사무실로도 눈을 돌릴 생각을 하지 않았다. 육아는 외부적 목표에 따라 달라진다. 목표 그 자체가 여성을 감정, 미심쩍은 느낌, 죄의식, 자기분석, 온갖 종류의 모호함으로 가득 찬 어두운 세계 속으로 점점 더 깊이 끌고 들어갈 것이다.

점점 더 자기폐쇄적인 세계로 변해 가는 보육에서 전문가는 과거 어느 때보다 더 크고 너 권위적인 모습으로 등장하지만 시간이 지나면서 전문가조차 과학적이든 산업적이든 간에 "객관적인" 외부 기준을 대변하는 것을 중단하게 된다. 그 상황은 마치 전문가 스스로 격렬하고 내면화된 가족의 삶에 매력을 느끼고 그 속으로 들어가서 **어머니, 아동, 전문가**가 등장하는 20세기 중반의 새로운 드라마에서 중추적 인물이 된 것처럼 보인다. 이 장에서 관심 있게 살펴보는 것은 1920년대 후반부터 1960년대까지 (출간된 조언을 통해) 드러나는 전문가의 성격이다. 전문가의 성격은 친절한 낙관주의 정신으로 시작해 전문가 업무가 점점 더 실망스러워짐에 따라 공공연한 여성 혐오와 가혹한 아동 학대로 바뀌어 가는 양상을 보인다.

20세기 육아 기술의 다양성을 지배할 새로운 정신은 *관대함*이었다. 가장 폭넓은 관점에서 보면 관대함은 육아에만 국한된 것은 아니었다. 그것은 모든 것을 쓸어버린 변화의 바람이자 일종의 국민 정서와 같았다. 미국 경제는 자동차, 집, 그리고 화려한 위용을 확장해 가는 가정용품 등 개인적 소비에 점점 더 의존해 가고 있었고, 관대함의 정신은 소비 풍토에서 활개를 쳤다. 규율과 자기통제에 관심 있던 전문가들은 이제 방종이 전체 경제에도 좋고 개인에게도 좋다는 것을 알게 됐다.

기업 경영자들과 심리학 전문가들 모두 미국인의 성격이 과감하게 재형성될 필요가 있음을 인정했다. 열심히 일하고 무엇인가를 이루는 옛 청교도적 습성은 쓸모없게 되었고, 소비와 여가라는 새로운 "반反습성"으로 대체되어야 했다. 궁핍이 불필요할 뿐만 아니라 불쾌하다는 생각에 사람들이 익숙해져 감에 따라 대공황과 제2차 세계대전이 가져온 궁핍의 시기는 예상된 휴지기일 뿐이었다. 상업적 번창은 사람들에게 개인적 소비를 통해 스스로를 만족시키려는 노력을 하라고 *요구했다*. 이와 다른 견해를 가진 사람은 완전히 틀렸고,

아마도 비미국적인 사람이었으며, 최악의 경우 "구식"으로 취급받았다. 세기 내내 꾸준하게 증가한 소비자 지출 지표는 섹스와 옷차림에서, 그리고 태도와 예의에서 구시대적 억제 상태가 줄어드는 양상과 잘 맞아떨어질 것이었다.

개인적 즐거움에 대한 새로운 강조는 20세기 초 수십 년간 중간 계급 여성들이 담당하고 있던 여러 개혁적 시도와 페미니즘에 치명적일 수밖에 없었다. 메리 매카시Mary McCarthy의 소설 『그룹The Group』에서, 바사대학의 1회 졸업생 중 한 명이었던 렌프루 부인은 부유한 남자와 안락한 결혼을 막 하려던 딸 도티(1933년도 졸업생)에게 "세대 간의 넘을 수 없는 격차"에 대해 말해 준다.

> "… 우리 시대의 여자들, 모든 종류의 여자들은 사랑을 위해, 또는 투표나 여권 옹호주의 같은 어떤 이상을 위해 기꺼이 희생하려 했단다. 그들이 합법적으로 결혼한 상태일 때는 숙박부에 Miss와 Mr.로 기록했다는 이유로 호텔에서 쫓겨났어. 너희 선생님들을 봐, 그들이 무엇을 포기했는지 보라고. 아니면 여성 의사들과 사회복지사들을 봐." "엄마, 그건 엄마 시대 얘기예요." 도티는 참을성 있게 말했다. "희생은 더 이상 필요하지 않아요. 아무도 결혼하는 것과 교사가 되는 것 사이에서 선택해야 할 필요가 없게 됐어요. 만약 그렇게 했더라도 교사가 된 사람은 엄마 동기생 중에서 가장 가정적인 사람이었어요. 인정하세요. … 희생은 낡은 사고방식이에요. 사실 인도의 아내 순장처럼 미신이라고요, 엄마. 지금 사회가 지향하는 것은 개인의 완전한 발달이라고요."[1]

그러나 "향락의 시대"에 발달될 여성의 개성은 엘렌 리처즈가 상상했던 것처럼 집요하게 가정중심적인 것이 될 터였다. 합리주의 페미니스트들이 한때 변화의 주류 밖에 있는 역류라고 비난했던 가정은 이제 명백히 경제적·사회적 중심에 있었다. 1929년에 이그리서는 가족에게 필요한 것들의 80퍼센트 이상이 여성의 구매를 통해 충족되었다. 세계가 단지 가정에 필요한 상품, 현금, 정보를 공급하기 위해 존재한다면 남성이 전력투구하고 있는 세계로 달려가야 할 필요는 없었다. 이제부터 어머니들의 에너지는 소비 사회의 전형에 맞춘 미국적 아동을 요람에서부터 양육하는 업무에 퍼부어질 것이었다.

전문가가 아동과 동맹을 맺다

육아에서 관대함은 20세기 초반 이론에서 180도로 방향을 전환한 것이었다. 그 변화는 너무 빨라서 어머니의 머리가 핑핑 돌 정도였다. 많은 여성들은 한창 육아를 하고 있는 도중에 자신의 육아법이 바뀌어 가고 있다는 것을 알게 됐다. 한 어머니는 자신의 생각이 어떻게 바뀌었는지 어느 저녁 식사 시간에 갑작스럽게 알아차린 것에 대해 설명했다. "나는 아들들에게 새로운 채소를 주고 있었다. 큰아들 피터는 자기가 먹은 접시를 씻어야 하고, 둘째 아들 대니얼은 그 채소를 다 먹지는 않더라도 맛은 봐야 한다고 내가 생각하고 있다는 것을 불현듯 알게 됐다. 그리고 내 생각에 막내 빌리는 그가 원하는 것은 무엇이든 해도 괜찮았다."[2] 심지어 첫째 아이를 행동주의의 엄격한 스케줄에 따라 길렀던 스폭 박사와 그의 아내도 중도에 양육법을 바꾸었다.

행동주의자들은 아이를 망치로 모양을 만들 수 있는 일종의 원재료라고 생각했다. 아이들이 원할 때 원하는 것 먹기와 놀기 같은 아이들의 본능적 충동들은 야뇨증과 엄지손가락 빨기처럼 반드시 억제되어야 했다. 반면 관용주의자들은 자연스럽게 일어나는 아이들의 충동은 분별력 있고 좋은 것이며, 어떤 의미에서 아이들은 백지 상태가 아니라 자신에게 무엇이 옳은지 실제로 *알고 있다*고 주장했다.

'로라 스펠만 록펠러기념재단'의 임원이자 재단 분야에서 선도적 정책 입안자였던 로런스 프랭크Lawrence Frank는 부모들에게, 만약 아이들이 성공하기를 바란다면 어른들보다 또래와 더 잘 지내도록 조언해 주어야 한다고 경고했다.

어린 시절 동년배들과 어울려야 한다는 것을 결코 잊어서는 안 된다. 짝짓기, 사회생활, 경제적 지위가 그 집단 내에서 성취되어야 하기 때문이다. 만약 이것이 부모의 통제에 의해서 막히거나 금지된다면 엄청난 갈등이 자주 일어날 것이다.[3]

1920, 30년대의 선도적인 작가 플로이드 델Floyd Dell은 프랭크의 충고를 지지했다. 그는 『기계 시대의 사랑Love in the Machine Age』에서 "부모가 사춘기 자녀의 스타일을 만들 수 있다고 생각하는 것은 어리석다."라고 썼다.[4]

전문가의 관점에서도 부모가 권위적인 역할을 수행할 수 있을 것으로 보이는 유일한 영역은 청소년을 가족생활에 적합하도록 준비시키는 부분이었을 것이다. 그러나 이것조차 전문가들은 회의적이었다. 1932년 '아동 건강과 보호에 관한 백악관회의White House Conference on Child Health and Protection'를 위해 준비된 소위원회 보고서는 역설적이게도 다음과 같은 사실을 발견했다.

근대적 환경에 의해 가정이 처하게 된 불리함 속에서 힘들어하고 있는 오늘날의 가정은 아이들이 가정생활에 어떻게 적응해야 하는지 가르치는 문제를 홀로 처리할 수 없다는 명백한 증거가 있다.[5]

1920년대가 되면 양치질에서부터 부모-자녀 관계와 데이트에 이르기까지 가정생활의 모든 세부 사항은 오직 가정 밖, 즉 학교에 있는 전문가에게서만 성공적으로 배울 수 있다는 전문가의 의견에 더 힘이 실리게 되었다. 아동과 전문가는 서로에게 지지를 구했다. *구시대* 육아의 산물이었던 부모들이 *새시대* 육아의 산물인 아이들을 기르는 법을 어떻게 알 수 있단 말인가? 다음은 "가정의 문제는 무엇인가?"라는 주제로 미들타운에서 있었던 10대 토론 집단의 기록에서 인용한 것이다.

> 소년: 부모는 자기 자식들에 대해 아무것도 모르고 자식들이 무엇을 하고 있는지도 몰라.
>
> 소녀: 그들은 알고 싶어 하지 않아.
>
> 소녀: 우리는 부모들이 모르게 해야 해.
>
> 소년: 우리 세계는 빠르게 변하고 있는데 부모들의 세계는 낡았어.
>
> 소년: 부모는 같이 뭉쳐야 해. 보통 한 사람은 순하고 한 사람은 까다롭지. 서로 입장이 달라.
>
> 소년: 부모에게는 그들이 조언을 구할 수 있는 제3자가 있어야 돼.
>
> (다 같이 "맞아.")**6**

육아에서 새로운 관대함이 10대에게만 적용된 것은 아니었다. 10대들이 첫 번째 수혜자였으나 그 변화는 곧 가장 어린 영아에게까지 조금씩 영향을 미치기 시작했다. 마사 울펜스타인Martha Wolfenstein은 정부 간행물 ≪영유아 보육≫(전문 이론 수준에 필적할 만한 안내서)을 연구한 결과, 1914년부터 1942년 사이에 배포된 판본에서 아기가 작고 사나운 동물에서 부드럽고 온순한 피조물로 "극단적 변형"을 거쳤음을 발견했다.

이전에 유아는 자위와 엄지손가락 빨기와 같이 위험하고 해로운 충동에 시달리는 것으로 묘사되었다. … 어머니는 끊임없는 경계심으로 아이를 지켜봐야 했고, 아이의 죄스러운 본성에 대항해 쉬지 않고 전쟁을 치러야 했다. 어머니는 자위는 "근절되어야 한다. … 물리적 억제로 치료해야 한다."라는 이야기를 듣는다. … 손가락 빨기를 금지하는 어머니의 집착이 너무 지나쳐, 아이가 적합한 손 기술을 발달시킬 수 있도록 하루 중 얼마간은 아이가 손을 자유롭게 사용하도록 허용해야 한다는 것을 어머니에게 일깨워 줘야 될 정도다. …7

그러나 훗날이 되자 행동주의자들이 길들이고자 했던 영아의 사악한 충동은 사라져 버렸다.

… 아기는 거의 완전히 무해한 존재로 변형되었다. … 과거의 격렬하고 집중적인 충동은 사라졌다. … 그 대신 우리는 훨씬 더 산만하고 온화한 특성의 충동을 발견한다. 아기는 자신의 세계를 탐험하고 싶어 한다. 아기가 우연히 엄지손가락을 입에 넣거나 생식기를 만진다면 이것은 우연한 일일 뿐이며 더구나 총체적 탐구가 진척되는 과정에서는 중요하지 않은 일이다. … 모든 것이 아기를 즐겁게 하는 것이고 과도하게 흥분시키는 것은 없다.8

이 후대의 아기 모델에서는 아기가 원하는 것이 곧 아기에게 필요한 것으로 생각됐다. 아기가 우는 것은 더 이상 "옹고집" 때문이 아니라 음식, 음료, 관심과 같은 특별한 욕구 때문이다. 놀이는 이전에는 하루 중 특정한 시간대로 엄격하게 제한되던 활동이었으나 이제는 "동작 활동의 건강한 발달"이 되었다. 따라서 10대들처럼 아기들도 더 이상 그들을 제한하고 규율을 가르치거나 아기들이 본받을 모델을 제시할 어머니가 필요하지 않다. 그 대신 아기들은 단지 자신의 주위를 맴돌며 자신이 요구하는 자극, 놀이, 양육을 만족시켜 줄 어머니가 필요하다. 이제부터는 아이 스스로가 양육의 속도를 정하게될 것이었다. 부지런한 어머니는 한편으로는 아이들에게 뒤떨어지지 않기 위해, 또 다른 한편으로는 전문가들에게 뒤떨어지지 않기 위해 주어진 시간의점점 더 많은 부분을 할애했다. 미들타운의 한 어머니는 다음과 같이 말했다.

아이가 생긴 이래 나는 교회 일과 클럽 일을 포기했다. 나는 아이들이 무슨 놀이를 하고 어떤 친구들을 만나는지 잘 알 수 있도록 아이들이 학교에서 집으로 돌아올 때 항상 집에 있고 싶다. 남는 시간은 영양과 성격 형성에 관한 책을 읽으며 보낸다.[9]

의사들이 관대함을 요구하다

메리 매카시의 소설 『그룹』에서 두 어머니(바사대학 1933년도 졸업생)가 아장아장 걷는 아기들 뒤를 따라 센트럴파크를 걸어가고 있다. "예일대학 게젤의 연구에 대해 들어 본 적 있니?" 한 명이 묻는다. "드디어 우리는 아이에 대한 과학적 청사진을 갖게 될 거야."[10] 관대한 어머니의 일이 아이의 응석을 죄다 받아주는 것이라면, 과학적 과제는 겉으로 보기에는 이해할 수 없는 아이들의 유치한 행동을 어머니가 이해할 수 있는 신호 양식으로 바꾸는 것이었다. 후에 아동 양육 권위자가 된 벤저민 스폭Benjamin Spock의 모범이 됐던 의사 아널드 게젤Arnold Gesell은 연구자이자 소아과 의사로, 아이 그 자체를 실험실에 갖다 놓는 중대한 작업을 했다. 록펠러재단과 카네기재단의 지원으로 게젤은 예일 의과대학 안에 시범 어린이집을 세웠는데, 한 면이 반투명 거울로 된 방에서 노는 아이들의 모든 움직임을 전문적으로 연구하는 팀이 있었다.

그 결과가 발달단계이론이었다. 이것이 바로 "그는 지금 막 한 단계를 통과하는 중이다."라는 진부한 이야기의 출처다. 각 단계에서 아이는 완벽하게 예측할 수 있는 행동 패턴을 따랐다. 그래서 게젤은 극도로 세밀한 시나리오로 두 살 아이의 "행동 일지"를 파악할 수 있었다.

행동 일지

두 살짜리는 아침에 좀 천천히 약 7시에 일어난다. 아이는 일어나서 기쁘지만 즉시 침대 밖으로 나오는 것에는 관심이 없다. 그 아이는 자다가 오줌을 쌌지만 그 상태를 참으며 약 30분 동안 만족스럽게 논다. 아이는 자신을 화장실로 데려가 잠깐 동안 목욕 가운을 입혀 줄 어머니에게 준비된 인사가 있다. 그 잠깐 동안 아이는 욕실로 들어가 아버지가 면도하는 것을 보기를 좋아한다. 닫힌 문 뒤에서 크래커를 우적우적 씹어 먹으며 노는 곳인 자신의 방으로 돌려보내질 때도 기분이 좋다. 아침 식사 시간에 아이는 어머니로부터 상당한 도움을 받지만 아주 조금은 스스로 한다. (아이는 점심때는 더 완벽하게 식사를 할 것이다.)[11]

이렇게 스스로 결정하는 아기를 데리고 있는 어머니의 역할은 결코 아이를 "만들려" 하지 않으며 심지어 거의 "영향을 미치려" 하지도 않는 것이다.

무엇보다도 아이의 개성을 있는 그대로 인정하고 여러분이 (유전적인 것을 제외하고) 아이의 성격을 만들거나 기본적으로 그 성격을 변화시킬 수 있다는 생각을 포기해라. 아이의 개성을 인정하고, 이해하고, 받아들여라. …**12**

과학적 관대함을 가진 이상적 어머니는 지칠 줄 모르는 인내와 항상 간접 행동을 통해 특정한 행동은 북돋우고 다른 종류의 행동은 단념시키며 아동 발달의 변화를 이해하는 데 전력을 다한다. 여기서 어머니의 간접적 행동이란 "엄격함과 관례를 피하기 위해 한도 끝도 없는 기술들을 기꺼이 사용하려는 태도와 굽힐 줄 모르는 의지를 보여 주는" 것을 말한다.**13** 섬세한 어머니는 아이들이 주도하는 것을 따를 뿐 어떤 "단계"에서도 결코 훼방 놓지 않는다. 예를 들어 변덕스러운 일곱 살 아이에게는 좋은 날도 있고 나쁜 날도 있다. "의식 있는 교사는 평소와 다른 이러한 날에 따라 자신의 지적 상태를 바꿀 것이다. 그리고 현명한 어머니는 종종 그랬던 것처럼 아이가 침대 밖으로 나가는 순간부터 아이의 기분이 안 좋은 날이 시작된다면 아이를 집에 있게 할 것이다."**14**

게젤과 그의 동료들은 "가사공학" 기법을 제안하며 체계가 잘 잡힌 어머니는 이를 통해 가족 갈등을 쉽게 없앨 수 있다고 주장했다. 게젤연구소Gesell Institute의 권위자 일그Ilg와 아메스는 다음과 같이 설명했다.

공장 관리자는 근로자들에게 더 많이 생산*해야* 한다고 단순히 말만 하지 않는다. 그 대신 그는 더 수준 높은 생산이 가능하도록 사물을 배치하려고 노력할 것이다. 마찬가지로 가사라는 가장 평범한 일상에 대해 작지만 창조적인 생각은 종종 아동의 행동을 개선하는 결과를 가져올 수도 있다.**15**

"물론 가능성은 끝이 없다."라고 그들은 썼다.

일례로 형제나 자매는 싸우지 않고서는 잠시도 함께 지낼 수 없다고 가정해 보자. 만약 여러분이 원한다면 이러한 문제를 경고, 꾸지람, 벌로 다루려고 시도할 수 있다. 그보다 더 단순하고 더욱 효과적인 것은 그들을 물리적으로 떼어 놓는 것이다. 이렇게 할 공간이 없다면 여러분은 그들의 스케줄을 재배치하는 것으로 종종 기적을 이룰 수 있다. 낮잠 시간은 옮길 수 있다. 때로 아이들에게 식사를 따로 하게 하는 것도 효과가 있다.[16]

"가사공학"이라는 개념은 가정주부를 시간, 돈, 일을 절약하는 전문적 가사 "기술자"로 바꾸고자 했던 엘렌 리처즈와 가정과학자들의 개혁운동을 상기시킨다. 관대함의 이데올로기에 의해 변화된 가사공학은 어머니는 노고와 계획, 부지런함을 통해 시간도 아니고 돈도 아닌 스트레스를 줄일 수 있다는 것을 의미하게 되었다. 바로 자녀의 스트레스 말이다. 이제 그녀가 직면한 절체절명의 과제는 자유롭고 자연스러운 아이의 길을 평탄하게 만들어 주기 위해 어떠한 노력도 아껴서는 안 된다는 것이다. 그들은 다음과 같이 "아이들이 음식을 즐기도록 하는 일반적 법칙"을 제안한다.

1. 음식을 낼 때 매력적으로 보이게 해라.
2. 적은 양을 줘라.
3. 말없이 음식을 줘라.
4. 먹어야 하는 음식 분량을 강조하지 마라. …
5. 평온하고 걱정 없는 태도를 유지하도록 노력해라. …[17]

20세기 초의 "과학적" 국면에서 어머니는 전문가의 가정 대리인으로서 전문가의 육아법을 아이에게 적용했다. 그러나 이제 반복되는 일상의 삶에서 어머니를 가르치면서 전문가의 현장 보고 대리인처럼 행동하는 것은 바로 아이였다.

게젤은 오렌지 주스를 마시고, 잠자고, 배설하고, 울고, 꿈꾸고 등등에 대해 적당한 기호로 특별히 고안된 차트에 하루 24시간 동안 유아의 자연스러운 행동을 기록하라고 권했다. 그는 "자아 욕구"에 따른 수유 방침의 적용은 "어머니가 아기의 기본적인 성격을 실제로 알 수 있게 해 주는 관찰에 가장 좋은 환경을 만든다."라고 썼다.

일일 차트에 아기 자체가 기록됐으므로 그녀는 벽에 걸려 있는 시계를 보는 대신 아기의 전체 일과로 자신의 관심을 옮겨 간다. … 그 결과는 바로 이것이다. 즉, 그녀는 (모든 타고난 지혜를 가지고 있는) 아기를 작업 파트너로 만들었다. 아기는 자신의 변화하는 욕구에 맞춘 가장 적합하고 융통성 있는 스케줄을 만들도록 어머니를 돕는다.[18]

한때 아동기의 본성에 대해 깊이 생각하고 스탠리 홀을 위해 관찰 자료를 잘 보관했던 과학적 어머니는 공은 많이 들지만 —기본적으로는 수동적인— 차트 그리는 사람으로 전락했다.

리비도적 모성

관대함의 아이에게 부모의 권위나 안내는 필요하지 않았다. 게젤의 유아는 내부 시계의 똑딱거림으로 성장했는데, 부모들은 이 시계를 다시 맞출 생각은 하지 못했다. 프랭크의 10대는 그들의 충동과 또래들을 따라 어른들은 이해할 수도 없고 통제할 수도 없었던 미래로 들어갔다. 그러나 1930, 40년대에 관대함 이론을 더욱 발달시켰던 전문가들에 따르면 아이들이 그들의 부모("어머니"라고 읽는다)로부터 정말로 필요했던 것이 하나 있었는데, 그것은 사랑이었다. 그 사랑은 무조건적이고, 자발적이고, 따뜻하고, 늘 주기만 하는 *사랑*이었다.

사실 사랑은 관대함의 핵심 전제이자 필수 조건이었다. 관대함을 세계적으로 대중화시킨 스폭 박사가 썼듯이 "사랑하는 가족 안에서 키워진 아이들은 배우기를 *원하고*, 순응하기를 *원하며*, 자라기를 *원한다*. 가족과 아이의 관계가 좋다면 아이들은 먹기를 강요당할 필요도 없고 화장실 사용법을 배우기를 강요당할 필요도 없다."**19**

사랑이 넘치는 분위기에서만 아이를 새로운 소비 사회에 잘 적응된 구성원으로 발달하게 할 수 있다. 그러므로 어머니는 아이에게 잘 관리되고 스트레스 없는 환경을 제공해야 할 뿐만 아니라 아이다운 갖가지 충동에 대해 애정 어린 격려를 해야 한다. 1930, 40년대 육아 전문가들이 보기에 사랑하는 것은 어머니의 할 일이었다.

관대함의 전문가가 요구한 사랑은 과학적 어머니의 계산된 사랑이 아니었다. 또한 도덕적으로 바른 어머니의 금욕적인 사랑이나 희생적인 어머니의 인내하는 사랑, 또는 19세기 어머니의 이미지에서 발견되는 다른 다양한 종류의 사랑도 아니었다. 그것은 자연적인 힘이자 본능이었다. 아동 발달에 관해서는 그렇게나 양적이고 이성적이었던 게젤조차도 모성애에 관한 생각에서는 과학적 이해력을 잃어버린 것처럼 보였다. 게젤은 어머니다운 적절한 태도를 묘사하면서 "애교 있는 목소리 … 민첩성과 손재주 … 신속한 반응과 조화를 이룬 여유 있는 속도 … 아동 발달 이론과 실천에 대한 기초 지식"과 아마도 헌신적인 여성이 발달시키려고 할 다른 여러 특성들을 열거한다. 그러나 모든 분석이 끝난 다음 게젤은 어머니다움은 "타고난 소질"이라고 인정하고 매우 놀라운 주장을 계속 이어 간다.

유색 인종 가운데는 거의 독특하다고 할 만한 정서적인 자질을 천부적으로 타고나서 유아와 어린 자녀들을 돌볼 때 이상적인 수준으로 시중을 드는 여성들이 많다는 것 또한 잘 알려져 있다.[20]

게젤의 상상 속에 따뜻하고 순수한 영혼, 즉 보모로 각인된 흑인 여성은 모성애의 원초적인 본질로 상징화되었다.

모성애가 과학적 전문 지식의 한 영역임을 주장하기 위해서는 다른 종류의 전문가, 즉 정신분석학자가 필요하게 될 것이었다. 정신분석학자들은 여성에게서만 발견될 새로운 화학적 요소를 분리해 냈다는 듯 한껏 고무된 상태에서 모성 본능을 발견했다. 분명히 사랑은 기계화될 수 없고, 상품화될 수 없으며, 외부 시설에 맡길 수 없는 육아의 유일한 요소다. 그것은 형체는 없지만 어머니-아이 관계의 핵심 요소이며, 그것만으로도 어머니를 아이에게, 여성을 집에 붙잡아 둘 수 있는 접착제다. 이제 정신분석학은 일찍이 19세기의 부인과 의사들이 시도했던 기획을 다시 시작했다. 여성의 가정중심성을 여성 *생물학*의 근본 원리 속에 단단히 심어 놓는 것이다. 정신분석학자 테레세 베네덱Therese Benedek은 "어머니다운 행동"은 "뇌하수체 호르몬에 의해 조절된다."라고 선언했다.[21]

정신분석학자들은 어머니의 일이 아이의 완벽한 형성을 시도하는 것이 아니라 완벽한 양육 환경을 제공하는 것이라는 게젤의 의견에 동의했다. 그러나 정신분석학을 지향하는 전문가들은 하루 종일 차트를 기록하는 것은 어머니가 완벽한 양육 환경을 만드는 데 조금도 도움이 되지 않을 것이라며 약간 부정적인 태도를 가지고 관찰했다. 그들의 입장에서는 육아를 임신의 연장으로 설명하는 것이 더 나을 것이었다. 여성이 건강하다면, 그녀의 모성적 기운에는 여성의 몸이 자궁에서 아이를 키웠던 것만큼이나 자연스러우면서도 기적적이게도 적절하고 고귀한 영양분이 모두 다 포함되어 있을 것이었다.

정신분석학자들은 관대하게 길러진 아이와 어울리는 이상적인 어머니를 만들었다. 이상적인 어머니는 자녀를 세세하게 돌보는 과정에서 열정적인 성취감을 느끼게 될 사람이다. 관대함 이론 덕분에 자유로워진 아이에게는 "가사 기술자"보다 새롭게 발견된 여성의 생물학적 본능을 통해 구성된 새로운 "리비도적 어머니"가 훨씬 더 잘 어울리는 짝이었다. 그녀는 자연스럽게 자녀의 욕구를 채워 줄 뿐만 아니라 오직 아이의 욕구를 충족시키는 데서만 *자신의* 욕구도 충족된다는 것을 발견하게 될 것이었다. 리비도적 어머니는 임신과 수유에서 기쁨을 느낄 것이었다. 그녀는 아이와 나누는 것보다 더 풍성한 교우 관계를 찾으려 하지 않을 것이며, 매일같이 자녀를 세심하게 돌보는 것에만 진지하게 관심을 쏟을 것이었다. 어머니는 아이가 그녀를 필요로 했던 것만큼 본능적으로 아이를 필요로 했다. 자녀 발달의 흥미진진한 단계를 "놓치지" 않게끔, 또는 모성이라는 보람 있는 단계를 "누리기" 위해 집 밖에서의 약속을 피할 것이었다. 모성은 더 이상 "의무"로 간주되지 않을 것이며 육아는 훈련받은 전문직으로 간주되지 않게 될 것이었다. 그 대신 어머니와 아이는 본능적으로 서로의 욕구를 완벽하게 채워 주면서 서로를 즐기게 될 것이었다. 그것은 마치 자연이 무한한 지혜로 서로를 소비하면서 행복하게 어울리는 두 소비자를 창조한 것과 같았다.

리비도적 모성 이론은 이성적 해석의 영역을 전문가의 독점 분야로 만들었다. 아동 지도서들은 이제 여성들에게 단지 그들의 본능을 믿으라고 말했다. 물론 그 책들이 여성들을 위해 여성의 본능이 무엇을 해야 하는지를 정확히 규정해 주겠다고 주장하긴 했지만 말이다. 아동 지도서들은 과학적 연구도 필요 없고 다른 어머니들과 노트를 비교하거나 처신 발달을 "따라갈 필요"도 없다고 의기양양하게 주장했다. 좋은 어머니는 본능적인 어머니다. 긴장을 풀어라!

다시금 교육이─생각조차도─어머니다움에 대한 위협으로 간주되었다. 그 이유는 "자궁 기능의 퇴화"를 일으키기 때문이 아니라 여성의 본능으로부터 여성을 멀어지게 만들 것이기 때문이었다. 소설 『그룹』에서 노린은 이것을 이해할 만큼 충분히 교육받았다.

> "우리 바사대학의 교육은 나로 하여금 여성적 역할을 받아들이기 힘들게 만들었다. … 문제는 내 두뇌. … 나는 락우드[바사대학 교수]에 의해 지식인으로 만들어졌고, 다른 소녀들도 그렇다." 프리스는 놀랐다. … 두뇌는 삶을 더욱 효율적으로 꾸리도록 도와주게 돼 있다고 그녀는 속으로 생각했다. … "너는 정말 우리 대학의 교육이 실수라고 생각하니?" 프리스가 걱정스럽게 물었다. 슬론[프리스의 남편이자 소아과 의사]도 종종 같은 견해를 표명했으나 그것은 그녀의 생각에 그가 동의하지 않을 때 한 이야기였다. 노린은 "오, 완전히, 나는 평생을 무능하게 살았어."라고 말했다.[22]

과학적 전문가와 본능적인 어머니 사이의 간극은 벌어졌고, 어머니와 자녀 사이의 격차는 좁혀져 *그들의* 본성이 현저하게 비슷해진 듯 보였다.

테레세 베네덱과 같은 정신분석학자들은 어머니─유아 사이의 애정 관계라는 이 낭만적 유대가 오로지 모성적 *퇴행* 혹은 아이 같은 상태로의 회귀를 바탕으로 한다는 인식을 겁내지 않았다. 베네덱은 유감스럽게도 미국 문화에서 많은 여성들이 결혼 전에 "활동적이고 외향적인 자아상"을 발달시킬지도 모른다고 생각했다. 이 자아상은 여성이 아이를 돌보기 위해 가져야 하는 "자연적이고 직관적인" 편안함과 모순되기 때문에 베네덱은 여성의 남성적 자아상을 "원상태로 되돌려야" 한다는 이론을 정립했다.

어머니가 되기 위해서 여성들은 그들의 재생산적 생리 기능의 각 국면마다 생물학적 퇴행을 경험한다. 반대로 남자들은 이성애적 행동에서 남성다움을 강조하기 위해 그들의 퇴행 경향을 극복해야 하며, 보호자이며 생계 부양자로서 아버지의 역할을 충족시키기 위해 활동적이고 외향적인 정신적 역량을 결집해야 한다.[23]

정신분석학의 어법에서 어머니다움은 "여성의 성심리적 성숙이라는 정상적 특성"이 되었다. 그러나 이러한 "성심리적 성숙"은 퇴행과 함께 시작했다. 다시 말해 여성들은 더 유아적으로 됨으로써만 "성장"할 수 있었다!* 정신분석학자들에 따르면 이 역설에 대한 설명은 오직 퇴행을 통해서만 여성이 소녀기의 남근 선망을 극복할 수 있다는 것이었다. 퇴행은 음경의 상징적 "선물"인 아이를 여성이 무의식적으로 받아들이도록 했는데, 이것은 여성이 오랫동안 분개했던 "거세"에 대한 보상이었다. 마침내 마음이 풀어진 여성은 자신의 여성성을 받아들이고 질투 없이 남편의 사랑에 복종할 수 있다.

소녀로서 가졌던 불완전하다는 느낌과 박탈감은 보상되었다. … 그러한

---

* 여성의 성숙이 퇴행을 통해서 성취된다는 정신분석학적 관념은 여성에게 진화적 진보는 차츰 더욱 원시적인 동물적 상태로 빠져든다는 것을 의미하는 19세기 생물학 이론을 묘하게 반영하고 있다.

완전함을 가능하게 해 준 남편에 대한 사랑은 깊어진다. 여성은 단지 자신을 위해 아이를 바라는 것이 아니라 남편과의 관계의 의미 있는 성과로 아이를 원한다. 여성이 양육하도록 남편이 그녀의 몸속에 넣어 준 그의 일부이자, 남편이 소중히 여길 그녀 자신의 일부인 선물로 남편을 기쁘게 해주고자 아이를 원한다. 어떤 점에서 아이는 자비로운 아버지로부터 사랑을 받는 그녀 자신이다.[24]

베네덱에게 많은 영향을 받은 산과 의사 마르셀 하이만Marcel Heiman은 "다른 어떤 의사보다 산과 의사가 여성 심리학을 더 잘 이해할 필요가 있다."라고 제안하면서 그의 환자에게 모성 퇴행 이론을 적용했다. "임신에 대한 정신분석학적 관점"이라는 제목의 논문에서 그는 다음과 같이 썼다.

… 임신 과정에서 퇴행은 보편적이고 정상적이며, 임신은 "정상적 질병"으로 적절하게 불렸다. … 임신한 여성은 외관상 아동기의 두려움 상태로 퇴행하기 때문에 우리는 임신한 여성이 아이처럼 영향을 받기가 쉽다는 것을 알게 된다. 이것은 아이들이 보통 가지고 있는 일종의 두려움을 상기시킨다. 모든 어머니들이 때때로 해야 하는 것은 아이를 그녀의 팔에 안고 "오냐, 오냐." 하는 것이며, 이로써 두려움을 없애 주는 안정감이 아이에게 심어지는 것이다. … 이것이 환자와의 관계에서 권위적인 산과 의사들이 성공하는 이유다. …[25]

(같은 맥락에서 스폭 박사는 여성이 전문가의 충고를 흔쾌히 받아들이고 귀를 기울인다는 점을 양성 사이의 가장 기본적인 차이 중 하나로 묘사했다.)[26]

모성의 완전성은 완벽하게 무너졌다. 어머니는 아이로 변해 버렸다. 모성 경험에 의해 자신의 유아기를 정신분석학적으로 재연하는 상태로 퇴행하기 때문에, 여성은 그녀의 새로운 역할을 지도할 아버지 같은 인물에게 귀를 기울이며 순종하고 존경할 것이다. 따라서 전문가의 목소리는 은근슬쩍 가부장적으로 된다. 한때 영국정신분석학회British Psychoanalytic Association 회장이었으며 『어머니와 자녀: 최초 관계 입문서Mother and Child: A Primer of First Relationship』의 저자인 의사 위니콧Winnicott은 "나는 당신에게 무엇을 할지 정확하게 말할 수는 없지만, 그것이 무엇을 의미하는지에 대해 죄다 쓸 수는 있다."라고 겸손하게 말한 뒤 젊은 어머니들을 깔보는 듯 안심시켰다.

여러분들은 영리하지 않아도 됩니다. 그리고 여러분들이 원치 않는다면 생각할 필요조차 없습니다. 여러분들은 학교에서 수학을 아주 못했을 수 있습니다. 어쩌면 여러분의 모든 친구는 장학금을 받았지만 여러분들은 역사책을 그저 쳐다보는 것도 견딜 수 없었고 그래서 낙제를 해 일찍 학교를 떠났을 수 있습니다. 만약 시험 직전에 홍역을 앓지 않았다면 아마도 여러분들은 성적이 좋을 수도 있었을 것입니다. 어쩌면 여러분은 정말로 영리할 수도 있습니다. 그러나 이 모든 것은 문제가 되지 않으며 여러분이 좋은 어머니인지 아닌지도 아무런 상관이 없습니다. 만약 아이가 인형을 가지고 놀 수 있다면 여러분은 평범한 헌신적 어머니가 될 수 있습니다. ...27

이제 자연스럽게 좋은 어머니 되기의 *필수 조건*은 리비도적 이타심, 즉 행복한 무지를 발산하려 하는 전적으로 가정적이며 일하지 않는 어머니였다. 40, 50대 후반의 일하는 엄마들은 일을 그만두고 그들이 대항해 싸워 왔던 본능에 굴복할 것을 강요당했다. 일례로 한 여성은 ≪아동 연구Child Study≫(부모를 주 독자로 하는 정기간행물로서 로런스 프랭크, 벤저민 스폭, 그리고 당시 유명한 정신과 의사들인 르네 스피츠René Spitz와 데이비드 레비David Levy가 자문위원에 포함된 잡지)에 다음과 같은 글을 보냈다.

> 나는 다섯 살 난 아들을 둔 전문직 여성입니다. 바쁜 생활 때문에 아이가 원하는 모든 것을 주지 못하는 것이 두렵습니다. … 늘 그만둘 계획을 하면서도 지금까지 그러지 못하고 있습니다. … 나는 명백히 가정적인 유형이 아니라는 것을 알고 있기 때문에 나의 일을 포기하고 단지 어머니가 되고자 하는 것이 현명한 일일지 확신할 수 없습니다.

≪아동 연구≫ 편집자는 "단지 어머니"라는 그녀의 마지막 구절 때문에 그녀를 꾸짖은 뒤 격려하듯 대답했다.

> 아마도 당신은 "가정적"이라는 말에 [이처럼] 더 풍부한 의미를 주는 것이 무엇이든 간에 솔직히 당신이 그것을 가지고 있지 않다고 느낄 것입니다. 만약 그렇다면 당신의 능력에 대한 자신감을 상실하게 한 원인이 무엇인지를 찾아내는 데 전문가로부터 도움을 받는 게 나을 것입니다. 당신은 당신이 생각하는 것보다 더 "가정적인 유형"일 수도 있고 또 제대로 된 환경에서 아내와 어머니로서 당신의 힘은 아이와 남편을 돌보면서, 그리고 ─ 끝으로, 그렇다고 결코 덜 중요하지 않은─ 당신 자신의 영원한 만족을 위해 자유롭게 발휘될 수 있을 것입니다.[28]

당연히 모든 여성에게는 남편이 있고 그 남편 혼자서 가족을 부양할 수 있다는 것이 가정되었다. 대중매체는 모든 계급의 여성들에게 같은 조언을 퍼부었다. 이유가 무엇이든지 간에 일하는 여성은 자녀를 불행하게 만들고 있고 자신의 가장 깊숙한 곳의 본능을 부인하고 있다는 것이었다.

나쁜 엄마들

정신분석학 이론은 어머니–아이 관계의 낭만적 장면 앞에서 그리 오래 머물지 않았다. 심지어 리비도적 모성 이론이 한창일 때조차 미국 여성들은 그다지 본성적인 어머니가 아니라는 의혹이 일어났다. 이 의혹은 1940년대 후반과 1950년대에 들어서 더 강해질 뿐이었다. 정신과 의사는 결국 어두운 상처와 감춰진 세균 포자처럼 가장 건강한 외관 뒤에 숨은 병리성을 찾아내도록 훈련받은 남성 의료인이었다. 그들이 정신분석학적 통찰력이라는 엑스레이로 어머니–아이 관계의 장밋빛 그림을 자세히 들여다봄으로써 끔찍한 병리성의 핵심 부분이 모습을 드러냈고, 이것은 20세기 중반의 육아 이론을 지배하게 되었다.

병리적 징조는 학교 심리학자들, 정신의료 사회사업가들, 그리고 (더 부유한 부모를 위한) 정신분석학자들의 대기실에 가득했다. 어머니와 아이를 상호 행복 속에 함께 묶어 놓은 과학적 이론에도 불구하고, 또 많은 중간 계급과 노동 계급 가정에 고립된 채 이제 어머니와 아이가 함께 즐기게 돼 있는 밀월 관계에도 불구하고, 그곳에는 변덕스러운 아이들, 파괴적인 아이들, 수줍어하는 아이들, 겁 많고 정서 장애가 있는 아이들, 달랠 길 없이 우는 아기들, 강박적으로 자위하는 아기들이 있었다. 전문가들은 이론에 대해 의문을 제기할 마음이 없었고, 대부분의 여성들이 이제 자녀를 양육하기 위해 애쓰는 도중

겪게 될 끔찍한 고독에 대해서도 아무런 경각심을 느끼지 못했다.* 이론은 견고했다. 가정은 신성하고, 실패한 사람은 바로 여성이라는 것이었다.

정신분석학적 관심이 정상인에서 일탈자에게로, "건강한" 사람에서 아픈 사람에게로 이동했기 때문에 본능적 모성 이론이 여성에게 제공했을 수도 있는 모든 위안이 빠르게 사라져 갔다. 본능 이론은 기껏해야, 여자들은 전문가와는 관계없이 육아에 대해 무언가를 알고 있다고 단언했다. 어머니들은 심리학자의 실험실이나 클리닉에서 만들어 낸 기술과 방법을 통달하지 않아도 되었다. 그러나 병적 측면이 새롭게 강조되면서 "본능"은 이전에 규율과 연구가 여성에게 그랬던 것보다 더 엄격한 감독관이라는 것이 판명되었다. 어떤 것이 어머니-아이 관계나 아동 발달에서 잘못될 수밖에 없다면, 비난의 손가락은 더 이상 어머니의 그릇된 기술이 아니라 어머니의 불완전한 본능을 가리키게 될 것이었다. 이제 정말로 문제인 것은 어머니가 읽거나 생각하는 것, 어머니가 하고 싶거나 하고자 하는 것이 아니라 그녀의 무의식적인 동기가 무엇인가였다. 그리고 본능은 날조될 수 없었다.

여성은 어머니가 되고자 하는 행동을 통해 잠재의식적 충동을 연출하듯이, 말하자면 보이지 않는 잉크로 아기의 정신에 썼다. 머지않아 그 잉크는 그것을 해독하고 판단할 전문가의 눈에는 보이게 될 것이었다.

육아 전문가들은 병리성에 초점을 맞춤으로써 공중 보건 개혁가로서 자신들의 영웅적 이미지를 강화했다—마치 위생 전문가들이 건강한 현재를 위해 일했던 것처럼 육아 전문가들은 건강한 미래를 위해 일한다는 듯이. 과학적 모성의 시기 동안 공중 보건 관리자로서 육아 전문가에게 부과된 과제는 어

---

* 사회학자 제시 버나드(Jessie Bernard)는 많은 다른 문화의 육아에 관한 인류학적 보고서를 평가하면서 미국 어머니들이 자녀를 격리되고 배타적인 상태에서 키우는 것은 역사적으로 새롭고, 문화적으로 독특한 현상이라고 보고한다.[29]

머니의 지성에 정보를 주는 것이었다. 이제 그 과제는 정신적 질병균으로 자녀 세대를 감염시킬 수 있는 신경증을 찾아내 모성의 잠재의식을 규명하는 것이었다. 르네 스피츠는 세균학자가 각 질병을 일으키는 구체적인 병원균을 추적하고자 했던 것처럼 각 아동기의 병을 일으키는 어머니 안의 구체적인 질병을 추적하려고 노력한 정신분석학 집단의 지도자였다.

스피츠는 병리학 실험실의 용어를 사용하여 "유아기 정신 장애 질병"의 정체를 밝혔다. 이러한 유아기 질병들은 "심리적 독소이자 질병을 일으키는 요인으로 작용하는 어머니의 성격 안에 내재된" 것이다. 그는 자신이 쓴 책 『생의 첫 해First Year of Life』의 상당 부분을 다음에 열거한 어머니의 태도와 각각의 태도에 상응하는 유아의 불안을 연결하는 데 할애했다. 그가 유아의 불안과 연결시킨 어머니의 태도는 "가장 불안한 자유방임"(그는 이것이 3개월짜리 아이에게 복통을 일으킨다고 말했다), "불안감으로 포장한 적대감"(유아기 습진), "응석을 받아 주다 말다 하는 변덕"(유아기의 불안정), "어머니의 주기적 기분 변동"(배설물 장난 및 배설물 먹기), "의식적으로 보상된 어머니의 적대감"(조증 아동) 등이다.[30]

어머니는 본능의 명령으로부터 어떠한 탈출구도 찾을 수 없었다. 결함 있는 어머니는 아이의 병리적 증상 자체에 의해 공개될 것이었다. 따라서 아이를 목욕시키는 것을 즐기는 척 하는 것만으로는 충분치 않았고 정말로 즐겨야 했다. 정신분석학 이론은 똑같이 악의적이지만 상반된 이미지인 거부하는 어머니와 과보호하는 어머니라는 두 개의 큰 부류로 나쁜 엄마를 나눴다. "거부하는 어머니"에 대한 비난은 임상 실험과 대중문학에서 너무나 널리 퍼져 정신분석학자 안나 프로이트Anna Freud조차도 결국 그 남용을 안타까워했다.

　… 어머니에 의해 거부된 상태라는 개념은 갑자기 임상 치료와 사회복지

사업 영역에 넘쳐 나기 시작했다. 임상 치료 쪽에서는 (자폐, 비정상적이고 성신병적인 발달, 기진아, 언어 지체 등과 같은) 아주 심각한 장애의 많은 부분을 점점 더 어머니의 거부 탓으로 여겼다. 사회복지 사업 쪽에서는 점점 더 많은 어머니들이 냉정하고, 사교적이지 않고, 무책임하고, 사랑 없고, 미워한다고, 간단히 말해 자녀를 거부한다고 평가했다. 이것은 많은 성찰과 또한 많은 자기비난의 원인이 되었다. 비정상적 자녀를 둔 엄마들 사이에서 특히 심했다.[31]

양심의 가책 없이 모성 거부 증후군에 대해 읽을 수 있는 어머니는 거의 없었다. 여성이면 누구나 때때로 "왜 그런지" 알고 싶어 하는 성가신 두 살배기의 열 번째 요구를 외면하고, 아장아장 걷는 아이가 혼자 15분 동안 계속해서 울부짖게 내버려 두게 되고, 네 살짜리와 이야기하는 동안 딴 데 정신을 팔거나 혹은 아이를 "거부했다." 집을 티끌 하나 없이 말끔하게 유지하려고 애쓰는 전업 엄마는 분개하는 것이 어떤 것인지 알고, 영아나 취학 전 자녀를 마치 다 자란 적수처럼 순간적으로 미워하게 된다. 모성이 "충족"을 뜻한다면 이러한 순간적인 적대감은 정상적이고 선하고 고결한 것에 대한 배신이자 은밀한 파괴임에 틀림없다. 과학은 이러한 감정들을 어머니-아이 관계라는 에덴동산에 있는 뱀 같은 타락이라고밖에 달리 설명할 방법이 없었다. 그 결과는 괴로운 자기의심이었다. 자신의 "적대감"이나 "난폭함" 때문에 비난받고, 또 (만약 육아 전문가나 정신 건강 전문가를 만나고 있다면) 그런 감정을 "위장"했다고 비난받는 어머니는 자신의 내면적 삶이 비인간적이고 이해할 수 없는 상태가 돼 버린 어머니다. 어머니의 희망과 욕구는 파괴적 독소로 해석되기 때문에 그녀는 실제 정신병으로 치닫게 된다. 1950년대와 1960년대 초반 자녀를 길렀던 에이드리엔 리치Adrienne Rich는 "모성 제도의 숨겨진 폭력"에 대해 쓰고 있다.

> … 죄, 인간 삶에 대한 무력한 책임감, 심판과 비난, 그녀 자신의 권력에 대한 두려움, 죄, 죄, 죄. 이런 깊은 어두움의 상당 부분은 극적이지도 않고 눈에 띄지도 않는 고통이다. 가족에게 음식을 내오지만 가족과 함께 앉을 수는 없는 여성, 아침에 침대 밖으로 나올 수 없는 여성, 식탁 위의 같은 자리를 반복해서 광내고 슈퍼마켓에서 상표를 마치 외국어로 쓰인 양 읽으며 푸줏간 칼이 들어 있는 서랍장 안을 들여다보고 있는 여성이 느끼는 고통이다.[32]

20, 30년 후에 의식고양집단이나 워크숍에 모인 여성들은 억압된 모성 폭력이 마치 편두통이나 "과체중"처럼 전업 엄마들 사이에 광범위하게 퍼져 있었다는 것을 알게 될 것이었다. 억압된 모성 폭력은 주간 탁아 시설이 있거나 여성 지지 그룹이나 책임감 있는 아버지 등이 있다면 폭력이 표출되어 발생하기 전에 치료될 수 있다. (연구에 따르면 할머니나 다른 사람으로부터 도움을 받는 어머니들은 자녀에 대한 책임에서 "더 안정되고 감정적으로 안정적"이라고 한다.) 그러나 20세기 중반의 과학은 양가적 태도를 가진 보통의 어머니들에게 제공할 수 있는 위안이라고는 전혀 가지고 있지 않았다. 1950년대 존 볼비John Bowlby의 연구 『모성 돌봄과 정신 건강Maternal Care and Mental Health』의 영향을 받은 전문가들은 거부하는 어머니에 대해 결정적이고 가장 충격적인 비난을 퍼트렸다. 자녀에 대해 적대감과 거부감을 품은 어머니는 신경증의 씨앗을 심는 것일 뿐만 아니라 실제로, 그리고 물리적으로 자녀를 파괴하고 있다는 것이었다. 잠재의식으로라도 폭력에 대해 생각하는 것은 그것을 행하는 것이었다. 존 볼비의 1950년의 연구 목적은 의심할 나위 없이 박애

주의적인 것이었다. 제2차 세계대전 말 그는 전쟁고아, 장기간 입원 치료했던 아이들, 징집을 피하기 위해 시골에서 길러진 아이들의 욕구를 연구하도록 위촉되었다. 이 아이들에 대한 볼비의 문헌 연구는 다음과 같은 우울한 내용을 담고 있었다. 이 아이들은 게젤의 발달 테스트와 표준 아이큐 테스트에서 낮은 평가를 받았고, 감정적으로 처져 있고 종종 자폐증이 있었다. 또 아마도 가장 두려운 내용일 테지만 이 아이들에게는 신체 발육 장애가 있거나 자주 아팠다. 볼비는 집 없는 영아에 대해 다음과 같이 묘사한다.

> 감정적으로는 일종의 걱정과 슬픔을 느끼며 위축되어 결국에는 주변 환경을 거부하게 된다. … 행동이 느려지면서 아이는 종종 멍해져 망연자실한 채로 앉아 있거나 무기력하게 누워 있다. 불면증이 흔하고 식욕 부진은 보편적이다. 몸무게가 줄고 아이는 잦은 감염에 시달린다.[33]

볼비는 어려움에 처한 어머니에게 주어지는 경제적 원조에서부터, 사랑이 넘치는 집과 같은 환경에서 돌보게 하기 위해 제도적 돌봄을 단계적으로 폐지하는 데 이르기까지 일련의 실질적인 충고로 결론을 내렸다.

여기까지는 좋았다. 그러나 볼비는 자신의 자료를 뛰어넘어 가정 *안에* 있는 아이에게로 재빠르게 도약했다. 그의 결론은 어머니가 혼자서 온종일 돌보지 않는 환경이라면 모성 결핍에 따른 무서운 결과가 어디서든지 일어날 수 있다는 것을 함의한다. 이를테면 왜 가족이 실패하는지에 대한 분석에서 볼비는 아무런 근거 없이 "어머니의 전일제 취업"을 "부모의 죽음", "부모의 투옥", "전쟁, 기근 등의 사회적 재난"과 똑같은 비중으로 나열한다.[34]

어머니의 취업이라는 재난을 만나지 않은 가정에서조차 어머니의 거부로 인해 유해한 "부분적 결핍"이 있을 수 있었다. 볼비는 "부분적 결핍"이 무엇인지 정의하지 않았지만 "좋은 어머니 노릇"에 대해 그가 세운 기준은 부분적 결핍에 상당히 광범위한 내용이 포함될 수 있는 여지를 남겨 두었다.

> 자신이 엄마에게 속해 있음을 아기가 느낄 필요가 있는 것과 똑같이, 엄마
> 는 자신이 아이에게 속해 있음을 느낄 필요가 있다. 그것은 오직 그녀가
> 아기를 위해 자신을 흔쾌히 희생하겠다는 생각에 만족할 때만 그렇다. 1년
> 365일, 매일 밤낮으로 한결같이 돌보는 것은 유아기부터 아동기의 많은
> 단계를 거쳐 독립적인 남자나 여자가 될 때까지 자신의 아이가 자라는 것
> 을 보는 데서 깊은 만족감을 느끼고, 이것이 자신의 돌봄 때문에 가능하게
> 되었다는 것을 아는 여성에게만 가능하다.[35]

아동 지도 상담자는 부분적 결핍을 겪는 이러한 사례들을 찾아내야 하고 "아이 치료만큼이나 부모 치료에 많은 시간을 할애할 수 있어야 한다."고 볼비는 믿었다. 그는 결핍 사례를 발견하기 위해 대규모 공중 보건 캠페인을 요구했는데, 그것은 세기 전환기에 질병을 일으키는 세균 전달자에 초점을 맞추었던 공중 보건 캠페인에 쏟은 노력에 버금가는 것이었다.

> 모성 결핍 상태의 아이들은 자신의 집에서든 집 밖에서든 장티푸스와 디
> 프테리아 운반체와 마찬가지로 실질적이고 심각한 사회적 전염병의 원천
> 이다.[36]

볼비 추종자들은 보통의 미국 가정에서 "결핍"이 일어나는지 찾는 작업을 계속했다. 볼비의 논문에 대한 전문가 주석판인 『모성 돌봄의 결핍: 그 효과의 재평가Deprivation of Maternal Care: A Reassessment of Its Effects』라는 글에서 아동

정신과 의사 댄 프러그Dane Prugh와 로버트 할로Robert Harlow는 다음과 같이 진시아세 구깅했다.

… "위장되었거나" 숨겨진 결핍의 사례들은 볼비에 의해 드러난 보다 심
각한 모성 결핍만큼이나 감정적 발달에 파괴적인 영향을 줄 수 있다는 것
이 강조되어야 한다.[37]

심리학자들은 몸무게 감소, 부어오른 부신, 전염성 질병과 화학적 독소에
대한 민감성 증가, 그리고 발육 장애를 보이는 새끼 원숭이, 새끼 쥐, 새끼 오
리를 통해 모성 결핍의 유해한 효과를 논증했다. 전문가의 논리에 따라 모성
애의 과장된 기준을 충족하는 데 실패한 어머니는 우유 대신 아기에게 물을
주는 것이나 마찬가지라는 주장이 나왔다.

대중육아서는 어미 잃은 동물들과 시설에 수용된 아동들에 대한 불길한 언
급을 대서특필하기 시작했다.

사랑이 없이는 최고의 음식과 쉼터, 최고로 우수한 의료적 돌봄이라 해도
그[아이]를 충족시키지 못할 것이다. 고아원에서 아기들은 시들어 죽는다
고 알려졌는데, 그것이 의사와 간호사들이 그들을 구하기 위해 과학적 최
선을 다하지 않아서가 아니라 그들을 꼭 껴안고 편안하게 해 줄 사랑의 팔
이 충분하지 않기 때문이었다.[38]

설사 모성 결핍에 대한 20세기 중반의 연구들이 방치된 아이들에 대한 공
공 돌봄에 어떤 놀랄 만한 향상을 가져오지는 않았을지라도 그 연구들은 핏
기 없는 뺨 위로 움푹 들어간 눈, 마르고 축 늘어진 팔다리, 온갖 종류의 감염

에 취약한 상태 등 모성이 결핍된 아이들의 비극적인 모습을 보통의 어머니들 마음에 깊이 새겨 주었다. 이 모두는 "1년 365일, 매일 밤낮으로 지속되는 돌봄"의 결핍 때문으로 보였다.

따스한 모성적 이상에 붙어 다니는 두 번째 망령은 거부하는 어머니의 정반대 이미지인 공포스럽고 끔찍한 "과보호하는" 어머니였다. 언제 어디서든 아이를 "과보호하는" 어머니는 자신을 육아에 너무 지나치게 빠지게 *만들었다*. 그녀는 사실상 아이에 대한 자신의 권력과 영향력을 증가시키기 위해 가정 내에 고립되어 있는 자신의 위치와 남편의 부재를 이용하는 것처럼 보였다.

1943년 의사 데이비드 레비는 이 문제적 어머니를 요주의 대상으로 지목했고, 『모성 과보호Maternal Overprotection』라는 책으로 그 증후군에 이름을 붙였다. 그의 진단에 따르면 어떤 여성들은 "모성성"을 "명백히 유기체적 증상 같은 … 증상"을 가진 "질병"으로 "만들었다."***39** 레비는 그가 직접 운영한 가족 지도 센터에서 수천 개의 사례 기록 중 특별히 그가 "진짜" 과보호 사례로 생각한 20개(그가 골라 낸 과보호된 아이들은 20개의 사례 중 19개 사례가 소년들이었다)를 골라냈다.

이들 과보호하는 어머니들 사이에 공통점은 거의 없다는 것이 밝혀졌다. 그 어머니들의 방식은 극단적인 권위주의에서부터 극단적인 관대함에까지 걸쳐 있었다. 이러한 발견에도 전혀 의기소침해지지 않은 채 레비는 어머니

---

* 레비는 재생산 능력이 여성을 남성보다 동물에 더 가깝게 연결시킨다는 자신의 신념에서 19세기 진화론을 앵무새처럼 되풀이한다[4장 참조]. 그는 과학이 모든 모성 행동은 호르몬에서 비롯된다는 것을 증명할 날을 고대했고, 비슷한 연구 결과가 양성이 공유한 다른 인간적 충동에 대해서 인정하고 있는 점에 대해서는 의심을 가졌다. 그는 "생존을 위한 기본적 욕구인 모성 욕구는 성적 충동보다 인간[즉, 여자]과 동물 사이에서 더 높은 유사성을 가지고 있다는 것은 사실일 것"이라고 추론했다.**40**

를 명백한 두 가지 범주로 나누었는데, 바로 "순종하는" 어머니와 "지배하는" 어머니였다. 충분히 예상할 수 있듯이 순종하는 어머니의 자녀가 지배적인 반면, 지배하는 어머니의 자녀들은 순종적이었다. 과보호된 아동의 "증상"은 포악한 공격성에서부터 온순하고 "너무 착한" 행동에까지 걸쳐 있었다. 레비는 이 모든 증상을 자녀가 자라도록 내버려 두지 않는 어머니에 의한 "아동의 유아화"로 일률적으로 다루었다.

1930, 40년대에 자녀를 거부하지 않으려고 열심히 노력했던 "리비도적 어머니"는 과보호라는 현상이 *있었다*는 것을 발견하고 안도했을지도 모른다. 그러나 곧 여성은 거부와 과보호 둘 *다* 동시에 할 수 있다는 것으로 논의가 전개되었다. 사실 여성이 어느 한쪽에 속한다면 아마 나머지 한쪽에도 속한 상태이기도 하다. 과보호하는 어머니에 대한 레비의 주된 결론은 그들이 너무 "공격적"이라는 것이었다. 정신분석 용어로 공격적이라는 말은 가벼운 비난이 아니라 실질적으로 "적의"와 "파괴적"이라는 말과 동등한 의미였다. 이제 레비에 의해 공격성 또한 *거부하는* 어머니의 주요 요소로 생각되었다. 레비는 과보호와 거부가 여성이 자신의 "무의식적 적대감"을 표현할 두 대안적 방법을 나타낸다는 가설을 세웠다. 여성이 취할 (과보호로 향할지 또는 거부로 향할지) 행동을 결정하는 요소는 아마도 "모성적 성향의 강도强度"거나 여성이 가지고 있는 모성형 호르몬의 총량이었다.

레비의 이론은 가장 가느다란 실로 그의 "데이터"에 매달려 있었다. 그가 주장하는 과보호하는 어머니는 공통된 성격적 특성을 보여 주지 못했을 뿐만 아니라 과보호 받는 아이들도 공통된 신경증을 나타내지 않았다. 후속 연구들은 과보호된 아동이 성인이 되었을 때 무작위로 뽑은 다른 젊은 성인들과 거의 구별할 수 없다는 것을 보여 주었다. 사실 그들 중 꽤 많은 수가 행복하고 정서적으로 안정된 것으로 나타났다.*

그러나 이 모든 것은 거의 문제가 되지 않았다. "과보호"는 대중 독자층과 최전선에 있는 육아 전문가들의 용어가 되었다. 욕심 많고 권력에 굶주린 어머니라는 시각은 여성을 자기의심이라는 새로운 고통으로 몰아냈다. 그 고통은 악의적이고 과호보하는 어머니가 바로 얼마 전의 이상적 어머니와 매우 가깝게 닮아 있다는 사실에 의해 의심할 여지 없이 악화됐다. 베티 프리단은 육해군 의무감의 컨설턴트였던 의사 에드워드 스트레커Edward Strecker가 미래의 군인을 무기력하게 하기 때문에 "죄가 있다"고 여긴 어머니 유형을 묘사한 글을 인용한다.

… 새벽부터 늦은 밤까지 그녀는 자신의 아이를 위해 일하는 데서 행복을 발견한다. 집은 아이들의 것이다. 집은 "당연히 그래야" 하며 식사는 따뜻하고 식욕이 당기게 제때 나와야 한다. … 모든 것은 제자리에 있다. 엄마는 물건이 어디에 있는지 안다. 아이들이 물건을 여기저기 아무 곳에나 어질러 놓으면 엄마는 불평 없이 기쁘게 그것이 원래 있던 자리에 정리해 둔다. … 아이들이 요구하거나 원하는 것을 엄마는 즐겁게 가져다줄 것이다. 그것은 완벽한 가정이다. … 바깥세상에서는 그에 비견될 만한 편안하고 평화로운 천국을 찾을 수 없기 때문에 한 명 혹은 그 이상의 아이가 영원

---

* 실제로 레비의 연구 방법론은 관례적인 과학적 기준에 비춰 볼 때 너무 조잡해서 "과보호"의 장기적인 결과가 무엇일지 말하는 것은 불가능하다. 그가 골라낸 과보호된 아동 20명은 어떤 통제 집단과도 비교가 불가능하다(과보호된 20명처럼 이질적인 사례에 대해 통제 집단을 선정하는 것이 힘든 일인 것은 확실하지만). 게다가 성인이 된 이 20명에 대한 정신과적 평가는 극단적으로 편견에 치우쳐 있다. 연구팀은 사무직에 종사하는 연구 대상에게는 "정상" 평가를 주고, 생산직 노동을 하는 연구 대상에게는 단지 "불완전하게 적응된" 것처럼 평가하는 경향이 있었다. "정상" 유형의 평가는 "믿을 수 있고, 안정적이고, 근면한" 등의 판단을 동반했으며, "불완전하게 적응된" 유형의 평가는 "멍청함" 등의 판단을 동반했다. 사례에 대한 요약에서 한 연구 대상은 "온화하며 게으르고 친절한 뚱보 남자"로 묘사됐다.[41]

한 엄마의 품인 행복한 집에 남거나 집으로 돌아오게 되는 것이다.[42]

"과보호"는 여성 개인뿐만 아니라 이탈리아 인이나 유대 인처럼 그 문화 전체에 퍼부어진 비난이 되었다. 최신 과학 정보를 따라잡으려고 노력하는 진보적 정신을 가진 여성은 이 새로운 위험의 표식이 자신에게도 있는지 걱정하여 스스로를 점검했다. 마거릿 미드Margaret Mead는 그녀의 회고록에서 레비와 그의 이론에 대한 자신의 순진한 반응을 묘사한다.

… 의사 레비가 아기들에 대한 깊은 관심으로 아동을 묘사한 바에 따르면 나는 그동안 "유모차를 엿보는 사람"이었고, 그는 이것이 여성을 과보호하는 어머니로 만드는 특질 중 하나라고 정의했다. 내가 전화로 그에게 곧 아이를 낳을 예정이라고 말했을 때 그는 전화선 너머까지 투사할 수 있는 놀라운 치료적 목소리로 "당신은 과보호하는 엄마가 될 예정입니까?"라고 물었다. 나는 "그렇게 되지 않기 위해 노력하겠습니다."라고 대답했다. …

미드는 회상했다.

"나는 내 아이를 과보호하지 않도록 노력해야 한다는 것을 알았다."[43]

모성 거부의 절벽과 과보호의 모래톱 사이의 길을 잘 헤쳐 나가는 것은 참으로 힘든 일이었다. 전문가가 면밀히 조사한 결과, 어머니와 아기 사이의 아름다운 리비도적 유대는 격렬한 리비도적 투쟁으로 판명됐다. 그 속에서 아동의 생명까지는 아니더라도 아동의 심리적 온전성은 위기에 처해 있었다.

하버드 의과대학 의사 조지프 라인골드Joseph Rheingold는 모성 병리학에 대한 전문가의 의혹을 논리적 극단으로까지 이르게 했다. 모든 어머니들이 잠재의식 속에서 자신의 아이를 죽이려 한다는 것이었다. 라인골드는 모성의 파괴성은 여성의 심리에 본래부터 들어 있었고, 그것은 "여성 인격의 기본적 갈등" 요소인 여성 존재의 근원적인 두려움으로부터 생겨났다고 썼다. 아기를 갖는 것은 여성에게 자신이 정말 여자라는 것을 확신시키지만, "… 여성은 스스로를 구하기 위해 아이를 파괴하고 거부함으로써 모성을 부인해야 한다. 이 두려움의 극치, 이 유아적 공포만이 모성을 해체하려는 자기방어적인 욕구를 일으킨다. 모성은 죽이거나 죽임을 당한다. 대부분의 어머니들은 자녀를 죽이거나 전적으로 거부하지는 않는다. 그러나 죽음이 어머니와 아이 사이의 관계에 가득 차 있다."[44]

"엄마중심주의"와 남성성의 위기

리비도적 어머니 역할에 대한 전문가들의 환멸은 미국 또는 미국인들에게 무언가 잘못 돼 가고 있다는 광범위한 불안을 반영했다. 제2차 세계대전으로 인해 그 문제는 첨예한 관심사로 떠올랐다. 심리학을 이용한 선발 방법은 미국 징병위원회가 처음 사용했는데, 정신의학적 이유 때문에 200만 명이 넘는 남자들이 거부당하거나 면제 받았다. 한 의학 권위자에 따르면 그들은 "삶에 직면할 능력, 다른 사람들과 같이 살 능력, 스스로 생각할 능력, 자립할 능력"이 부족했기 때문이었다.[45] 누구에게 책임이 있는가? 책임져야 할 사람은 바로 그들의 어머니들이었다. 미국 남성의 정신은 유아기 때부터 망가지고 있었다.

이 시대를 살았던 베티 프리단은 1940년대부터 1960년대 초까지 전국적으로 심각하게 고착된 여성 혐오의 분위기를 떠올린다.

갑자기 거의 모든 것이 어머니의 책임으로 드러났다. 문제 아동, 알코올중독·자포자기·정신분열·정신병·신경과민증의 어른, 발기부전·동성애 남성, 불감증·난잡한 여성, 궤양·천식 그리고 그게 아니면 정신 장애가 있는 미국인 등 이 모든 경우에 각 사례의 이력을 추적해 보면 그 안에서 어머니를 발견할 수 있었다. 좌절하고 억압되고 정신 장애가 있고 다 죽어 가고 결코 만족하지 않는 불행한 여성. 지나치게 요구하고 징징거리고 앙앙거리는 아내. 거부하고 과보호하고 지배하는 어머니.[46]

언뜻 보기에 미국 어머니는 공공연한 여성 혐오의 표출 대상으로는 맞지 않는 것처럼 보일 수 있다. 가장 강한 비난은 항상 "방종한" 여성, "나쁜" 여성, 또는 자신의 위치와 역할에 대한 낭만적 기대를 감히 깨뜨리려는 야망에 찬 여성에게 가해져 왔다. 여성에 대한 대중적인 프로이트식의 통렬한 비난인 1947년 베스트셀러 『현대 여성: 잃어버린 성Modern Woman: The Lost Sex』의 저자들인 정신과 의사 메리니아 펀햄Marynia Farnham과 사회학자 퍼디낸드 런드버그Ferdinand Lundberg는 미국 어머니는 "페미니스트도 아니고 고급 매춘부 타입도 아니"라는 것을 인정했다. 어머니는 여자로서 자신이 맡은 바를 하려고 했을 뿐이었다. 그러나 그녀는 여전히 "남근 선망에 매우 자주 시달렸다." 권력을 향한 여자답지 않은 충동인 남근 선망은 집 안에 있으면서 그녀 주위의 사람들을 망쳐 버릴 때까지 악화될 뿐이다.[47]

대중의 상상력 속에서 미국 어머니는 사실상 일하는 여성이 직장에서 얻기를 바랐던 정도보다 더 강력해졌고 어쩌면 남편보다도 더 강력해졌다. 그녀는 가정중심성을 받아들였지만 이제 가정이라는 사적 생활 안에서 점점 더 강한 권력을 비밀스럽게 자신에게 집중시키고 있었던 것으로 드러났다. 여성들은 먼저 아이들에 대한 권력을 가졌고, 남성우위적 관점에서 보자면 이제는 *경제*에 대한 권력을 가지게 된 것이다.

가정주부는 19세기의 축적 지향 경제에서는 경제적으로 눈에 띄지 않는 존재였으나 20세기의 소비 지향 경제에서는 고려해야만 하는 세력이 되었다. "여성의 권력을 결코 과소평가하지 마라."는 것은 1940년대 ≪레이디스 홈 저널≫의 모토가 되었고, 그들이 언급한 그 힘은 다름 아닌 *구매력*이었다. 마케팅 담당 남성들은 "미국 여성: 세계에서 가장 위대한 소비 현상"을 격찬했다. 광고업자는 그들의 심리적 대포를 가정주부에게 겨냥했다. 1920년대 페미니즘의 와해에도 불구하고 어떤 이상한 역사적 급변에 의해 여자들이 미국을 접수한 것처럼 보였다. 가정이 "여성의 영역"으로 주어졌고, "이제 여성들은 자신들의 지배력을 **시장**으로 은밀히 확장시켰다." 1950년대의 대중육아서는 미국 여성이 "남편을 지배하고 아이들을 지배하고 그리고 만약 미국 산업을 지배하는 게 아니라면 점점 더 급격하게 산업을 소유하기 시작하고 있다."라며 걱정스럽게 말했다.[48]

소비 경제에서 가정주부의 진정한 권력은 아이보리Ivory와 럭스Lux 사이에서, 벤딕스Bendix와 웨스팅하우스Westinghouse 사이에서, 치리오스Cheerios와 슈가팝스Sugar Pops 사이에서 선택할 수 있는 권력으로 구성돼 있었다. 물론 광고업자들, 소매상인들, 마케팅 담당 남성들 모두 심지어 이런 사소한 결정조차도 여성의 것이 될 수 없게끔 그녀를 무감각하게 만드는 데 공모했다. 그럼에도 불구하고 소설가, 만화가, 정치가, 전문가 등에 의해 증진된 사회적 통념은 미국이 성적 평등을 달성했을 뿐만 아니라 도를 지나쳐 *모계 사회*가 되었다고 주장했다.

소설가이자 사회평론가인 필립 와일리Philip Wylie는 그의 1942년 베스트셀러 『독사의 세대Generation of Vipers』에서 경종을 울렸다. 식탁 위에 뜨거운 파이를 계속 올려놓는 노먼 락웰Norman Rockwell(중산층의 모습을 친근하고 인상식으로 그린 일러스트레이션의 대가—옮긴이)의 그림 속의 인물처럼 **어머니**를 봐야 한다는 낭만적인 주장은 남자들로 하여금 교묘하고, 무자비하고, 권력에 굶주린 어머니의 진짜 본성을 알 수 없게 만들었다. 그리고 미국 남자들이 바보같이 그녀들을 위해 출입문을 열어 주는 동안 미국의 어머니들은 갑자기 일어나서 문화적 쿠데타를 일으켰다. 미국에는 유럽의 파시즘이 만들어 낸 독재자만큼 잔인한 독재자가 있었는데, 그 이름은 **엄마**Mom였다.

> … 엄청난 엄마 숭배는 완전히 통제 불가능이 됐다. 주관적으로 지도를 그린다면 우리의 땅은 철도와 전화선보다 더 많은 탯줄과 그 위를 십자형으로 교차하는 앞치마 끈을 가지게 될 것이다. 엄마는 어디에나 있고 모든 것이며 모든 사람에게 너무나 가까이 있고, 미국의 모든 것이 그녀에게 달려 있다. 제법 괜찮은 엄마, 존경 받는 엄마, 상냥한 엄마, 당신의 사랑스러운 엄마 등등으로 가장한 채 엄마는 모든 장례식에서 신부이고 모든 결혼식에서 시체이다.[49]

와일리가 만든 비난조의 신조어 "**엄마**"는 일상 언어에서 전문가들이 수용할 만한 언어로 금세 도약했다. 일례로 정신분석학자 에릭 에릭슨Erik Erikson은 "**엄마중심주의**Momism"를 임상 연구가에 의해 만들어진 과학적 진단 용어처럼 받아들였고, 아래와 같은 기가 막힌 분석을 내놓았다.

> … "**엄마**"는 성숙한 여성성이라는 중간 단계를 없애 버려 앞당겨진 노쇠

와 유아성의 찌꺼기가 만난 생애 주기에 있는 여자이다. 따라서 그 여자는 자아도취적이고 정체 상태가 된다.[50]

"**엄마**"라는 비범한 인물은 20세기 동안 오히려 최하점까지 내려갔던 여성의 사회적·직업적 지위에 있어서 어떠한 변화도 없음을 반영했다. 어머니에 대한 혐오와 두려움 뒤에서는 왠지 *남성*이 권력을 잃었다는 생각, 그들이 더 이상 "진짜 남자"가 아니라는 생각이 커지고 있었다.

제2차 세계대전의 종결은 수백만 남자들에게 자기 처지에 대한 갑작스러운 각성을 가져왔다. 그들은 가장 남성다운 과업을 달성하기 위해 남성 간의 연대, 정력, "고환"보다 더 중요하게 여겨지는 것은 아무것도 없던 곳으로 몇 달 또는 몇 년 동안 떠나 있었다. 전쟁이 끝난 뒤 어느 날, 미국 남자는 아무런 의미도 찾을 수 없는 직업과 단지 주소를 봐야만 구별될 수 있는 주택 단지 사이에서 (고속도로 위에 있는 수백 명의 다른 사람들처럼) 파란 포드Ford 자동차를 몰고 있는 자신을 발견했다. 따라서 과대망상증 **엄마**의 이면에는 지위가 하락한 **아빠**Dad가 있었다. 그 아빠는 자신이 남자다움은 아무런 쓸모가 없는 세계에서 표류하는 힘없는 체제 순응자임을 알게 된 세기 중반의 중간 계급 남자였다.

20세기 중반 남성성의 위기는 전문가 자신이 속한 중간 계급을 가장 강하게 강타했다. 한 세대 전 성장 가도를 달리던 도시 중간 계급은 자신들이 자본주의 사회의 조련사이자 "합리주의자"로서 영웅적인 역할을 하고 있다고 생각했다. 전문 직업을 개척했고 스스로를 산업에 없어서는 안 될 관리자로, 법률가로, 연구자로 만들었다. 이제 중간 계급의 아들들은, 이를테면 지나치게 기계화되고 합리화되고 조직화된 것으로 보이는 세계에 직면했다. 전쟁 동안 연구는 관료화됐고, 의료는 점점 크고 관료적인 병원을 둘러싸고 조직화됐고, 대학은 더욱 기업화되고 있었으며, 기업은 광대하게 얽힌 내부 조직 체계를 가신 궁긴 규모의 국가처럼 되고 있었다. 윌리엄 화이트William H. Whyte는 노동 세계의 관료화는 새로운 형태의 인간인 "조직 인산"을 만들어 내고 있다고 썼다.

> 듀폰Du Pont사에 들어가기 위해 산업 연수생으로 떠난 남자들은 결국 교회의 사제 계급이 될 신학생이며, 법인 클리닉으로 향할 의사이며, 정부 실험실의 물리학 박사이며, 기금을 후원받는 팀 프로젝트의 지식인이며, 록히드Lockheed사의 큰 제도실 안의 공학도이자 월스트리트 법률 공장의 젊은 수습생이다.[51]

미국 남성성의 변화에 관한 고전적 문헌은 데이비드 리스먼David Riesman의 1950년대 책 『고독한 군중The Lonely Crowd』이었다. 그는 초기 미국인들은 프로테스탄티즘의 직업윤리에 의해 고무된 자기 동기 부여적 성취자인 "내부 지향적" 인간이었다고 주장했다. 그러나 "… 대량의 자본 축적 기간 동안 사회적으로 적응할 수 있었던 많은 내부 지향적인 사람들의 '결핍 심리'는 … 여가와 잉여 생산물을 '낭비적일 정도로' 사치스럽게 소비하는 것이 가능한 '풍요 심리'에 굴복할 필요가 있다."[52] 후기 축적 자본주의의 새로운 "타인 지향적" 인간은 관대한 소비자와 적응력 있는 관료적 노동자였다. 성취를 위한 어떤 내부 동력도 그들을 나아가게 하지 않았고 어떤 강박관념도 그들의 잠재의식 속에 잠복해 있지 않았다. 단지 교외에서 여유로운 사적 생활을 위해 수입을 올리고 일터에서는 "잘 어울려 지내기"를 원할 뿐이었다.

화이트와 리스먼에 의해 기록된 의욕적인 개인주의의 쇠퇴를 사람들이 한탄하지 않았던 것은 아니다. 상당한 의미에서 관료적 질서의 출현은 남성성 그 자체에 대한 공격으로 보였다. 자유주의와 보수주의를 막론하고 사회평론가들은 마지못해 미국 남자를 연구했다. 그들은 남자가 "부조리"하고 "소외되어 있음"을 발견했다. 그는 회색 양복을 입은 남자였고, 큰 조직 속의 하찮은 직원이었으며, 최악의 경우는 사회평론가들이 바로 그 *남자*였다는 것, 또는 급속하게 그 *남자*처럼 되고 있었다는 것이다. 그러나 소설가 앨런 해링턴Alan Harrington에 따르면 사람들은 회사가 너무 편안하고 너무 안전하고 너무 안정적이어서 점차 자기혐오를 감내하게 된다.

> … (따라서 사람들은-옮긴이) 유토피아적인 경향에 익숙하게 된다. 곧 또다른 금지는 사람들을 훨씬 더 많이 순종하게 만들 것이다. 여러 해 동안 편안한 환경에 있었다면 자신이 흐트러져 있음을 느낄 것이다. 심지어 더 젊은 남자조차도 패기의 단단한 근육이 약해지는 경향이 있고, 정글에 다시 뛰어들기를 주저할 것이다. … 남성의 삶에서 두려움을 제거하면 그의 독침까지도 제거하게 되는 셈이다.*[53,]

"독침"의 상실을 제외하고는 일터에서 두려울 것이 아무것도 없는 남자에게 가정은 남성성을 회복할 유일한 기회를 제공한다. "집단화된" 직업 세계

---

* 물론 여성은 약해지는 단단한 근육을 결코 가져 본 적이 없었다. 여성은 관료제로 탈바꿈한 일의 세계에서 너무 쉽게 빠져나왔기 때문에 질투의 대상이 되거나 무시되었다. 예를 들면, 『부조리한 성장(Growing Up Absurd)』에서 폴 굿맨(Paul Goodman)은 스스로 내가 "젊은 남성 및 소년들"과 토론하고 싶은 이유는 "스스로 어떻게 유용한 사람이 되고 중요한 일을 할 것인가라는 문제는 우선적으로 우리 사회의 소년에게 해당되기 때문이다. 소녀는 '중요한 일을 할' 필요가 없고, 그렇게 기대되지도 않는다. 그녀는 자녀를 가지게 될 것이기 때문에 경력으로 자신을 정당화할 필요가 없다."라고 말한다.[54] 리스먼 또한 여성을 무시했다. 그는 그 차이가 무엇 때문인지에 대해서는 아랑곳없이, 내부 지향적인 성격에서 타자 지향적인 성격으로의 변화가 여성보다는 남성에게 더 두드러진다는 점을 지적했다. 그는 "서구에서 성격적 변화는 남성에게 먼저 일어나는 것으로 보인다."라고 결론지었다.

는 더 이상 확실한 남성적 감각을 제공하지 않았다. 반면 힘쓰는 도구, DIY 취미, 집수리 계획으로 늘어난 사적 생활은 아마도 남성성을 바로잡을 수 있었을 것이다. 남자에게 개별성, 자율성, 통제의 느낌을 준다고 여길 유일한 장소인 남자의 집은 그의 성이 아니었던가? 그러나 관련 있는 모두에게 불행하게도 누군가가 남자보다 먼저 그곳에 도착해 있었다. 바로 미국 여자였다.

매우 많은 미군들이 실망에 가득 차 자신들의 귀향에 대해 언급한 것처럼 미국의 가정주부는 결코 일본 기생이나 바람둥이 프랑스 여자가 아니었다. 그녀는 바쁜 어머니, 가정주부, 가구의 재정 관리자였다. 가정이라는 작은 공간 안에서 상당히 과시되고 있던 그녀의 경제력은 다소 현실적인 의미를 가졌다. 버는 것은 남편의 일이었으나 쓰는 것은 *그녀의* 일이었다. 사적 생활에 집중된 소비자 사회에서 그녀의 일은 종종 더 중요해 보였다. 가정이라는 관점에서 보면 남자의 일에서 문제가 되는 것은 급여의 액수였고, 그 급여를 바탕으로 가정주부는 모든 가족의 필요, 요구, 기대를 조절하게끔 준비돼 있었다. 그가 일주일에 78달러를 집에 가져왔는가? 그렇다면 토요일 밤에 아이를 대신 돌볼 베이비시터는 고용할 수 있겠지만 휴가 여행은 없다. 그가 집에 200달러를 가져왔는가? 그렇다면 아이들을 여름 캠프에 보낼 수는 있겠지만 이듬해까지 새 가구는 장만하지 못한다. 물건을 사고 예산을 짜는 것은 대체로 여자의 결정 사항이다. 결국 사적 생활은 "여성의 영역"이 되게 돼 있었다. 이제 남자는 여자가 가정을 지배하고 있음을 알고는 분노했지만 여자들에게 가라고 말할 곳도 없었다.

대중문화는 왜소해진 미국 남성에 강박관념을 가지게 됐다. 만화에서 보통 남자는 아내보다 키가 작았고, 아내는 머리에 헤어롤을 끼운 채 위축된 남편 위로 홍두깨를 휘두르면서 등장하곤 했다. TV는 막무가내로 웃기려 들거나 찌릿하게 만들려고 그나마 남아 있던 미국 남자의 약화된 남성성을 쥐어

짰다. 가정적인 **아빠**는 그가 남자답고 진취적이 되려고 노력할 때 가장 웃겼고, 그러한 **아빠**의 모습은 모든 시트콤의 표적이었다. 시트콤 "신혼부부들The Honey mooners"에서 대니 토머스Danny Thomas, 오지 넬슨Ozzie Nelson, 로버트 영Robert Young, (아버지는 아니지만) 재키 글리슨Jackie Gleason은 한때 미국적 남성성으로 정의됐던 가장, 개척자, 모험가 들을 서투르게 모방할 때만 웃겼다. 반면 카우보이 쇼는 남자들에게 남성은 진짜 남성이고, 여성은 없는 세계로의 탈출구를 제공했다. 노먼 메일러Norman Mailer는 소설에서, 지배하는 여성뿐만 아니라 "그 체계"도 뒤엎을 전복적인 원리로서 미국의 억압된 남성성을 찬미했다. 여성 지배와 남성 반란의 가장 기념비적인 소설 두 개가 1960년대에 나왔다. 『포트노이의 불평Portnoy's Complaint』(1969)과 『뻐꾸기 둥지 위로 날아간 새One Flew Over the Cuckoo's Nest』(1962)가 그것이다.

정신의료과학은 여성이 미국 남성을 지배하고 있다는 생각을 재빨리 승인했다. 자신들의 통상적인 해부학적 정밀기기를 통해 전문가들은 미국 여성들이 남성들을 사실상 *거세하고* 있다고 선언했다. 펀햄과 런드버그는 "'양성 간의 전쟁'은 현실이다. 그리고 그 결과 중의 하나는 매우 광범위하게 이루어진 남성의 심리적 거세였다."라고 썼다.[55] 당연히 육아 전문가들이 가장 우려했던 전투는 이제 여성을 혐오하는 보통 사람들에게 알려진 것처럼 과학의 세계에도 **"엄마"**로 알려진 어머니와 어린 아들 사이에서 발생할 불공평한 전투였다. 과학은 이미 어머니-아이 관계가 아이를 치명적인 위험에 빠뜨린다고 결론 내렸다. 세기 중반기의 여성 혐오에 비추어 볼 때 아들의 경우 위험에 처한 것은 단지 생명과 정신 건강뿐만 아니라 훨씬 더 귀중한 어떤 것, 바로 그들의 남성성이었다.

의무적 오이디푸스 콤플렉스

20세기 중반에 이르러 전문가들은 그들의 지속적인 경계에도 불구하고 미국 어머니는 그녀의 일에서 실패하고 있다는 것을 무섭게 인정하고 있었다. 이제 초점을 맞출 사람은 한 사람뿐이었고 그 사람은 바로 오랫동안 무시되어 온 아버지였다. 언론의 부모 조언 기사들은 "모든 아버지가 알아야 하는 것들", "아빠가 인계 받게 하자!", "남자가 훌륭한 어머니를 만든다"와 같은 제목으로 등장하기 시작했다. 그러나 전문가들이 매우 분명히 말했듯이 **아빠**는 단지 "도와주기" 위해서 가정으로 불려 오지는 않았다. 그는 *자녀*들을 *보호하도록*, 특히 아들을 보호할 것을 요청받았다. "과보호"의 발견자 레비는 과보호된 환자는 그들의 어머니로부터 풀려나기 위해 "싸워야" 한다고 믿었다. 레비는 한 연구에서 "아버지가 이 상황으로 들어올 때 환자는 이 전쟁에서 동맹을 갖게 된다."라고 주장했다.**56** 임무를 행하기 위해 가정으로 돌아옴으로써 남자는 자신의 아이를 방어할 수 있었고, 동시에 위험에 처한 자신의 남성성을 탈환할 수 있었다.

전후 기간 동안 전문가들은 가정에서 **아빠**를 위한 두 개의 핵심 직무를 기획했다. 하나는 성관계와 관련되어 있었다. 성관계가 없을 경우 **엄마**가 아이들에게 퍼부을지 모르는 유해한 에너지를 성관계만이 소진시킬 수 있고, 이 성관계는 물론 **아빠**만이 제공할 수 있다는 것이었다. 다른 하나는 성역할과 관련되어 있었다. 집에 혼자 남겨졌기 때문에 **엄마**는 거세된 남성을 낳을 것이고 **엄마** 같은 여성을 낳게 된다는 것이었다. 전문가 이론에 따르면 단지 **아빠**만이 그 손실을 원상태로 돌릴 수 있고, 아들을 남성다움으로 딸을 진정한 여성다움으로 안내할 수 있었다. 이러한 업무를 수행하도록 **아빠**를 불러들이는 것은 훌륭한 조처였다. 아이들만 구원되는 것이 아니라 전문가들이 바랐듯이 마침내 불쌍한 **아빠**가 할 일이 발견되었다. 그것은 도구를 만지작거리며 뭔가를 만드는 일도 아니고 접시를 말리는 것과 같은 여자의 일도 아닌, 본질적으로 남자다운 일이었다. "진짜 아버지가 되는 것은 '유약한' 일이 아니다."라고 한 어느 정신과 의사는 1947년 ≪부모들의 매거진Parents' Magazine≫에 "그것은 남는 시간에 하는 취미나 소일거리가 아니다. 그것은 직업이다. 아버지와 자녀에게 그것은 세상에서, 그리고 세상을 위해 가장 중요한 직업이다."라고 썼다.[57]

레비는 임신을 위해서뿐만 아니라 자녀들을 성공적으로 기르기 위해서도 성관계가 필요할 것이라는 가설을 세운 초기 인물들 중 한 명이었다. 레비는 여성은 이성애적 여성성에 몰두함으로써 본인과 아이를 과보호로부터 보호할 수 있다고 주장했다.

남편에게 헌신하는 아내는 오로지 어머니로만 살 수는 없다. 보다 근본적인 점에서 만족스러운 성관계를 통한 리비도의 해방은 그렇지 않으면 다른 방향으로—우리의 경우는 모성 쪽으로—흐를 에너지를 다른 곳으로 돌린다. 아이는 어머니의 불만족스러운 애정 생활의 예봉을 견뎌야 한다. 성관계를 통해 잘 조절된 여성은 극도로 과보호적이 되지 않을 수 있다고 이론적으로 추론할 수 있다.[58]

1943년 레비의 가설로부터 나온 그 생각은, 1959년에 발간된 어느 육아서에서 자부심에 가득 찬 주장으로 완성되었다.

진정으로 남성다운 아버지와의 결혼에 만족하는 진정으로 여성스러운 어머니는 자녀를 과보호하지 않고 지배하지 않으며, 지나치게 애지중지하지 않는다. 그녀는 자녀들을 분별 있게 내버려 둔다. 그녀는 아이들이 자신에게 밥을 빼앗지 기다리기 때문에 아이들이 필요로 하는 음식, 쉴 곳, 옷을 정확하게 안다. …**59**

그다음에는 아내를 성적으로 만족시키는 것이 *아버지로서* 남편의 의무라는 주장이 따라온다.

아내에게 좋은 연인인 남자는 그의 자녀들에게 최고의 친구다. … 아이를 돌보는 것은 행복한 여성에게는 놀이다. 그리고 오직 남자만이 여성을 행복하게 만들 수 있다. 정말로 자녀에 대한 아버지의 첫 번째 의무는 아이들의 어머니가 여자로서 만족한다고 느끼게 해 주는 것이다.**60**

좋은 성관계는 나쁜 어머니 역할에 대한 해독제로 밝혀졌다. 그것은 **엄마중심주의**, 과보호, 여성 역할의 거부, 아버지에 대한 무시를 치료했다. 더 나아가 전문가들은 그것이 장래의 남성 동성애에 대한 방지책 역할을 할 수 있다고 은근히 암시했다. "어머니에게 결속된 소년, 일과 사랑에서 전혀 창조적이지 않은 소년은 어머니와 잘못 짝지어졌기 때문에 생겨난 희생자다."**61**

1930년대부터 1950년대까지 성 전문가들은 우선적으로 남편을 겨냥해 아내에게 맞는 성적 만족의 필요성을 경고하고 아내를 성적으로 만족시키는 기술을 가르치는 (또는 잘못 가르치는) 일련의 결혼 지침서들을 만들어 냈다. 남편이 결혼 지침서를 읽는 동안 아내는 자녀 양육 책을 읽고 있었지만 둘 다 같은 메시지를 받았다. 부부간의 성관계는 허용될 뿐만 아니라 의무였다. 사실 성관계는 가족 전체를 위한 치료 기능을 가지고 있었다. 위에서 인용한 부모 안내서의 한 장은 "당신의 성적 만족은 아이들의 정서적 안정을 가져온다."라는 제목을 달고 "행복한 연인은 잠재적으로 효율적인 부모다. … *만약 당신들이 서로 사랑하지 않으면 자녀들을 진정으로 사랑할 수 없다.*"라고 주장했다.[62]

한편 성관계와 부모 됨의 연관은 여성에게 대단한 돌파구였다. 19세기 후반의 여성 섹슈얼리티에 대한 거부(그리고 공포)를 상기해 보라. 이제 전문가들은 여성의 섹슈얼리티를 인정하고 있었을 뿐만 아니라 그것을 만족시키는 것은 남편의 *의무*라고 주장함으로써 여성 섹슈얼리티를 환영하고 있었다. 그러나 부부의 쾌락에 대한 새로운 주장 안에는 여성에게 위협적인 암시 또한 있었다. "여성적"이 되는 것을 그만둘 생각이 아니라면 여성은 결코 몸단장이나 옷차림에 "신경 쓰지 않고" 있어서는 안 됐다. 명백히 이러한 구속은 심지어 출산이라는 원초적 행위에도 적용됐다. 메리 매카시의 소설 『그룹』에서 프리스 크로켓이 아들 스테판을 막 낳았다.

그녀는 푸르고 엷은 실내복을 입고 있었고 가느다란 회색 머리는 굽실거렸다. 간호 실습생이 그날 아침 머리를 굽실거리게 말아 줬다. 메마른 입술 위에 새로운 색의 투시Tussy 립스틱이 발라져 있었고, 주치의는 분만 도중에 그녀에게 립스틱과 파우더를 적절하게 바르라고 지시했다. 주치의와 슬론[그녀의 남편, 소아과 의사 슬론 크로켓] 둘 다 분만 환자가 나무랄 데 없이 자신을 꾸미고 있는 것이 중요하다고 생각했다. … 뒤로 묶는 면으로 된 짧은 병원 잠옷을 입으면 더 편안했을 테지만 병동 간호사들은 아침마다 그녀가 혼수품에서 꺼낸 새틴 레이스 "잠옷"을 입느라 고생하게 만들었다. 간호사들은 의사의 지시라고 말했다.[63]

항상 섹시하고 여성적으로 보이려고 노력하지 않는 여성은 아이에게 해를 입힐 수 있을 뿐만 아니라 남편을 잃을 수도 있었다. 양육 전문가 굿맨은 "남편은 종종 무시당한다."라면서 "남편들 중 몇몇은 비록 별말은 하지 않지만 이것에 대해 매우 불쾌해한다. 어떤 남편들은 집 밖으로 나다니게 되는데, 그것은 결코 좋지 않다. 영리한 아내는 그런 일이 일어나지 않도록 주의한다."라고 썼다.[64] 사실 이 당시에 권장되고 있던 성행위는 전적으로 남편 중심적이었다. 즉, 음핵 애무보다는 질 삽입에 초점이 맞춰져 있었다. (프로이트의 이론은 음핵 섹슈얼리티를 "미숙한 것"으로 낙인찍었다. 이것에 대해서는 다음 장에서 좀 더 논의한다.) 현명한 아내는 성관계를 좋아하는 척해야 할 것이었다. 1952년 부인과학 교재에서 의사들은 조언하기를, "*성적 반응을 순결하게 흉내 내는 것*이 주는 이점을 여성에게 제안하는 것은 좋은 조언이다. 그리고 사실상 많은 여성들은 남편을 즐겁게 하기 위한 욕망에서 그런 악의 없는 속임수가 이점이 있음을 알게 됐다."[65][강조는 저자 추가]

실제로 아이들을 구하도록 돼 있는 것은 성관계 자체가 아니라 남편에게 성적으로 매력적인 상태로 보이기 위한 아내의 노력이었다. 따라서 성관계와 부모 역할의 결합은 미국 가족을 위한 새로운 "에너지 경제"의 기반을 만들었다. 아내는 매력적으로 보이기 위해 열심히 노력할 것이고, 그것으로 남편을 집 안에 붙잡아 둘 것이다. 그러면 남편이 아내를 더 여성답게 느끼기 위해 애쓸 것이고, 따라서 그녀는 평온한 방임주의적 태도로 아이들을 대면할 수 있을 것이었다. 그 결과 아이들을 파괴할지도 모르는 여성적 에너지는 부부 생활의 교태로 안전하게 바뀌게 될 것이며, 아마도 모든 이가 행복해질 것이었다. 1950년대에 이 합의는 "단란함"으로 칭송됐다.

아빠가 **엄마**와 성관계를 하는 것은 **엄마**가 아이를 신경증에 걸리게 하지 못하도록 하는 **아빠**의 새 임무 중 첫 번째 단계였을 뿐이다. **아빠**의 두 번째 중요한 기능은 아들에게는 남성다움과 딸에게는 여성다움이라는 적절한 성 정체성으로 아이들을 안내하도록 확실한 영향력을 행사하는 것이었다. 성관계 파트너로서 그의 기능은, 아들을 과보호로 몰아 아들을 거세하게 되는 모성 에너지의 일부를 소진시킴으로써 당연히 여기에 공헌했다. 그러나 가족이 다시 한번 "진짜 남자"와 "진짜 여자"를 만들려면 좀 더 섬세한 조정이 필요했다. 1940년대와 1950년대 사회학자, 심리학자, 양육 전문가 들은 아이들을 그들에게 맞는 "젠더" 또는 "성역할"로 "사회화하는" 문제에 사로잡히게 되었다.

이전 세대는 "젠더"와 "섹스"를 구별하려고조차 하지 않았기 때문에 사람들의 행동이 그들의 성적 기관과 부합하게 되는지 개의치 않았다. 마치 남성다움이 때가 되면 쉽게 펼쳐질 유전적 잠재력이라도 되는 것처럼 "사내아이는 사내아이로 자랄 것이다."라는 익숙한 옛말이 통용됐다. (만약 거기에 어떤 문제가 있다면 소녀들에게 있었다. 우리가 상기하듯이, 소녀들의 뇌는 자궁과 난소의 영향력을 해체할 수 있다.) 그러나 20세기 중반 남성성 위기의 한복판에서 볼 때 그러한 것들은 그렇게 간단해 보이지 않았다. 생물학적 숙명의 오랜 바람은 모든 여자가 상업에 종사하는 것과 같은 "남성적"인 일을 하고 남자가 아이를 돌보는 것과 같은 "여성스러운" 일을 하는 문화에 관한 인류학자들의 보고서에 의해 무너졌다. 구식의 정신분석학자들이 "모성 본능"과 타고난 성과 관련된 다른 충동들에 집착한 반면 사회심리학자, 사회학자, 행동주의 심리학자 들은 성 정체성은 타고난 것이 아니라 학습되어야 한다는, 덜 생물학적인 입장을 취했다. 사람은 성을 가지고 태어나지만 젠더를 가지고 태어나는 것은 아니었다. 심리학과 사회학의 상호작용을 통해 만들어진 새로운 전문 용어 차원에서 보면 젠더 적합 행동은 유전자에 깃들어 있는 것이거나 호르몬의 흐름에 의해 신경 회로에 새겨지는 것이 아니었다. 그것은 고등학교 연극에서의 배역처럼 하나의 "역할"이었다.

그러나 과학자들은 성역할이 라틴 어 어형 변화나 대통령 이름처럼 쉽게 학습되는 것이 아니라는 데 동의했다. 성역할은 영구적인 방식으로 자신의 일부가 되면서 두드러지게 더 깊이 스며들었다. 한 전문가가 염려하며 지적했듯이 확실히 성역할에 *대한* 지식만으로는 충분치 않았다.

성역할 규범에 대한 지식은 갖고 있지만 반대 성의 태도로 행동하기를 선호하는 많은 사람들이 있다. 이를테면 소년은 자신이 남자이고 성에 따라 유형화된 장난감에 대한 지식을 갖고 있다는 것을 알고 있지만 소녀들의 장난감을 가지고 노는 것을 선호할 수 있다.[66]

따라서 전문가들은 성역할이 주입돼야 한다는 데 동의했다. 양육 지침서들은 자녀들에게 적절한 성역할을 만드는 법을 부모에게 가르치는 데 훨씬 더 많은 주의를 기울이기 시작했다. 분명 첫 단계는 부모들로 하여금 자신들의 성역할에 충실하도록 만들어 자녀들에게 "역할 모델"을 제공할 수 있도록 하는 것이었다. 앞서 언급했던 1959년의 육아서에 있는 한 장의 제목은 "젠더에 맞게 살아라!"라고 훈계한다. 저자는 독자들에게 "어떤 종류의 부모가 자녀들에게 가장 좋은가?" 하고 힐문한다. "남성다운 남자와 여성스러운 여자, 그들은 화목한 집과 건전한 전통을 제공한다."[67] 런드버그와 편햄은 어머니가 여성다운 기능을 수행하면서 집에 있는 한 소녀들은 별 문제가 없을 것이라고 주장했다.

… 그것은 소녀들이 주로 의존하는 여성성을 어머니가 확보하는 것이다.
… 만약 소녀가 아내와 어머니로서의 역할을 하며 지내는 데서 갈등이나 불안감 없이 완전히 만족하는 어머니가 있는 행운을 갖고 있다면, 그 소녀가 심각한 어려움을 경험하는 일은 있을 것 같지 않다.[68]

소년들에게 그것은 약간 더 어려운 문제였는데, 그 이유는 전통적인 남성 성역할은 적어도 성공적인 역할 모델이 되기에 충분하지는 않더라도 남성이 전혀 집 안에 있지 않아야 한다는 내용을 포함하고 있기 때문이었다. 전문가 들은 아버지들이 자녀들의 성역할 생산에서 역할을 담당하기 위해 때때로 가 정에 있어야 한다는 데 동의했다. 아버지가 집에서 보내는 시간의 양보다 더 중요한 것은 그가 집에 있는 동안 아버지의 남성적 역할을 엄격하게 고수하 는 것이었다. "아버지 모방은 아버지가 아들 앞에서 남성적 행동을 보여 줄 때 만 아들의 남성성 발달을 향상시킨다."**69**[!] 아버지가 자녀들과 *시간*을 보내야 하는 것은 분명하지만 그렇다고 해서 집안일에 너무 관여해서 자녀들이 아버 지의 성역할로 인해 혼란을 일으켜 그의 존재 가치가 손상돼서는 안 된다.

소년의 남성성 발달에 필요한 아버지라는 존재의 결정적 요소는 아버지가 보여 주는 남성적 행동의 정도다. … 남성다움에 대해 흥미가 적은 청소년 은 종종 아버지가 전통적인 여성 역할을 수행한 가정 출신이다. 이러한 소 년들의 아버지는 요리와 집 안 잡일과 같은 활동을 담당했다. …**70**

실제로 아버지가 "보여 주거나" (수컷 새의 깃털처럼) "과시해야" 할 남성적 행동은 어떤 종류인가라는 문제는 스포츠가 해결했다. 스포츠의 세계는 확장 된 가족의 성역할 수행 안에서 벌어지는 일종의 남성만의 보조 드라마가 되 었다. 그 세계는 아버지들이 경쟁력, 남성 결속, 육체적 용기와 같은 오래된 남성적 가치를 전수할 수 있는 유일한 무대였다. 게다가 (일찍이 남성의 경험 에서 절대 없어서는 안 될 측면인) 일이나 종교적 의무, 시민으로서의 과업과 는 달리 스포츠는 관대하게 길러진 쾌락 지향적인 소년들의 흥미를 끌었다. 부성이라는 새로운 남성적 이상형은 가부장이 아닌 "친구"였다. 줄스 헨리

Jules Henry는 1950년대의 삶에 대해 "짓궂은 장난꾸러기 같은 아버지의 출현은 우리 시대의 혁명이다."라고 평했다.[71]

그럼에도 부모는 성역할 모델을 제공하는 것 이상을 해야만 했다. 그들은 적극적으로 자녀들을 적절한 역할로 인도해야 했고, 아버지는 자녀와 보내는 시간이 상대적으로 적음에도 불구하고 이 과업 수행에서 아버지의 능력이 어머니보다 훨씬 더 뛰어난 것으로 판명되었다. 미국 사회학계의 "수장"이자 가장 영향력 있는 성역할 이론 창시자인 탤컷 파슨스Talcott Parsons에 따르면 아버지들(그리고 일반적으로 남자들)은 기술적이고, 관리적이고, 판단을 요구하는 기능에 이바지한다는 의미에서 사회에서 "도구적" 역할을 수행한다. 어머니들은 감정적, 지지적, 양육적인 "표현적" 역할을 한다. 아버지들은 "도구적"이 되거나 이성적으로 스스로를 관리하며 아들과 딸에게 *다르게* 행동함으로써 이들이 각각 남성답게 또 여성답게 되도록 만들 수 있었다. 한 심리학자가 파슨스의 이론을 아래와 같이 설명했다.

> … 어머니는 아들과 딸 모두와 우선적으로 표현적 관계를 갖는 반면 아버지는 아들에게는 도구적 행동을, 딸에게는 표현적 행동을 권장하며 아들과 딸에게 다르게 보상한다. 문화적 개념인 남성성과 여성성의 주요 전달자는 아버지여야만 한다.[72]

따라서 유능한 도구적 아버지는 여성답지 않은 어머니의 해로운 효과조차도 충분히 만회할 수 있었다.

"전달자", "도구적"과 같은 사회학자의 전문 용어는 젠더 부과를 인간 심리 발달 과정의 한 이슈라기보다는 공학의 문제처럼 들리게 만들었다. 그러나 설사 이해될 수 있고 조종될 수 있는 감정일지라도 거기에는 사회학적으로 훈련된 더 심오한 감정 수준이 있었다. 탤컷 파슨스는 사람들이 더 깊은 "관계적 욕구"를 충족시키기 위해 자신의 역할을 담당한다고 설명했다. 예를 들어 어린 소녀는 사랑 받고자 하는 관계적 욕구를 가지고 있기 때문에 만약 자신이 여성적인 성역할을 받아들인다면 사랑 받을 것이고, 만약 남성의 역할을 수행한다면 사랑 받지 못할 것이라는 것을 학습한다. 파슨스의 이론적 용어로 표현하자면 작은 사회적 체계인 가족의 목표는 적절한 성역할이 생겨날 수 있도록 소녀의 관계적 욕구에 그녀의 사회적 선택지들을 맞추는 것이었다. 쉽게 말해 부모들은 아이들을 구슬려 성역할 발달을 따르도록 작은 이성애적 매력을 발동시킬 수 있다. 스폭 박사는 "소녀의 옷이나 머리 모양, 직접 만든 쿠키에 대해 칭찬하는 것처럼 아버지가 할 수 있는 작은 것들에 대해 생각하고 있다."라고 썼다.[73]

반대의 성을 가진 어른의 이 사소한 칭찬들이 성역할 사회화에 너무나 필수 불가결하지만 운영이 잘되는 유아원이나 초등학교 1학년 과정에서도 계속 진행될 수는 없었다. 오직 가족만이 영아가 젠더 정체성을 갖게 하는 적절한 오이디푸스 콤플렉스의 둥지를 제공할 수 있었다. 파슨스와 그를 따르는 육아 전문가 집단은 가족이 오이디푸스 콤플렉스와 엘렉트라 콤플렉스를 알아야 할 뿐만 아니라 사실상 자녀들에게 그것을 제공해야 한다고 주장했다. 소년들은 어머니와 사랑에 빠지지 않고서는 남자가 될 수 없을 것이고, 그리고 나서 그들의 충성을 점차 아버지에게로 옮기게 될 것이다. 소녀들은 아버지에 대한 이성애적 애착을 위해 어머니와 경쟁하지 않는다면 여자가 되지 못할 것이다.

사회학적 역할 이론과 정신분석학적 이론의 이러한 결합으로 오이디푸스 콤플렉스에 웃지 못할 일이 일어났다. 프로이트는 오이디푸스 콤플렉스가 너무 심각하게 혼란스러워 그 기억은 정신분석학자에 의해서만, 그리고 오직 저항과 거부의 층들을 돌파한 후에만 발견될 수 있는 정신적 위기로 개념화했다. 프로이트 이론에서 남자아이는 어머니에게 초기 성애적 애착을 무의식적으로 형성한다. 그러나 남자아이는 아버지라는 강력한 인물에 의해 이 근친상간의 환상으로부터 불쑥 깨어나는데, (이 남자아이의 잠재의식 속에 있는 아버지는) 아이가 자신의 욕망을 실행하고자 시도한다면 거세를 하겠다며 위협하는 인물이다. 이 트라우마적 통찰의 결과, 아이는 어머니와 자고 싶다는 파멸적인 목표를 포기하고 자기 주변에서 가장 힘 있는 인물인 아버지의 행동을 모방한다. 여자아이들은 다소 비슷하지만 덜 격렬한 "엘렉트라 콤플렉스"를 통과한다. 그 콤플렉스를 거치면서 여자아이는 아버지가 될 수 없고 아버지의 사랑에 만족해야 할 것이라고 배운다. 그러나 이제 오이디푸스 콤플렉스와 그것의 여성적 상대물인 엘렉트라 콤플렉스는 "성역할 사회화"에서 당연히 거쳐야 하는 단계로 여겨졌고, 이러한 콤플렉스의 놀랄 만한 가치는 말할 것도 없고 그 드라마의 비극적 성격마저 잃게 되었다. 파슨스와 그의 추종자들은 용케도 프로이트의 격렬한 서사시를 기능적 필수품의 질서 정연한 시리즈로 바꿔 버렸다.

부모들은 아이들이 콤플렉스의 매 단계를 통과하도록 상냥하게 지도해야 할 터였다. 같은 성을 가진 부모를 죽이고 반대 성의 부모와 결혼하고 싶어 하는 것이 다소 늦게 나타나는 아이들은 약간의 지도가 필요할 것이었다. 육아서는 복선과 등장 및 퇴장 신호를 완벽하게 갖춘 드라마 구조와 등장인물을 가지고 서둘러 출판에 들어갔다. 스폭 박사의 전형적인 지침은 다음과 같다.

우리는 남자아이가 세 살에서 여섯 살 시기에 어머니에 대한 애정을 갖는 것이 미래에 성인이 되었을 때 이상적인 낭만적 행동 유형을 확립하는데 매우 중요하다고 생각한다. … [그러나] 평범한 가족 안에서 남자아이는 서로 관련 있는 세 가지 요소 때문에 자신이 어머니의 모든 것을 독점할 수 있다는 감정을 가질 수 없게 된다. 세 가지 요소는 아버지에 대한 경외심, 어머니의 낭만적 사랑이 그녀의 남편에게 속해 있다는 자각, 아들이 너무 격렬하게 육체적인 애정을 표현하도록 내버려두지 않는 어머니의 적절한 거절이다.[74]

건강한 가족 일상으로 재구성된 오이디푸스 콤플렉스는 미국 남성성의 새로운 현실과 제휴했다. "조직 인간"과 가정의 "짓궂은 장난꾸러기"인 **아빠**가 완벽한 남성상의 모델이라고 할 수는 없었다. (만약 아빠가 완벽한 남성상의 모델이라면 전문가들은 애초에 오이디푸스 콤플렉스를 통제할 필요성을 찾을 수 없었을 것이다.) 그에게는 여전히 그 드라마의 주인공 역할이 주어졌다. 그러나 그는 복수심에 불타는 가부장이라는 배역에는 맞지 않는 사람일 터였다. 새로운 사회심리학 육아 이론에서 **아빠**는 단지 자신이 맡은 바를 수행하는 숙련된 가정 성역할 기술자였다. 이 일은 딸을 구슬려 여성적 성역할 정체성을 가지게 하고 아들을 어머니에 대한 성애적 속박으로부터 구출하는 것이었다. (이 대본의 원본인 프로이트 이론의 주장대로) 거세 위협이 아니라 양키스 경기 표 두 장으로.

1950년대 중반이 되면 육아 이론은 아버지에게 너무 의존하게 되어 전문가들은 "아버지 부재"라는 상황을 당혹스럽고 불안한 마음으로 숙고할 수 있을 뿐이었다. 아버지가 없는 가정에서 가족 성역할 수행 드라마의 부담은 전적으로 어머니에게로 떨어지곤 했다. 그러나 이것이 그녀가 육아에 있어서 남성적인 도구적 역할을 떠맡아야 한다는 것을 의미하지는 않았다. 오히려 전혀 거리가 먼 것이었다. 아버지의 부재는 어머니에게 여성적 성역할 수행을 훨씬 더 과장되게 연기하도록 했다. "심지어 아버지가 없을 때, 적절한 성 정체성을 가진 어머니는 '마치' 아들이 남자인 것처럼 대할 것이고, 또 남자가 여자를 다루듯이 자신을 다루도록 기대할 것이다.[75] 부족함을 인정하는 것은 더욱 완벽한 여성이 되는 것이기 때문에 스폭 박사는 아들을 키우는 임무에 직면한 홀어머니가 느끼는 바로 그 무력감이 오히려 이점이 될 수 있을 것이라고 주장했다.

> … 아들이 딸에 비해 더 이해하기 어렵다고 어머니가 고백할 때 그것은 어떤 면에서는 좋은 신호라고 나는 생각한다. 그것은 그녀는 결국 여자 그 자체이며 남성의 성을 다소 다른 것으로서 존중한다는 것을 의미한다. … 어머니가 자신은 단지 여성일 뿐이라는 것을 받아들일 때, 그러한 태도는 아들이 네 살이든 열여섯 살이든 간에 아들의 기사도 정신을 길러 주게 된다.[76]

홀어머니가 그녀의 부자연스러운 상황을 상쇄하기 위해 지나치게 여성적이 되는 것만으로는 충분하지 않았다. 그녀는 또한 가족을 통솔하는 *가공의* 아버지를 만들 극적인 책임도 지고 있었다. 실제 아버지가 어떠했든지 간에, 이 유령 아버지는 아들을 위해 강하고 긍정적인 남성 이미지여야 했다. 스폭은 이것을 매우 중요하게 생각해 아이들에게 거짓말을 하는 것조차 옹호했는데 그로서는 드문 일이었다. 죽은 아빠에 대해 훌륭한 이야기를 지어내기가 힘든 엄마를 위해, 또는 아기가 탄생할 정도로 긴 기간 동안 가족과 함께 살지 않은 아버지를 위해 (이 이야기는 낙태가 합법화되기 훨씬 이전의 일이다) 스폭은 다음과 같은 완벽한 이야기를 제시했다.

아빠와 나는 서로 매우 사랑해서 결혼했어. 우리는 돌보고 사랑할 어린 아들을 갖기를 원했지. 그래서 네가 태어난 거야. 나는 너를 너무 사랑했고,

네 아빠도 무척이나 너를 사랑했지. 그러나 얼마 후 네 아빠와 나는 사이가 안 좋아졌어. 우리는 언쟁을 하고 싸움을 시작했지. 꼭 너와 토미가 말다툼하고 싸우는 것처럼 … 마침내 네 아빠는 너무 화가 나서 자신이 멀리가 버린다면 더 낫겠다고 생각했어. 여기서 더 이상 말다툼이 없다면 아빠도, 나도 기분이 나아질 것이라고 생각했지. 그러나 아빠는 너를 두고 떠나는 것이 마음 아팠어. 왜냐하면 너를 무척이나 사랑했기 때문이지. 아빠는 너를 안아 주고 너와 함께 노는 것을 무척 좋아했단다. 아빠가 아직도 너를 많이 생각하고 있고 너와 함께 살 수 있기를 바라는 것은 확실해. 그러나 만약 우리를 보기 위해 다시 돌아온다면 말다툼과 싸움이 죄다 되풀이되기 시작할까 봐 아빠는 두려워하는 것 같아.[77]

스폭은 "아이에 대한 아버지의 애정 부족에 대해 분개해 온 어머니들은 아버지가 얼마나 아이를 사랑했는지에 대한 몇몇 표현이 좀 심하다고 생각할 수 있다."라고 인정했다. 그러나 어린 아들의 남성성이 위태롭다는 것을 생각한다면 훌륭한 어머니는 그 대본을 기꺼이 고수할 터였다.

공산주의와 지나친 관대함의 위기

양육 전문가에 의해 연출된 세기 중반기의 가족 드라마는 오직 자녀의 이익을 위해서만 상연된 공연이었다. 어머니가 형체 없는 "표현"으로 회귀하고자 노력한 것이나, 자신의 사랑이 아들을 삼켜 버리기 쉬운 위험한 젖은 모래로 변하지 않도록 물러서는 것은 모두 자녀를 위해서였다. 남성성을 새로운 흥미의 원천으로 관대하게 표현하도록 항상 주의하면서 가까이 있는 남성성의 사례로 아버지가 대기하고 있는 것 또한 자녀를 위해서였다. 부모가 존경할 만한 식업에 종사하고, 주말에 쉬고 아이들이 잠든 후에 부부 관계를 하는 것조차도 자녀를 위해서였다. 그러나 아동의 군림은 오래가지 못했다. 1950년대 초반 무렵부터 전문가들은 냉철하고 비판적인 시선으로 미국 아이들을 보기 시작했다. 1960년대 말이 되자, 전문가와 아동의 동맹은 어느 모로 보나 원초적인 오이디푸스 드라마만큼 폭력적인 절정에 도달하면서 끝이 났다. 전문가들은 가부장적 분노에 차서 그들이 양육하고 보호했던 바로 그 아이들에게 적대적으로 돌아섰다.

무슨 일이 일어났는지 이해하려면 전문가, 어머니, 아동 사이에 얽혀 있던 관계가 복잡해지고 있던 교외의 "난파된 방"이라는 폐쇄적 세계로부터 물러나야 한다. 미국인들이 전 국가적으로 사적인 삶을 찬양하면서 제2차 세계대전 이후의 시기를 보내고 있는 동안, 세계의 정치적 지형은 대규모로 재편되고 있었다. 1945년 이후 몇 년 만에 폴란드, 체코슬로바키아, 헝가리, 루마니아, 중국 모두 공산주의에 의해 "함락"됐다. 1950년대에 자란 미국 아동들은 이 새로운 사태를 ≪위클리 리더Weekly Reader≫ 세계 지도에서 붉은 얼룩이 번져 가는 것 정도로 경험했다. "철의 장막" 뒤에서 진행되고 있는 것은 그곳에서 만들어져 설명이 불가능한 "첩자"와 "반역자" 등 몇 개의 예외적인 경우를 제외하고는 너무 끔찍해서 생각조차 할 수 없는 것처럼 보였다. (숙청, 청산, 강제 노역장 등의 이야기가 있었다.) 그것은 모두 **자유세계**의 심장부에 있는 우리들로부터 완전히 제거된 것들이었다.

1950년대를 지나면서 공산주의의 위협이 중산층 미국인의 심리 속에 점점 더 불안하게 다가오기 시작했다. 한편으로는 미국 언론에 그려진 공산주의는 미국인이 반대한 모든 것을 대변했다. 종교는 폐지되고, 2차원적인 "사회주의적 사실주의"가 예술을 지배하며, 모든 삶은 생산에 집중된다는 식이었다.

그중 최악은 가족의 신성함이 훼손된 것이었다. 공산주의에서는 국가가 아이들을 키우는 동안 근육질 여자들은 도로를 청소했다.

간단히 말해 *공산주의*는 사랑도 없고, 시도 없고, 환상도 없는 세계인 산업 *자본주의* 안에 항상 잠재해 온 합리주의자의 악몽과 다르지 않았다. 에드거 후버J. Edgar Hoover는 1958년 자신의 섬뜩한 책『속임수의 대가들Masters of Deceit』에서 "공산주의 정신"을 기술하면서 냉정한 자본가의 정신을 설명할 수 있었을 단어들인 "체계적, 의도적, 신중한" 이라는 표현을 사용했다. 후버의 책은 공산주의를 국가나 자본주의 경제에 대한 위협이라기보다는 "공동체의 행복, 모든 개인의 안전, 모든 가족과 가정의 지속"에 대한 위협이라고 묘사한다.[78]

합리주의자의 반유토피아로서 공산주의라는 공포는 당시 발달하고 있던 공상과학 영화 장르에 잘 나타나 있었다. 매카시 시대에는 우주 공간에서 온 외계인들이 미국의 스크린을 계속해서 침범했는데, 그들은 철의 장막 뒤에서 온 사람들에 대한 대중의 통념과 눈에 띄게 닮아 있었다. 차갑고 의도적이고 감정 없는 인간로봇이었다. 〈화성에서 온 침입자Invaders from Mars〉(1953), 〈알 수 없는 존재The Creeping Unknown〉(1955), 〈신체강탈자의 침입Invasion of Body Snatchers〉(1956), 〈보이지 않는 침략자The Invisible Invaders〉(1959)와 같은 영화에서 세계를 정복하기로 작정한 외계인들이 단란한 이웃과 평화로운 시골 마을에 잠입한다. (소주제는 여주인공과 젊고 용감한 과학자 사이에 싹트는 낭만적 사랑이었다. 외계인을 물리친 그 두 사람은 자유롭게 가정을 꾸리고 전형적인 미국 가족생활에 정착하곤 했다.)

동시에 전문가들은 공산주의가 미국 아동과 부모, 궁극적으로 미국의 가장 신성한 가치관을 측정하는 데 사용될 수 있었던 외적 기준을 제공했다는 것을 인정해야 했다. 미국의 중간 계급이 새로운 소비 중심 경제에서 안락함을 누리는 동안, 소련은 미국 산업을 "따라잡고" 있었고 중국은 무엇을 하고 있는지 알 수 없었다. 냉전에 따른 과제가 무엇인지 알게 되면서 미국인들은 육아를 군비 경쟁과 우주 경쟁처럼 또 다른 "경쟁"으로 보기 시작했다.

비유적으로 말하자면 미국 아동은 한국에서 처음으로 공산주의와 직접적으로 대면했다. 후에 전문가들은 한국에서의 대치가 미국적 삶의 모든 방식에 결정적인 시험대를 제공했다는 것을 인정했다. 그리고 미국인은 비참하게 실패했다. 7000명에 가까운 미군이 북한군과 중국군에 포로로 붙잡혔다. 어느 모로 보나 그것은 미군의 사기를 상당히 저하시켰다. 아무도 미군 장교에게 복종하지 않았고, 강자가 병약자의 것을 훔쳤으며, 많은 군인이 그저 빈둥거리다가 후에 정신과 의사가 "패배주의"라고 명명한 것으로 인해 죽었다.[79] 미국의 분석가들에게 가장 놀라웠던 것은 포로의 1/7이 완전히 "세뇌"당한 것으로 보인다는 것이었다. 전쟁이 미국의 제국주의와 공격성의 결과라는 납치범의 기괴한 주장에 미국인 포로들이 동의하기 시작했던 것이다. (이것은 베트남전쟁 이전에 있었던 일이다.) 이로 인해 어린이집에서 뭔가 잘못됐을 수 있다는 것이 첫 번째 의혹으로 제기되었다. 미국의 젊은이들은 너무 여려 전쟁의 혹독함을 견딜 수 없고, 너무 혼동스러워 공산주의와 "자유주의" 간의 차이를 모른다는 것이었다.

설상가상으로 미국 젊은이들은 국내에서 급속도록 심각한 사회 문제가 되고 있었다. 1950년대 내내 젊은 남성 갱단의 폭력이 폭발적으로 되풀이되고 있었다. 대부분의 청소년 비행은 육아 전문가들이 대체로 간과했던 도시 빈민 사이에 집중되어 있었지만, "건전하고 정상적인 환경"조차 쉽게 감염시킬 수 있는 "증상"처럼 보였다. 퓰리처상을 수상한 저널리스트 해리슨 솔즈베리 Harrison Salisbury는 국내 청소년 비행과 해외 공산주의 사이에 연관성이 있다고 주장했다.

10대 문제와 러시아 문제, 거기에는 많은 사람들이 상상하는 것보다 우리 시대의 커다란 이슈와 좀 더 가까운 연관성이 있는 것 같다. 그것은 더 정확히 말하면 동전의 양면처럼 여겨질 법하다. …80

한국전쟁 포로와 국내 청소년 비행에 대한 염려는 육아 전문가들로 하여금 이 문제를 처음부터 다시 검토하게 만들었다. 스폭 박사조차 스스로 반문했다. 미국 젊은이들은 제대로 훈육되지 못했고 너무 버릇없는 것인가? 스폭은 관대함에 대해 다시 생각하기 시작했고, 미국 어머니들이 자신이 처음 했던 충고에 너무 빠져 버렸다고 판단했다. 어머니들이 "지나친 관대함"이라는 죄를 지었던 것이다.

지나친 관대함은 다른 어떤 나라보다도 미국에서 *훨씬 더* 일반적인 것으로 보인다. … 나는 미국을 처음 방문하는 수십 명의 외국 전문가들과 대화를 나눴는데 그들은 미국에서 본 일부 아이들의 행동에 놀람과 짜증을 숨기지 못했다.81

반대로 미국의 육아 전문가들은 소련의 학교와 어린이집을 처음으로 방문한 후 그 아이들에 대한 열정적인 보고서를 가지고 돌아오고 있었다. 스폭은 "과학자는 쉽게 흥분하지 않음에도" 감동에 차 다음과 같이 보고했던 예일대 소아과 및 소아정신과 교수 밀턴 센Milton Senn을 인용한다.

그들은 상냥하고 융통성 있고 낙천적이며 붙임성 있다. … 함께 아주 잘 어울려 논다. 그 또래에게는 엄청난 것이라고 할 수 있는 불화가 있을 때 조차도 그렇다. 그들은 절대 징징거리지 않고 다쳤을 때만 잠깐 운다. 심

성이 온화하고 자발적이며 예의 바르고 마음이 너그럽다. …**82**

    육아 경쟁에서 공산주의자가 넝백하게 앞서자 스폭과 저명한 교육자, 심리
학자 집단은 냉전 시대 부모 교육 특별 프로젝트를 기획하게 됐다. 그 프로젝
트명은 '자유 국가에서의 부모 역할'로, 관련 문헌에 따르면 "자유세계의 보존
에 있어서 부모의 전략적 중요성을 인식한 어느 재단으로부터 보조금"을 지
원 받았다.**83** 수백 개의 연구 집단에서 '자유 국가에서의 부모 역할'을 가르치
는 교육자들은 "아동의 발달 단계와 주변 현실에 적절한 제한을 두는 것이 중
요함"을 강조했다. "제한"은 전문 육아 용어의 새로운 유행어가 되었다. 아이
는 *아무것이나* 할 수 없었고, 자유세계의 더 큰 이익을 위해 약간의 권력과 약
간의 자유를 포기해야 했다. 나라 밖에는 "봉쇄"가 있듯이 나라 안에는 "제한"
이 있을 것이었다.

    그러나 전문가들은 "제한"으로도 충분하지 않다는 것을 알게 되었다. 냉전
선동가들이 미사일과 탱크뿐만이 아니라 "공산주의와 맞설 수 있는 강력한
신념"이 필요하다는 것을 인식했듯이, 육아 전문가들은 육아를 이끌어 갈 긍
정적인 "가치관"의 필요성을 인식했다.**84** 에드거 후버가 『속임수의 대가들』
에서 감상적으로 강조했듯이 결국 공산주의자들은 확고한 가치관을 가지고
있었던 것이다.

> 공산주의자들이 "신념"을 가지고 있다는 사실을 외면하지 말자. 진실, 그
> 것은 잘못된 곳에 자리 잡고 있지만 여전히 희생, 헌신, 빗나간 이상주의
> 로 그들을 고무시킨다.
> [공산]당의 여성 "영웅"인 고故 마더 블루어Mother Bloor는 자신이 가장 사
> 랑하는 시라며 월트 휘트먼Walt Whitman의 「신비한 트럼펫 연주자The Mystic

Trumpeter」를 자주 칭송했다. 그녀는 그 시가 "새로운 세계"의 도래를 예언하고 있는 것 같다고 말했다.

> 전쟁, 슬픔, 고통은 사라지고―지상의 계급은 사라졌네.
> 오직 기쁨만이 남았네!
> 바다는 기쁨으로 가득 찼네―대기는
> 온통 기쁨뿐!
> 기쁨! 기쁨! 자유, 숭배, 사랑 속에서!
> 삶의 무아경에서의 기쁨!
> 살아 있기에 충분하네! 숨 쉬기에 충분하네!
> 기쁨! 기쁨! 넘치는 기쁨!

후버도 마더 블루어가 그랬던 것처럼 이 시에 영향을 받았음이 분명하다. 그는 흥분해서 논평했다.

> 그녀는 공산주의를 기쁨의 세계라는 꿈과 동일시하려 한다. 그녀는 월트 휘트먼을 부당하게 이용하고 있다. 게다가 그녀의 감정은 공산주의 "신념"의 매력을 보여 준다. 공산주의자가 실수와 거짓과 미움으로부터 그렇게 영감을 얻을 수 있다면 우리는 진실, 정의, 사랑으로 무엇을 할 수 있을지 생각해 보라! 미국이 그 풍부하고 찬란하고 뿌리 깊은 전통에서 만들어 낼 수 있는, 훨씬 더 위대하고 놀라운 것을 생각만 해도 흥분된다. 우리가 오로지 필요로 하는 것은 신념, *진짜 신념*이다.[85]

스폭과 육아 전문가들은 러시아 인들이 자신들의 가치관에서 영감을 얻었으며 이것은 틀림없이 자녀 양육에서 러시아 인들에게 이점을 주었다는 점에 동의해야 했다.

> … 러시아 사람들 대부분은 공동의 목적에 대해 매우 강력한 의식을 갖고 있다. 그들은 지금까지 존재했던 어떤 것보다 한층 고귀한 정치·경제적 체계를 만들고 있다고 확신한다. … 그들은 그런 중대한 노력에서 각자 역할을 담당하는 것에 자부심을 느낀다.**86**

그러나 우리는 무슨 가치관을 가졌던가? 공산주의 "광신자" 무리가 살고 있는 세계는 직시하지 않고, 아이들은 그저 자라기만 하면 된다고 주장하며 자기밖에 모르는 리비도적 육아 이론 속에는 아무런 가치관도 없었다.

사실 미국인들은 어떠한 가치관도 가지고 있지 않다는 의혹은 널리 퍼져 있었다. 지식인들은 대규모의 "소외" 현상에 대해 고민하고 있었다. 주부들은 나중에 주부의 특징적인 직업병으로 여겨질 권태의 첫 번째 신호를 보여 주고 있었다. 10대들은 지금은 익숙해진 음울한 무질서의 모습을 띠기 시작하고 있었다. 그 시대의 영웅들은 가치관이 없다는 점이 특징이었다. 〈이유 없는 반항Rebel Without a Cause〉의 제임스 딘James Dean, 〈위험한 질주The Wild One〉의 말런 브랜도Marlon Brando처럼 이렇다 할 목표 없는, 뭐라 설명하기 어려운 고독한 사람들이었다.

1950년대 내내 육아 전문가들은 어머니들에게 주입하고 아이들에게 흡수시킬 정말로 미국적인 가치관을 발견하기 위해 교육자와 정부 관료와 힘을 합쳤다. 그러나 그 결과는 실망스러웠다. 1951년 전미교육협회와 미국학교장협회American Association of School Administrator는 한 연구에서 "미국인의 삶에서 기본적인 도덕적·정신적 가치"로 "개인의 인격이 최고로 중요"하다는 것을 발견했다고 결론 내렸다.[87] 이와 비슷하게 1960년의 '미국인의 목표에 관한 대통령위원회Presidential Commission on Goals for Americans'는 "미합중국의 가장 중요한 목표는 개인의 권리를 수호하고 개인의 기회를 확대하는 것"이라고 발표했다.[88]

이제 "개인주의"는 용감하게 싸워야 할 이유가 될 수 있다. 그러나 그것은 또한 적에게로 전향하고 친구를 배신하고 거리에서 노인들을 살상하는 이유가 될 수도 있다. 게다가 개인주의는 국민을 통합시키는 가치가 되기 어렵다. 스폭은 미국이 개인의 성공을 강조하는 것은 "우리를 하나로 묶는 것이 아니라 우리끼리 서로 경쟁하게 만든다."라고 비통하게 말했다. 스폭은 미국적 이상이 "가치 없는" 것이 아니라 "그것이 단지 우리를 하나로 묶고 사기를 북돋우는 데 도움이 되지 않는다."라고 썼다. 변절한 전쟁 포로와 비행 소년의 시대에, 육아 전문가들은 미국이 국민을 통합시킬 수 있는 탁월한 "가치관"이 없다는 사실을 불안하게 바라봤지만, 그런 가치관을 가질 수도 없었다. 왜냐하면 다른 어떤 포괄적인 가치를 부과하게 되면 가장 중요한 가치인 "개인주의"를 약화시키게 되고, 따라서 그것은 전체주의를 향해 나아가는 결과가 될 것이기 때문이었다.

1957년 10월 4일, 전문가의 마음에서 "가치관"을 둘러싼 미국의 딜레마를 없애고 그들에게 가치관에 대해 생각하도록 구체적인 도전을 준 사건이 발생했다. 소련은 세계 최초로 인공위성 스푸트니크Sputnik를 발사했다. 그것은 미국의 육아 전문가, 교육가, 냉전 선전가의 눈을 반칙 변화구처럼 강타했다. 이전에 소련을 방문했던 미국의 심리학자들은 미국 아이들이 지녀도 된다고 생각되는 개구쟁이 데니스Dennis-the-Menace 같은 성격에 비하면, 공산주의 아동들은 거의 등골이 오싹할 정도로 협동적이고 성격이 좋다고 어쩔 수 없이 인정했었다. 그러나 전문가들은 소련 아이들의 바로 그 좋은 성격은 일종의 주입 과정에 의해 획득될 수 있는 것으로 추정했다. 공산주의 아이들은 "개성"이라고는 없는, 로봇과도 같은 것임에 틀림없었다. 적어도 그들 중 일부가 미국 아이들보다 더 창의적이고 상상력이 풍부할 수도 있다는 가능성을 스푸트니크가 제기하기 전까지는 그렇게 보였다.

스푸트니크가 발사되자 "거의 즉각적으로 공포와 경각심에 가득 찬 국민 정서"가 형성되었다.[89] 보수적이지 않은 어떠한 의견도 대중적이지 않았던 당시에 보수적인 대중여론은 극심한 조바심으로 미국 아이들에 대해 적대적 입장을 취했다. 스푸트니크가 발사된 지 몇 달 뒤 ≪뉴스위크Newsweek≫와 ≪리더스 다이제스트Reader's Digest≫에 등장한 공익 광고(문법은 개의치 않고 단지 핵심만을 강조하려 했던 것처럼 보이는)는 다음과 같이 경고했다.

조니는 읽기를 배우는 게 더 낫다. 그가 읽기를 원하는지, 읽고 싶어 하는지, 읽기를 배울 수 있는지, 또 잘 읽을 수 있는지, 혹은 영어가 쓰이지 않는 세계에 살게 될 것인지는 더 이상 문제가 아니다. … 우리 미국인은 세계를 움직이길 원하지 않는다. 우리 미국인은 또한 다른 사람들이 세계를 움직이는 것도 원하지 않는다. 따라서 조니는 읽기를 배우는 게 더 낫다. 왜냐하면 이반이 책을 보는 데 상당한 시간을 보내고 있다는 것은 뻔한 일이기 때문이다.[90]

1955년 베스트셀러 『왜 조니는 글을 읽지 못하는가Why Johnny Can't Read』에 이어서 바로 『왜 이반은 글을 읽을 수 있는가Why Ivan Can Read』가 불길하게 뒤따라 출간되었다. 몇 년 전에는 단지 지도의 붉은 부분에 있던 대수롭지 않은 작은 점이었던 "이반"은 교실로 제대로 이동한 것처럼 보였다. 그 교실에는 "조니"가 타율과 TV 가이드에 정통한 것처럼 로그와 벡터에 정통한 "이반"

이 붉고 둥근 뺨과 초롱초롱한 눈으로 앉아 있었다. 이반이 주변에 얼씬거리게 되면서 미국 아이들은 더 이상 국가의 취미로 간주되지 않게 되었고, 그 대신 국가의 군사적 자원—그것은 1958년 국가방위교육법에서 건의된 지위였다—이 되었다.

소련의 군사적 위협에 맞서, 전문가들은 지난 수십 년 동안 모든 면에서 리비도적 쾌락에 몰두했던 유아는 사실은 꾀병 부리는 아이였다는 것을 알아냈다. 저명한 교육자 조지 슈스터George Shuster 박사는 다음과 같이 비난했다.

> 일부 교육학파는 세 살에 읽기를 배우는 것은 어떤 아이들에게는 구슬 꿰기나 뜀뛰기처럼 신나는 것일 수 있다는 사실을 실험이 진실이라고 증명해 주기 전까지는 전혀 모르고 있었다. 간단히 말해서 우리는 그동안 상당한 국가적 시간을 낭비했다.[91]

전문가들은 어느 날 갑자기 걸어 다니는 아이뿐만 아니라 10개월 된 아기도 읽기를 배울 수 있다는 것을 발견했다. 치열해진 대학 입시 경쟁과 결합한 스푸트니크 공포는 상류층으로 이동하려는 부모들 사이에 일종의 히스테리를 일으켰다. 육아의 육체적인 면에 여전히 집착하고 있던 관대함은 1950년대와 1960년대 초에 등장한 새로운 지적 자신감과 뚜렷한 대조를 이루고 있었다. 심리학적으로 이상적인 유아인 1960년의 세 살배기는 기저귀를 더럽히고 젖병을 빨고 작은 천 조각에 집착할 수 있지만, 그와 동시에 알파벳을 암송할 수 있었고 새 수학에 재능이 있음을 나타내는 첫 번째 징후를 보여 주고 있었다.

아동의 성취에 관한 새로운 기준은 그동안 "엄마"의 이미지에 간절히 필요했던 지위 상승을 가져왔다. 전문가들은 이제 영아의 아이큐를 높이기 위해 지속적인 자극이 필요하다고 강조했다. 자극이 없다면 영아는 지루함이나 무

관심에 빠지거나 궁극적으로 발달 지체가 될 수도 있었다. 확실히 미국 어머니는 지난 세대의 정신분석 전문가가 고안한 본능의 원시적 혼돈 상태에서 소생해야 할 터였다. 자비로운 기억 상실로 인해 전문가들은 성역할 사회화를 지배하는 철칙을 잊어버린 채, **어머니**도 이제 육아에서 도구적 역할을 할 수 있다고 공표했다. 아이들이 하루 종일 감각 기관을 사용하도록 하는 것이 어머니의 일이었다. 어머니가 하는 일이란 이를테면 충만한 사랑 속에서 아기를 부드럽게 흔들어 주며 일정한 온도에서 목욕시키는 것처럼 일종의 자궁 같은 환경을 제공하는 것이 전부였던 시절은 지나갔다. 경각심에 차 냉전에 대응했던 어머니들은 주변 환경을 도전적이고, 요란하고, 화려하고, 시시각각 변하게끔 유지해야 했다. 아기 침대 위에는 모빌이 달려 있어야 했고, 심지어 무늬 있는 이불조차 영아의 신경 세포를 자극하는 데 도움이 될 수 있었다. 유아를 위해 집에는 다음과 같이 광고된 장난감이 쌓여 있어야 했다.

… 심리학자들이 말하기를 크리에이티브 플레이싱즈Creative Playthings의 수백 가지 창의적인 장난감 중 하나는 취학 전 자녀의 아이큐를 20포인트 높이는 데 도움을 줄 수 있다. 이것이야말로 당신의 자녀에게 주는 진정한 크리스마스 축복이다.[92]

좀 더 나이가 많은 아이들을 위해서는 과외 수업과 과외 활동의 적당한 혼용, 숙제 시간에 적당한 압박 주기, 크리스마스 선물용 화학 실험 세트가 필요하다.

전문가들은 횡포한 엄마라고 비난했던 바로 그 특성의 일부를 자신들이 별안간 칭송하고 있음을 알게 됐다. 이를테면 아이큐 개발 쪽으로 방향을 적절히 돌릴 수 있다면 좌절한 중간 계급 주부들의 "남근 선망"조차 우주 경쟁을 위한 자산이 될 수 있다는 것이었다. 한편 리비도적 모성 시대에 게젤에게 "자연스럽게" 보였던 흑인 어머니는 더 이상 호감을 주지 못했다. 이제 전문가들은 흑인 어머니는 자녀들에게 올바른 종류의 "자극"을 충분하게 주지 않는다고 생각했다. 연방 정부가 지원하는 보육 프로그램인 헤드스타트 프로젝트Project Headstart에 깔린 논리에 따르면, 가난한 흑인 아이들은 집에서 겪은 "문화적 상실"을 보상받기 위해 1년 혹은 그보다 긴 기간 동안 치료적 자극이 필요했다.

이때는 이미 1960년대로 접어든 시기였는데, 이 10년 동안 전문가와 아동은 마지막 불화를 겪게 된다. 1950년대와 1960년대 초반의 주된 관심은 미국 아이들이 적에게 맞서기 위해 필요한 자질을 가지고 있는지에 대한 것이었다. 한국전쟁은 미국 젊은이들이 유약하다는 것을 드러냈으며, 스푸트니크는 미국 젊은이들이 아둔하다는 것을 보여 줬다. 케네디의 뉴 프론티어New Fron-tier 사업 초기에 새롭게 조직된 평화 봉사단 프로그램의 지도자는 평화 봉사단 업무를 수행할 미국 젊은이의 육체적 끈기나 도덕적 봉사심에 대해 국내외의 많은 유명 인사들이 의구심을 가지고 있었다고 실토했다.[93] 케네디 대통령은 군대에 징집된 남자 일곱 명 중 다섯 명이 육체적·정신적 결함으로 입영을 거부당했다고 밝혔다.[94] 확실히 미국 젊은이는 적과 맞서기에 적합하지 않았다. 그리고 1960년대 내내 각종 사회운동이 일어나면서 젊은이들이 곧 미국의 *적이라*는 것이 밝혀졌다.

대부분의 육아 전문가들처럼 TV로 "운동"을 보거나, 대학의 연구실과는 멀찍이 떨어져 지켜만 봤던 사람이라면 어느 누구도 미국에서 대중적 급진운동을 만들었던 수년간의 공동체조직운동, 끝없는 토론, 거리 캠페인, 수천 개의 "대안적" 프로젝트는 본 적이 없을 것이다. 그 대신 그들은 불법적 폭동을 향해 앞뒤를 가리지 않는 돌진처럼 보이는 것들을 봐왔을 터였다. 흑인운동은 (북부에서 충분히 존경할 만한 것이었던) 시민권운동에서 대중폭동으로, 그리고 다시 흑표범단Black Panthers과 같은 훈련되고 공공연한 혁명적 활동으로

도약한 것처럼 보였다. 진지한 학습 모임에서 시작된 반전운동은 1960년대 후반 폭탄 투척, 는생 씽피, 빌기 탄치로 여론의 정점에 다다랐다. 그리고 비교하자면, 한국전쟁 변절자들을 거의 애국투사로 보이게 만든 지아이GI운동이 있었다. 미국 군인들은 싸우기를 거부한 채 상관에게 수류탄을 투척하고 심지어 집회에서 훈장을 내던져 버렸다. 그 상황은 "흑인 혁명", "학생 혁명", "성 혁명"이 동시에 일어난 것처럼 보였다. 시위 참가자들은 "우리는 부모들이 되지 말라고 경고했던 그런 사람이다."라고 선언했다. 겁 많은 중년과 중간계급의 머릿속에서 흑인 민족주의자, 반전 활동가, 히피, 동성애자, 10대 오빠부대, 이 모두는 정치적·도덕적 혼란을 일으키는 하나의 복합적 형상으로 모아졌다.

운동의 각종 지류들이 공통적으로 가지고 있었던 것 한 가지가 있다면 그것은 *젊음*이었다. 운동에 동기를 부여한 이슈를 이해할 수 없거나 이해하고 싶지 않았던 사람에게는 "세대 차이"라는 편리한 변명이 있었다. 그리고 그것은 말이 되는 것처럼 보였다. 중년의 흑인 지도자 베이야드 러스틴Bayard Rustin이 흑표범단 지도자 휴이 뉴턴Huey Newton과 공통점이 없는 것은, 말하자면 퇴역 군인인 백인 자유주의자 마이클 해링턴Michael Harrington이 사회주의학생동맹SDS의 지도자 마크 러드Mark Rudd와 공통점이 없는 것과 다를 바 없었다. 게다가 젊은이들은 자신만의 관심과 문화, 그리고 세계를 바꿀 독특한 능력을 가진 *하나의 계급*으로 스스로의 정체성을 만들어 가기 시작했다.

나이에 초점을 맞춤으로써 전문가들은 문화정치학의 중대한 변화를 심리학적인 현상으로 만들어 버릴 수 있었다. 문제를 "세대 차이"로 부름으로써 마치 모든 것이 가족 분쟁, 즉 예상치 못한 오이디푸스적 분출인 것처럼 들리게 했다. 프로이트주의자들은 젊은이들이 시위에 참가하고 있을 때 그들이 "상징적인 아버지 살해"를 실제로 범하고 있다는 것을 깨달았으며, 젊은이들의 "에너지가 무의식적 원천에서 비롯됐기" 때문에 스스로를 통제하리라고 기대할 수 없다는 것 또한 알게 됐다.[95] 그러나 왜 하필 *그때* 그 운동이 일어났는가에 대한 구체적인 역사적 설명은, 심리학에 대해 조금이라도 아는 사람이라면 누구나 말할 수 있듯 미국 육아가 지난 20년 동안 너무 관대했기 때문이라는 것이었다. (사실 "그 운동"에는 관대한 가족 출신자들만큼 권위주의적 가족 출신자들도 많이 참여했다.) 1968년 대통령 선거운동에서 스피로 애그뉴Spiro Agnew는 집, 학교, 민주당 정부에서 발견한 "관대함"에 대해 반복적으로 공격을 퍼부었다. 그가 비난한 활동가들은 "한 번도 사랑의 매를 맞아 본 적 없는 버릇없는 애들"이었다.[96] 스포캐인에서 젊은 남자가 "전쟁주의자!"라고 소리치며 애그뉴를 저지했을 때(경찰이 그 사람을 때려눕혔으므로), 애그뉴는 "저 젊은이의 삶 속 어디선가, 누군가가 그를 실패자로 만든 것은 정말로 슬픈 일이다."라며 아버지처럼 점잖게 말했다.[97]

비난의 손가락은 당연히 세계 아동들에게 소아과적 "관대함"을 처음으로 제공한 백발의 위엄 있는 벤저민 스폭 박사에게로 향했다. ≪뉴욕 타임스≫는 다음과 같이 스폭에 대한 비판을 개괄하기를, 그는 "요구하기만 하는 작은 폭군으로 자라 버린 한 세대의 유아들을 배출했다. 그리고 이제 그들(그 세대)과 그 세계는 대가를 치르고 있다고 말한다. 작은 괴물들은 제대로 된 사회 구성원이 아니라 너저분하고, 무책임하고, 파괴적이고, 무정부적이고, 마약에 빠져 있고, 쾌락주의적"으로 성장했다.[98] 비평가들은 젊은 반항자들을 마치 그들이 유아기 시절 외관이 손상되는 질병을 앓았다는 듯 "스폭 표시가 찍힌 세대"라고 불렀다. 그리고 대학이 전쟁에 공모하고 할렘 공동체에 인종주의 정책을 시행하는 것에 항의해 컬럼비아대 학생들이 대학 본관 건물을 점령했을 때, 부총장 데이비드 트루먼David Truman은 그 나이 지긋한 의사의 모든 것을 비난했다.[99]

스폭이 1960년대에 한 행동은 관대함과 전복 사이에 연관이 있을 것이라는 보수주의자의 최악의 의혹을 확증할 뿐이었다. (앞에서 봤듯이 비록 페미니스트는 아니었지만) 스폭은 언제나 휴머니스트였으며, 1950년대에 경험한 미국의 "가치관" 결핍에 대해 고민을 표명해 왔었다. 1960년대 초반 그는 군비 축소 캠페인을 벌였다. 스폭은 마을을 불태우고, 네이팜탄이 아이들을 공격하고, 임신한 여자들을 총검으로 찌르는 베트남전쟁을 참을 수 없었다. 60살에 비하면 훨씬 어리고 30살에 비하면 나이가 든 사람으로서는 드문 민첩성으로 스폭은 세대 차이를 뛰어넘어 반란에 가담했다. ≪뉴욕 타임스≫가 그의 영향력이 "젊은이들의 반란"이 형성되는 데 일조한 것이 사실인지에 대해 물었을 때, 그는 다음과 같이 대답했다. "내 책이 오늘날 젊은이들의 이상주의와 투쟁성의 원인이라면 자랑스럽고 아주 기쁠 것이다. 그러나 그런 식의 영향은 매우 적다고 생각한다."[100] 젊은 활동가들은 스폭 박사가 그들의 대열에 합류한 것을 환영했다. 스폭 박사는 젊은이들의 유아기 시절 우상이었고, 이제 그들의 영웅들 중 한 사람이었다. 20년 이상 가정에 위안을 주는 단어였던 스폭이라는 이름은 이제 SP☮CK라고 쓰여져 시위대의 포스터에 등장했다.

저명한 육아 전문가들 중 극소수가 스폭을 따라 반전 활동에 참여했다. 초기의 반응은 혼란과 공황 상태였다. 전문가들은 무엇이 잘못됐는지를 두고 공공연하게 다투기 시작했다. 어떤 사람들은 공산주의자였기 때문에 관대하게 자랄 수 없었음에도 반역을 저지른 중국의 홍위병을 가리키며 부모는 무죄라고 했다.[101] 어떤 사람들은 부모의 권위주의와 관대함 양쪽 모두가 문제를 일으켰다고 주장했다.[102] 그러나 또 다른 사람들은 그동안 줄곧 어머니들이 육아서를 주의 깊게 읽지 않았다는 주장을 내놓음으로써 전문가들의 책임을 면제해 주었다. 어머니들이 단지 그들이 듣고 싶은 것만 골라 읽었다는 것이었다.[103] 전문가들의 대오가 흐트러지고 있었다. 육아서의 서문에는 앞서의 모든 "전문가" 이론을 거부하는 내용을 쓰는 것이 학계의 관행이 되다시피 했다.

1960년대 말이 되자 전문가들의 분위기는 아이들에 대해 노골적으로 적대적이 되었다. 아동 정신의학 기관의 중진인 브루노 베텔하임Bruno Bettelheim은 체벌이라는 새로운 방법을 찬양했다. 정신 장애 아동들에 대한 장기간의 연구, 이스라엘 집단 육아 연구, 그 밖의 많은 학문적인 출판물과 비전문적인 출판물은 학계에서 그에게 스폭 같은 대중적 인물보다 훨씬 더 높은 위상을 가져다주었다. 베텔하임은 항상 정치적 자유주의자로서 살았으나 새로운 활동가에게는 호감을 갖지 않았다. 그는 의회의 교육분과위원회에서 일부 학생 시위자들은 "짜증 내는 것 외에는 감정적으로 전혀 성숙되지 않았다."라고 말했다.[104] 이 학생들은 가정에서 권위주의적 지도를 경험한 적이 없기 때문에 이제 호찌민과 마오쩌둥을 "강한 아버지"로 주목한다는 것이다. 베텔하임은 의회에서 학생 시위자들의 열광이 히틀러 청소년단과 불길하게도 닮았다고 말했다. (그러나 그는 미국 소년들은 인종주의와 싸우고 있지만, 나치 소년단은 인종주의자였다는 사실이 "중요한 차이"일 수 있다는 것은 인정했다.) 젊은이들을 제대로 키우기 위해 어린 시절에 "내부 통제력"을 심어 주는 것은 부모들이 담당해야 할 부분이었다. 여기서 그가 말하는 것은 단지 옳고 그름과 같은 통상적인 지각을 의미하는 것이 아니다. 현대 젊은이의 폭력적인 "파탄"은 자유주의적 육아 이론의 신용을 떨어뜨렸다. 1969년 4월, 켄트주립대와 잭슨주립대의 학생 총기 난사 사건이 일어나기 1년 전, 베텔하임은 어린아이들은 *두려움*을 배워야 할 것이라고 주장했다.[105]

1960년대 후반의 반反아동 분위기는 신속하게 육아 조언서에 침투했다. 한때 "제한"에 대해 몇 가지 시험적인 논의들이 있던 곳에 이제는 법과 질서에 대한 공공연한 요구가 있었다. 『부모에게 권력을!Power of the Parents!』(1972),

『책임감 있는 아이로 키우는 법Raising a Responsible Child』(1971), 『과감한 훈육 Dare to Discipline』(1972) 같은 제목이 붙은 책들이 교외의 도서관 책장에서 스폭과 리블Ribble의 색 바랜 책을 밀어내기 시작했다. 이 책들은 관대함의 결과라고 추정할 수 있는 마약 중독자, 동성애자, 혁명론자에 대해 때로는 명백하게, 때로는 모호하게 언급하며 관대함의 실패에 관한 짧은 개관으로 시작하기 일쑤였다. 이후 독자는 그 책에서 밝힌 완력을 쓰지 않고도 아이들을 관리할 수 있다는 기술에 안심한다. 예를 들면 『당신도 훌륭한 자녀를 키울 수 있다You Can Raise Decent Children』의 속표지에는 이렇게 씌어 있다.

몇몇 지도자들은 여전히 스폭 표시가 찍힌 세대의 "아이들"을 추켜세운다. 그러나 대부분의 부모들은 극도로 걱정한다. 자녀를 히피나 약물 중독자, 급진주의자나 중도 탈락자가 되지 않도록 키우는 것이 가능한가? 두 명의 저명한 의사는 그렇다고 말하며 어떻게 가능한지 보여 준다. 그들은 규율의 중요성, 확고하면서도 사랑으로 규율하는 법, 왜 관대함이 폭력을 낳는지, 남성성과 여성성의 바탕, 그리고 여성 해방과 동성애가 개방된 오늘날 자녀들을 어떻게 키울 수 있는지에 대해 어느 부모라도 이해할 수 있도록 상세히 설명한다. …**106**

이건 마치 완전히 한 바퀴 돌아서 "과학적 모성"의 시대로 되돌아온 것 같다. 그때는 다루기 힘든 유아들을 올바른 시민으로 만들고자 어머니들과 전문가들이 결합했던 때였다. 그러나 상황은 결코 똑같이 반복되지 않는다. 50년간 진행된 정치적 분위기, 경제, 과학 내용의 역사적 변화 속에서 어머니-아이-전문가라는 과거의 삼각관계는 상상할 수 없을 정도로 뒤틀렸다. 먼저, 전문가들이 지위를 잃었다. 당시에 살았던 여성들이 기억하기에는 전문가들은 너무 자주 싸웠고, 너무 자주 변덕을 부렸다. 처음에는 산업형 행동주의, 그다음에는 관대함, 마지막으로 1950년대와 1960년대에는 관대함에 대한 반발이 있었다. 육아에 적용된 "과학"은 어떤 국가적 경향이나 기업의 요구에도 잘 들어맞을 카멜레온처럼 보이기 시작했다.

다른 한 가지 변화는 아동의 지위였다. 아동의 지위 변화가 **아동의 세기**에서 시작됐다는 것을 상기해 보라. **아동**은 미래의 희망이자 진화적 진보 메커니즘이었으며, 미국의 상징이요, 모든 여성의 삶의 목표이자 목적이었다. 그러나 수십 년간의 공인된 아동중심주의가 지난 후 젊은이들이 한국전쟁에서 보여 준 "실패"와 이후에 이어진 베트남전쟁에서 보여 준 "배신"은 어쩌면 아이들에게 미래를 맡길 수 없다는 불안한 가능성을 제기했다. 분명한 것은, 보수적인 미디어에서 젊은 변절자, 급진주의자, 동성애자, 비행 청소년 등의 긴 행렬이 지나가는 것을 본 후, 여성이 육아보다 더 고귀한 숙명을 가질 수 없는지에 대한 논쟁은 점점 더 심해졌다.

마거릿 오브라이언Margaret O'Brien, 리키 넬슨Ricky Nelson, 비버 클리버Beaver Cleaver, 미키 친구들the Mouseketeers 등 1940, 50년대의 사랑스러운 어린 스타들이 악마에게 속해 있거나 악마에게 고용되었거나, 혹은 악마가 아버지였던 어린이들로 대체됨으로써 아동에 대한 문화적 이미지는 1960년대 이후 즉각 변했다. 〈악마의 씨Rosemary's Baby〉(1970)는 20년 전에는 상상조차 할 수 없었던 여성의 딜레마를 그렸다. 이를테면 여느 보통의 젊은 아내처럼 간절히 원하던 아기를 가졌으나 자신이 사탄의 태아를 잉태하고 있는 것을 발견하는 딜레마이다. 이후의 영화는 한 단계 더 나아가 아이에 대한 공포를 직접적으로 전달한다. 이 조숙하고 살기로 가득 찬 유아에 대한 영화 광고는 "아기 데이비스에게 단 한 가지 잘못된 것이 있다면, 그것은 바로 *아기가 살아 있다는* 것이다."라고 말했다. 이것은 비난이었으며, 마치 수백만의 실제 아동에 대한 미국의 느낌을 반영한 것 같았다. 1970년이 되자 **아동의 세기**는 나머지 30년을 채우지 못한 채 막을 내렸다.

전문가의 추락

제8장
피학적 모성에서 성적 시장으로

    아이들이 너무 관대하게 자란다며 전문가들이 걱정하고 있던 동안에도 가족 중 한 사람—**엄마**—은 관대함을 맛본 적이 없었다는 점을 어느 누구도 알아차리지 못했다. 관대함은 아이들을 위한 것이었고, 그다음으로는 **아빠**를 위한 것이었다. 아이들은 어른의 규칙과 스케줄로부터 자유로웠고, (적어도 대중매체에 등장하는 이상적 가족 안에서는) **아빠**는 자유롭게 쉴 수 있었다. 약간의 맥주를 마시고 잠깐씩 야구를 하며 어쩌면 잔디 깎는 새 기계가 필요하다는 생각을 하면서. 그러나 아기 방과 서재에서 솔솔 풍겨 나오는 연꽃 향기 같은 관대함이 부엌까지는 결코 스며들 수 없었다. **아빠**가 TV를 보는 동안 누군가는 아이가 싫증 내는 장난감을 치워야 하고 설거지를 해야 했다. 여성을 위한 문화적 사명은 쉬고, 즐기고, 탐닉하는 것이 아니었다. 그녀는 소비자로서 가족의 요구를 적절한 음식과 가구, 음료로 전환시켜 주면서 다른 사람의 이익을 위해 일했다. 관대함이라는 이데올로기 속의 어떤 묘한 불균형 때문에 가족의 모든 구성원들은 자신을 위해 살지만 어머니는 *가족 구성원*을 위해 살았다.

    전문가들은 할 수 있는 한 오랫동안 여성성의 가정적 이상에 매달렸다. 그러나 한쪽에는 자기만족 문화, 다른 한쪽에는 어머니의 자기희생이라는 전문가의 이상이 서로 대립하고 있어 둘 사이의 긴장은 점차 견딜 수 없게 됐다. 그 모순의 간극을 메우려고 한 정신의학이론은 여성성이 또다시 일종의 질병으로서만 설명될 수 있게 될 때까지 훨씬 더 왜곡되고 기괴한 "마조히즘"이 될 것이었다. 1960년대가 되자 전문가들의 이론은 여성의 고유한 염원과는 절망적일 정도로 멀어지게 됐다. 여성은 완전히 새로운 자아상을 위한 준비가 돼 있었고, 여성의 과거 이미지로부터 돈을 벌었던 일부 광고주와 시장 연구자는 새로운 이미지를 장려하는 데 도움을 주었다. 1960년대와 1970년대의 "새로운 여성"은 과학적으로 합리화된 가정중심성의 세기보다 훨씬 더 모순적이었다. 새로운 여성은 과거의 가정중심적 이상에서 철저히 탈피한 상태였으며 자신만의 전문가, 자신만의 "라이프 스타일"을 요구했다. 더 정확히 말하면 자유와 욕구 충족을 약속하는 "라이프 스타일"이라는 발상이 이 새로운 여성과 함께 태어났다.

세기 중반의 마조히즘

세기 중반의 정신분석이론은 여성에게 자기부정이 필요함을 계속해서 주장했다. 전문가들에 의하면 건강하고 성숙한 여성성으로 향하는 길은 희생으로 뒤덮여 있었다. 정신분석학자 헬레네 도이치Helene Deutsch는 권위 있는 두 권짜리 여성 연구서에서 여자가 여성스럽기 위해 *포기해야* 하는 모든 것을 묘사했다. 첫째, 여성은 사춘기에 가졌던 모든 야망을 포기하고 모성이라는 필연성, 즉 여성의 "현실 원칙"을 따라야 한다. 도이치에 따르면 진정한 어머니다움은 "모든 남성적 희망을 포기하거나 다른 목표로 승화될 때만 달성된다. 만약 '남근 결핍이라는 해묵은 요인이 아직 그 힘을 상실하지 않았다면' 완전한 어머니다움을 달성하기까지는 여전히 갈 길이 멀다."[1]

여성은 자신의 "남성적" 야망을 아이(그 아이가 아들이라면)에게로 옮김으로써 그 야망을 단념할 수 있었다. 도이치는 프로이트의 다음과 같은 말을 인용하며 동의한다. "어머니는 자기 속으로 억누를 수밖에 없었던 욕망을 아들에게로 옮길 수 있다. 어머니는 자신 안에 남아 있는 모든 남성성 콤플렉스를 아들이 채워 주기를 기대한다."[2] 그러나 어머니가 자아 기대를 아이에게 투사함으로써 감소된 자아 기대에 자신을 맞추면 그녀는 곧바로 아이가 실제로 자신의 야망을 충족시켜 줄 것이라는 모든 희망을 포기해야 한다. "어머니는 자녀의 존재라는 목표 외에 다른 어떤 목표도 자녀를 통해 달성하려고 애써서는 안 된다."라고 도이치는 경고한다. 결국 어머니는 최종적으로 포기를 한다. 아이 자체를 깨끗이 단념하는 것이다. "여자의 두 가지 위대한 임무는 조화로운 방법으로 아이와 자신을 하나로 묶는 것과 나중에 그 결합을 무리 없이 푸는 것이다." 도이치는 이 모든 것을 "모성의 비극적 운명"으로 설명하면서 다음과 같이 위로한다. "본성을 따르는 것이 아마도 가장 성공적일 것이다. 자녀를 많이 낳는 것이 비극적 손실에 대한 최고의 예방책이다."*[3]

여성의 본성인 자기거부의 "본질"은 소비 중심 경제가 만든 문화적 분위기와 조화되기 어려웠다. 이 사회는 무엇보다 개인주의에 가치를 둘 것을 주장하고 모두가 개인적 만족을 찾는 데 일생을 바칠 것을 권하는 사회였다. 그러나 인구의 반은 자신의 해부학적 구조로 인해 자기부정과 금욕적 생활을 하

---

* 그러나 도이치 자신은 단 한 명의 자녀만을 가졌다. 1973년 인터뷰에서 파울라(Paula)라는 유모가 자신의 아들을 어떻게 키웠는지 회상했다. "그녀는 바빴기 때문에 '아들을 보기 위해 유모의 문 밑으로 5달러짜리 지폐를 밀어 넣어야 했다.'라고 회상한다. 도이치 박사는 이런 식의 대리적 모성에 동의하지 않았고 그에 대한 죄책감으로 괴로워했지만 그 경험이 아들에게 해가 됐다고 보지는 않는다고 말한다."[4]

도록 운명이 정해져 있는 것처럼 보였다. 정신분석학적 세계관은 대부분의 여자들이 경제적으로 남편에게 의존해 있고 사실상 인공 유산과 탁아를 할 수 있는 통로기 없다는 너무니 분명하고 객관적인 이유들을 전혀 설명해 낼 수가 없었다. 여성이 고통을 받아야 하는 이유를 쾌락에 탐닉하는 사회 전체 문화와 조화시키는 유일한 논리는 여자들에게 *고통은 즐겁다*라고 주장하는 것이었다. 여성의 성격에 대한 정신분석학적 해석은 1930년대부터 문화적으로 더욱 잘 받아들여졌고, 관대함의 시기가 정점에 이르렀던 1940년대와 1950년대에 여성의 피학성에 대한 프로이트 학파의 신념은 확고하게 자리 잡게 됐다.

여성에게는 섹스조차도 행복한 자기부정의 연습이어야 했다. 이 시기가 되면 여성이 과보호나 모성 부적응의 다른 양상을 보이는 경우 치료사들이 성적 쾌락을 처방할 정도로 여성의 성적 쾌락은 부끄럽지 않은 것이 됐다. 그러나 성숙한 여성적 섹슈얼리티로 가는 여성의 여정은 "진정한 어머니다움"으로 가는 길처럼 슬픔에 잠긴 순례 여행이었다. 첫째, 여성은 소녀티를 벗어 감에 따라 음핵 쾌락을 단념하고 모든 성적 느낌을 질로 이동시키려는 시도를 해야 했다. 프로이트의 이론에서 음핵은 작은—어처구니없이 부적합한—음경이었다. 음핵에 집착하는 것은 크고 당당한 남성 성기와 비교되는 굴욕을 초래할 뿐이었다.* 여자가 음핵을 버리는 임무를 완수하면 그녀는 모든 상징적인 남성적 노력(남근 선망)을 제쳐 두고 수동적 삶을 받아들이게 된다. 이 모든 것에 대한 "두둑한 대가"는 이성애적 질 섹스의 쾌락이 될 것이지만, 남

---

* 예를 들면 정신분석학자 마리 보나파르트는 음핵을 "남성의 음경과 비교해 볼 때 퇴화된 남근상"으로 묘사했다. 이 "흔적" 기관은 "그 주인의 상상 속에서조차 결코 음경이 감당하겠다고 나선 활동 정도를 달성할 수 없는 운명이었다. 왜냐하면 이 점에 있어서는 남성 기관이 더 나은 능력을 갖고 태어났기 때문이다." 그러나 같은 문단에서 보나파르트는 "음핵형 여성의 기능적 부조화는" 음핵에 "활기찬 충동이 지나치게 꽉 들어차 있기" 때문이라고 밝히고 있다.[5]

근을 선망하는 음핵 정체성을 가진 여성은 결코 그 쾌락을 얻을 수 없다는 것이었다. (런드버그와 펀햄은 남근을 선망하는 잠자리 상대에 대해 "의존해야 할 신체 기관을 갖고자 하는 여성의 무의식적 갈망은 성관계를 할 때 그녀를 만족시키는 그 기관의 막대한 힘을 받아들이는 여성의 능력과 맞서 싸우게 된다."라고 말했다.6) 정신분석학 이론에서 질 섹슈얼리티는 사실상 무기력과 타락이라는 새로운 경험을 제공했다. 헬레네 도이치는 그것을 "페니스에 의해 피학적으로 정복되는" 경험으로 묘사했다. 정신분석학자 마리 보나파르트Marie Bonaparte는 거기서 한발 더 나아가 여성의 피학성은 "성교 시 나타나는 여성의 수동성과 결합해 여성으로 하여금 남성의 다소 야만스러운 방법을 환영하고 높이 평가하도록 한다."라고 진술했다. "실제로 정상적인 질 성교는 여성에게 해가 되기는커녕 정반대다."라고 덧붙임으로써 만족해하는 것처럼 보인다.7

말할 필요도 없이 피학적 섹스는 피학적 모성과 긴밀하게 연결돼 있었다.

> 모성에 대한 갈망은 … 질애vaginalization[성감대를 질로 옮기는 것]에 너무 도움 되는 요소로서 … 종종 아주 가정적인 여성들을 성애 기능에 가장 잘 적응하게 만든다. … 모성 기능의 심리적 거부나 모성 본능의 결함은 … 여성들이 성애 기능을 확립하는 데 있어 대개 전형적인 실패와 관련돼 있다.8

헬레네 도이치는 여성 피학성 이론을 극단까지 끌고 가, 오르가슴과 분만 사이의 관계가 너무나 밀접하기 때문에 두 경험은 실제 "하나의 과정"이며 오르가슴을 "실패한 분만"으로 말할 수 있을 것이라고 주장했다.9

여자들이 피학적이라는 생각은 모든 문제를 해결할 수 있는 것으로 보였다. 남성우월주의자의 관점에서 보면 여성의 운명은 천한 노동과 성적 굴욕으로 구성돼 있었다. 그러나 이러한 것들은 피학성을 가진 사람인 그녀가 좋아하고 필요로 한 바로 그것들이었다. ("피학성"에 대한 설명은 매우 편리하고 전체주의적이어서 왜 정신의료 전문가들이 그것을 가난한 사람이나 소수 인종과 같은 다른 집단으로 확장하려고 생각하지 않았는지 궁금할 따름이다.) 동시에 여성의 피학성이라는 발상은 성적 낭만주의 이론이 점차 추락하는 전조였다. 한때 여성들은 지적 도전, 활동, 가사와 자녀에 대한 권력을 약속한 가정중심성에 이끌렸었다. 20세기 초의 어머니운동이나 가정과학운동 하에서 여성들은 모성에 *복종해야* 한다는 것, 곧 모든 것을 포기해야 한다는 것에 대해 아무런 이의를 제기하지 않았다. 에너지, 지성, 야망은 과학적 어머니가 가정을 경영하고 자녀를 양육하기 위해 꼭 필요로 했던 특성이었다. 이제 세기 중반에 여성을 가정에 붙잡아 둔 것은 에너지가 아니라 수동성이었고, 야망이 아니라 체념이었으며, 기쁨이 아니라 고통이었다. 남성우월주의적 관점에서 볼 때 여성의 역할은 생각할 가치조차 없으며 거기에 꼭 맞는 사람이 있다면 그 사람은 제정신이 아니었다. 여성의 피학성 이론은 정신의료 전문가들이 일조해 구축했던 여성적 이상형이 성취하기 힘들 뿐만 아니라 아마도 불가능할 것이라는 점을 인정하는 증표가 됐다.

여성이 되는 임무가 몹시 힘들다면 그다음은 질로 만족하는 성숙한 여성인 "진짜 여성"은 예외라는 주장이 뒤따라왔다. 정신의료 전문가들은 세기 중반 남성성의 위기설에 사로잡혀 미국이 여성답지 않음이라는 유행병으로 고통받고 있다고 확신하게 됐다. 악마적 성질을 가지고 있다는 표식을 찾아내려 한 중세의 마녀 사냥꾼과 같은 열정으로, 의사들과 치료사들은 이러저러한 이유로 "여성성을 거부"하는 게 틀림없는 수백만 여성들을 몰아내기 위해 뭉쳤다.

심리요법 치료사들은 모든 좌절하고 불행한 환자에게서 "여성성 거부" 현상을 발견했다. 의사 헨드릭 리튼빅Hendrik Ruitenbeek은 자신의 작품집『정신분석과 여성 섹슈얼리티Psychoanalysis and Female Sexuality』서문에서, 어떤 환경에서도 여자는 "자신의 '진정한 본성'에 이르기 위해 험난한 길을 걸어야" 하는데 현대의 사회적 조건이 "수동성을 지향하는 여성의 활동을 더 힘들게 만들고 있다."라고 썼다. 그는 "너무 많은 여자들이 단순히 남편의 성취를 음미하기보다는 여성 스스로 무언가를 하거나 무언가를 얻으려 한다."라고 설명했다. 이러한 "음핵형 여자들"은 전문적 교육을 기피하고, 일찍 결혼하고, 대가족을 갖게 될 때조차도 질 오르가슴을 갖지 못하는 무능함을 통해 자신들의 운명에 저항한다는 것이었다.

> 남성적 활동이 가치의 기준인 세계에서—분석가들은 신체적으로나 심리적으로 볼 때 남성적인 성적 행동이 일종의 성취라고 지적하고 있다—삶의 다른 양상에서와 마찬가지로 섹스에서 여성의 경험은 남성의 지배에 대항한 매우 모호한 투쟁의 성격을 띠고 있다.[10]

그렇다면 불감증에 대해 불평하는 모든 여자들은 실제로 "본성과 사회가 그들에게 부과한 수동성에 반역하는 상태"에 있음이 분명했다. 보기에는 여성스러운 여자들조차 자기 내부의 남성적 노력에 대해 교묘하게 "과잉 보상"을 주고 있는 것일 수도 있었다. 정신분석가 조앤 리비에르Joan Riviere는 동료 치료사에게 "그녀가 간절히 뺏고 싶어 하는 특권을 가진 남자에 대한 두려움 때문에 보복을 피하고 자신의 불안을 숨기기 위해 여성스러움이라는 가면을 쓴 여성"을 조심하라고 경고했다.[11] 리튼빅은 현대 여성은 "정상적인" 질 섹슈얼리티를 성취할 수 있는 가능성이 너무나 희박하기에 대부분의 여자들은 더 단순한 즐거움, 이를테면 "그녀가 바라는 것이 매력적임을 자각하는 것, 성적으로 남자를 흥분시키는 능력, 출산, 그리고 원래 목적에서 벗어난 성적 쾌락인 애정과 부드러움 같은 것에 만족하도록 자신을 조절해야 한다고 결론 내렸다."[12]

심리요법으로서의 부인과학

1950년대 부인과 의사들은 정신과 의사들이 "여성성 거부 현상"을 찾는 데 동참했고, 아니나 다를까 모든 환자에게서 여성성 거부 현상을 발견하기 시작했다. 여성의 심리를 간섭과 조사가 필요한 영역이라고 한 부인과 의사들의 주장은 세기 초반에 프로이트에 의해 도전받았었다. 그 뒤 1920년대 호르몬의 발견으로 부인과 의사들은 진료 영역을 여성 심리로까지 확장시킬 새로운 자격을 확보했다. 부인과 의사들에게 호르몬은 뇌와 자궁 사이에 있으리라고 오랫동안 생각해 온 물질적 연관성을 제공해 주었다. 여성의 재생산 기능은 부분적으로 뇌하수체 분비선에 의해 조절되며, 뇌하수체 분비선은 다시 (많은 기본적인 감정과 욕망이 일어나는 자리로 생각된) 뇌의 시상하부 활동에 속한다는 것이었다. 시상하부와 자궁 간의 연관성은 여성에 대한 새로운 학제적 접근의 길을 닦았다. 시상하부가 전문 영역이었던 정신과 의사는 부인과 의사들이 자신들의 영역이라고 주장한 신체의 아랫부분에 대해 할 말이 많았던 게 분명했다. 반대로 부인과 의사는 자궁에 접근할 수 있었으므로 정신과 의사의 전통적 영역에서 발생하는 신체 기능의 문제점을 발견해 낼 수 있는 위치에 있었다.

부인과 의사들은 여성의 심리 판정에 급급해 여성의 재생산 기관은 거의 포기할 정도로 새로운 책임 영역을 열정적으로 받아들였다. 학술 전문지 ≪산부인과Obstetrics and Gynecology≫의 한 논문은 다음과 같이 기술했다.

> 골반 기능과 심리적 요인의 관련성에 대한 증거가 축적됐기 때문에 산부
> 인과 의사는 전체적인 환자 관리에서 더 포괄적인 역할을 떠맡는 경향이
> 있었다. ⋯ 또한 골반 증상을 기관의 질병이라기보다는 그 아래에 깔려 있
> 는 감정적 스트레스와 관련짓는 것이 더 적합하다는 것을 발견했다.[13]

따라서 심리요법 치료사에게 도움을 청해 본 적도 없고 감정적 스트레스
같은 것은 전혀 몰랐을 수많은 여성들은 자신도 모르는 사이에 부인과 의사
들에 의해 분석되고 있었다. 골반 검사 자체는 환자의 정신 결함 진단에 도움
을 주는 유용한 도구가 될 수 있었다. 의사의 상상 속에서 골반 검사는 가상
의 이성애적 성교와 같았다. 따라서 골반 검사는 여성의 성적 적응 정도를 측
정하는 데 사용될 수 있었다. 의사가 해야 하는 일이라고는 그의 관심을 환자
의 자궁경관과 자궁 등에서부터 검사에 대한 환자의 *반응*으로 바꾸는 것뿐
이었다.

> 골반 검사를 하는 동안 지나치게 유혹적인 환자는 근본적으로 히스테리
> 증상을 가지고 있을 수 있고, 질 경련과 극단적인 불안은 불감증과 관련되
> 어 있을 수 있으며, 이것은 이따금 완벽한 결혼 생활을 하지 못하는 것과
> 관련 있는지도 모른다.[14]

(모성적 퇴행이라는 주제를 다룬 앞 장에서 인용했던) 테레세 베네덱 같은
정신분석학자는 부인과 의사들로 하여금 "여성성 거부" 증상을 찾는 데 동참
하도록 독려했다.

… 현대 사회의 가치 체계를 받아들임으로써 여성은 자신들의 생물학적 욕구에 맞서 엄격하게 자기방어적 성격을 발달시킬지도 모른다. 이 과정에서 일어나는 갈등은 정신과 의사의 진료실에서뿐만 아니라 부인과 의사, 내분비학자의 진료실에서도 임상적으로 관찰될 수 있다.[15]

베네딕과 같은 맥락에서 부인과 의사 스터지스Sturgis와 멘저 베나론Menzer-Benaron은 1962년 연구 보고서 『부인과 환자: 신경내분비 연구The Gynecological Patient: A Psycho-Endocrine Study』의 서문에서 다음과 같이 썼다.

우리는 이 학문[부인과]이 재생산 체계의 수행에 영향을 받거나 영향을 주는 여성 신체의 일부 구조나 기능에서 발생할 수 있는 문제들을 포착해야 한다고 생각한다. 개별 여성들이 겪는 많은 신체적·정신적 건강 악화는 그녀가 자신의 여성적 역할을 의식적으로든 무의식적으로든 수용하는지 여부를 통해서만 제대로 이해될 수 있다는 선언에 특히 감명 받았다.[16]

한때 이 "선언"("사실", "가설", 또는 "이론"이 아니라 "선언"이라는 점에 주의할 것)은 받아들여졌으며, 설사 있다손 치더라도 실제로 여성성 거부 증상이 아닌 부인과 질병은 거의 없는 것처럼 여겨졌다. 1950년대와 1960년대 부인과 의사들이 심리적 요인에 의한 것이거나 어떻게든 "불완전한 여성화"에 의해 발생한 것으로 보기 시작한 증상에는 생리통, 과도한 산통, 생리 불순, 골반 통증, 불임, 습관성 유산이나 조산, 심한 입덧, 임신 중독, 난산 등이 있었다.[17] 여자들은 어디서든 "자신의 여성성과 싸우고 있는" 것처럼 보였고, 진료실로 쇄도하는 피해자의 물결 때문에 부인과 의사들은 때로 심리적 압박감을 느꼈음에 틀림없다. 1959년의 한 육아 서적은 젠더 부분을 시작하면서 부인과 의사의 임무를 이렇게 묘사했다.

> 힘든 하루가 끝나고 한 여성 부인과 의사는 진료실에 앉아서 담배를 피우
> 며 근무시간 동안 진료했던 많은 환자들을 떠올렸다. 몇몇 환자들은 아무
> 런 신체적 원인도 찾을 수 없었던 불가사의한 기능 장애를 가지고 있었다.
> 또 다른 환자들은 단지 산전·후 검진을 위해 와서는 자신들이 괜찮다는 것
> 을 웃으며 강조했다.
> 마음속으로 두 가지 유형의 환자를 되새기자 문득 큰 충격과 함께 어떤 생
> 각이 떠올랐다. "불가사의한" 기능 장애를 가진 여자들에게는 한 가지 공
> 통점이 있었다. 그녀들은 모두 자신이 여자라는 것을 한탄했다. 그녀들은
> 좋은 것은 남자들이 다 가졌다고 생각했다. 젠더에 대한 그녀들의 불만이
> 바로 이러한 기능 장애를 일으킨 것이었다. 다른 여자들, 행복하고 건강한
> 여자들은 여자로 사는 것, 똥 기저귀를 찬 아기, 담배 냄새 나는 남편 등
> 모든 것에 대해 만족했다. 불행하게도 이렇게 진정한 여성 부류에 속한다
> 고 말할 수 있는 여성은 현대 여성의 절반도 안 된다.*18

임신은 의사들에게 여성의 발달 과정에서 중요한 시기 동안 장기적으로 여
자를 감시할 수 있는 기회를 제공했다. 정신분석학자들은 임신 기간 동안 자
신이 여자라는 사실을 거부할 수 없는 "증거"에 직면하게 된 여성을 진지하게

---

* 작가가 이 허구적 일화에 여성 부인과 의사를 선택한 것은 놀랍다. 당시 여성은 부인과 의사의 5
퍼센트도 안 됐으며 또한 여자 의사보다 "진정으로 여성적"이지 않은 여자는 거의 상상할 수 없었
다. 여성스러운 환자들이 남편의 담배에 피학적 적응을 해 왔다고 하면서도 정작 작가는 여자 의
사가 담배를 피우는 장면을 그리고 있다. 그들이 다른 여자들의 비여성성을 폭로하면서 자신의
경력을 쌓아 가기 때문에 남성화되고 과학적인 소수의 여성들이 존재할 여지가 있었던 것 같다.
메리니아 펀햄, 헬레네 도이치, 테레세 베네덱이 실제 삶에서 그랬다.

관찰했다. 그들의 관점에서 볼 때 그녀의 반응은 당연히 공포와 혐오였을지도 모른다. 1965년 신과학 교재에서 의사 스튜어트 애쉬Stuart Asch가 쓴 장을 보자.

임신은 … 정신적으로 가장 건강한 사람을 혼란에 빠뜨릴 것이다. 따라서 우리는 불안의 *일부* 징후가 임신 기간 동안 *항상* 나타난다는 것을 알게 된다. 가장 심각한 반응으로는 병적인 공포증, 우울증, 정신 이상을 포함해 다양한 정신병의 형태로 나타날 수 있다.

저자는 계속해서 임신은 "여성에게 고통을 주고" "여성을 추하게 만들기" 때문에 임신한 여성이 자신의 상황을 싫어하는 것은 당연하다고 덧붙였다.[19]
따라서 *모든* 임산부들은 일시적으로 신경과민이며, 부인과 의사들의 은밀한 정신요법 치료가 필요한 상태로 간주되어야만 했다. 같은 책에서 마르셀 하이만이 쓴 장에 따르면, 다음과 같은 환자들이 특히 "위험"하다.

… 스스로를 비교적 "사회의식이 있다."라고 생각하는 환자들이다. 그들이 반드시 더 성숙한 것은 아니며, 그들은 의학적으로뿐만 아니라 사회적으로 모든 "전위적인" 것들에 적극적으로 관심을 표명함으로써 자신들이 어떤 사람인가를 자기 자신과 다른 사람들에게 설득시키기 위해 노력하고 있다. … 이 사람은 "자연 분만", 최면, 출산을 하나의 "경험"으로 사용하는 방법에 관심 있는 환자다.[20]

사실 "사회의식이 있고" 자신의 출산 경험에 참여하는 데 관심을 가진 적극적인 환자는 어쩌면 보통 환자보다 훨씬 더 유아적이고 신경과민이었을 것이다. 하이만은 자연 분만에 찬성하는 환자는 정말 멍청한 사람이라는 것을 암시하면서, "애같이 암시를 잘 따르는 임신한 여자의 성향은 그동안 '자연 분만'법을 주장하는 일부 사람들에 의해 알게 모르게 이용되거나 착취됐다."라고 경고했다.[21] 애쉬는 "'자연 분만'에 대한 열의로 광적인 상태에 이른 보통 여자"에 대해 언급하며 다음과 같은 "주의 사항"을 썼다.

> 그 주제에 대한 그녀의 타협하지 않는 태도와 요구의 강도는 종종 심각한 정신병을 나타내는 위험한 신호이다. … 이러한 종류의 환자는 자연 분만을 할 수 있는 후보자가 *아니며* 철저하고 지속적인 정신과적 도움이 필요하다.[22]

모든 여성들에게 산전 관리는 환자가 점차 자신의 여성성을 받아들이게 될 정신과적 치료의 기회로 간주될 수밖에 없었다. 간호 학술 전문지 ≪간호 포럼Nursing Forum≫에 보도된 1969년의 사례 연구는 산전 관리에서 신체적 측면과 섬세한 상담이 융합되었을 때 달성할 수 있는 성공 사례가 어떤 것인지를 보여 줬다. 이 논문을 쓴 간호사의 집중 상담 대상이자 산전 관리 환자였던 스무 살의 "주디"는 불행하게도 가족의 성역할 사회화가 실패한 경우였다. 그녀의 아버지는 거의 흠잡을 데 없었다. 그는 성역할을 가르치는 사람으로서 도구적 역할에 너무 성실해 주디가 6학년 때 운동회에서 상을 타 오자 "실망해서" 딸에게 소녀가 되도록 더욱 애쓰라고 촉구하는 메모와 함께 주름 달린 팬티를 선물했다. 이 모든 것에도 불구하고, 주디의 간호사는 "주디가 문화적으로 인정된 수동적이지만 창조적인 아내와 가정주부 역할을 떠맡지 못하는 것으로 보인다."라고 언급했다.[23] 주디는 "청바지와 남편의 스웨터"를 입었고, 간호사가 보기에 "고음으로 말하는" (성역할 사회화의 또 다른 실패인가?) 남편을 압도했다. 스스로를 성공적 여성성의 모델이라고 확신하는 간호사의 장기간에 걸친 도움으로 주디는 자신의 모성 운명을 받아들이게 되고 남편에 대해 보다 적절하고 순종적인 대도로 변한다.

일단 부인과 의사들이 환자들의 정신 건강을 책임지게 되자, 전체 국민의 사회적 안녕에 대한 책임을 떠맡는 것은 시간문제였다. 부인과적 문제는 정말로 심리적인 문제였고, 심리적 문제는 필연적으로 사회적 문제로 등장했으므로, 부인과 의사는 질염이나 생리로 인한 증상 등등은 사실상 전혀 치료하고 있지 않았다. 부인과 의사는 사실 "이 나라의 가족생활"을 치료하고 있었다. 스터지스와 멘저 베나론은 『부인과 환자』의 결론에서 "성적 불행, 깨진 가정, 혼외 출산, 감염성 낙태와 불임"을 집계한 표를 "국내 여성들의 부인과적 건강 지표"로서 인용했고, 뒤에 그 표에 성적 일탈과 비행을 추가했다. 저자들은 이혼, 낙태, 불법 출산 등의 수를 급하고 경각심 들게 추산한 후, "불임에 따른 좌절과 싸우고 있는 1000만 명의 결혼한 부부"를 포함한 이 모든 문제가 "국내 여성들의 재생산 기능의 건강 상태가 나쁘기 때문"이라고 탓했다.[24]

한때 가정의는 환자의 "친구이자, 보호자이자, 선생님"이었다고 그들은 주장한다.

신부나 목사로서 그는 혼외 출생, 낙태, 이혼을 막는 마지막 보루였다. … 오늘날 의료직에서 산과 의사와 부인과 의사가 아마도 이러한 위치에 가장 잘 맞는 사람일 것이다. …

부인과 의사들은 가능한 한 일찍, 이를테면 "소녀가 반감 없이 골반 검사를 치를" 때인 혼전 방문에서 환자의 상담가라는 위치를 확보해야 한다.[25] 그러면 성숙한 여성성을 달성해야 하는 어려운 임무에서 여자는 결혼과 어머니로서의 운명을 받아들이는 것을 도와줄 의사의 지속적인 관리 감독을 필요로 하게 될 것이다. 이러한 지도 없이는 국가 전체의 사회적 조직은 해체돼 버릴 수도 있다. 스터지스와 멘저 베나론은 개별 여성을 지도하여 이들로 하여금 각 가정에 성공적으로 적응하게끔 지도할 "훈련된 인력이 결코 충분치 않아 보인다."라며 개탄했다.

피학적 엄마의 반란

미국 여성들이 대규모로 여성성을 거부하고 있다는 의료계의 인식은 남성의 불안감을 진정시키는 데 도움이 됐고, 당연히 전문직에게 끝없는 자기향상이 가능함을 시사했다. 그러나 그것은 또한 단단한 진실의 씨앗을 포함하고 있었다. 여성들은 단순히 피학적 이상에 부응하기 위해 스스로를 몰아붙이지 않을 것이었다. 그들은 "여성성"을 거부하고 *있었던 것이다*. 1960년대 초가 되면 여성들은 새로운 여성적 이상에 다다를 것이었다. 그것은 병약자, 과학적 주부, 리비도적 어머니 등 이전의 모든 정신의학적 발명품들을 깔보는 듯 너무나 달라서, 오래된 과학적 권위는 결코 그 충격에서 완전히 회복할 수 없게 될 것이었다.

여성의 피학성이라는 이데올로기도 미국 주부들이 가지고 있던 진짜 불만의 신호를 숨기지 못했다. 1960년 9월 《레드북Redbook》은 "왜 젊은 엄마들은 함정에 빠졌다고 생각하는가"(이것은 그 신중한 어조로 봤을 때, "왜 젊은 엄마들은 때로 갈등을 겪는다고 느끼는가"라고 제목을 붙여야 했을지도 모른다)라는 칼럼을 실었다. 독자들에게는 경험에서 우러난 답글을 써 보내 달라고 요청했다. 편집자들은 기껏해야 몇 백 통의 손편지를 받을 것으로 예상했다. 그러니 한 달 만에 편지가 1000통이나 도착했고, 4년 동안 5만 통이 도착했다. 대부분의 녹자들의 편지는 자신이 우울증, 재정 부속이나 빙동이 키우기 등등을 어떻게 극복했는지에 대한 쾌활하지만 희미한 환멸이 담긴 "극복" 이야기였다.[26]

산처럼 쌓여 가는 가정 내 불만으로부터 여성 문학이라는 새로운 장르가 발달했다. 19세기 여성들은 소설과 일기로 절망을 덜었고, 20세기 중반에는 "유머"를 썼다. 페그 브랙큰Peg Bracken의 『나는 요리가 싫다 Hate to Cook Book』, 진 커Jean Kerr의 베스트셀러 『데이지를 먹지 말아 주세요Please Don't Eat the Daisies』가 있었다. (에마 봄벡Erma Bombek의 『정화조 위 잔디가 항상 더 푸르다The Grass Is Always Greener Over the Septic Tank』는 이후에 나온 책이다.) 그 유머는 피학적 역할에 철저하게 적응한 가정주부에 걸맞게 자기를 비하하는 종류의 유머로 작가는 말썽쟁이 아이들, 무심한 수리공, 생각 없는 이웃들에 비해 제대로 된 남자로 등장한다. 동시에 가정 유머 장르는 아이, 남편, 전문가에 대한 적대감이 은밀하게 배출되는 통로를 제공했다. 커는 자신이 "젊어서 스폭 박사에 푹 빠져 있었다."고 회상하면서 다음과 같은 단언으로 자신의 책을 시작한다.

(나의 아이들은) 우리가 왜 그들을 거부하는지 알아내기 위해 정신과 의사에게 시간당 25달러를 지불할 일은 없을 것이다. 왜 그 아이들을 거부하는지 말해 주겠다. 왜냐하면 가망이 없는 아이들이기 때문이다.[27]

이 거침없는 냉소는 가정주부가 처한 상황에 대한 신랄한 비판으로 발전하지는 못했다. 가정 풍자극의 모든 소모적인 이야기 끝에는 항상 모든 것을 가치 있는 것으로 만드는 유치한 친절, 이를테면 끈적한 키스나 **엄마**가 가장 좋은 콜드크림으로 빚어 낸 애정 공세 따위가 있었다. 게다가 가정 유머 책들이 함의하고 있는 것은 일상의 골칫거리에서 약간의 웃음을 짜낼 수 있을 정도로 온화하고 재치 있는 여자는 사실상 그다지 많은 보상을 필요로 하지 않는 다는 것이었다. 한 주부 작가는 "우리의 삶은 끝없이 보람 있는 것은 아닐지 모른다. 그렇지만 제법 재미있을 수는 있다."라고 결론 내렸다.[28]

매일같이 반복되는 아기 울음, 고장 난 냉장고, 백일해, 쏟아진 포도 주스 속에서 모든 여성이 자신의 삶에 대해 웃어넘길 수 있는 것은 아니다. 의사와 잡지는 새로운 여성 병을 식별해 내기 시작했는데, 바로 "가정주부 증후군"이었다. 그것은 신경질환과 같은 행동 양태를 취할 수도 있었다. 어떤 여자는 어느 날 아침 깨어나 영원히 침대에서 나오지 않기로 결심했을 것이고, 또 다른 여자는 통제할 수 없는 눈물로 고통 받았을 것이다. 그 증후군은 피로, 불면증, 두근거림, 두통, 손 떨림, 급격한 체중 증가나 감소, 실신과 같은 육체적 증상의 형태로 나타날 수도 있었다. 다섯 아이의 엄마이자 전직 주부였던 작가 가브리엘 버튼Gabrielle Burton은 자신이 경험한 설명할 수 없는 분노의 순간과 탈진 기간에 대해 아래와 같이 썼다.

나는 이러한 불균형이 다양한 원인들 때문이라고 생각했다. 그러한 것들은 십중팔구 산후우울증, 임신우울증, 또는 분만 시 우울증이었다. 약효는 잠깐뿐이었다. 나는 그 문제에 대해 너무 많이 생각하고 싶지는 않았다. 왜냐하면 내게 무슨 문제가 있는 게 아닌지 두려웠기 때문이다. 내가 진정으로 만족한 삶을 누리지 못하게 하는 어떤 근본적인 결핍 같은 것이 있을까 봐. …
나는 지나칠 정도로 너무 많이 잤다. 그것은 무척이나 죄의식을 심어 줬지만, 잠을 많이 자면 하루가 지나갔고 그럴 수 있다는 것이 더 중요했다. …

한번은 낮잠 습관을 고치려고 충분히 오래 깨어 있게 해 줄 각성제를 달라고 의사에게 요구했다. … 그는 (친절하게) 웃으며 (아버지같이) 말했다. "자, 낮잠 따위는 걱정하지 말아요. 당신은 정상이에요." 나는 내가 정상이라는 것을 알고 있었다. 우리 구역 전체가 코를 골며 자고 있었다. 나는 그저 똑바로 서 있고 싶었을 뿐이었다.[29]

많은 여자들이 자신들의 증상으로 의사를 찾았고, 의사는 기운을 차리고 "새 모자를 사라."거나 집에 가서 "쉬어라."는 지시와 함께 덱세드린 같은 각성제나 밀타운 같은 진정제를 처방했다. 또 다른 여자들은 아이들이 집으로 돌아오기 전 한낮의 한 잔, 저녁 식사 전의 마티니, 그리고 잠자리에 들기 전에 살짝 흡입하는 바르비투르산염(진정제 및 최면제로 쓰이는 약물−옮긴이)으로 나름대로 대처하고 있었다. 1960년대 초 사회학자 제시 버나드는 "가정주부 증후군을 공중 건강 문제 제1호로 보는 것도 당연한 일이다."라는 결론을 내렸다.[30]

1960년 베티 프리단 말마따나 "행복한 미국 가정주부라는 이미지를 통해 이름 없는 문제가 종기처럼 터졌다."[31] CBS TV는 "함정에 빠진 주부들"에 관한 특집을 내보냈다. 그 문제가 지나친 교육 때문인지, 과로 때문인지, 또는 단지 무능력한 가구 수리공 때문인지를 두고 잡지의 분석가들 사이에서 억측이 난무했다. 3세대에 걸쳐 여성들에게 가정 행복을 선전했던 ≪레이디스 홈 저널≫조차 문제가 발생하고 있다고 인정해야 했다. 이 잡지의 "10대에게 주는 팻 분Pat Boone의 충고", "결혼생활 유지하기", 스폭 칼럼과 같은 정기적인 기사들 중간에 "알코올 중독이라고? 내가?", "죽음을 부르는 우울증 알아차리는 법"과 같은 불안한 기사 제목들이 등장하기 시작했다. 한편 문학계에서는 잇따른 베스트셀러가 교외의 "성적 불안과 욕구 불만이 싹트는 분위기"를 다루고 있었는데, 이는 1960년대 이전부터 이미 중간 계급 사이에서 부부 애무 파티 게임과 "스와핑"이라는 일탈을 만들어 낸 그 분위기이기도 했다. **여성 의문**을 교외의 꿈같은 집 안에 안전하게 묻어 버렸다고 생각했던 사람이라면 누구나 작가 존 키츠John Keats의 말처럼 "전면이 유리로 된 창에 깨진 틈"이 있었다는 것을 인정해야 할 터였다.[32]

전업주부의 삶이 단순히 심리적으로만 지탱할 수 없게 되기 시작한 것은 아니었다. 그것은 *재정적*으로도 지원될 수 없다는 것이 드러나고 있었다. 세기 중반의 가정적 이상에는 치명적인 함정이 있었다. "좋은 생활"이라는 그림은 집(해안가, 목장, 식민지풍), 서너 명의 아이들, 그리고 물론 다른 모든 것과 결합된 전업주부를 포함했다. 문제는 처음 두 항목(집과 아이들)이 너무 비싼 것으로 판명되면서 세 번째(전업 엄마)가 종종 일하러 가야 했다는 것이었다.

소비하고자 하는 심리적 압박 또한 증가하고 있었다. 1950년과 1960년 사이 텔레비전은 미국인이 어떻게 *살아야 하는지*, 당장 각자는 어떻게 *살 수 있을지*에 대한 표준화된 이미지를 가지고 거의 모든 미국 가정에 들이닥쳤다. 고등학교의 가정경제학 강좌는 GE, 싱거Singer, 제너럴푸즈General Foods의 제품 생산을 증진시켰다. ≪세븐틴Seventeen≫에서부터 ≪브라이드Bride≫, ≪우먼스 데이Woman's Day≫에 이르기까지 모든 여성 잡지는 끊임없는 소비라는 여성의 생활양식을 밀어붙였다. 1961년 ≪레이디스 홈 저널≫이 실시한 갤럽 여론조사는 젊은 여성들은 열여섯 살에서 스물한 살이 되면 삶에서 원하는 것이 무엇인지에 대한 분명한 지각을 이미 가지고 있었으며, 그것을 장래에 구매할 물품 목록으로 제시할 수 있다는 것을 보여 주었다.

… 벚나무로 만든 프랑스 프로방스풍 가구를 겸비한 4개의 침실이 있는 벽돌 주택을 갖고 싶다.

… 붙박이 오븐과 레인지, 윗면이 포마이카로 된 34인치 높이의 조리대가 맘에 든다.

… 포근하고 아름답게 마감된 목재 가구를 많이 갖고 싶다.

… 거실은 들보가 노출된 높은 천장과 어울릴 것이다. 벽에는 앞면과 둘레가 구리와 놋쇠로 된 큰 벽난로를 설치하고 군데군데 계피 빛깔이 나는 모로코 카펫을 깔 것이다. 부엌의 난로와 오븐은 고풍스러운 버지니아식과 매우 닮았을 것이다.**33**

교외 생활에 들 불가피하고 새로운 비용에 덧붙여, 이러한 공상은 평생 물건 구입에 노력하게 될 것임을 확실히 보여 준다. ≪레이디스 홈 저널≫의 인기 코너인 "미국인은 어떻게 사는가?"는 연간 7000~8000달러의 실제 수입과 2만 달러의 꿈 사이에 사로잡힌 부부의 재정적 투쟁에 대한 사례 연구 시리즈였다. 거기에는 자동차 할부금을 다 갚을 때까지는 마카로니만 먹는 저녁 식사, 직접 만든 크리스마스 선물, 일시적 "외출" 중단과 같은 모든 작은 경제학이 있었다. 결국에는 연봉 2000~3000달러를 더 벌기 위해 아내가 밖으로 나가 일자리를 구하는 것이 가치 있는가에 대한 힘든 결정을 해야 했다.

그 질문에 대한 답은 점차로 '그렇다'가 됐고, 여성 잡지와 육아 전문가 및 정신분석학자가 눈치채지 못한 사이 1940년대 말 여성들은 전후 직업 세계가 흔들린 직후 일터로 슬그머니 들어가기 시작했다. 물론 모성 거부라는 전문가 이론에서부터 "야망에 찬 젊은 남자를 위한 기회"로 시작하는 구인 광고에 이르기까지 여성들을 단념시키기 위한 모든 노력이 있었음에도 불구하고 일부 여성들은 줄곧 일을 했다. 1950년 미국의 흑인 여성 절반이 직업을 가졌고, 가난한 여성, 과부, 이혼녀, 그리고 끝까지 버틴 몇몇 전문직 여성들은 언제나 일을 하려고 했다. 그러나 1960년대에 노동력으로 투입되기 시작한 여성들은 신혼여행과 첫 임신 사이의 언제쯤 영원히 퇴직할 것을 예상하면서 성장한 여성들이었다. 그런 그들이 이제 일하러 나갔다. 그들은 돈이 필요했고, 많은 경우 그들은 "미칠 지경"이었기 때문이었다.

1960년대 광고는 남편의 콜레스테롤 섭취에 신경 쓰고, 침실의 색상 배합을 재구상하고, 주방 냄새를 걱정하는 전업주부를 계속해서 등장시켰다. 그러나 마케팅 담당 남성들은 다른 종류의 여성에 푹 빠져 있었다. 그 여성은 적어도 고등학교를 졸업했고, 대체로 운전 면허증을 가지고 있어 이동성이 있었으며, 무엇보다도 돈을 벌고 있었다. (아직은) 아무도 그녀에게 집에 베이컨을 가져오기를 기대하지 않았지만, 그녀는 확실히 집으로 "추가적인 것"을 가져왔다. 일하는 아내가 가져온 부수입은 전에 없던 가족 소비를 부추기고 있었고, 경제 잡지는 "여자들 … 그들의 작은 수입에 축복을"과 같은 기사로 환호성을 올렸다.[34]

1960년대가 되자 3000만 명에 가까운 여자들이 고용됐고 그들의 1/4이 결혼조차 하지 않았으므로, 가정적 이상과 경제적 현실 사이의 괴리는 걷잡을 수 없이 커지고 있었다. 피학적 예속을 요구하는 가정적 이상과 빨래할 시간은 겨우 낼 수 있지만 인상적인 가정 요리를 위해 낼 시간은 거의 없었던 이중생활의 현실 사이에서 괴로워하던 일하는 "주부"에게 그 모순은 가장 심각했다. 스스로 생계를 책임지는 독신 여성의 수가 늘어나면서 여성들이 여성적인 자기희생이라는 이상형과는 상당히 거리가 멀다는 것이 입증됐다. 시대는 독립심과 자존심이라는 일하는 여성의 새로운 관점을 반영한 새로운 여성상을 요구했다. 이 모든 일들이 너무 빨리 일어나서 정신의료 권위자들은 이전 이론을 수정하거나 충고를 다시 쓸 시간도 없이 허를 찔렸다.

독신 여성의 부상

1955년이나 1960년까지만 해도 적절한 새로운 문화적 여성 주인공을 찾던 어느 누구도 독신 여성을 그 주인공으로 생각하지 않았을 것이다. 우선 독신 여성은 찾아보기 어려웠는데 혼전에 잠깐 아니면 느지막이(스물다섯 살이 넘어) 안주인의 골칫거리로 여성 매체에만 모습을 드러냈기 때문이었다. 독신 여성은 부부 지향적 문화에 어울리지 않는 여성이었고, 결혼한 자매들에게는 동정의 대상이었으며, 의료 전문가에게는 일종의 변종이었다. 영리하고 훌륭하고 분명 자기 자신에게 만족하며 모든 방면에서 성공적이었겠지만 "여자로서는 실패"했다는 판정이 그녀를 떠나지 않았다. 독신 상태가 지병으로 여겨질 때까지 오랫동안 독신으로 남아 있던 여성은 성불구자, 생물학적 변종으로 폄하됐다.

1960년대 초 대중매체에 갑자기 등장한 "독신 여성"은 새로운 사회적 현실에 부합했다. 이혼을 했든 아예 결혼한 적이 없든 간에 독신 여성은 혼자 살면서 스스로를 부양하고 있었다. 1960년대 초 독신 여성이라는 유행을 창출했던 소수의 여성들은 뉴욕, 샌프란시스코, 워싱턴 D.C., 시애틀의 "독신자 게토"로 모여들기 시작했다. 그들은 비서, 승무원, 사회복지사, "여사원", 그리고 출판사, 은행, 백화점 등에서 일하는 다양한 종류의 "보조원"이었다. 그녀들은 언젠가는 결혼하기를 원했지만 "단지 주부"로 살기를 원하지는 않았다. 독신 여성들은 남자들을 만나기 위해 술집에 갔다. (최초의 "독신자 술집"은 1964년 뉴욕의 어퍼이스트사이드에서 문을 열었다.) 주말 스키를 위해 돈을 모았다. 최신 옷을 사기 위해 (그리고 그 옷에 몸을 맞추기 위해) 끼니를 걸렀다. 그녀들은 "연애"를 했다.

현실 세계의 많은 "독신 여성들"에게 대도시 생활과 공존하는 새로운 성적 자유는 리비도적 유희가 아니었다. 여성들의 시장 진입은 언제나 "여성성"이라는 보다 확실한 외양을 덮어쓰고 있어야 했던 것처럼 1960년대 대부분의 사무직종은 여성들에게 섹시하게 보일 것을 *요구했다*. 여성들은 퇴근 후 사교의 장으로 뛰어드는 데 필사적이었다. 잘나가는 독신자 술집은 곧 "하룻밤 상대를 물색하는 곳"으로 냉소적으로 알려지게 됐다. 멀리서 보기에는 충분히 매력적으로 보였다. 대도시의 독신 여성은 ≪코스모폴리탄≫이나 ≪글래머Glamour≫ 잡지에 나온 최신 패션을 입었다. 피임약을 먹었고, 2인용 침대가 있는 아파트에 살았다. 자기가 번 돈은 자신을 위해서 썼고, 남자들은 그녀에게 관심을 쏟았다. 독신 여성은 독립적인 여성이라는 구 페미니스트의 이상형을 새롭게 비튼 여성상이었다. 그녀는 섹시하기까지 했던 것이다.

1940, 50년대의 "독신 여성"을 "우리 시대의 가장 새롭고 멋진 여성"으로 변모시킨 것은 다른 누구보다도 헬렌 브라운Helen Gurley Brown이었다. 1962년에 출간된 그녀의 책 『섹스와 독신 여성Sex and the Single Girl』은 새로운 여성상을 공표했으며, 잡지 ≪코스모폴리탄≫은 1965년 브라운이 편집자가 된 이후 줄곧 독신 여성 이미지를 조장했다. 말단 사무직에서 출발해 출판업계의 맨 윗자리까지 올라간 브라운은 스스로도 한때 독신 여성이었기에 섹시한 이미지를 만들고 그 이미지를 유지하는 데 무엇이 꼭 필요한지를 자신의 경험으로 알고 있었다. 그녀는 『섹스와 독신 여성』에서 그 비밀을 털어놓았다. "나는 결혼할 때 6파운드의 아령, 복근 운동용 널빤지, 주름 지우는 전기 기구, … 그리고 조각상에도 생명을 불어넣을 정도의 고성능 비타민을 들고 들어갔다." 그녀는 독자들에게 "확신컨대 여러분들은 결혼한 여성들이 질시의 눈길로 쳐다볼 정도로 너무 뚱뚱하지도 너무 마르지도 너무 키가 크지도 너무 작지도 너무 아둔하지도 너무 근시안적이지도 않다."라고 격려했다.[35]

브라운의 메시지는 불안정한 독신녀들을 위한 격려 연설 이상이었다. 브라운은 "결혼한 여성들이라면 알고는 있지만 인정하지는 않을 사실", 즉 남자들은 낭만주의적 이상형인 교외의 가정주부를 *좋아하지 않는다*는 사실을 "독신 여성들은 너무 세뇌 당해서 이해하지 못한다는 것을 잡지들이 결코 다루지 않는다."라는 놀라운 점을 파악했다. 전문가 이데올로기는 섹스를 재생산과 지나치게 연결 지어 성관계, 출산, 그리고 지미의 첫 리틀 리그 시합을 여성의 퇴행과 연결시키는 모호한 상태로 지속되어야만 했다. 브라운은 그 연결이 실제로는 얼마나 아슬아슬하게 연관된 것인지를 알았다. 어깨에는 아기가 침을 흘리며 잠들어 있고 블라우스 전체가 아이의 초콜릿 손자국으로 얼룩진 여자를 누가 안고 싶어 하겠는가? 제임스 본드 영화에서 노출이 심한 여배우들의 몸에 딱 붙는 스웨터가 벗겨질 수 있는 것처럼 섹스도 가정과 가족의 장면으로부터 쉽게 떨어져 나갈 수 있었다. 독신 여성이 여성적 섹슈얼리티를 가지고 떠나 버린다면 주부는 정말로 질시하듯 쳐다보는 것 외에 아무것도 할 게 없을 것이었다.

브라운은 금이 간 오수 탱크에서 흘러나오는 액체처럼 교외의 "꿈같은 집들"에서 심각한 여성 혐오가 퍼져 나가고 있음을 감지했다. 『섹스와 독신 여성』의 뒤를 이어 1963년 『여성의 신비Feminine Mystique』를 쓴 페미니스트 베티 프리단보다 아마도 브라운이 이 점을 훨씬 더 많이 느꼈을 것이다. 남자들은 자신들이 가정에서 사육되고 있는 것에 분개했고 섹스 없는 "**엄마**"와 지내야 하는 것을 싫어했다. 브라운은 독신 여성들에게 교외의 포마이카적(교외에서 전업 가정주부로 사는 삶—옮긴이) 실용성을 피하고 아파트를 성욕을 자극하는 환상적 잠자리로 바꾸라고 조언했다. 그러나 새로운 독신 여성은 자신의 섹시함을 단지 남자를 "하찮은" 여성의 세계로 끌어들이기 위해서 사용하지 않았다. 그녀의 세계는 남자의 세계와 마찬가지로 **시장**의 세계였다.

… 독신 여성, 그녀는 문서 정리하는 사람으로라도 남자들의 세계로 들어온다. 그녀는 남자들의 언어, 즉 소매업, 광고, 영화 제작, 수출, 선박 제조의 언어를 안다. 그녀의 세계는 부모교사협회, 스폭 박사, 빨랫감이 잔뜩 든 건조기 중 어느 것보다 훨씬 더 화려하다.[36]

독신 여성에게는 남자와 같은 조건으로 (비록 남자에 비해 급여를 적게 받는다 하더라도) 현실 세계에 직면한 데서 나온 활기가 있었다.

그녀는 자신의 기지로 살아가기 때문에 매력적이다. 그녀는 스스로를 부양한다. … 그녀는 기생하는 사람도, 의존하는 사람도, 손 벌리는 사람도, 식객이나 무능한 사람도 아니다. 받는 사람이 아니라 주는 사람이며 패자가 아니라 승자다.[37]

주부가 함축하고 있는 의미는 기생하는 사람, 의존적인 사람, "무능한 사람"이었다. 독신 여성이 산업 세계의 혹독함에 용감히 맞서는 동안 가정주부는 보호받는 안락한 삶을 살고 있었다. 브라운에게 주부는 전혀 연민의 여지가 없었다. 주부에게 일어날 수 있는 최악의 상황은 그녀 또한 독신의 삶을 맛볼 것이라는 점뿐이었기 때문이다. "유감이지만 나는 부인들에 대해 다소 무심한 태도를 갖고 있는 것 같다."라고 브라운은 썼다. 레빗타운Levittown(미국의 이상적 교외 주거지−옮긴이)의 청소기 뒤에 있는 아내 자리를 차지할 생각이 전혀 없던 독신 여성들에게 남편들은 만만한 대상이었다. 새로운 독신 여성은 그저 성적 대상인 것만은 아니었다. 그녀는 남성의 관심을 필요로 했고 관심을 좇았다. 남성에게 아내, 아이들, 대출금, ≪레이디스 홈 저널≫이 있었음에도 불구하고.

1960년대 말과 1970년대 초에 이르자 독신 여성의 승리가 확실해졌다. ≪코스모폴리턴≫의 발행 부수는 약 250만 부에 이르렀고, ≪비아Via≫와 ≪플레이걸Playgirl≫이 그 뒤를 이었다. 반면 ≪우먼스 데이≫와 ≪패밀리서 클Family Circle≫ 같은 가정중심성의 핵심 선동자들은 여전히 잘 팔리고 있던 슈퍼마켓 계산대만 사수하고 있었다. 데비 레이놀즈Debbie Reynolds, 도리스 데이Doris Day, 루실 볼Lucile Ball은 페이 더너웨이Faye Dunaway와 앤지 디킨슨Angie Dickinson 같은 맹렬한 새 여주인공에게 자리를 내주고 비벌리힐스의 골짜기 속으로 사라져 버렸다. 마침내 일하는 독신 여성은 메리 타일러 무어Mary Tyler Moore(30대 독신 여성 연기로 현대적인 여성상을 선보인 미국 여배우—옮긴이) 같은 매력적인 인물로 가족 시청 시간대로 난입하기 시작했다.

한편 대중매체에서 전업주부는 과거 독신 여성이 차지했던 위신 수준으로 추락했다. 주부는 점점 동정의 대상으로 그려지는 경향이 있었다. "엄마의 작은 조력자"(신경안정제)와 세 시간짜리 일일 연속극의 도움으로 하루하루를 견디는 유아적 신경증 환자로 등장했다. 〈성난 주부의 일기Diary of a Mad Housewife〉에서는 가족에 유폐된 가정주부의 행적을, 〈취한 여자A Woman Under the Influence〉에서는 가정에서 뛰쳐나온 주부가 정신병원으로 들어가는 것을 보여 주었다. 1970년대 중반 TV에서 인기 있는 가정주부는 메리 하트만Mary Hartman이었다. 그녀는 딸과는 신경증적 관계에, 경찰관과는 불륜 관계에 있는 극적인 정신 쇠약 상태를 보이고 있었고, 부엌 바닥을 "노란색으로 반짝거리게 하는 것"과 같은 자잘한 집안일 때문에 늘 정신을 차릴 새가 없었다. 결국 가정주부의 평판이 너무나 나빠져 ≪레이디스 홈 저널≫조차 주부를 버렸다. 그리고 새로운 이름 "LHJ"로 알려지길 원하면서 다음과 같이 광고했다.

LHJ는 레이디스 홈 저널을 뜻한다.

그리고 레이디스 홈 저널은 결코 정체하지 않는 여성을 상징한다. …

어느 순간, 그녀는 스키를 타러 산으로 간다. 다음 순간, 테니스를 치기 위해 섬으로 간다. 그리고 그 중간에 가정을 꾸리고[원문 그대로], 가슴 설레는 직업을 갖고, 그리고 오롯이 홀로 자기만의 창조적인 방식으로 생활한다.[38]

미국 자본주의는 ≪LHJ≫에서 ≪코스모폴리탄≫으로, 쇼핑몰에서 디스코텍으로 아무런 망설임 없이 문화적 차이를 극복했다. 마케팅 담당 남성들은 새로운 독신 생활양식을 대체로 환영했다. 무엇보다 물질적 관점에서만 보자면 독신의 생활양식은 가전제품과 가구 같은 기초 생필품에 대한 더 많은 수요를 의미했다. 교외의 가정에서는 4명이나 그 이상의 사람들이 한 대의 TV를 사용할 것이지만, 독신자 아파트에서는 한 사람이 한 대의 TV를 사용했다. 미국에 기반을 둔 다국적 기업의 시장 조사 담당자(본인에 대해서나 회사에 대해서 익명을 요구한)는 1974년 인터뷰에서 우리에게 마케팅 원칙을 설명했다. 여성들의 만혼과 독신 경향에 대해 어떻게 생각하는지 묻자, 그는 다음과 같이 말했다.

업계에서 아무도 반대하지 않는다. 혼자 사는 사람들도 가족과 함께 사는 사람들과 똑같은 것을 필요로 한다. 차이가 있다면 공유하지 않는다는 것이다. 따라서 이러한 추세는 정말 좋다. 더 많은 제품을 팔게 된다는 것을 의미하기 때문이다. 내 생각에 업계가 호의를 가지지 않는 유일한 동거 방식은 바로 공동체 생활뿐이다. 왜냐하면 많은 사람들이 같은 상품을 함께 사용하기 때문이다.*

독신 생활양식은 TV, 믹서기, 진공청소기 같이 친숙한 상품을 위한 시장 확장에 더해 여행, 술, 음악, 스포츠 용품, 옷, 화장품을 중심으로 한 새로운 종류의 시장을 의미했다. 새로운 시장의 주제는 즉각적인 욕구 충족이었다. 미국의 가족들은 최고의 시절을 저축하는 데 보냈다. 그들은 아이들의 대학 교육이나 미래의 더 큰 집을 위해 저축하거나 저축한 돈을 집수리와 내구재를 사는 데 썼다. 이제 독신자가 그녀 또는 그의 돈을 쓰면서 즐기는 것을 막을 수 있는 것은 아무것도 없었다. 예를 들어 잠재적 광고주를 겨냥한 잡지 ≪오늘의 심리학Psychology Today≫의 광고는 주 독자층이 어떤 사람들일지 짐작케 한다. 광고 속 인물은 거실 바닥에 앉아 스쿠버 마스크와 물갈퀴를 하고 스키용 폴을 쥔 채 한쪽 팔에는 테니스 라켓을 끼고 있는 젊은 여성이다. 사진의 설명은 굵은 글씨로 **"나는 나를 사랑한다."**라고 말한다. "나는 자만하지 않는다."라며 광고는 계속된다.

나는 나에게 좋은 친구일 뿐이야.

그리고 나는 나를 기분 좋게 만드는 것은 뭐든지 하고 싶어.

나, 나 자신, 그리고 나는 그냥 앉아 있곤 했지. 모든 것을 내일로 미루며.

내일 나는 새 스키 장비를 살 거야. 그리고 새로 나온 소형차나 둘러봐야지. 그리고 새 카메라도 하나 장만해야지.

---

* 그가 계속 설명하기를, 공동체 생활이 주는 위협을 "업계"가 다루는 방법은 대중매체에 그들이 나오지 않게 하는 것이라고 했다. 그래서 공동체 생활에 관한 시트콤이나 광고 등이 없는 것이다.

유일한 문제는 내일이 항상 그다음 내일로 바뀐다는 것이지.

그리고 내가 한 번도 "오늘" 즐겁게 지내지 못했다는 것이지. …

[그러나 이제] **나는 내가 꿈꾸던 오늘을 살아. 내일이 아니라.**[39]

올 것이 왔던 것이다. "관대함"의 첫 번째 온화한 바람이 1920년대 미국을 쓸고 간 이래 이 같은 분위기는 계속되었다. 1930년대부터 1950년대까지 여성들은 무조건 즐겁게 살기 위해 "자신을 표현하라.", "본능을 따르라."는 말을 들었다. 당시 전문가들과 광고업자들은 여성들에게 "즐거움"은 집과 아기를 의미한다고 말했지만 사실 그것은 고된 노동과 희생을 의미할 뿐이었다. 새 알루미늄 벽면이나 손님이 오기 전까지 플라스틱 덮개 아래에 보관되어 있는 값비싼 거실 가구 세트에서 나올 수 있는 즐거움이란 절망적일 만큼 적다는 것을 언젠가는 누군가가 밝혀내야만 했다. 새로운 독신 생활양식을 반영하고 촉진시킨 대중매체는 젊은 세대의 여성들에게 전복적인 의미를 품은 말을 속삭였다. "왜 기다려? 왜 희생해? 자신을 만족시키는 데 어떤 변명도 필요 없어. 지금 당장 즐겨도 돼. 너 자신을 위해서." "충족"이 피학적 고통을 의미할지도 모른다 하더라도 여성이 자신의 욕구를 충족시켜야 한다는 것을 부정하는 사람은 아무도 없었다. 욕구 충족이 주근깨투성이의 아이와 잡초 없는 잔디밭 대신 가벼운 섹스와 새 카메라를 의미한다 하더라도 그것이 뭐가 잘못됐는가?

냉철한 자본가는 젊은 여성들이 자신에 탐닉하는 분위기가 그저 기쁠 뿐이었다. 가정중심성 이데올로기는 단독 가구 주택, 대형 차, 대형 가전제품, 과일 맛 나는 아침 시리얼 시장을 지탱해 왔다. 그러나 이제 사치에 빠진 한 명의 독신자가 4인 가족보다 더 많이 소비할 것이 분명해지고 있었다. 소비는 더 이상 집, 아이, 미래라는 용어로 설명되어서는 안 됐다. 1970년대 중반 잡지 ≪마드모아젤Mademoiselle≫ 광고는 "더 적게 가지고도 행복할 수 있지만 더 많이 가지고 행복한 게 더 낫다"라는 기사 제목 위에 편안하고 우아한 젊은 여성을 다음과 같은 문구와 함께 보여 줬다.

마드모아젤 독자들은 분수에 넘치게 살지 않는다. 그러나 수입보다 못하게 살 이유도 없는 사람들이다.

그들은 삶에서 더 좋은 것이 뭔가를 아는 사람들이고 그것을 얻기 위한 수단을 획득한 젊은 여성들이다.

마드모아젤은 오디오 콤포넌트를 가진 모든 젊은 여성지 독자 중 최고 수준의 독자를 확보하고 있다. …

또한 여러분도 예상하듯이 우리 독자들은 성공한 직업을 가진 젊은 여성들 중 최고 수준이기도 하다.[40]

눈치 빠른 회사는 시대에 뒤떨어지지 않기 위해 광고 문구를 다시 써야 했고, 상품의 사이즈를 독신자에 맞게 줄여야 했으며(1인용 캠벨 수프, 한 개짜리 햄버거용 프라이팬, 승합차 대신 소형차 등), 가능하다면 붐이 일고 있던 "여가 산업"에 자회사를 확보해야만 했다.

독신 문화의 확산

몇몇 국제적인 도시의 독신자 게토에만 새로운 생활양식을 가둬 놓을 수는 없었다. 1960년대 후반에 이르자 독신자의 본질적인 "성적 매력"과 수많은 기업 판촉에 의해 독신 생활양식은 놀랄 만한 속도로 결혼한 사람들에게까지 퍼졌다. 특히 젊은 신혼부부는 ≪코스모폴리탄≫이나 ≪플레이보이Playboy≫가 만들어 낸 꿈을 이루기 위해 뒤뜰의 그네와 흰 울타리라는 낡은 이미지의 ≪새터데이 이브닝 포스트Saturday Evening Post≫를 내다 버리기 시작했다. ≪코스모폴리탄≫의 독자 대부분은 실제로는 자신들의 기분과 점성술에 들어맞는 애인을 구하는 "**코스모 걸**Cosmo Girl"이 아니라 결혼한 여성이었다. ≪플레이보이≫, ≪펜트하우스Penthouse≫를 읽는 남자들과 그것을 따라 모방하는 많은 사람들 대부분은 바람둥이가 아니라 열심히 일하는 남편들이었다. 1969년이 되자 새로운 생활양식이 너무나 유행해 제2차 세계대전 이후 점점 확장돼 오던 개인 주택 시장이 갑자기 위축됐다.* 그해 새로 시작된 주택 건설 건수의 절반이 아파트였다. 그것은 독신자용 아파트뿐만 아니라 이제 잔디 깎는 기계와 서재의 목재 가구가 아닌 다른 곳에도 돈 쓸 일이 생긴 증가하는 기혼자를 위한 아파트였다. 1967년 ≪포천Fortune≫에 인용된 어느 "동기 조사"는 "즐거움"을 위해 소비하는 추세에 주목했다.

> … 새 차 또는 카리브 해 유람선은 남자에게 젊음과 약동을 의미할 수 있다. 1966년 미국 국민은 직업과 관계없는 가족 여행에 200억 달러를 소비했지만 주택비로는 겨우 40억 달러 정도의 돈만 썼다.[41]

사실상 결혼 상태와 독신 사이의 객관적 차이는 차츰 줄어들고 있었다.

---

* 이것은 일시적인 하락으로 판명됐다. 오늘날 많은 무자녀 부부와 독신자들조차 교외 주택에 투자하고 있다.

1960년대 후반 즈음에는 결혼 전 또는 결혼을 대신한 "동거"가 더 이상 자유분방한 기행이 아니게 됐고, 수많은 평범한 사람들이 어느 정도 생각할 수 있는 대안이 됐다. (≪레이니스 홈 지널≫은 1960년대 초에는 저녁 식사 손님으로 온 독신 여성에 의해 제기된 예의 문제에 직면했었는데, 1970년대에는 다 큰 아들딸의 "룸메이트"의 침실을 배정하는 어려운 문제와 맞닥뜨렸다.) 동시에 이혼율은 최고 기록에 도달하기 시작했다. 1960년 기혼 여성 1000명당 9.2명에서 1970년 16.9명으로 점차 높아지다가, 마침내 결혼의 약 50퍼센트가 결국 이혼으로 끝나는 지경에 이르렀다.[42] 여성에게 결혼과 독신은 완전히 다른 삶의 방식을 요구하는 정반대에 놓인 조건이 더 이상 아니었고, (심리적 대처를 다루는 방대한 문헌의 언어로 말하자면) 여러 개의 "과도기"로 구획된 "단계들"이었다.

가정용품 제조업자는 결혼 생활의 새로운 불안정에 재빨리 적응했다. 그런 회사들은 수년 동안 안정된 저축과 점차 늘어나는 내구재를 가진 결코 해체되지 않는 미국적인 가족에 기대를 걸어 왔지만 결혼, 이혼, 재혼 등과 같은 새로운 "결혼 주기"는 판매 기회의 아찔한 증가를 가져왔다. 우리가 인터뷰했던 시장 조사원은 "우리는 부부에게 물건을 '팔았던' 중요한 시점이라는 측면에서 생각하곤 했습니다."라고 말했다. "그 지점은 바로 그들이 결혼했을 때와 집에 채울 물건을 사들이기 시작했을 때지요. 그다음 그들은 조금씩 원래 샀던 것의 수준을 올리곤 했습니다. 그러나 지금 우리는 두 개의 주요 시점이라는 측면에서 더 많이 생각합니다. 하나는 처음 결혼했을 때이고, 두 번째는 10년이나 15년 후 그들이 이혼을 하고 공동으로 소유하고 있던 많은 것들, 그러니까 가구와 가전제품에서 레코드 앨범과 실내 화분용 화초에 이르기까지 모든 것들을 하나씩 더 사야 할 때죠." 이러한 경향에 따라 1977년 미국의 이혼이 연간 100만 건에 이르자 ≪뉴욕 타임스≫는 주택 산업이 사업 확장 가능성의 희망을 가지게 되었다고 보도했다. "결국 이혼자의 80퍼센트는 다시 결혼하게 되고 그들은 당분간 살 곳이 필요하다."**43**

"독신" 생활양식의 가장 극적인 지표는 1960년대와 1970년대에 있었던 엄청난 "출산율 하락"이었다. 보금자리 건설이 전국적인 규모로 진행된 제2차 세계대전 직후에는 출생률이 임산부 복부의 곡선처럼 상승했었다. 1961년 ≪레이디스 홈 저널≫이 실시한 16세에서 21세 사이의 젊은 여성들에 대한 여론조사에 따르면 "대부분"의 여성이 네 명의 아이를 원했고, "많은" 여성은 다섯 명의 아이를 원하고 있었다. 이후 추세는 역전되고 있었다. 출생률은 1957년 이후 떨어지기 시작해서 1960년대 "젊은이들의 반란"으로 곤두박질치고, 1970년대 중반 "인구 성장률 제로"라는 최하점에 도달했다. 교외의 학교들은 문을 닫았다. 네슬레Nestlé 같은 유아식 제조업자들은 아이가 넘쳐 나는 제3세계 국가로 판촉 캠페인을 옮겨야 했다.*

아이를 낳지 않는 것은 1960년대 중반 인구학자와 미래학자가 발견한 "인구 폭발" 현상에 의해 도덕적으로 정당화됐다. 그러나 많은 젊은 부부들에게 진짜 이유는 자신들이 독신으로 살 때 익숙해 있던 생활양식에 아이가 맞지 않기 때문이었다. 1969년 "이 행성에서 하나의 종으로서 우리가 살 날은 얼마 남지 않았다. … **내가 할 가장 인간적인 일은 아이를 절대 갖지 않는 것이라는 사실이 미치도록 슬프다.**"**44**라고 선언한 밀스대학 졸업생 같은 이상주의자 한 명당 개인적인 조건을 제외하고는 자신이 아이를 갖지 않는 것을 변호할 어떤 이유도 찾지 못한 12명의 여성들이 있었다. 잡지 ≪뉴욕New

---

* 이것은 비극적 결과를 가져왔다. 모유 수유를 우유 수유로 대체하는 것은 종종 의료인처럼 차려입은 여자 판매원에 의해 권장됐고, 이것은 장염과 영양부족으로 인한 영아 사망률을 높이는 결과를 가져왔다. 가난한 여성들은 종종 수유를 오랫동안 하기 위해 우유를 너무 묽게 희석한 데다 그들에게는 냉장고가 없었기 때문이다.

York≫의 게일 그린Gael Greene은 일찌감치 1963년에 부모 됨에 반대하는 자기 탐닉적 주장을 펼쳤다.

우리[남편과 여성 자신]는 아이가 방치되는 것에 대해 성가신 죄책감 없이 주말 동안, 한 달 동안, 심지어 1년 동안을 선택해서 어디론가 사라지고, 불규칙한 시간에 자고, 새벽 3시나 낮 3시에 아침을 먹고, '**방해하지 마시오**'라는 표지판을 내걸고, 혼자 있거나 단둘이 있기 위해 문을 닫아걸고, 어리석은 방종에 탐닉하고, 아침 7시에 일어나 출근 전에 공원에서 승마를 하고 … 아무런 특별한 이유 없이 저녁에 샴페인을 들고, 언제 어디서나 애무하고 사랑을 나눌 수 있는 자유를 소중히 간직한다.[45]

물론 대부분의 여자들은 아침 승마와 샴페인을 곁들인 저녁 식사를 아이를 가질 가능성과 비교 검토하기보다는 가족 여행, 대학으로 돌아가서 공부할 기회, 지불해야 할 청구서 더미를 둘째와 셋째 아이와 비교 검토하고 있었다. 자녀를 위한 보육시설의 부족과 베이비시터를 기꺼이 두 번째 직업으로 삼고자 하는 할머니 수의 감소가 그런 역할을 했듯이 피임약은 결정을 쉽게 만들었다. 뉴욕 시 센트럴파크 주변의 호화로운 곳에 살든지 단지 경제적 능력에 맞게 살든지 간에, 핵심은 자녀가 단지 하나의 선택 사항이 되고 있고 게다가 가장 매력적인 선택 사항도 아니라는 것이었다. "자녀를 갖는 게 이해되지 않는다."라는 한 젊은 부부는 ≪뉴욕 타임스 매거진The New York Times Magazine≫에서 이렇게 설명했다. "인구 폭발, 비싼 치아 교정비. 게다가 누가 집에 앉아서 가습기에 물을 채우고 턱받이를 정리하고 싶어 할까요? 왜 매일 아침 교회 지하실에 아이를 갖다 놓기 위해서 아이를 낳죠?" 그럼에도 불구하고 이 특별한 부부는 이례적으로 아이를 갖기로 결정했는데, "… 우리는 아이들이 희귀한 애완동물인 오셀롯과 코아티먼디스가 몇 년 전에 했던 방식과 비슷하게 사물의 체계를 이해한다는 인상을 받았거든요."라고 조심스럽게 소견을 밝혔다.[46]

아이에 대한 적의에 찬 노골적인 말들은 냉전 시기와 포근한 유아용 침대가 유행할 동안에는 반역죄처럼 들렸지만 1970년대가 되자 상식처럼 들리기 시작했다. 잡지 ≪뉴욕≫에서 한 정치학 교수는 "아기는 부담이고 방해물이다. 아기를 그런 식으로 보지 않게 될 것이라는 생각은 어리석다."라고 했다.[47] 1973년 여배우 셜리 매클레인Shirley MacLaine과 박애주의자 스튜어트 모트Stewart Mott를 포함해 2000명으로 구성된 전국비부모조직National Organization for Non-parenthood, NON이 등장해 자신들이 미국 사회에 "만연한 출산 촉진론"이라고 묘사한 현상과 전투를 벌였다. 1975년 NON대회에서 연설한 한 정신과 의사에 따르면, "단지 아이가 있다는 이유로 명예와 존경을 받을 자격이 있는 것은 아니다. 아이들은 그다지 완벽하지도 않고 호감이 가지도 않는다."[48]

태도는 급속히 달라졌다. 턱이 두 개인 포동포동한 거버Gerber 아기는 개인적 관점에서 보면 매우 불확실한 투자이며, 온전히 사회적 관점에서만 보면 아기는 명백히 *공해*에 지나지 않는 것처럼 보이기 시작했다. 서너 명의 아이를 둔 엄마는 1950년대에는 "만족한 상태"처럼 보였지만 이제는 범죄자처럼 보이기 시작했다.

아기가 버려진 후 다음에 해야 할 일은 성적 피학성의 목욕물을 버리는 일이었다. 여성들은 자신들의 주관적인 성적 경험을 신경증이 아니라 하나의 *사실*로 터놓고 말하기 시작했다. 성의 해방이라는 새로운 분위기 속에서 질 오르가슴을 모성 본능과 부부간의 정절에 묶어 놓았던 이론적 기반은 낡아빠진 앞치마 끈처럼 너덜너덜해지기 시작했다. 오랫동안 억압됐던 음핵을 더 이상 억압할 수 없었다. 섹스 치유법이라는 새로운 분야에서 세계적으로 선도적인 전문가가 된 매스터스Masters와 존슨Johnson은 음핵을 실험실로 데리고 들어와서 그것이 어떻게 작용하는지 관찰하는 의례적 행동을 선보였다.* 그들은 모든 것을 소진시키는 음핵의 힘(그에 비해 이제 페니스가 연약하게 보이도록 만든)에 대해 확신을 갖게 됐고, 여성 섹슈얼리티의 새로운 시대가 왔음을 과학적으로 승인했다. 여성의 섹슈얼리티 안에서 쾌락은 장차 결혼, 아기, 심지어 남성에 연결돼 있던 마지막 관계로부터 분리될 수 있었다.

1960년대와 1970년대 "독신 생활양식"이 퍼지면서 대중매체는 갑자기 몰려들어 미국 여성의 "해방"을 축하하기 시작했다. 주방과 아기 방은 더 이상 여성의 창의성을 위한 고유의 활동 무대로 생각되지 않았다. 아이들은 더 이상 성인의 삶이 절정에 도달했음을 말해 주는 자명한 증거가 아니었다. 여성의 삶 바깥에 있던 일은 한때 재생산에 최상의 시기였던 나이대로 몰려들고 있었다. 또 한때 영원한 결혼의 접착제로 여겨졌던 섹스는 서로에게 충실하겠다는 모든 약속과 무관한 것이 됐다. 섹스는 여성이 *자기 자신*을 위해 행하는 것이었다. 세상 물정에 밝은 남자들과 "민감한" 광고업자들은 스스로를 부양하는 섹시한 여자에게 축하를 보냈다. **"내 사랑**, 당신은 먼 길을 왔어요."

---

* 사실 여성 섹슈얼리티에서 음핵의 주된 역할에 대한 과학적·사회적 증거는 결코 부족하지 않았다. 세기 초반의 해블록 엘리스(Havelock Ellis)와 세기 중반의 앨프리드 킨제이(Alfred Kinsey)는 각자의 연구를 바탕으로 질 오르가슴과 음핵 오르가슴을 구분한 프로이트식의 구별에 반대했고, 음핵이 여성의 성적 만족의 최고 기관이라고 선언했다. 킨제이는 여성의 자위와 레즈비언 행위는 여성 오르가슴에 있어 음경 삽입이 상대적으로 중요하지 않음을 보여 준다고 지적했다. 나아가 적어도 1940년대 후반부터 입수할 수 있었던 생리학적 증거는 정신분석학과 모순됐다. 왜냐하면 오르가슴을 인지하는 여성의 성적 말단 신경은 질에는 없고 음핵에는 풍부했기 때문이다. 그러나 개인적 관찰의 가능성은 말할 것도 없고 음핵적, 신체적, 해부학적, 사회학적 증거에도 불구하고 세기 중반의 의사들과 정신과 의사들은 여성의 성적 활동에서 음핵의 역할을 인정하는 것을 거부했다. 여성 스스로 성적 마조히즘의 체계를 혹평하기 시작하기 전까지는 풍부한 증거들이 가볍게 무시됐다.

그러나 여자들에게 그것은 일종의 애매모호한 해방이었다. 오랫동안의 의존 상태에서 빠져나오니 이제는 경쟁적인 직업 세계, 불안정한 결혼처럼 변화하는 관계라는 새로운 불안이 기다리고 있었다. 어느 여자도 자신을 "안전"하다거나 안정됐다고 생각할 수 없는 데서 오는 불안감이었다. 홀로 내버려졌다는 느낌이 있었지만 이제 의지할 사람이라고는 아무도 없었다. 두 세기에 걸쳐 정신의학적 이론에 의해 지탱된 낡은 가정적 이데올로기는 명백히 쓸모없었고 옛날의 전문가들은 점점 더 신용을 잃었다. 탈가정주의 시대는 "올바른 생활"에 대한 새로운 사조, 새로운 이데올로기, 새로운 규칙을 요구했다.

대중심리학과 독신 생활양식

가정을 사랑했던 정신의학이라는 시체는 완전히 새로운 전문가 학파가 화려하게 등장하기 전까지는 여전히 살아 있었다고 해도 과언이 아니었다. 새로운 대중심리학 또는 "통속심리학" 옹호자들은 프로이트, 의료과학, 궁극적으로 과학 그 자체와 결별했다. 그들은 "데이터", 실험실 연구, 임상 경험을 거의 요구하지 않았다. 새로운 심리학은 공공연하게 지적인 주장을 하지 않고도 소비자 사회의 대중이데올로기가 되고, 읽기 쉬운 일상 안내서로 요약된 광고업자와 시장 조사자의 지식이 될 것이었다.

새로운 "시장심리학"은 당연히 남성과 여성을 모두 겨냥했다. 집단 치유 과정에 비용을 지불하거나 15달러짜리 문고판 책을 살 수 있다면 누구라도 목표가 됐다. 그러나 시장심리학의 가장 혁명적인 메시지는 여자들을 위한 것이었다. 대중심리학자들은 신프로이트 학파가 손을 뗐던 방법을 택했다. 그들은 관대함을 영아, 10대, 피곤에 지친 아빠들을 위해서뿐만 아니라 여성들도 위하는 보편적인 해방 프로그램으로 받아들인 것이다. 새로운 심리학은 명백하고 노골적으로 *반*기*력*적이었다. 별안간 "여성성 거부"라는 유행병이 히스테리나 다른 잊힌 질병들의 경로를 따라 사라졌다. 새로운 전문가들은 새로우면서 동시에 널리 퍼지는 증후군, 즉 "여성성" 자체에 관심이 있었다. 여성들은 수동적이고 순종적이 되도록 (전문가들의 말에 따르자면 어머니에 의해서) "세뇌" 당했었다. 헬렌 브라운에게서 힌트를 얻은 전문가들은 요즘 사람들이 낡아 빠진 "고정관념"이라고 부르는 여성들에게 남자들이 더 이상 흥미를 느끼지 않는다는 사실을 밝혔다. 자기주장 훈련 입문서의 속표지는 "남자들은 연약하고 귀여운 여자들과의 관계를 원하지 않고, 완전히 성숙한 여성의 자극을 원한다."라고 선언했다.**49** 조이스 브러더스Joyce Brothers 박사와 같은 신뢰받는 대중작가는 도시적 실험이라는 개척지에서 받은 메시지를 미국 중산층의 결혼이라는 오지로 전달했다. 그 메시지는 아내들조차 "자기를 우선적으로 생각하는" 시대가 도래했다는 것이었다.**50**

수많은 여성들에게 새로운 대중심리학은 활기찬 뉴스, 심지어는 생명을 구하는 뉴스였다. 그 뉴스는 치유 집단, 토크쇼 전문가, 자기개발서, 잡지 기사를 통해 전달됐다. 여성들은 더 이상 엎어진 아침 식사용 시리얼 그릇과 커피 테이블 위의 더러운 양말에도 이성을 잃고 화내지 않았다. 여성이 자신을 위해 뭔가를 원한다는 것은 그것이 더 나은 섹스든 더 높은 봉급이든 조금의 인정이든 다 괜찮은 것으로 생각됐다. 대중심리학은 새로운 페미니즘의 젊은 목소리를 과장했다. 화내도 괜찮아, 여자라도 괜찮아, *너 자신*이 되어도 괜찮아. 한 여성은 새로운 심리학에 의한 자신의 변화를 이렇게 요약했다.

내게는 권리가 있다. 그것이 내가 배운 것이다. … 나는 내 자신의 삶에 대

한 권리가 있다. 나는 나의 어머니, 나의 남편, 나의 아들인 *그들이* 원하는 것을 죄다 할 필요가 없다. 그들이 찬성하지 않는 것을 내가 하고 싶어 하더라도 내가 나쁜 것은 아니다.[51]

그러나 궁극적으로 대중심리학은 그것이 대체한 가정적 이데올로기만큼이나 여성들에게 문젯거리라는 것이 드러났다. **시장**에서 사랑과 양육의 가치가 있을 자리를 발견하지 못한 대중심리학은 그런 가치들을 여성에게 붙들어 맸다. 더 정확하게는 그 가치들을 여성의 몸에 고정시켰다. 따라서 여성들은 사랑이 존중되지 않는 세계에서 사랑할 것이었고, 사랑 때문에 신프로이트 학파가 최종적으로 붕괴되는 동안 여성들은 *고통*을 사랑해야 할 것이었다. 그러나 새로운 이데올로기는 시장의 가치를 *보편적* 원칙으로서 기꺼이 받아들이던 참이었고, 시장심리학자의 세계에는 사랑과 돌봄이라는 오래된 "인간적" 가치를 위한 공간은 *없었다*. 여성도 그런 가치를 받아들이지 않았다. 자연스럽고 본능적인 것으로 미화되어 온 모든 여성적 속성은 눈 깜짝 할 사이에 "사회화된 성역할"의 부속물로 밝혀졌고, 거의 하룻밤 사이에 진부한 것이 돼 버렸다.

20세기 후반, 여성을 위한 지침을 세우곤 했던 새로운 심리학은 당시 팽창하고 있었던 인간잠재력운동Human Potential Movement, HPM의 거의 반체제적인 분위기 속에서 처음 태어났다. HPM은 1960년대의 인습 타파 분위기에서 함께 넘쳐 났던 광범위한 심리학적 방법과 양식에서 성장했다. 운동의 추진력은 프로이트 학파도 아니고 행동주의자도 아닌 "제3세력" ("인도주의자") 심리학자들의 연구에서 나왔다. 그들은 거의 무한한 확장 능력을 가진 것으로 추정되는 정신의 "자아실현"에 낙천적으로 헌신했다. 1960년대 중반이 되자 온갖 종류의 전문적 배경을 가진 심리치료사들은 이 운동의 대중적 호소력,

극적인 기술(집단 작업, 육체적 접촉, 감정의 직접적 표현과 같은), 그리고 대중심리학으로 변형된 운동의 유토피아적 전망에 고양되고 있었다.

새로운 심리학은 "인간 잠재력의 확장"에 관심을 갖고 있었기 때문에 모든 이에게 적용됐다. "모든 살아 있는 개인의 상태에 대한 하나의 참된 진술이 있다면, 그것은 사람은 자신의 완전한 잠재력을 아직 달성하지 못했다는 것이다."[52] HPM 방법은 "아픈 사람을 낫게 하는 것"에 관한 것이 아니라 "건강한 사람을 더 나은 상태로 만드는 것"에 관한 것이었다. 실제로 새로운 기술은 "건강하고" "개방적인" 사람들에게 가장 잘 작용했다. (집단 감수성 훈련 그룹의 지도자들은 정신병자와 신경증 환자는 배제돼야 한다는 것과 새로운 "자기확장" 기술은 "감당할 수 없는 요소"를 끄집어내 그들을 악화시킬 뿐임을 알았다.)

HPM 이론가에 따르면 개인이 완전한 잠재 능력을 달성한다는 것의 핵심은 더 많은 일을 해낼 수 있는 것이나 사회에 더 많은 기여를 하는 것, 또는 다른 구식의 "내부 지향적" 목표가 아니라 단지 아주 즐겁게 지내는 것이었다. HPM의 초기 선언서인 『기쁨Joy』 속에서 슈츠Schutz 박사는 충분히 발휘되지 않은 잠재력의 가장 나쁜 측면은 그것이 "우리에게서 삶의 즐거움과 기쁨을 앗아 간다."는 것이라고 말한다. 슈츠 박사는 그가 권하는 기술(공군과 여러 기업에서 수행한 실험을 통해 개발한)을 쓰거나 HPM의 메카인 에솔렌Esalen 연구소에 가면 어린 시절의 더 없는 기쁨으로 돌아가게 된다고 약속한다. "우리는 어느 정도 기쁨의 일부를 되찾을 수 있을 것이고, 몸의 즐거움의 일부를 다시 얻을 수 있을 것이며, 한때 가능했던 그 기쁨을 다른 사람들과 다시 나눌 수 있을 것이다."[53] 슈츠는 『기쁨』 기술이 널리 실천되지 않는다면 갓 태어난 자신의 아들이 자라면서 유아기의 기쁨을 잃어버릴 위험에 처할 것이라고 생각하고 이렇게 경고했다. "우리는 서둘러야 한다. 문화가 벌써 아이 근처에 도달했는지, 에단이 죄책감을 느끼고 겁먹기 시작하는 것 같다."*54

　HPM과 그 이후에 등장한 다양한 대중심리학 학파의 주요 주제는 적어도 구식의 억압적인 프로이트적 방식으로 성장하지 *않아도 된다*는 것이었다. 왜 어느 나이에 이르면 관대한 어린 시절의 즐거움을 포기하도록 강요받아야 하는가? 대중심리학은 그 특징상 감각적 탐닉, 또래 집단의 친밀성, 성적 경험, 그리고 성인의 세계로 전달된 청춘기의 다른 특성들을 통해 정신의 해방을 추구했다. 그것은 마치 게젤의 유아가 "모든 타고난 지혜를 가지고" 완벽하게 보존된 상태로 개개인의 내부에 사랑스럽고 쾌락 지향적으로 남아 있는 것처럼, "우리 내부의 아이"에게 영원히 거주할 수 있는 명예로운 장소를 주었다. 1960년대와 1970년대 내내 출생률이 떨어지는 동안 미국의 성인들은 자신들이 양육할 "아이"를 찾기 위해 더욱더 자신의 내면을 살피고 있었다.

　성장하지 않아도 된다는 사실이 *변하지* 않아도 된다는 것을 의미하지는 않았다. HPM 이론은 스스로를 확장하는 것은 즐거움일 뿐 아니라 거의 의무라는 뜻을 함축했다. 자신의 자질이 개선될 필요가 없다고 누가 확신할 수 있었겠는가? 교제 거부, 끝난 관계, 승진 실패 등 모든 것이 심리학적 도움을 필요로 하고 있었다.

　급하게 바뀌는 "애정 관계", 강박관념에 사로잡힌 섹시함, "즐거워야" 한다는 데 대한 과도한 압력을 수반한 독신 문화의 맥락에서 이 메시지는 특별히 절박하게 받아들여졌다. 사람들은 자신들의 성격에 변화가 필요하다는 데 쉽게 설득 당했고, 갖가지 배경을 가진 수십만의 추종자들이 새로운 심리학적

---

* 슈츠는 이를 1960년대에 쓰면서 HPM 기술이 젊은이들의 급진주의를 견제하는 데 유용할 수 있을 것이라는 정치적 야심을 가졌다. 그는 자신이 가르쳐야 했던 것이 "정치적 관리를 약화시키고 있는 현재의 '신뢰 부족 상태'"를 완화시키고, 그것이 "'있는 그대로 얘기하라'는 젊은이들의 요구"에 대한 답이 되기를 바랐다. 그는 새로운 기술이 마약 문화의 기쁨에 필적할지도 모른다고 주장하기까지 이르렀다.

실천의 장에 모여들었다. 온갖 종류의 HPM 워크숍이 근교 주택가의 커뮤니티센터, 대학과 고등학교의 교정, 기업 회의실처럼 서로 다른 장소에서, 그리고 생각할 수 있는 모든 형태의 전문적·준전문적 훈련 프로그램에서, 정치 조직에서, 심지어 교회에서조차 성행했다. 정신과 의사 조엘 코벨Joel Kovel은 그중 집단 감수성 훈련 그룹에 대해서만 말하면서 다음과 같이 쓰고 있다.

… 그런 집단들이 중요한 사회 현상으로 여겨지고 있지만, 애시드 록acid rock처럼 1960년대 후반이 되자 정점에 도달한 것처럼 보인다. 그래야만 했다. 그 운동이 속도가 늦춰지지 않고 당시와 같은 속도로 성장했다면 지금쯤 다른 모든 형태의 사회 조직을 삼켜 버렸을 것이다. 1969년 캘리포니아 팰로앨토를 방문했을 때 중간 정도 규모의 마을에 약 360개의 집단 감수성 훈련 그룹이 운영되고 있다는 이야기를 들었던 것이 기억난다.[55]

집단 감수성 훈련 그룹이 한창이었을 때 사이코드라마, 게슈탈트, 교류 분석, 원초요법, ("심신 통일 훈련"과 같은) 훨씬 정통적이지 않은 새로운 것들과 융Jung, 라이히Reich, 설리번Sullivan의 접근법에 온갖 "절충적인" 변화를 덧붙인 "전통적" 방법을 포함한 다른 치유법들이 이미 나머지 부분을 채우기 시작하고 있었다. 게다가 기혼자 집단, 이혼자 집단, 흡연자 집단, 과식이나 불면증 환자 집단과 같은 "이슈별" 집단이 있었다. 1967년 슈츠는 일이 계속 제대로 진행된다면 모든 제도와 심지어 "체제"까지 곧 기쁨에 사로잡히게 될 것이라고 외치며 "기쁨이 싹트고 있다."고 예언자처럼 말했다.[56]

심리 상담에 대한 이러한 대량 수요로 심리치료는 그 자체로 성장 산업이됐고, 곧 심리학 학위는 보장된 지위와 보수를 찾는 대학 졸업생에게 가장 안전하고 확실한 방책의 하나가 됐다. 그러나 "통속심리학"은 지나치게 성공했기 때문에 일개 학문 분과가 수용할 수 있는 것이 아니었다. 정신분석은 오직 정신분석학자만이 할 수 있지만, 많은 사람들이 "결혼 상담가"나 "그룹 리더"가 될 수 있었고, 컴퓨터와 의견을 가진 사람이면 누구든지 사람들에게 어떻게 살라고 조언하는 책을 쓸 수 있었다. HPM의 가르침을 살짝 흡입한 정도로 대충 교육받은 한 무리의 새로운 심리 전문가들이 혼란에 빠진 새 독신 문화의 지침서 요구에 합류하기 위해 몰려들었다. 1970년대 심리학 골드러시의 선두 주자들은 조작 산업(마케팅과 광고)의 대가들이었는데, 이들은 이것이 자신들에게 꼭 맞는 영역인 줄 알아차리고 자기개발서를 대량 생산하기 시작했다. 텔레비전 시청자 및 여론조사에 전문인 진 오언Jean Owen은 베스트셀러인 『자기 자신과 가장 좋은 친구가 되는 법How to Be Your Own Best Friend』의 인터뷰어이자 편집자였다. 대중서 『나는 대단치 않아, 그러나 이게 나야Ain't Much, Baby-but I'm All I've Got』와 그 뒤를 이은 『지금은 별로지만 분명 더 좋아질 거야 I Ain't Well-but I Sure Am Better』를 쓴 제스 레어Jess Lair는 심리학에서 박사 학위를 따기 전에 마케팅 경영 컨설턴트로서 성공적 경력을 가지고 있었다.

주트 마이닝어Jut Meininger가 쓴 『교류분석으로 성공하기Success through Trans-actional Analysis』는 교류분석을 바로 사업에 적용했다. 『죄책감 없이 '아니오'라고 말하는 법How to Say No Without Feeling Guilty』은 허버트 펜스터하임Herbert Fen-sterheim 박사와 그의 아내이자 잡지 ≪세븐틴≫의 전 홍보 이사인 진 배어Jean Baer가 공동으로 썼다. 『'아니오'라고 말하는 법』의 성공 후 진 배어는 혼자서 쓴 『(공격적이지 않되) 단호한 여자가 되는 법How to Be an Assertive (Not Aggres-sive) Woman』을 들고 심리학 시장에 진출했다.

머지않아 학술적 정신의료의 본거지조차 자신들이 오랜 가정주의의 피학적 방식에 머물러 있었다는 것을 알게 되면서 문고판 가판대에서 배워야 했다. 진 배어는 뉴욕시립병원New York Hospital의 페인 휘트니 클리닉Payne Whitney clinic에서 자기주장 훈련 지도자 프로그램을 공동으로 지도했다. 에릭 버니Eric Berne는 자신의 교류분석 이론 때문에 미국정신분석학회American Psychoanalytic Association의 입회를 거부당한 정신과 의사였는데, 만약 살아 있었더라면 의과대학과 심리학 프로그램에서 교류분석을 가르치는 것을 보고 만족했을 것이다. 더 진보적인 석·박사 학과 프로그램들이 게슈탈트, 교류분석, "행동 수정", 그리고 이러한 것들을 더욱 확실하게 상업화시킨 변종들을 따라잡기 위해 몰려드는 동안 프로이트는 서점의 뒤쪽 진열대로 밀려났다.

  1970년대에 자기개발서 판매가 갑자기 인기를 끌면서, 한 부분은 (급성장하는 새로운 대중심리학적 경향에서 선택적으로 가져온) HPM 철학으로, 두 부분은 말 그대로 빈틈없는 판촉 솜씨로 구성된 현대적 시장심리학이 독자적인 대중문화 현상으로 자리 잡았다. 시장심리학은 HPM을 활발하게 확장시켜 그것을 냉정한 자기중심성의 철학으로 바꿨다. 탈가정주의 세계, 구식 연결고리가 더 이상 당신을 묶지 않는 곳에서 중요한 것은 바로 *당신 자신*이다. 자신이 *되고 싶은 것*이 될 수 있고, 자신의 삶, 환경, 외모와 감정까지도 *선택할 수 있다*. 당신에게 "어쩌다 보니 일어나는" 일은 없다. 당신이 "할 수 없는 일"은 없고, 단지 당신이 "하지 않을 일"만 있다. 자신의 감정적 반응이라 할지라도 그 감정의 희생양이 될 필요가 없다. 자신이 *느끼고 싶은 것*을 느끼도록 선택하라. 뉴먼Newman과 버코위츠Berkowitz는『자기 자신과 가장 좋은 친구가 되는 법』에서 유일한 장애물은 "사람들이 자신의 굴레에 매달리는" 것이라고 덧붙이면서, 자신의 "선택에 따르는 책임을 받아들일 때 당신은 자유롭다."라고 썼다. 이와 비슷하게 교류분석을 대중화시킨 의사 토머스 해리스Thomas Harris에 따르면 교류분석은 "과거에 무슨 일이 있었든지 간에 각자가 책임져야 할 일은 미래에 일어나는 일이라는 사실을 환자에게 들이댄다는 점에서 현실적이다."**57** 대중심리학의 논리에서도 여성을 저지하는 유일한 것은 "부정적인 정신 상태"라는 주장이 이어졌다. 즉 "여성들은 자신들이 남성과 동등하다고 생각하지 않고, 따라서 남성들과 똑같이 행동하지 않는다. 그 결과 남성, 고용주, 친척, 사회는 여성들을 동등하게 취급하지 않는다."라는 것이었다.**58**

자신의 감정에 대해 전적으로 자신이 책임져야 한다는 명제의 결과는 그 외에는 아무것도 책임이 *없다*는 것이다. "다른 사람의 기대에 맞춰 살 필요는 없다."라는 것이다. 이기심은 "비열한 단어"가 아니다. 그것은 단지 "자기보존 법칙의 표현"이다.**59** 행동 수정서는 행동 수정 프로그램을 시작하면 사람들이 이기적이고 독선적이거나 자기중심적이라고 비난할 것이라고 경고한다. 걱정하지 마라. 그렇게 비난하는 사람은 "그 자신이 자기중심적이며, 단지 당신이 **나에게** 충분히 집중하지 않고 있다고 간접적으로 말하고 있는 것이다."**60** 모든 책들이 "상처 받는 것"을 피하는 유일한 방법은 "너 자신을 가장 먼저 생각하라."는 것이라고 전제한다. 그 책들은 당신이 가장 중요하게 생각하는 사람, 혹은 당신이 가장 사랑하는 사람—바로 당신 자신—을 돕겠다고 약속한다! "이기심(자기 됨)은 그저 각 개인에게 세상에서 가장 중요한 사람은 바로 자신이라는 사실의 단순한 인정과 수용이다."**61** "희생양이 되지 말라."는 말의 이면은 다른 어떤 희생양도 "구출하지 말라."는 것이다. 수많은 포스터, 인사 카드, 커피 잔에 새겨져 있던 "게슈탈트 기도"가 그것을 가장 잘 표현해 준다.

나는 나의 일을 하고 너는 너의 일을 한다.

나는 너의 기대에 맞춰 살라고 이 세상에 있는 것이 아니다.

너 또한 나의 기대에 맞춰 살라고 이 세상에 있는 것이 아니다.

너는 너, 나는 나,

우연히 우리가 서로 만나게 되면 그것은 아름다운 일.

그렇지 않다면, 그것도 어쩔 수 없는 일.**62**

    자기 사신 외에 다른 누구에게도 책임이 없다면, 다른 사람과의 관계는 단지 (감정적으로) 이익이 될 때 이용하고 이익이 없어지면 끝난다는 얘기가 따라오게 된다. 개인은 관계 속에서 그 또는 그녀가 만족되기를 원하는 일련의 감정적·성적 욕구들 또는 다른 "욕구들"을 가지고 있다는 것이 기본적인 가정이다. 친구나 섹스 상대로 인해 더 이상 만족하지 않는다면 그 유대가 깨져 버리는 것은 구매자가 더 좋은 가격을 발견하면 다른 곳으로 가 버리는 것만큼이나 당연할 수 있다. *욕구들*은 고유한 정당성을 지니고 있지만, *사람*은 대체 가능하다.

    따라서 나쁜 관계는 자신이 "얻는" 것보다 더 많은 것을 "주는" 것이다. 관계란 현실에서는 재정적/감정적 "계약"이다. 특히 결혼 관계는 그렇다. 관계 내부에서 권리와 책임이 명백히 합의되어야 하고 최말단의 친밀한 기대에 이르기까지 가급적 서면으로 구체화되어야 한다. 이로써 샬롯 퍼킨스 길먼이 "성적·경제적 관계"라고 불렀던 것으로부터 감상적 베일이 마침내 벗겨졌다. 밝혀진 바대로 결혼은 다른 거래와 마찬가지로 두 사람이 자기 자신을 상대방에게 "팔" 때 시작되는 거래다. 전 부동산 업자이자 『위협을 통한 성공Winning Through Intimidation』과 『자기 자신만 생각하기Looking Out for Number One』의 저자인 로버트 링거Robert Ringer는 성공적인 자기"판매"를 위한 네 단계를 제시한다.

    1) 판매 상품의 획득(예를 들어 여성은 바로 *자신*이 아내라는 "상품"이 될
       수 있다.)
    2) 상품을 위한 시장 확보(위의 사례에서는 여성의 기준에 맞는 가능한 남

자들로 형성될 것이다.)

3) 판촉의 실행(자기판매를 실행해라.)

4) 판매 종료(점선 위에 사인을 할 증명서를 구하고 반지를 건네줘라.)**63**

또 다른 조언서에 따르면 한번 관계를 맺으면 그 관계의 성공은 "합의를 유지하는 데 충분히 안정된 거래 협상에서 각자의 기대를 강화하기 위한 쌍방의 욕망과 능력"과 같은 조건에 따르게 될 것이다. 예를 들어 자기주장 훈련 지침서는 부부가 서로를 위해 자신의 행동을 바꾸겠다는 "행동 교환 계약"의 정해진 규칙을 따를 것을 권한다. 규칙의 일부는 다음과 같은 것들을 포함한다.

a. 배우자는 각기 그/그녀가 원하는 것을 상대방으로부터 얻는다. 예를 들어 여자는 "아침에 낡은 옷 대신 멋진 옷을 입기로" 계약한다. 남자는 "친구들과 술 마시는 대신 저녁 식사 시간에 맞춰 집에 오는 데" 동의한다. 간단한 행동으로 시작해서 좀 더 복잡한 행동으로 나아간다. ("그녀는 더 많은 섹스를 주도해야 한다. …""그는 내게 키스를 더 많이 해야 한다.") …

d. 할 수 있을 때마다 그래프, 차트, 점수, 표식을 가지고 목표 행동을 기록하라.

e. 계약을 전부 서면으로 남김으로써 논쟁을 피하라. 계약서를 두 사람 다 잘 볼 수 있는 곳에 둬라. 많은 부부들이 그것을 냉장고나 침실 문에 붙여 둔다. 하나의 행동 교환 계약에 서로 만족하게 되면 다음 것으로 넘어가라.**64**

다른 책에 따르면 그러한 협상이 실패한다면 "성공적인 이혼"—결코 실패로 생각되지 않는다—을 할 수 있다. 그 이혼은 "개인의 상승 이동이라는 측면에서, 남게 될 것이 무엇이며 무엇을 잃게 될 것인가에 대해서보다는 새롭고 더 나은 이미지로 통합될 수 있는 것이 무엇인가에 대해 더 강조점을 두고 미리 생각해 두었던 것이다."**65** 이 행동 수정서는 성공적인 이혼 후 "**삼깐의 연애**"가 "성적 불만을 초래한 연인을 성적 만족을 가져올 수 있는 다른 사람으로 대체할 기회"를 포함한 많은 이유 때문에 유용할지도 모른다고 제시한다. "긍정적 자아상"을 가진 사람은 상대를 가리지 않는 성행위에 대해 걱정할 필요가 없다. 이런 관계들은 모두 "의미" 있을 것이다. 모든 것은 "자기경험의 축적"에 기여할 것이기 때문이다.

관계가 사업상 교제라면 **자신**은 이제 주인이고 투자자며 소비자다. "동작"은 일일이 계산되고 주고받은 사랑의 목록표가 누계되므로 종이 위에 연필 긁는 소리가 들릴 정도다. 정신 치료 산업의 용어를 빌리자면 우리는 매우 영리하기 때문에 자산을 이용하고 손실을 줄이고, (감정적) 투자에 따른 이윤을 극대화하고, 또 일반적으로 우리의 모든 관계—애인 사이든, 동료 관계든, 가족 관계든 간에—를 현금 거래의 심리적 등가물로 보게 된다.

관계를 사업에 빗대는 방식은 실제 사업 세계에서도 최신 유행이었던 "게임"에 빗대는 방식으로 빠르게 도약한다. 시장심리학은 세상을 "승자"와 "패자" 두 부류의 사람들로 나눈다. 『승자의 수첩Winner's Notebook』, 『인간 승리Born to Win』, 『승자와 패자Winners and Losers』, 『위협을 통한 성공』은 자기개발서 서가에 꽂혀 있는 몇몇 책 제목에 불과하다. (19세기 경제에서는 대부분의 사람이 "패자"가 될 것이라는 것을 누구나 알고 있었다. 그러나 "이기는 것"이 반드시 부와 권력을 획득하는 것이 아니라 즐거움을 의미하는 현대의 소비 중심 경제에서는 별안간 누구나 "승자"가 될 수 있다. 그것은 단지 마음먹기 나름이다.) "필요한 것은 닥쳐올 요소에 대한 집중력, 그리고 승리의 기미는 최대화하는 반면 패배의 기미는 최소화하려는 욕망"이라고 『승자와 패자』
는 말한다. "포커 게임에서 그런 일은 한 주 내내 매일같이 일어난다. 손실을
줄이고 나쁘거나 '불확실한' 패는 버리고 좋은 패에 크게 걸어라."[66] 그리고 어
떤 것에도 너무 화내지 마라, 게임은 게임일 뿐이다!

추상적 체계로서 시장심리학은 표준화된 "참가자"가 실제 사업가처럼 소유
와 교환의 명확한 규칙에 따라 상호작용하는 곳에 감정의 "경제"가 있다고 가
정한다. 게임 참가자들은 사람이므로 그들을 표준화하는 것은 당연히 어려운
부분이다. 첫 번째 단계는 개인의 고유한 이력을 가능한 한 무시하는 것이다.
거의 모든 시장심리학자들은 시간이 많이 걸리고 혼란스러운 역사를 회피하
는 것에 대해 자부심을 갖는다. 한 게슈탈트 책은 "실재는 오직 현재에만 존
재한다. 과거에 대한 개인의 기억은 (이러한 사실에 대한 개인의 진지한 부인
에도 불구하고) 쓸모없어진 왜곡과 오해의 집합이다."라는 말로 과거를 무시
해 버린다. 개인의 이력을 제거해 버림으로써 사람들은 훨씬 더 비슷해 보이
게 되고 현시점에서의 욕구와 행동으로 분석될 수 있다. "우리가 무엇을, 어
떻게 하는지가 바로 우리 자신이다."[67] 자아에 대한 개념은 단순화되고 언제
든지 기계화된다. "뇌는 고성능 녹음기처럼 움직인다."라고 해리스는 말한다.
"성인[에고ego 상태]은 하나의 정보 처리 컴퓨터다." 사람이 녹음기나 컴퓨터
가 아니라면, 대개 로봇으로 간주된다. 그 로봇은 "긍정적인 투입"을 수용하
지 못하게 하거나 "부정적 결과"를 추구하는 다른 로봇을 멈추지 못하게 하거
나 자신들에게 있는 "분노 버튼"을 누르지 못하게끔 "프로그래밍" 되어 있다.
물론 "자유"는 "자신의 통제"하에 있다.

소유의 규칙은 분명하다. 첫째, "자신을 인정"하고 "자신의 감정을 인정하
는 데" 집중해라. 왜냐하면 다른 사람들도 죄다 이처럼 하느라 바쁠 것이기 때
문이다. 사랑은 더 이상 "우리는 서로의 것이에요.", "내 마음을 그에게 줬어

요.", "그녀를 내 것으로 만들 테야." 등과 같은 낭만적 유대의 선율로 들리지 않을 것이다. 오히려 새로운 게임에서 사람들은 결코 본심을 드러내지 않는다.

> … 어른이라면 사랑할 때 자신의 전부를 걸지 않는다. 그는 이미 자신을 가지고 있고, 다른 사람이 어떻게 반응하더라도 자신을 지킬 것이다. 연인을 잃는다 해도 여전히 자기 자신은 지킬 것이다. 그러나 만약 누군가가 어떻게 해서든 당신의 정체성을 확립해 주기를 기대한다면 그 누군가를 잃게 될 때 정말 자신이 파괴됐다고 느끼게 될 수 있다.**68**

표준화된 "자아들"의 세계에서 냉정한 성인에게는 죽음조차 큰 영향을 주지 않는다. 정신과 의사이자 『자기 자신과 가장 좋은 친구가 되는 법』의 저자들 중 한 명은 다음 일화를 떠올린다.

> 언젠가 나는 깊이 슬퍼하고 있는 한 남자를 보고 있었다. 그는 거의 죽기 일보 직전인 것 같았고 아주 우울했다. 나는 그와 나란히 앉았고 그의 슬픔의 깊이를 느낄 수 있었다. 한참 뒤 나는 "꼭 가장 친한 친구를 잃은 것처럼 보이네요."라고 말했다. 그는 대답했다. "음, 그래요." 나는 "가장 좋은 친구가 누군지 모르나요?"라고 물었고, 그는 놀란 얼굴로 돌아보았다. 그는 잠깐 생각하더니 눈물을 떨궜다. 그러고 나서 그는 말했다. "정말인 것 같네요. 내가 나의 가장 좋은 친구지요."**69**

표준화되고 교환 가능한 "게임 참가자"의 세계에서 모든 관계는 등가 교환이라는 시장 원칙에 의해 지배된다. 둘 사이에서 동등한 교환 관계를 확립할 수 있다면 멋지다. 그렇지 않더라도 어쩔 수 없다. 상대를 바꾸면 된다. 보호와 의존이라는 낡은 위계는 더 이상 존재하지 않고, 자유롭게 끝내는 자유 계약만 있다. 오래전에 생산 관계를 포함하도록 확장됐던 시장은 이제 *모든* 관계를 포함하도록 확장됐다.

새로운 심리학은 여성들이 특수한 악조건을 가진 채 확장된 감정 경제 시장으로 진입하고 있다는 것을 즉시 알아차렸다. 여성들은 어려서부터 안정적으로 보호받는 관계의 틀 안에서 무조건적으로 주는 삶을 채비해 왔다. 이 악조건은 특별한 종류의 대중적 치유법을 필요로 했다. 그 치유법은 독신 문화가 주도하는 세상에서 필요할 "생존 기술"을 제공할 수 있었다. 자기주장 훈련이라고 이름 붙여진 새로운 치유법은 완벽한 심리적 변모 같은 것은 전혀 요구하지 않았다. 한 훈련서의 서문에 따르면 여성들은 "여성성 안에는 일종의 장애가 있었다."라는 것과 치열한 개인적·직업적 경쟁에서 지지 않으려면 빠르게 변해야 한다는 것을 인식해 가는 중이었다.[70]

자기주장 훈련서들은 일말의 주저도 없이 모델로서 남성의 행동을 묻고 늘어졌다. 그 책들은 대부분의 남성들은 자기주장이 부족한 문제를 가지고 있지 않다는 논평을 내었다. 사회화는 남자들에게 적절한 자기중심성을 부여해 왔다는 것이다. 그러나 "사회는 남자들에게는 자기 자신을 가장 먼저 생각하는 것이 절대적으로 필요하다고 강조해 왔지만 여자들에게는 그런 것을 전혀 강조하지 않아 왔다."[71] 자기주장 훈련서들은 소녀들의 경험과는 매우 다른 소년들의 감정적 양육을 선망하며 격찬한다.

네가 소년으로 태어났더라면 아버지의 발자국을 따르거나 (만약 발자국이 크다면) 아버지를 넘어서리라는 기대로 아마도 따뜻하게 환영 받았을 텐데. 그러나 소녀이기 때문에 너를 환영하는 말은 훨씬 밋밋했을지 모른다.

이미 언니가 있다면 더 그렇겠지. 아빠는 "오, 우리 다시 해 보자. … 그녀는 *정말* 작고 귀엽군."이라고 말할 수도 있겠지. 사실 네가 네 자신을 가장 먼저 생각한다면, 너는 나중에 소년들과는 달리 죄책감을 느끼게끔 길들여진다. 소년들은 권리를 주장할 수 있고, 그들이 원하는 것을 말할 수 있고, 심지어는 그것을 얻기 위해 싸울 수도 있다!**72**

운이 좋은 남성들은 시장이나 시장심리학에서 아무런 문제가 없다. 그러나 여성들은 자신들이 받은 사회화의 내용을 잊어버려야 하고 남성의 방식을 흉내 내야 한다. 어떤 책은 관리직에 대한 상담에서 여성들이 어떻게 성공할 수 있는지에 관해 다음과 같이 조언한다. "무엇보다 감정을 보이지 말고, 남자 동료 앞에서 *절대* 울지 마라. 남자들은 눈물을 억누르는 것을 배우느라 일생을 보냈고, 여자들은 남자처럼 하려면 배울 것이 너무 많다."**73**

일반적으로 대중심리학과 같은 자기주장 훈련은 일, 성적 관계, 우정 등 모든 상황에 적용 가능하도록 만들어져 있었다. 한 자기주장 훈련서는 여자 친구끼리 함께 있을 때 "주장을 분명하게" 하는 법을 다음과 같은 사례로 시작한다. 이야기에서 "당신"은 집에 혼자 있고 집안일은 끝났다. 당신은 "오직 자신만을 위한" 여유 시간이 두 시간 정도 있다. 그때 전화가 울린다. 그것은 친구가 그날 아침 모임에 참석하는 동안 두 살 난 딸 앨리슨을 봐 달라고 부탁하는 전화다. 당신은 "뱃속에 뭔가 가라앉는 것 같은 익숙한 느낌"을 갖는다. 당신은 자신을 위한 그 두 시간을 *정말로* 원했다.

당신이 소극적이라면 쉽게 자신의 희망 사항을 거부하고 앨리슨을 돌보겠다고 동의할 수 있을 것이다. "음, 다른 걸 하려던 참이었는데 괜찮아. 좋아, 애를 데려와."

또는 당신은 이렇게 *분명하게* 말할 수 있다. "앨리슨을 데려가면 모임에 거치적거린다는 건 알아. 하지만 나는 오늘 아침 나를 위해 두 시간을 비워 놨어. 오늘은 못 봐 줘."**74**

자기주장 훈련서는 당신이 하고 싶은 것을 배우도록 도와준다고 약속한다. 어떻게 하는 것이 옳은가라는 골치 아픈 질문은 솜씨 좋게 회피한다. 모임에 가고 싶은 앨리슨 엄마의 욕구와 두 시간을 혼자 있고 싶다는 당신의 욕구를 견주어 볼 여지는 없다. 당신에 비해 앨리슨 엄마가 처한 상대적 곤란을 견주어 볼 여지도 없다. 앨리슨을 돌봐야 할 유일한 이유는 당신이 그렇게 하기를 *원하기* 때문이다(사실 저자들은 당신이 원하지 않는다고 가정한다). 한 가지, 앨리슨 엄마가 애를 데리고 회의에 도착하자 더 이상 아이를 회의에 데리고 오지 말았으면 한다는 단호한 말을 듣게 된다면 그녀에게 무슨 일이 일어날 것인가 하는 문제는 여전히 남아 있다. 그러나 인정사정 볼 것 없는 성적 시장에서 어느 여성도 다른 여성들에 대한 책임이라는 구식 감정을 가질 여유가 없다. 한 자기주장 훈련서는 "결혼한 남자와 데이트"할 권리를 포함한 독신 여성의 권리 목차를 제시한다.

이 권리를 원하는가? 오직 당신만이 결정할 수 있다. 오늘날 요즘 같은 도시 재개발 시대에 **뒷골목**은 사실상 더 이상 존재하지 않는다. **다른 여성**은 살아 있고, 건재하고, 방 한 칸짜리 아파트에서 화려한 도로에 이르기까지 어디서든지 살고 있다. … 오늘날의 **다른 여성**은 다소 죄책감을 가질지 모른다. 하지만 그녀는 … 자신이 부도덕하다고 생각하지 않고 스스로를 **다른 여성**의 상황에 있는 도덕적이고 자존감 있는 여성으로 여긴다.**75**

시장심리학이 여성 실용 철학으로 완전히 실패한 것은 바로 자녀를 갖는 문제 때문이었다. 대중심리학 책에서의 관계는 결코 아이와의 관계가 아니었고, 아이가 어린 앨리슨저럼 등장하면 *아무도* 그 아이를 원하지 않는다고 추정됐다. 아이와의 관계를 어떻게 등가 교환 원칙으로 다룰 수 있겠는가? 당신에게 충분한 "타격"을 가하지 않는 유아를 무시하는가? 지난밤 요에 오줌을 싼 두 살배기를 위해 아침을 준비하는 것을 거부하는가? (하던 대로 게슈탈트의 기도를 상냥하게 다시 외면서) 당신의 욕구를 충족시키지 못하는 아이를 버리려는가? 여성의 기동성에 항상 "문제"나 애물단지로 소개되는 아이 문제에 직면하자 시장심리학자들은 갑자기 엄격해졌고 비판적이 됐으며 심지어 꾸짖기까지 했다.

나는 여성의 직장 생활과 데이케어 센터를 반대하지 않는다. 그러나 아이를 갖는 것은 하나의 선택이다. 또는 선택이어야 한다. 만약 여성이 아이를 갖고 싶어 한다면 가져야 한다. 만약 여성이 아이를 기르고 싶어 하지 않는다면 아이를 갖지 않아야만 한다. … 원한다면 데이케어 센터를 위해 로비를 할 수 있다. 그러나 스스로를 희생자로 여겨서는 안 된다.[76]

『승자와 패자』에서 작가는 "이혼남들은 대개 딸린 아이가 없이 일에 몰두하거나 사회적·성적 상대를 찾는 데 더 자유롭기 때문에 이 남자들의 형편이 더 낫지 않은가?"라며 자문한 뒤 아래와 같이 답한다.

이혼의 어떤 부분에서 남자들의 형편이 더 낫다면 그것은 남자들이 더 나은 쪽을 선택하기 때문이다. 만약 여자들의 형편이 더 나쁘다면 그것은 여자들이 더 나쁜 쪽을 선택해 왔기 때문이다. … 아이로부터의 자유에 관해

말하자면 아이로부터 자유로워지는 최선의 방법은 아이를 가지지 않는 것
이다. …**77**

심리학적 이데올로기는 리비도적 모성과 여성 피학성이라는 신프로이트
학파 이론으로부터 180도 선회했다. 아이는 여성의 삶에 충만함을 주는 유일
한 근원이었다가 여성의 자유를 가로막는 방해물이 됐다. 섹스는 복종의 상
징적 행동이었다가 여자도 남자와 마찬가지로 요구할 수 있는 쾌락의 필수품
이 됐다. 그러나 낡은 가정적 이데올로기에 의해 부과된 규칙이 여성에게 가
족에 대한 봉사 외에 다른 미래를 전혀 제시하지 않은 반면, 새로운 심리학은
남자에게든 여자에게든 인간 유대를 전적으로 거부하는 것처럼 보였다. 보편
적 기쁨을 분출하듯 환기시키는 것으로 시작한 대중심리학은 구명보트 전략
이라는 냉혹한 "사실주의"로 끝났다. 즉 모두가 탈 수는 없으며, 따라서 생존
은 "자신의 구명조끼를 얻는" 과정에서 끝까지 싸우는 법을 배우는 데 달려
있다는 것이다. 시장심리학 전문가들은 낡은 가정적 이데올로기와 철저하게
절교했음에도 불구하고 결국 19세기 부인과학이 한때 제안한 이상형 못지않
게 왜곡되고 제한적인 여성 본성의 이상을 촉진시켰을 뿐이다.

후기: 로맨스의 끝

1960년대 말에서 1970년대 초, 난데없이 나타난 것처럼 보이는 완전히 새로운 문화적 인물상이 등장했다. 그것은 여성은 "자신의 자리를 알아야" 한다는 식의 모든 격언에 반항하고 거부하는 여성상이었다. 이 여성상은 빠르게 증가하던 자매애의 전형이었다. 현대 여성해방운동은 순종적인 엄마에서 매력적인 독신에 이르기까지, 그리고 더 중요하게는 의료계뿐만 아니라 다른 모든 권위 체계에서 남성 지배 자체에 도전하는 여성에 이르기까지 다양한 양상으로 퍼져 있는 여성성의 고정관념들을 통째로 거부하는 지경에 이르렀다.

현대 여성해방운동은 널리 퍼진 피임과 낙태의 효용성, 그리고 인구 과잉의 세계에서 여성들이 아이를 많이 낳아야 한다거나 나아가 여성이라면 모두 어머니가 되어야 한다는 요구의 감소 등과 같은, 이미 여성 삶의 가능성을 확장시키고 있던 변화들에 대한 인식의 시작이었다. 그러나 좀 더 근본적으로는 여성의 본성과 여성의 자리에 대한 기존의 모든 고정관념들을 뒤흔든 사회·경제적 변화, 즉 세기 중반 대규모 여성들의 노동 인구로의 편입에 따른 엄청난 동요였다.

1970년대 말에 이르면 비록 남성들에 비해 훨씬 낮은 임금을 받기는 했지만 여성들의 절반이 일하고 있었다. 역사상 처음으로 여성들은 자신들이 집을 벗어나거나 혹은 내쫓겨도 살아남을 수 있으며 심지어 성공할 수도 있다는 상상을 할 수가 있었다. 여성의 독립은 이를 억압해 왔던 이데올로기를 마침내 파괴할 추진력과 집단을 결집시켰다. 여성의 독립은 **여성 의문**을 "해결"

하고는 그 상태를 150년 이상 유지해 왔던 가정적 해법의 종말이자 산업 시대적 관념들의 붕괴를 의미했다. 더 이상 여성들은 순종하기 위해 태어난 것이 아니며 남성의 집은 오직 그만을 위한 성城으로 남을 수 없게 되었다.

하지만 가정적 해법은 도덕적 기반을 토대로 하고 있었기 때문에 꽤 오랫동안 지속돼 왔다. 남성들의 논리는 여성들을 착취하기 위해 여성들을 집 밖으로 나가지 못하게 한 것이 아니라 냉혹하고 잔인한 세상에서 여성이 파괴되는 것을 막기 위해서였다는 것이었다. 감상적이긴 하지만, 안에는 천사가 있고 담쟁이로 덮인 집은 사랑과 친밀함에 대한 욕구나 양육과 돌봄에 대한 욕구처럼 시장에서는 충족될 수 없었던 근본적인 정서적 동경을 대변했다. 가정은 오직 강자만이 보상받는 적자생존의 세상에서 나약한 사람, 어린아이, 노인을 위한 안전한 천국을 약속했다. 가정적 해법은 약육강식이 횡행하는 **시장**과 견주어 봤을 때 남성들뿐만 아니라 많은 여성들에게도 마음에 드는 해결책이었다.

그럼에도 불구하고 각 시대의 여성 비평가들이 명확하게 인식한 사실은, 그것이 두 개의 성性이 정반대의 영역에서 분리된 생활을 함에 따라 생겨난 왜곡된 위선이라는 것이었다. 여성을 도덕적으로 우수한 존재로 추켜세운 가정적 해법은 가혹한 경제적 삶에 대한 대응이었다. 그러나 동시에 그 해법은 사랑과 돌봄에 대한 모든 책임을 수반했으며, 그 모든 짐을 여성 혼자 짊어지게 만들었다. 그 해법이 선택한 것은 세상을 바꾸기보다 여성이 세상을 위해 *온갖 노력을 다하*도록 요구하는 것이었다. 이 해법은 심지어 그 기본 토대가 가장 튼튼한 것처럼 보였던 빅토리아 시대 초기부터 좌절만, 나아가 수치심만 가져올 뿐인 임무였다. 여성들은 가정을 인간의 가치를 보호하기 위한 성역으로 유지하기 위해 애썼다. 그러나 그것은 마치 붕괴 직전인 담벼락을 붙잡고 있는 것과 같았다.

여성들은 "여성적"이기 위해 노력했으나 자신들이 모든 의미 있고 역동적인 것의 부정으로 몰아붙여지고 있다는 것을 알게 됐다. 여성에게 허락된 일부 영역에서조차도 마찬가지였다. 만약 아내가 가족이나 개인 신체에 관한 단순한 결정에서 독자적인 의견을 주장할라치면, 정신의료 전문가들은 남편이나 아버지에게 동조해 그녀의 의지를 꺾을 준비가 돼 있었다. 여성이 가정에서 자신의 의무를 수행함으로써 사회를 "인간적인 것으로 만들어야 한다."는 요구는 전문가들이 위에서 매 단계마다 감독하고 있었음에도 불구하고 실현 불가능했다.

1950년대와 1960년대의 많은 여성들은 가정주부의 심리적·장식적 기능을 제외하고는 거의 모든 일을 기계가 수행하는 낙원처럼 선전되고 생산적 가치는 없어져 버린 가정에서 자신의 정체성을 만들어 냈다. 대부분은 젊을 때 결혼했고, 많은 여성들은 결혼과 출산 전후에 "핑크칼라 게토pink-collar ghetto"에서 여성스럽고 급료가 낮은 판매직과 사무직 노동자로 일하거나 교사, 사회복지사, 간호사로 일했다.

고등 교육을 받은 아내조차도 개인 자산이나 가계 자산을 관리할 수 없었고, 남편의 허락 없이는 은행 계좌를 개설할 권한조차 없었다. 대부분의 아내는 재정적인 면에서 남편에게 동료라기보다 자녀라고 할 수 있었으며, 이는 애정으로 맺어진 부부의 경우에도 마찬가지였다. 부부 강간이 범죄로 인식되지 않던 당시에 낙태는 불법이었고, 가정 폭력은 자주 묵시적으로 혹은 공공연하게 용인되었으며, 아내는 때때로 하인 같은 존재로 느껴졌다. 아내는 주인이 바라는 대로 따를 때만 가치가 있었고, 주인을 기쁘게 해 주지 못하면 버려질 수 있었다. 많은 아내들이 딸들에게 암시를 보냈다. "내가 걸었던 길을 따르지 말아라." 베티 프리단이 1963년에 출간한 『여성의 신비』는 좌절한 아내들 덕에 굉장한 베스트셀러가 되었다. 그 아내들 중에는 1960~1970년대의 풀뿌리 페미니스트 반란을 이루어 내거나 결집시키는 데 도움을 준 구세대 여성들도 있었다.

이전 세대 여성들의 은유적 "딸들"인 여성해방운동의 젊고 급진적인 선구자들은 혈통이 달랐다. 대부분이 시민권운동과 베트남 반전운동 활동가들이었거나 혹은 그러한 운동에 깊은 영향을 받은 여성들이었다. 그들은 인종적 열등성이 미신임을 폭로했고, 반제국주의·민족자결주의 혁명의 등장을 목격했다. 필연적으로 그들은 여성과 흑인, 여성과 다른 모든 억압받는 사람들 사이의 유사성을 알아챘다. 온순한 가정중심성이라는 이미지는 그 속에 기사도와 서정성이 들어 있음에도 불구하고 여성에 대한 남성의 폭력적 지배라는 가장 오래된 불공평을 숨기기 위해서만 존재하는 것처럼 보이기 시작했다.

페미니스트들은 여성성의 신비가 가지고 있는 강압적인 측면에 대해 비판적으로 통찰하자마자 곧장 여성성의 "과학적" 토대에 이의를 제기했다. 사회학자들은 "역할"과 "제도"라고, 정신과 의사들은 "여성적 적응"이라고, 의료 권위자들은 "생물학적 운명"이라고 진단한 것을 페미니스트들은 여성의 종속이라고 간주했다. 논쟁 대상은 전문가들이 아주 오래 전에 스스로 선택했던 과학의 논리와 법칙들이었다. 여성들은 문제의 핵심인 남성 이기주의를 폭로하기 위해 팸플릿, 서적, 반체제 신문, 학술 논문 등을 통해 지금껏 받아들였던 여성의 허약성이라는 관념을 서서히 무너뜨렸다. 의식고양집단, 여성연구모임, 대학 강의실에서 여성들은 세기 중반에 유행한 정신의학 이론의 표어를 자신들의 실제 경험과 대비시켰다. 여성의 선천적인 순종 성향, 항구적인 모성 본능, 질 오르가슴의 최우선성, 어머니만의 배타적인 돌봄을 필요로 하는 아이의 요구, 여성적 피학성 이론 등 이 모든 오래된 "사실들"은 페미니스트들이 심문을 시작하자 연기처럼 사라졌다.

주류 대중매체는 이 반란을 별로 지지하지 않았고 오히려 비웃거나 무시했지만, 전문가들에 대한 페미니스트들의 공격은 입소문을 타고 부엌에서 진료 대기실로 퍼져 갔다. 1970년대 중반이 되자 "프로이트주의자"라는 이름은 그 이름을 달고 개업하려는 치료사에게 심각한 손실을 주거나 육아 전문가의 신용을 떨어뜨리기에 충분했다. 동시에 자신들의 이데올로기를 위장하기 위해 온정적으로 행동했던 부인과 의사들의 태도는 신랄하게 재평가되었다. 여성들은 섹슈얼리티, 결혼, 혹은 여성성에 대한 의사들의 생각에 대해서는 물론이거니와 가장 기본적인 생리학에 대한 의사의 견해에도 이의를 제기하기 시작했다.*

여성과 전문가 사이의 대단한 로맨스는 여성들이 전문가에게 부여했던 신뢰를 전문가들이 배반함으로써 끝이 났다. 전문가들은 과학의 객관성을 주장하면서 가정중심성의 교리를 선전했다. 자료, 실험실에서의 발견, 임상 실험을 둘러싼 전문가들의 온갖 논의들을 놓고 볼 때, 그들은 과학자가 아니라 현상 유지를 위한 궤변론자였음이 밝혀졌다. 진정한 과학적 사고에 더 근접해 있던 새로운 페미니즘의 비판적이고 이성적인 정신과 마주치자 그들은 수세

---

* 1970년대에 쓰인 저서들로서 의료에 대한 페미니스트들의 중요한 폭로들을 나열하면 다음과 같다. 엘런 프랭크포트(Ellen Frankfort)의 『질의 정치학(Vaginal Politics)』(뉴욕: Quadrangle Press, 1972), 보스턴여성건강서공동체의 『우리 몸 우리 자신』(뉴욕: Simon and Schuster, 1976), 바버라 시맨의 『자유와 여성(Free and Female)』(그린위치: Fawcett Crest, 1972), 에이드리엔 리치의 『여자로 태어나(Of Woman Born)』(뉴욕, W. W. Norton and Co., 1976), 도리스 하이어(Doris Haire)의 『출산의 문화적 왜곡(The Cultural Warping of Childbirth)』(시애틀: International Childbirth Education Association), 나오미 웨이스타인(Naomi Weisstein)의 에세이 "여성 심리 구조(Psychology Constructs the Female)" 고닉과 모란(V. Gornick and B. K. Moran) 편집, 그리고 『성차별 사회에 사는 여자들(Women in Sexist Society)』(뉴욕: Signet/New American Library, 1971). 의료에 관한 페미니스트 저작들을 포함한 두 개의 모음집으로는 클라우디아 드레퓌스(Claudia Dreifus)의 『몸의 압류: 여성건강관리의 정치학(Seizing Our Bodies: The Politics of Women's Health Care)』(뉴욕: Vintage, 1978)과 존 에런라이크(John Ehrenreich)의 『현대 의료의 문화적 위기(The Cultural Crisis of Modern Medicine)』(뉴욕: Monthly Review Press, 1978)가 있다.

에 몰려 허세만 부릴 따름이었다. 생물학적 은유의 토대 위에 프로이트 학설을 중심 기둥으로 세우고 의학적 온정주의로 장식을 한 완벽하게 갖추어진 가정중심성 이데올로기 체계는 화려하게 꾸며진 빅토리아식 대저택이 허리케인을 만난 것처럼 10년도 안 돼서 무너져 내렸다. 그것은 페미니스트의 맹공에 버틸 수 있는 학문적 기반을 전혀 갖고 있지 못했다.

조직화된 페미니스트운동은 남성의 집에서 여성이 수행했거나 수행하지 않았던 역할에 따라 여성을 평가했던 모든 도덕적 차별에 반박했다. 페미니스트들은 성적 이중 기준과 독신 여성에 대한 존중의 부족을 비난했다. 결혼 여부에 기초해 그 가치를 판단하는 것은 레즈비어니즘에 비해 이성애에 특권을 부여하는 것이나 다름없었다. 집단적 정체성이라는 여성의 새로운 의식은 언어에도 반영됐다. 중립적 단어인 "여성"이 "숙녀"나 "소녀"를 대체했으며, "미즈"라는 단어는 결혼을 근거로 한 신분 구별을 없애는 데 일조했다. 글로리아 스타이넘Gloria Steinem이 주장한 미즈라는 단어는 여성운동에 앞장선 잡지 이름이기도 했으며, 마침내 1986년 ≪뉴욕 타임스≫에서 표준 관용어가 됐다.

그 시대를 살았던 많은 여성들은 한때 오로지 가정으로만 쏠렸던 여성의 에너지가 마침내 모든 방향으로 자유롭게 분출된 것처럼 그 운동을 통해 엄청난 해방을 경험하게 됐다. 어머니들은 어린이집을 만들기 위해 뭉쳤고, 미국 전역의 여성들은 계급과 생활수준에 관계없이 피임과 낙태에 접근할 수 있는 방법을 알게 됐다. 대학에서는 새로운 학문 분야인 여성학이 생기기 시작했고, 모든 분야의 학자들이 역사에서 한때 잊힌 여성의 이야기를 쓰기 위해 드디어 연구를 시작했다. 야구 경기를 하는 소녀들은 저녁 뉴스를 장식하면서 리틀 리그에 합류했는데, 이는 경이적인 에너지가 (의사들이 여성과 소녀에게 정력적인 신체 활동을 하지 말라고 경고했던 1950년대까지만 해도 전대미문의 생각에 불과했던) 여성 스포츠에 쏠릴 것임을 미리 보여 준 것이었다. 여성 노동자들은 복종적인 위치를 거부했다. 사무직 노동자들은 조합에 가입했고, 비서들은 직장에서 희롱의 대상이 되는 것을 더 이상 웃어넘기지 않았으며, 스튜어디스들은 "커피, 차, 아니면 나"를 제공하는 것을 거절하고 고맙게도 스스로를 항공기 승무원이라고 명칭을 바꿨다.

　사적인 관계 역시 변했다. 여성들은 남편과 남자 친구에게 더 이상 그들의 뒤치다꺼리를 하고 싶지 않다고 말했다. 그리고 그런 것들을 남성이 이해하지 못할 경우 이별과 이혼이 뒤따랐다. 많은 남성들이 여성들과 연대하고 지지를 보냈으며, 어떤 남자들은 거실에 청소기를 돌리고 아기를 돌봤다. 역할의 변화를 실험해 봄으로써 남성들은 자신의 본성 안에 숨어 있는 섬세한 면을 발견할 수 있는 많은 기회를 얻었으며, 마침내 자신의 몸이 실제로 어떻게 작동하는지를 스스로 알아낸 여성들과 함께 섹스를 탐색하며 행복을 느꼈다.

　여성들은 집단의 세력화라는 새로운 윤리를 창조해 냈는데, 이는 자신과 친구들이 살아야 하는 삶의 방식과 자신의 경험에 대해 스스로 최고의 전문가가 될 것을 결의하는 것이었다. 공동체에서, 강의실에서, 상담소에서 여성들은 진동기 같은 자위 도구 및 여성 섹슈얼리티에서부터 호신술과 폭스바겐 Volkswagen 수리에 이르기까지 모든 것에 관한 정보를 주고받았다. 여성들은 정부에서부터 가족에 이르기까지 모든 것을 개조할 작정이었으며, 여성을 고려해서 계획될 새로운 문명 이외에는 아무것도 원하는 것이 없었다.

　여성해방운동이 시작된 이래로 삶이 여성에게 놀랍도록 달라졌다. 방해, 반격, 그리고 운동이 끝났다는 수많은 유언비어에도 불구하고 여성운동은 확고하게 계속된다. 수백만의 여성이 유토피아적 이상을 향해 진군한다. 페미니스트 법학 이론은 고용 차별에 종말을 가져왔고, (남자 친구, 남편, 또는 남성 동료에 의한 폭력이 여전히 여성 상해의 주요 원인이긴 하지만) 강간과 가정 폭력이 범죄라는 인식을 이끌어 냈다. 1986년 미국 연방대법원은 성희롱이 불법적인 직장 내 차별의 한 형태라고 판결했으며, 애니타 힐Anita Hill이 1991년 미국 의회 인준 청문회에서 연방대법원 판사로 지명된 클래런스 토머스Clarence Thomas(논란에도 불구하고 토머스는 결국 미국 연방대법관으로 임명됐음–옮긴이)에게 맞섰을 때 애니타 힐의 지지자들은 "나는 당신을 믿어요, 애니타!"라는 자동차 범퍼 스티커를 자신들의 자동차에 붙였다.

여성의 진보가 가장 확실했던 분야는 건강과 의료 분야였다. 여성들은 입학 장벽이 낮아지자마자 재빨리 의과대학에 지원했다. 간호사들은 자신들을 더 이상 의료계의 보조 인력이 아닌 전문가이자 치료사로 존중해 달라고 요구했다. 산파들은 용케도 자신들의 효력을 끊임없이 문서화하고 증명해 왔다. 1970년 첫 출간 후 다양한 판본과 개정판으로 재출간되었던 『우리 몸 우리 자신』 같은 책들은 여성의 몸에 대한 급격한 인식 변화를 반영했다. 이전에는 수동적인 "환자들"에 불과했던 여성들이 심리학자, 소아과 의사, 그리고 여러 다른 의사들에게 자신들을 고객으로 당당하게 소개했다. 이제 이들은 자신의 건강관리에 관한 결정에 적극적으로 참여하는 사람들이었다. 신디 피어슨Cindy Pearson 같은 선구자가 이끌고 상원의원 팻 슈뢰더Pat Schroeder 같은 선출직 공무원의 지원을 받은 운동가들은, 연방정부가 지원한 심장병 건강 연구가 여성을 배제하고 유방암 같은 여성 질병을 간과했다며 연구의 기본계획안을 변경하도록 압력을 행사하는 데 성공했다.

건강관리를 지속적으로 개선하도록 압박하기 위해 여성건강운동은 여성건강네트워크Women's Health Network, 흑인여성건강명령Black Women's Health Impera-tive, 전국라틴계여성재생산건강연구소National Latina Institute for Reproductive Health 같은 비영리 감시 기관을 만들었다. 여성 건강을 위한 또 다른 독립적 지지 집단들은 정부, 대학, 공익 언론에서 활동했다. 이러한 집단들의 어젠다는 의료직의 성차별주의에서부터 제약회사, 보험회사, 건강관리기관HMOs, 병원이 포함된 **거대 의료계**에 속해 있는 모든 요소들의 관행에 이르기까지 점차 확대돼 왔다. 수년간 여성건강운동은 DES 같은 아주 위험한 약의 부작용을 폭로하는 데 기여했다. 이 약은 유산을 방지하기 위해 약 500만 명의 산모에게 처방되었지만 실제 이 약을 복용한 여성이 낳은 여아의 재생산 체계에 손상을 입혀, 이후 이들이 "DES 딸들"이라 불리게 만든 약이었다. 또 다른 표적은 한때 자궁 내 피임 기구로 자주 처방되었던 달콘 실드Dalkon shield였다. 거의 아무런 테스트를 거치지 않은 채 생산에 들어간 이 장치는 다량의 내부 감염증을 일으켜 이후 수천 건의 소송이 진행되었고, 여성들은 이 장치를 제거하라는 말을 들었다. (잡지 ≪마더 존스Mother Jones≫가 1980년대에 보도한 것에 따르면, 이후 미국 시장에서는 이 기구가 사라졌으나 후진국에서는 여러 해 동안 피임 기구로 계속 사용되었다.)

여성들이 경구피임약 관련 상원 청문회에 환자 자격으로 참가를 요구했을 때인 1970년 이후, 여성건강운동가들은 호르몬제가 처방되는 방식에 끊임없이 이의를 제기했다. 여성건강운동가들은 여성들이 너무 귀가 얇아서 자신의 건강 위험 신호에 대처할 수 없다는 의사들의 주장에 반박하며, 제약회사가 소비자를 위해 경구피임약의 알려진 효능과 부작용에 대한 설명을 개별 약포장에 첨부해 여성들이 적어도 스스로 결정할 수 있게 하라고 FDA에 압력을 가했다. 곧바로 약과 관련된 내용을 삽입하는 것이 다른 호르몬 관련 약들에도 의무화됐다. (그리고 마침내 대부분의 다른 처방 약들에 대해서도.)

폐경 증상에 호르몬제를 광범위하게 사용하게 만든 첫 번째 주요한 자극제는 페미니스트 등장 이전부터 시작됐는데, 그 당시에는 굉장한 영향력을 행사했으나 지금은 불명예가 된 의사 로버트 윌슨Robert Wilson의 1966년도 책 『여성다움이여 영원히Feminine Forever』였다. 전형적인 보수 남성우월주의자인 윌슨은 호르몬제를 사용하지 않는 여성은 "마음은 우울하나 날카로운 혀를 가진 캐리커처처럼 될 것"이지만 반대로 호르몬제를 사용하는 여성은 "순응적이고 차분하며 대체로 편안하게 살게" 된다는 성차별주의적 인용구로 가득 찬 저장고를 남겼던 것이다. 이 책은 잡지 ≪룩Look≫에 발췌 인용되었는데, 이 문구는 제약회사 광고와 판촉에 널리 사용되었다. 2003년 바버러 시맨이 『여성에게 행해진 거대한 실험: 폭발하는 에스트로겐 신화The Greatest Experiment Ever Performed on Women: Exploding the Estrogen Myth』에서 폭로한 바에 따르면, 윌슨의 책이 발간된 후 후대에 비해 훨씬 강도 높은 에스트로겐이 함유된 프레마린Premarin의 판매량이 두 배 혹은 세 배까지 증가했다. 시맨은 윌슨이 말하지 않은 사실도 폭로했다. 윌슨의 연구 재단과 책은 프레마린 제조업체 와이어스-에이어스트Wyeth-Ayerst를 포함해 제약회사의 지원을 받았던 것이다.[1] (2001년 한 해에만 4500만 건의 프레마린 처방전[에스트로겐만 포함한 알약]이 작성되었고, 프렘프로Prempro[에스트로겐과 항체호르몬제의 혼합]까지 모두 합하면 여성이 20억 달러 이상의 비용을 지불하게 만들었다.)[2]

여성건강운동가들은 의료계에서 호르몬*대체*요법(무기한 복용을 함의하는 용어)이라고 명명한 치료법의 장기간 사용을 홍보하는 판촉에 수십 년 동안 저항했다. 의사들은 갱년기 열감熱感 같은 폐경 증상뿐만 아니라 FDA에서 사용을 승인한 적이 없는 심장병, 알츠하이머, 그리고 다른 유형의 치매 예방처럼 과학적 자료의 부족으로 확실하게 입증되지 않은 용도에도 호르몬제를 처방했다. 그런데도 1996년 보급판으로 출간된 『슈퍼 호르몬의 약속The Super Hormone Promise』에서 의사 윌리엄 루겔슨William Rugelson은 폐경 증상에 이미 호르몬제를 사용하고 있는 여성들에게 의사에게 돌아가서 심장질환 예방을 위해 더 많은 에스트로겐을 처방받으라고 조언한다.[3] 의사들은 또한 호르몬대체요법으로 피부가 아름답고 부드러워지고 성적으로 활기차게 되며 정서적으로 편안해질 것이라고 여성들에게 근거 없는 제안들을 쏟아 냈다.

마침내 2002년 미국 국립보건원의 재정 지원을 받아 연방정부가 수행한 연구인 여성건강계획Women's Health Initiative, WHI은 연구 대상의 건강을 염려해 조기에 실험을 끝낸 후 연구 결과를 공표했다. 그 결과는 가히 충격적이었다. 장기간에 걸쳐 여러 가지 호르몬으로 관리를 받은 여성들이 유방암에 걸릴 확률이 높았으며, 더 심각한 경우로는 호르몬제를 투여 받지 않은 여성들보다그 확률이 *더 높다*는 것이었다. 호르몬은 심장질환 예방법으로 전혀 작용하지 못했을 뿐만 아니라 심장 박동과 혈전의 비율을 증가시키는 원인이기도했다. 첫 번째 공식 발표 이후 1년이 지났을 때, WHI는 호르몬을 투여 받은노년기 여성이 알츠하이머나 다른 종류의 치매를 일으킬 확률이 두 배나 높다는 또 다른 결과도 공표했다.[4]

유명한 여성건강 연구가 데버러 그래디Deborah Grady 박사는 가장 심하게 판촉된 약 중의 하나이자 미국에서 가장 잘 팔리는 약 중의 하나가 "위험한 약"이라고 저서에서 밝혔다.[5] HRT 스캔들은 우리가 두 세기 동안의 미국 의료에대해 연구하면서 알아낸 여성에 대한 의료 실험 사례 중 최악에 속한다. 그것은 아무런 근거도 없고 성차별적인 의학적 조언의 판촉에 여성이 지속적으로피해를 입었다는 것을 생생하게 보여 준다. 여성 혐오증을 몰아낸다며 부인과에 진입했지만 이제는 무슨 생각으로 폐경의 과잉의료에 동참했는지에 대해 추궁 받고 있는 많은 여성 부인과 의사들은 그 사건을 경고로 받아들여야만 한다. 여성 임상학자들과 교육자들에 의한 수많은 HRT 재검토 작업 가운데 최근 캐럴 랜다우Carol Landau와 미셸 시르Michele G. Cyr가 쓴 『폐경에 관한 새로운 진실The New Truth about Menopause』은 HRT 일화가 여성에 대한 의학적 치료가 증거에 기초해 왔으리라는 여성들의 추정에 이의를 제기한 사건이었음을 일깨워 준다. 새로운 관점은 (놀랍게도) 폐경이 병이라는 것은 미신이며,

대부분의 여성들에게 갱년기 열감은 견딜 만하며, 폐경은 여성들을 우울하게 하거나 미치게 만들지 않는다고 선언한다. (사실 우울증과 정신병은 중년보다 젊은 층과 관련성이 더 높다.)

여성들은 갈수록 더 건강과 관련된 기초 연구, 특히 우울증 치료제, 수면제, 진통제 등과 같이 대량으로 처방된 약들의 부작용에 대한 연구는 왜 그렇게 구하기 어려운지 알고 싶어 한다. 기존의 의학 저널에 보고되어 있는 대부분의 약품 임상 실험들은 약품 제조회사가 직접 비용을 지불한 실험들이며, 회사의 후원을 받지 않고 독자적으로 연구하는 과학자들은 자주 그런 실험들의 방법론적 결함에 대해 비판하곤 했다.[6] 동시에 제약회사들은 의학 저널에 광고를 하고 무료 견본 상품과 사은품을 뿌리며 의사들에게 새로운 상품을 적극적으로 홍보한다. 이러한 제약회사들은 흔히 연구보다는 홍보에 훨씬 더 많은 돈을 쓰는데, 1998년에서 2003년 사이 제약회사가 광고에 사용한 비용이 두 배로 증가했다.[7]

개혁가들은 건강보험의 급여 범위에서 일어나는 차별에 대해서도 공격한다. 예를 들어, 남성 발기 촉진제인 비아그라Viagra는 1996년 처음 출시되자마자 재빠르게 보험 급여를 승인받았다. 건강보험플랜들 중에는 심지어 40년 동안 피임약에 대한 보험 급여를 거절했던 것들도 포함돼 있었다. 그 결과 몇몇 주에서 여성권리 옹호자들은 주 의회 의원들에게 압력을 가해 마침내 근로자 의약품 보험 제도가 피임약을 급여 범위에 포함시킬 것을 요구하는 법률을 통과시켰다.[8]

그 사이 하버드 여성건강감시단Harvard Women's Health Watch 뉴스레터에 따르면, 비아그라의 엄청난 상업적 성공은 여성의 섹슈얼리티를 중요한 연구 대상으로 만들었으며 여성의 성기능 장애를 새로운 질병 범주로 확립하기 위한 시도를 일으켰다.[9] 더 많은 약품과 대중홍보가 이어질 것이 확실하다.

공공정책 영역에서는 여성들의 재생산 권리, 특히 낙태에 관한 권리가 1970년대 이후로 격렬한 공격을 받아 왔다. 가족계획협회Planned Parenthood, 전국낙태권리행동연맹National Abortion Rights Action League, NARAL, 페미니스트 다수당Feminist Majority, 그리고 다른 여러 집단들이 이러한 공격을 끊임없이 상대해 왔다. 이들이 경계 태세를 유지하는 것은 정부의 관련 프로그램들이 일제히 피임 정보를 제한하고 금욕을 조장하는 것과 동시에 국회와 연방대법원의 구성원들이 낙태의 전면 금지에 여념이 없는 상황에서 불가피하다.*

모호한 해방

새로운 세기인 21세기 초기, 여성의 권리에서 많은 진보가 있었음에도 불구하고 여성 해방은 여전히 미완의 혁명으로 남아 있다. 여성들은 의료계처럼 남성 교수로부터 대부분의 교육을 받는 전문직으로 진입했는데, 이 남성 교수들은 주부인 아내가 있어야 완성되는 전통적인 남성의 생활 유형에 근거한 직업적 기대를 가지고 있었다. 이렇게 낡은 사상을 기반으로 한 교육 모델은 출산과 양육은 말할 것도 없이 잠자거나 식사할 시간조차 거의 허락하지 않는다. 오늘날 새로이 계몽된 여성 의사와 새로운 세력이 된 고객이 마주 앉아 있는 장면을 생각해 보라. 그 장면은 스트레스로 꽉 찬 두 명의 일하는 여성이 그 어느 쪽도 여성 건강관리권 측면에서 만족할 만한 성과를 이뤄 내게끔 자신들이 협력한 결과를 맛보기 힘든 상황 아래에서 대면하고 있는 것에 불과하다.

---

* 저자들이 후기를 집필하던 2004년 무렵 미국은 보수적인 공화당 정권하에 국회와 연방대법원의 대법관들이 보수 성향의 인사들로 포진되어 있었고, 낙태를 금지해야 한다는 주장도 강하게 제기되고 있었다.-옮긴이

고객도 의사처럼 평등한 기회가 보장되는 새로운 직업 시장에 간절히 들어가고자 하며, 만약 결혼하더라도 자신의 수입으로 가족의 생활수준을 높이고 스스로도 부수적인 지위와 존중을 얻을 수 있으리라는 그럴싸한 기대를 가진 많은 여성 중의 한 명인지도 모른다. 불행하게도 여성들은 노동자에게 더 높은 생산성을 요구하고 근무시간이 끊임없이 늘어나는 등 전 지구적 경쟁이 점점 격화되는 시대에 노동 시장에서 자신의 능력을 입증하려 했다. 경제학자 줄리엣 쇼어Juliet Schor의 1992년도 책『과로하는 미국인: 예상치 못한 여가 시간의 감소The Overworked American: The Unexpected Decline of Leisure』에 의하면, 현재 보통의 전일제 노동자는 1969년의 전일제 노동자보다 1년에 꼬박 한 달을 더 많이 일하고 있다.[10] 남성과 여성 모두 여가와 가족생활을 위한 시간이 줄어들었다.

게다가 돈도 문제다. 현재 대부분의 미국인들이 한때는 남성의 "가족 임금"만으로 생활이 가능했던 전형적인 중산층 가정과 생활 방식을 유지하기 위해서는 두 개의 수입원을 가져야만 한다. 분통 터지게도, 좋은 학교가 위치해 있는 "더 나은" 지역의 주택 가격이 상승함에 따라 중산층 생활비는 점점 더 올라간다. 보험료, 건강관리비, 양육비뿐만 아니라 대학 입학을 앞둔 10대를 위해 저축해야 할 학비도 상승함에 따라 부모들은 학자들이 "맞벌이 부부의 덫"이라 부르는 상황에서 헤어나지 못한다. 노동을 가능하게 만드는 상품(두 번째 차, 전문직 의상)을 구입할 여분의 비용과 사람들이 시간 부족을 극복할 수 있도록 도움을 주는 서비스들(예를 들면 가사도우미, 외식)에도 불구하고 그런 상황은 절망스러운 덫이다. 여성들—집 밖에서 전일제로 일하는 여성들조차—은 남성보다 더 낮은 임금을 받으며 여전히 가사노동, 양육, 쇼핑, 가족 관리의 대부분을 담당한다. (《뉴욕 타임스》에 보고된 2만 1000명의 전일제 노동자들을 조사한 2004년 노동부 자료에 의하면, 여성의 2/3가 자신들이 평일에 식사를 준비하고 가사노동을 한다고 응답한 반면 남성의 19퍼센트만이 자신들이 가사노동을 하다고 했으며, 남성의 34퍼센트가 식사나 청소를 도와준다고 응답했다.)

일하는 여성의 영향력은 두 가지 양상을 띠게 됐다. 이제 여성들은 노동 현장에 영구적인 붙박이가 돼 대부분은 정말로 다시는 집으로 돌아갈 수 없다. 심지어 아이가 어리고 아픈 친척이나 나이 든 부모를 돌봐야 할 상황일 때조차도. 그리고 그들의 남편이 자주 직장에서 그 어느 때보다 더 열심히 일했기 때문에 양육, 가사노동, 일부 추가적인 여가 시간을 공평하게 나누는 두 명의 평등한 임금 노동자라는 이상형은 중산층에서 낙오하지 않으려고 고단하게 분투하는 생활로 인해 멀어져 갔다.

"맞벌이 부부의 덫"은 두 번째 생계 부양자의 소득이라는 안전망조차 없는 여성에게는 여전히 좋아 보일지도 모른다. 2002년 인구조사에 따르면, 45세 이하 여성들의 첫 번째 결혼의 경우 예상 이혼율이 약 50퍼센트에 이른다.[11] 오늘날 자녀가 있는 가족의 1/3이 한부모 가정이며 대개 아버지가 없다.[12] 큰 부자를 제외하면 이혼수당은 과거의 일이다. 의무적 자녀 양육비 규정으로 인해 이혼한 아버지가 지불해야 할 양육 지원비가 상승했음을 고려하더라도, 친권이 없는 아버지의 25퍼센트만이 자식들을 위해 건강보험료를 내고 있다. 미국에서 가난으로 가는 가장 빠른 길은 싱글맘이 되는 것이다. 가난한 사람들 중에는 이혼했거나 별거했거나 결혼 자체를 하지 않은 어머니들이 지나치게 많이 분포되어 있다. 신용카드를 가지고 있고 집이 있는 중간 계급에서도 싱글맘들이 파산 신청을 가장 많이 하는 경향이 있다.[13]

이러한 위협적인 현실에도 불구하고 20, 30대의 많은 여성들은 경력을 쌓기 위해 고군분투하면서, 그래도 결혼을 꿈꾸거나 그 비슷한 것을 바라고 아이를 가지기를 원한다. 이들 중 일부는, 특히 도시에 거주하는 젊은 전문직 여성들은 결혼을 막는 새로운 장벽을 만나고는 당황해한다. 솔직히 말해, 성 혁명으로 초래된 (차별금지법이 적용되지 않는) 결혼 시장의 변화는 여성보다 남성에게 이익을 준다. 오늘날 성공한 젊은 남성들은 직장에서는 여성 동료들과, 심지어 여성 상사와도 꽤 잘 지낼지 모른다. 그는 최종적으로 정착할 때까지 독신 생활을 즐기는 것을 여전히 자신의 권리로 여기다가, 아마 40세 혹은 그 이후에 훨씬 더 젊은 여성과 결혼할지도 모른다. 그러나 여성들은 만약 아이를 원한다면, 특히 번창하는 출산 산업의 과도한 도움 없이 아이 가지기를 원한다면 남성보다 더 어릴 때 결혼해야 하는 곤궁에 직면해 있다.

남성과 여성 모두 과거 어느 때보다 더 늦게 결혼하기 때문에 결혼을 꿈꾸는 여성들이 이러지도 저러지도 못하는 상태가 수십 년간 지속될 수 있다. 이렇게 곤경에 처한 상태는, 우연찮게도 레이첼 그린월드Rachel Greenwald의 책 『32세, 남편을 찾아라: 하버드 MBA식 결혼 전략Find a Husband After Thirty-Five Using What I Learned at Harvard Business School MBA』에서 가장 잘 드러났을지도 모른다.[14] 오랜 기간에 걸쳐 형성된 결혼 시장에 대한 관념은 더 이상 동등한 두 사람이 서로를 찾아야 한다고 말하지 않는다. 그 대신 작가는 "자산을 포장"해야 하고, "자신을 상품화"해야 하고, 또 자신을 팔아야만 하는 여성은 시간이 지남에 따라 쓸모가 없어지는 반면에, 남자는 나이가 들수록 더 까다로운 소비자일 수 있다는 현실적인 접근을 제시한다. 그런 세상에서 영원히 젊어 보이는 외모란 여성이 새롭게 가지게 된 실현 불가능한 열망이다. 이 열망은 보톡스에서부터 가슴 보형물과 발을 변형시키는 하이힐(계속 신기 위해 수술이 따르는)에 이르기까지 모든 것을 제공하는 시장을 만들어낸다.

오늘날 여성이 직면한 세상은 여전히 경제적·성적 불안과 경쟁으로 가득차 있다. 어떤 여성은 독신으로 전문직이나 회사 중역으로 성공하지만, 30대

중반이 되면 아이를 가지지 못했기 때문에 공황 상태에 빠져 있을 뿐이다. 또 다른 여성은 경력, 배우자, 아이들 "모든 것을 쟁취하기 위해" 노력하지만, 사실은 그것들 중에 어느 한 가시라도 힐 수 있는 충분한 시간이 있을지 의뭉스러울 따름이다. 게다가 또 어떤 여성은 최악의 결혼에서 벗어날 수 있는 자존감이 충만하지만, 결국 부모가 나눠 져야 할 대부분의 짐을 홀로 짊어진 자신을 발견하고는 아마도 열정이라곤 없이 데이트 게임으로 돌아가 다시 시작하려 한다. 너무나 많은 선택지가 있어서, 좋다. … 하지만 이 시나리오들은 아마도 소녀들과 여성들이 꿈꾸었을 가정적인 삶을 보여 주지는 않는다.

그래서 여성들 중 우울증과 불안감을 느끼는 비율이 남성들보다 두 배나 높다는 사실은 놀랍지도 않다. 항우울제는 여성이 먹는 가장 일반적인 약 중의 하나이며, 이 약품 제조회사들은 돈을 아끼지 않고 광고를 해 댄다. 그것도 여성 잡지에. 여성은 극복할 능력이 없다는 식의 광고에 깔린 메시지는 때때로 페미니스트가 등장하기 이전 시대의 의학의 오만을 생각나게 한다.

그토록 엄청난 압박으로 미뤄 볼 때, 현실 세계에서 여성들의 성공은 그와는 상반된 그림자를 드리우는 것처럼 보인다. 그 그림자는 더 단순하고 더 스트레스가 적은 삶에 대한 향수 어린 동경이다. 그것은 대부분의 여성에게는 한 번도 존재하지 않았던 이상에 대한 향수병 같은 것이다. 적어도 그토록 많은 여성들이 탈출하기 위해 타협하지 않았더라면 존재하지 않았을 이상이다. 그럼에도 사회는 한때 여성들에게 가정을 꾸리고 아직 젊을 때 아이를 갖는 것을 허용했고, 요리, 가족 생활, 정원 가꾸기, 접대를 할 수 있게 더 많은 시간을 주었다. 이제 일터에서 그녀는 자신이 받은 것과 동일한 임금을 받을 자격을 갖춘 다른 누군가로 교체 가능하다. 집에서는 여전히 다른 사람에게 특별한 의미가 있는 사람인 "그녀 자신"일 수 있다.

일—가정 분리의 새로운 판본은 여성의 삶에 대한 진짜 환멸로부터 나왔다. 한쪽 극단에 있는 것은 종교적 보수성의 부활인데, 그것은 가부장적 가족 모델을 되찾으려 한다. 이러한 움직임은 "1960년대"와 페미니즘에 대한 대응으로 등장했고, 지난 30년 동안 그 영향력을 광범위하게 증가시켜 왔다. 그것은 1970년대와 1980년대 낙태반대운동에서, 또 필리스 슐레플리Phyllis Schlafly와 그녀의 이글포럼Eagle Forum이 평등권 수정 조항 반대 캠페인을 성공적으로 벌였을 때 가공할 위력을 보여 주었다. 문화적 보수주의자들은 여성들에게 복종해야 할 아내의 의무를 상기시켰던 『토털 우먼Total Woman』, 『매력적인 여성 Fascinating Womanhood』 같은 책과 관련 강연에서 자기개선이라는 고유한 브랜드를 홍보했다. 1990년대의 약속준수운동 같은 캠페인을 통해 남성들은 가정의 가장 역할을 했던 아내들을 "은퇴"시키겠다고 맹세했다.

사회적으로 보수적인 남자가 자기 가정에 대한 오랜 지배라는 자존심을 되찾으려는 동안 보수적인 여자는 남자의 보호라는 잠깐에 불과한 환상을 추구하고 있었는지도 모른다. 그녀의 관점에서 보면 여성의 모든 법적 지위 상승은 남성의 책임을 더 심각하게 부식시키는 것을 의미할 수 있다. 여성이 버리고 떠난 유일한 안전망을 위태롭게 할 수도 있을 "평등권"은 남편의 성적 관심, 즉 결혼의 신성함을 약화시킬 것임에 틀림없다. 낙태는 임신을 남자들이 책임져야만 하는 것이라기보다 오로지 "여성의 선택"으로 만들기 때문에 위협적이다. 따라서 "가족 가치" 운동의 정치적·종교적 지도부는 대개 남성이었음에도 불구하고 그 운동의 주요 지지층은 바로 여성들이었다.

1990년대가 되면 기독교 우파들은 공화당이 의회에서 다수를 차지하고, 2000년에는 그들 중 한 명을 대통령으로 당선시킴으로써 정치에 성공하였다. 사회안전망을 축소하고, 낙태권을 제한하고, 인간의 욕구 충족을 종교적 박애에 의존하는 등 보수주의운동 목표 중 많은 것들은 조지 부시George W. Bush

의 어젠다에서 높은 순위에 올라 있었다. 싱글맘들은 혼인할 만한 남자가 거의 없다 할지라도 결혼을 하고, 충분한 급여를 주는 직업이 전혀 없더라도 취직을 해서 "개인적 책임감"을 가지라는 훈계를 들어야 했다. 종교적 보수주의자들은 가난을 도덕적 결함의 결과라고 설교했다. 이것이 부유한 기혼녀들에게 가능한 한 집에 머무르라고 하는 것과 가난한 싱글맘들에게 무슨 일이든 일을 하라고 하는 것 사이의 모순을 해결하는 그들의 방식이다.

한쪽의 보수주의자들과 반대쪽의 페미니스트 및 자유주의자들 사이의 문화 전쟁이 남성 지배 대 여성 억압이라는 한때의 표준 페미니스트 패러다임을 대체한 지 오래였다. 많은 여자들이 문화적으로 보수적이었던 것처럼 많은 남자들은 적극적 조치, 낙태권, 동성 결혼에 호의적인 문화적 자유주의자들이었다. 문화 전쟁의 양 진영은 성에 의해서가 아니라 성적 권리, 성적 정체성, 성적 관계를 놓고 나뉘었다. 따라서 잘나가던 문화적 보수주의자 가운데 한 명이 로라 슐레징어Laura Schlessinger라는 여성이라는 사실은 그리 놀랄 일이 아니다. 그녀는 여성들에게 "이기적인" 생각을 심어 줌으로써 결혼을 망쳤다며 페미니스트를 비난하는 것을 전문으로 하고 있었다. 그녀가 2004년에 펴낸 책『사랑의 대화법: 열받지 않고 삐치지 않는The Proper Care and Feeding of Husband』에서 "대부분의 아내들이 결혼에서 억압받기는커녕 억압자이다."라고 썼다. 그녀는 집에 틀어박혀 지내는 아버지들 사이에서 역할 전도로 인해 야기된 질병의 영향으로 심장병이 증가 추세에 있다는 희한한 주장을 한다. 그녀는 자신의 조언이 다음과 같이 단순하다고 말한다. "우선 남성은 '남자'로 다뤄질 필요가 있고 남성도 이것을 좋아한다. … 그리고 남성의 자아를 진심으로 쓰다듬어 주는 것에 대한 평판이 언제부터 나빠졌나? 아마도 남자를 보살피는 것이 자매애를 배반하는 것이나 다름없다고 페미니스트들이 결정했을 때였을 것이다."[15]

문화적 보수주의자들이 이상적 가정에 대해 강한 매력을 느끼는 유일한 사람들은 아니다. 그랬다면 1990년대에 그랬던 것처럼 마샤 스튜어트의 옴니미디어Martha Stewart's Omnimedia가 어디에서나 발견되지는 않았을 것이다. 고도로 훈련된 전문가였던 일부 기혼 여성들은 가정적 향수를 보여 주는 사례들에 항복했다. 리사 벨킨Lisa Belkin은 2003년 《뉴욕 타임스 매거진》 10월호에 기고한 글에서, 왜 더 많은 전문직 여성들이 자신들의 분야에서 정상에 오르지 않는가라고 질문했는데 그 대답은 그녀들이 승진하지 않기로 선택했다는 것이다. 그녀는 이것을 "선택적 이탈" 혁명이라고 불렀다. 그것은 매우 부유한 남편들의 협조로 아기와 유모가 있는 집으로 돌아가기 위해 경력 쌓기를 포기한 여자들이 내린 선택이다. 이러한 고학력 여성들에게 전문가의 지위는 더 이상 성취의 정점이 아니다. 집에 머무는 것이 성취의 정점이다. 이들은 작지만 의미 있는 집단이다. 왜냐하면 전문직에 진입하는 것은 여성해방운동의 2차 물결이 이뤄 낸 중요한 업적이었기 때문이다. 직업을 중도에 포기하고 나왔기 때문에 그들이 일을 다시 시작한다 하더라도 결코 성공할 수 없을 것이다. 아마도 다음 세대 여성들을 위해 전문직 진입 조건을 변화시키는 데도 결코 영향력을 발휘하지 못할 것이다. 소비자 경제의 엔진이 부르릉거리는 소리와 함께 환상의 세계는 여전히 버터색 노랑, 꿀, 크림 같은 달콤한 색조의 햇살 드는 부엌과 아늑한 거실을 보여 주는 가게와 물품 목록으로 욕망을 해소하라며 여성을 유혹한다.

그러나 재정적 압박에서 빠져나올 만큼 풍족한 여성이 아니라면 일체의 현실 도피적 환상을 깨고 일을 계속해야 하고, 또 만약 기혼 여성이라면 직장과 가정 양쪽 모두를 잘 해내려는 스트레스를 극복해야만 한다. 대부분의 경우 일하는 엄마의 가장 중요한 관심사는 그녀가 아이들에게 얼마나 잘하고 있느냐이다. 그녀 자신의 정신 건강을 위해서는 다행스럽게도 과학적 전문가, 특히 제2차 세계대전 후 가족에 대한 논의를 주도했으며 여성에게 죄책감을 유발시킨 프로이트주의자들과의 로맨스가 끝나면서 그녀는 다시금 어느 정도 자신감을 가지게 됐다.

오늘날 자녀 양육 분야에서 우세한 이론은 없지만, 보통 한 가족당 아이 수가 더 적어졌음에도 불구하고 아이 한 명당 부모 노릇은 훨씬 더 노동집약적인 산업이 됐다. 새로운 두뇌 영상 기술은 아이의 영상을 만들어 내면서 아이의 정신은 장차 만들어질 신경계로 인해 윙윙거리는 벌집 같고, 완전한 인지 발달을 위해 지속적인 주목과 자극을 요구하는 것으로 묘사한다. 2003년에 발간된 역사책 『미국 양육하기: 전문가, 부모, 자녀에 관한 충고의 한 세기 Raising America: Experts, Parents and a Century of Advice About Children』의 저자 앤 헐버트Ann Hulbert가 집약해 제시한 모순된 메시지는 "자녀가 태어난 직후 몇 해를 느긋하게 즐기되 자녀의 미래가 위기에 처해 있다는 것을 한순간도 잊지 마라."였다.[16] 아동기의 또 다른 끝에서 부모들은, 더 어린 나이에 성적 활동을 시작함으로써 청소년기가 더 일찍 시작된 반면 경제적 독립은 과거 어느 때보다 더 미루어져 결국은 이전보다 오래 지속되는 새로운 청소년기를 자신들이 부양하고 있다는 것을 알게 된다. 베스트셀러 작가 페넬로페 리치Penelope Leach가 말한 것처럼 "아이에게 해로운" 사회에 아이들이 대처하게끔 도와주려고 시도하고 있는 내내 사회의 문화적 분위기는 대중매체에 포획되고 상업화되고 포르노 수준에 이를 정도로 성애화됐다고 비판했다.[17]

이 모든 문화적 난맥상이 초래한 혼란은 여성들에게 삶의 매 단계마다 온갖 어지러운 조언을 제공하는 책을 방대한 규모로 양산했다. 직장에서 남자처럼 경쟁해서 승자가 되는 법, 가정의 여신이 되는 법, 자녀가 성공한 학자나 운동선수가 되도록 키우는 법, 실연에서 회복하는 법, 몸무게를 줄이는 법, 불면증·불안·조울증에 대처하는 법과 같은 온갖 잡다한 조언들 말이다. 과거에는 온정적 전문가들이 명령을 내렸다면, 오늘날의 조언 시장은 수요에 의해 움직인다. 여성들 스스로가 전문가들에게 다시 강력히 조언을 요구하고 있다. 또 보수적인 목소리의 상담 기도나 전통으로 돌아가는 것 이외에 여성들이 발견한 것은, 무한한 "인간 잠재력"을 받아들인 후기 프로이트주의자들이 상승 일로에 있는 자기개선 조언들에 여전히 큰 영향력을 발휘하고 있다는 점이었다.

자기개선의 대중심리학은 외견상 1960년대와 1970년대의 페미니즘과 유사하다. 대중매체에 기반을 둔 조언자나 신문의 칼럼니스트 모두 이제 여성에게 자신을 위한 시간을 가지고 자신의 권리와 이익을 위해 일어서라고 말할 것이다. 자기개선 심리학은 페미니즘이 발생하기 전에는 멸시당하고 조롱당했던 바로 그 사상이다. 그들은 "상호 의존"을 종식시킬 것과 학대 혹은 타인에 의한 지배를 더 이상 용인하지 말라고 요구한다.

유사성은 거기까지뿐이다. 페미니즘은 항상 사회 변화라는 더 넓은 비전을 포함하고 있었다. 여성들은 성공을 위해 쉽게 가정을 버리지는 않았고, 육아 휴직과 탄력근무제, 그리고 여성과 남성이 일과 가정 사이의 균형으로부터 똑같이 이익을 얻기 위해 필요한 삶의 모든 조건들을 얻어 내고자 뭉치곤 했다.

그럼에도 자기개선 심리학은 절대적 개인주의를 선호하고 이러한 공동체 건설 사상을 너무 자주 무시한다. 개별 여성이 자신의 상황을 전적으로 책임져야 한다고 전제하는 이데올로기 안에는 상부상조나 사회적 변화를 추구할 명분이 들어 있지 않다. 왜냐하면 모든 개인은 혼자 깨고 나와야 한다고 보기 때문이다.

이러한 관점에서는 개인의 문제가 무엇이든 간에 문제의 뿌리는 변화에 이르는 길과 마찬가지로 개인의 자아 안에 깊이 놓여 있다. 행동주의자 필립 맥

그로Phillip C. McGraw(TV의 필 박사)는 "너 자신만의 경험을 쌓아라."라고 주장한다. 필 박사에 따르면, 당신이 일단 이러한 **삶의 법칙**을 인정하고 받아들이면 "당신은 더 이상 희생자가 되지 않는다. 희생자가 되는 것은 마치 움직이는 차 안에 홀로 앉아 있는 것과 같다. 당신은 운전도 할 수 *없고*, 사고가 난다는 것 외에 다른 어떤 것도 예상할 수 *없다*. 핸들을 잡아라." 대담하게 자기를 관리하라고 한 필 박사의 주장은 대부분이 여성인 그의 수많은 팬들에게 용기를 준다. 그러나 여성 팬들은 1999년 출간된 그의 책『나에게 꼭 맞는 인생 전략을 세워라Life Strategies』에 담긴 "나의 아들들, 제이와 조단에게 … 이 작업에 필요했던 몰입과 부재의 늦은 밤들과 긴 시간을 견뎌 준 것에 감사한다."라는 개인적인 감사의 글을 읽다가 잠시 멈칫할 수 있다. 필 박사는 자신이 스타가 될 수 있었던 것이 전업 아내이자 가정 관리인을 두었기 때문임을 분명히 했기 때문이다. "세 아들을 감당하는 용기가 있으면서도 여전히 숙녀인 … 나의 아내 로빈에게 감사한다. 내가 쉴 수 있는 편안한 장소가 되어 준 그녀에게 감사한다."[18] 필 박사가 자립을 설파함에도 불구하고 모든 위대한 남성은 그 뒤에 위대한 여성을 두고 있다는 것을 다시 한 번 보여 주고 있다.

승자 독식의 개인주의 이데올로기는 떠날 의지를 발휘할 수 없는 시간의 덫, 맞벌이의 덫, 한부모·성·인종·나이 차별, 가족 내 질병이나 죽음과 같은 심각한 불운, 그리고 사회적 지지와 선택권의 결핍 등 스트레스를 만들어 내는 현실을 무시하는 경향이 있다. 필 박사와 그 부류의 사람들은 "승자"가 될 사람들을 상담하려 하고 "패배자들"은 스스로 조심하도록 내버려 둔다.

이는 곧 오늘날 사회상을 규정하기 위해 경쟁하는 이데올로기의 양 끝이다. 즉 향수 어린 온정주의 대 책임 있는 자립이라는 완전한 개인주의이다. 애타게 조언을 요청하는 여성들에게 응답한 한 무리의 대중심리학자, 섹스 치료사, 상담가, 라이프 코치, 외과 의사, 다이어트 전문 의사, 출산 전문가 등은 이러한 딜레마에 대해 결국 어떤 답도 내놓지 않는다. 그들의 최고 관심사는 여성의 사회적 역할로 인해 야기된 괴로움이 개별 여성의 심리 속에 압축되어 가능한 한 사적인 문제로 남아 있어야 한다는 것이다. 왜냐하면 사적 영역은 이들의 관측 노력이 결실을 맺을 가장 비옥한 땅이기 때문이다.

분명한 이념적 차이에도 불구하고, 정치적 스펙트럼에 따라 다양한 관점을 가진 여성들이 서로 만난 적이 없으면서도 거대한 미국식 조언 쇼핑몰의 복도를 함께 헤맨다. 아마도 문화 전쟁의 천둥 번개는 대부분 여성의 삶에서 단지 배경음악과 같은 역할을 할 뿐이다. 스펙트럼의 양 끝에 있는 여성들은 거의 없다. 여성들은 극단적으로 자기중심적이거나 개인주의적이지도, 극단적으로 가정적이거나 자기희생적이지도 않다. 그녀들은 매주 일요일 교회에 가든, 카페에서 카푸치노를 마시며 앉아 있든 간에 그 양극단 사이의 어딘가에 있다. 전통적인 도덕적 기준을 갖고 있는 보수적인 여성들도 여전히 때로 부수입을 벌어야 하고, 여론조사는 그들이 동일 임금에 찬성한다는 것을 보여준다. 사회적 이슈에 대해 자유주의적인 태도를 가진 여성들은 자신들의 이념과 달리 집에서 아이들을 돌보고 살림을 도맡아 한다. 이혼율은 동부 해안지방보다 남부 지방에서 더 높은데(일례로 매사추세츠 주보다 미시시피 주에서 이혼율이 두 배나 높다), 아마도 부분적으로는 결혼 연령이 더 낮기 때문일 것이다.[19] 많은 여성들이 신앙심이 있든 없든 간에 피임을 하거나 낙태를 할 것이다. (낙태한 여성 다섯 명 중에 한 명은 신심이 깊은 기독교인이거나 복음주의 기독교도이고, 피임을 덜 하는 경향이 있는 가톨릭 여성들은 개신교 여성들보다 약 1/3 정도 낙태율이 높다.[21]) 음주, 운전, TV 리모콘 독점에 이르기까지 남자에 대한 그녀들의 농담과 불평은 매우 유사하다.

정치적 성향과 종교가 무엇이든 간에 대부분의 여성들이 생활에서 일과 가정 사이의 균형을 잡기 위해 일상적으로 노력을 기울이는 것은 시대적 조류가 됐다. 버지니아 샬로츠빌의 한 복음주의 교회 신도는 일과가 끝난 후 기독교 시쳠에 들어가 어떻게 "스트레스를 덜 받으면서 더 많은 일을 마무리"할 수 있는지 얘기해 줄 ≪건강 제일: 기독교인의 체중 감량과 건강Health First: Weight-Loss and Wellness for Christian≫ 같은 잡지를 고를 수도 있다.[21] 동시에, 보스턴에서 한 대학원생이 명상을 통해 마음을 편안하게 하는 법을 배우기 위해 서점에서 책을 찾고 있는 동안, 덴버에 사는 한 변호사는 자신이 요청할 수 있는 항불안제나 수면제의 수량을 메모하고 있을 수도 있다. 그들의 개인적·이데올로기적 차이는 클지도 모른다. 그러나 중요한 점은 그들 모두 여성의 삶에 유해한 영향을 주는 선택지들이 열거된 똑같은 목록을 읽고 있다는 것이다.

이 모든 것 안 어디에 페미니즘이 있는가? 페미니즘은 자체의 이상, 도덕관, 여성과 남성의 생활 방식을 설계할 준비가 되어 있는가? 남성 주도적 가족 내에 함축되어 있는 억압을 알아차리고, 종속적인 정신의학 원리와 여성 노동자의 구조적 분리, 섹슈얼리티의 남근중심적 강요를 간파했던 것은 바로 페미니즘이었다. 그러나 이제 페미니즘은 마치 억압적 가정중심성을 공격하느라 에너지를 다 써 버렸다는 듯이 주춤한 상태이다.

현재의 페미니즘은 불확실성 속에서 광범위한 개인의 자유라는 철학에 둘러싸인 것처럼 보인다. 그 철학은 권리를 주라 하고, 선택권을 주라 하고, 모든 여성에게 옳은 길도 없고 그릇된 길도 없게 하라고 주장한다. 따라서 광활한 시장이 개별 여성을 겨냥해서 내놓은 경쟁적이고 모순된 대답들은 문제시되지 않은 채 남아 있게 됐다. 여성들이 삶에서 겪는 주체성의 위기를 에너지로 삼아 이상적 가정생활이 이전의 영토를 탈환함에 따라 페미니즘은 여성이 어떻게 선택권을 확장할 수 있는가에 대한 질문을 점점 덜 제기하게 된 듯하다.

그러나 현대 페미니즘의 핵심적 통찰은, 젠더 정체성은 신이 준 것도 해부학에서 유래된 것도 아닌 대부분 사회적으로 구성된 역할이라는 점을 ("분명히!") 인식한 것이다. 젠더 정체성에 도전하려면 사회적으로 힘을 결집하는 것이 필요하다. 결국 **여성 문제**는 단지 여성들만의 문제가 아니라 남성이 함께 어떻게 우리의 문명을 관리할 것인가 하는 보다 폭넓은 문제다. 이것이 바로 페미니즘이 힘을 다해 제기할 문제이다.

낙관적으로 본다면 계속 증가하는 여성의 영향력 속에 그 해답의 일부가 있으리라고 예견할 수도 있다. 그러나 여성이 권력을 획득하는 여정에서, 남성들이 만든 세계에 단지 적응하는 것이 아니라 그 세계를 변화시키는 것이 핵심이라는 것을 결정할 때만이 그 해답을 찾을 수 있다. 여성들에게는 투표권이 있다. 여성들은 남성과 동등한 정치권력을 갖도록 여성을 진입시키기 위해서, 그리고 선출된 대표가 젠더 평등 원칙에 대한 책임을 갖도록 하기 위해서 투표권을 행사할 필요가 있다.

여성들은 사회의 모든 기관에서 더 많이, 더 높은 지위를 차지하고 있다. 이제 여성 자신들이 직업적 전문가이기 때문에 바로 그러한 기관들을 변화시켜 더 인간적이고, 더 합리적이고, 더 공손하게 만드는 데 자신들의 권위를 사용할 수 있다. 그러한 목적을 이루기 위해 오늘날 여자 의사들은 의료에 대해서뿐만 아니라 그 분야에 여성들을 포함시키기 위해 싸운 여성 활동가들의 이야기를 알아야 하고, 오랫동안 여자들을 배제하기 위해 애썼던 분야에 만연했던 여성 혐오의 부끄러운 역사에 대해서도 알아야 한다. 의사들은 여성들과 소비자들의 건강권 수호자로서 행동할 수 있다. 진료 중 환자들에게 언제 약이 필요하고 언제 약이 별로 필요치 않은지, 어느 부분에서 편견이 판단에 영향을 미칠 수 있는지, 그리고 상업적 조작이 어떻게 판칠 수 있는지에 대해 알려 줘야 한다. 환자들 또한 의료에서부터 심리학과 보육에 이르기까지 자신들이 얻은 조언의 질을 평가하기 위한 비판적 자원을 찾고 공유하면서 집단의식을 계속 향상시킬 필요가 있다.

너싱 권리의 혁명적인 진전은 지난 1000년간 인류의 사회 제도에서 일어난 가장 위대한 변화의 하나로 간주할 수 있다. 새 천년의 이번 첫 세기 동안 여성들은 사회의 의사결정권자들 사이에서 동등한 자리를 확보하는 데 필요한 임계질량에 이를 수 있다. 그렇게 함으로써 결국 여성, 남성, 그리고 아이들을 위해 더 나은 선택지를 만들어 내는 것이 가능함을 보여 줄 것이다. 한때 "여성적 가치"로 여겨진 돌봄과 공동체라는 말이 가족의 수중에서 단연코 벗어나 가장 훌륭한 *인간적* 가치로서 사회의 중심에 우뚝 서는 세상을 만들어 내는 것이 가능하다는 것을 입증할 것이다.

주석

• 1장

1) Charlotte Perkins Gilman, *The Living of Charlotte Perkins Gilman* (New York: Harper Colophon Books, 1975), p. 91.

2) Karl Marx and Friedrich Engels, "The Communist Manifesto," in *A Handbook on Marxism* (New York: International Publishers, 1935), p. 26.

3) Fernand Braudel, *Capitalism and Material Life 1400−1800* (New York: Harper Colophon Books, 1975), p. ix.

4) William F. Ogburn and M. F. Nimkoff, *Technology and the Changing Family* (Boston and New York: Houghton Mifflin Co., 1955), p. 167에서 인용.

5) Edmund S. Morgan, *The Puritan Family* (New York: Harper Torchbooks, 1966), pp. 44−45.

6) Mary P. Ryan, *Womanhood in America: From Colonial Times to the Present* (New York: New Viewpoints, 1975), p. 31.

7) for example: Arthur W. Calhoun, *Social History of the American Family, Volume III: Since the Civil War* (Cleveland: The Arthur H. Clark Co., 1919); Floyd Dell, *Love in the Machine Age* (New York: Octagon Books, 1973); Ogburn and Nimkoff, 앞의 책 참조.

8) Alexandra Kollontai, "The New Woman," in *The Autobiography of a Sexually Emancipated Communist Woman* (New York: Schocken Books, 1975), p. 55.

9) Sigmund Freud, "Femininity," in James Strachey (ed.), *The Complete Introductory Lectures on Psychoanalysis* (New York: W. W. Norton, 1966), p. 577.

10) E. J. Hobsbawm, *The Age of Revolution 1789−1848* (New York: Mentor, 1962), p. 327 에서 인용.

11) Eva Figes, *Patriarchal Attitudes* (New York: Stein and Day, 1970), p. 114에서 인용.

12) Olive Schreiner, *Woman and Labor* (New York: Frederick A. Stokes, 1911), p. 65.

13) R. H. Tawney, *Religion and the Rise of Capitalism* (Gloucester, Massachusetts: Peter Smith, 1962), p. 228.

14) Kate Millett, *Sexual Politics* (New York: Avon, 1969), pp. 139-40에서 인용.

15) G. Stanley Hall, "The Relations between Higher and Lower Races," reprint of the Massachusetts Historical Society, January 1903 (쪽번호 없음).

16) Figes, 앞의 책, p. 107에서 인용.

17) Olive Schreiner, *The Story of an African Farm* (New York: Fawcett Premier, 1968), p. 167.

• 2장

1) Jules Michelet, *Satanism and Witchcraft* (Secaucus, New Jersey: Citadel Press, 1939); Margaret Alice Murray, *The Witch-Cult in Western Europe* (New York: Oxford University Press, 1921); Christina Hole, *A Mirror of Witchcraft* (London: Chatto and Windus, 1957); Alan C. Kors and Edward Peters, *Witchcraft in Europe*: 1100-1700 (Philadelphia: University of Pennsylvania Press, 1972); Pennethorne Hughes, *Witchcraft* (London: Penguin Books, 1952) 참조.

2) Thomas S. Szasz, *The Manufacture of Madness* (New York: Dell Publishing Co., 1970), p. 89에서 인용.

3) Heinrich Kramer and Jacob Sprenger, *Malleus Maleficarum: The Hammer of Witches*, Pennethorne Hughes (ed.), Montague Summers (trans.) (London: The Folio Society, 1968), p. 218.

4) 같은 책, p. 30.

5) 같은 책, p. 150.

6) 같은 책, p. 128.

7) Susan B. Blum, "Women, Witches and Herbals," *The Morris Arboretum Bulletin*, 25, September 1974, p. 43.

8) Szasz, 앞의 책, p. 85에서 인용.

9) Muriel Joy Hughes, *Women Healers in Medieval Life and Literature* (New York: King's

Crown Press, 1943), p. 90.

10) Joseph Kett, *The Formation of the American Medical Profession: The Role of Institutions, 1780–1860* (New Haven: Yale University Press, 1968), p. 108.

11) Jethro Kloss, *Back to Eden* (Santa Barbara, California: Woodbridge Publishing Co., 1972, first published 1934), p. 226.

12) Sarah Orne Jewett, "The Courting of Sister Wisby," in Gail Parker (ed.), *The Oven Birds: American Women on Womanhood 1820–1920* (Garden City, New York: Doubleday/Anchor, 1972), p. 221.

13) Samuel Haber, "The Professions and Higher Education in America: A Historical View," in Margaret S. Gordon (ed.), *Higher Education and the Labor Market* (New York: McGraw-Hill, 1974), p. 241.

14) Whitfield J. Bell, Jr., "A Portrait of the Colonial Physician," in *The Colonial Physician and Other Essays* (New York: Science History Publications, 1975), p. 22.

15) Carl A. Binger, *Revolutionary Doctor, Benjamin Rush* (New York: W. W. Norton, 1966) 참조.

16) Haber, 같은 곳.

17) William G. Rothstein, *American Physicians in the Nineteenth Century* (Baltimore: The Johns Hopkins University Press, 1972), p. 27.

18) Binger, 앞의 책, p. 88에서 인용.

19) Dolores Burns (ed.), *The Greatest Health Discovery: Natural Hygiene, and Its Evolution Past, Present and Future* (Chicago: Natural Hygiene Press, 1972), p. 30.

20) Richard Harrison Shryock, *Medicine and Society in America: 1660–1860* (Ithaca, New York: Great Seal Books, 1960), p. 17.

21) Rothstein, 앞의 책, p. 43.

22) Binger, 앞의 책, p. 217.

23) Rothstein, 앞의 책, p. 47에서 인용.

24) 같은 책, p. 51.

25) Shryock, 앞의 책, p. 70.

26) Rothstein, 앞의 책, pp. 333–39.

27) Shryock, 앞의 책, p. 131.

28) Philip S. Foner, *History of the Labor Movement in the United States, Vol. I: From Co-*

lonial Times to the Founding of the American Federation of Labor (New York: International Publishers, 1962), p. 132에서 인용.

29) Mary P. Ryan, *Womanhood in America: From Colonial Times to the Present* (New York: New Viewpoints, 1975), p. 128.

30) Elizabeth Cady Stanton, "Motherhood," in Alice S. Rossi (ed.), *The Feminist Papers: From Adams to De Beauvoir* (New York and London: Columbia University Press, 1973), p. 399.

31) 같은 책, p. 401.

32) Richard Harrison Shryock, *Medicine in America: Historical Essays* (Baltimore: The Johns Hopkins University Press, 1966), p. 117.

33) Arthur M. Schlesinger, Jr., *The Age of Jackson* (Boston: Little, Brown, 1953), p. 181.

34) Schlesinger, 앞의 책, p. 183에서 인용.

35) Schlesinger, 같은 곳.

36) Marcia Altman, David Kubrin, John Kwasnik, and Tina Logan, "The People's Healers: Health Care and Class Struggle in the United States in the 19th Century," 1974, mimeo, p. 18.

37) Rothstein, 앞의 책, p. 129에서 인용.

38) 같은 책, p. 131.

39) Altman 외, 앞의 책, p. 23.

40) Rothstein, 앞의 책, p. 141.

41) Kett, 앞의 책, p. 119.

42) Altman 외, 앞의 책, p. 27.

43) Kett, 앞의 책, p. 110에서 인용.

44) Burns, 앞의 책, p. 137.

45) Rothstein, 앞의 책, p. 333.

46) Altman 외, 앞의 책, p. 39에서 인용.

47) 같은 책, p. 40.

48) Burns, 앞의 책, p. 122에서 인용.

49) Burns, 앞의 책, p. 126에서 Richard Harrison Shryock 인용.

50) Burns, 앞의 책, p. 124.

51) Rothstein, 앞의 책, p. 156.

52) 같은 책, p. 108.

53) 같은 책, p. 108.

54) Gerald E. Markowitz and David Karl Rosner, "Doctors in Crisis: A Study of the Use of Medical Education Reform to Establish Modern Professional Elitism in Medicine," *American Quarterly* 25, March 1973, p. 88.

55) Thomas Woody, *A History of Women's Education in the United States*, Vol.Ⅱ (New York: Octagon Books, 1974), p. 348에서 인용.

56) Altman 외, 앞의 책, p. 25.

57) Woody, 앞의 책, p. 343에서 인용.

58) Catherine Beecher, "On Female Health in America," in Nancy Cott (ed.), *Root of Bitterness: Documents of the Social History of American Women* (New York: E. P. Dutton, 1972), p. 269.

59) Woody, 앞의 책, pp. 344-45에서 인용.

60) Woody, 앞의 책, p. 349에서 인용.

61) *Journal of the American Medical Association* 37, 1901, p. 1403.

62) Woody, 앞의 책, p. 322에서 인용.

63) 같은 책, p. 360.

64) Woody, 앞의 책, p. 349.

65) Constance Rover, *The Punch Book of Women's Rights* (South Brunswick, New Jersey: A. S. Barnes, 1967), p. 81.

66) G. J. Barker-Benfield, *The Horrors of the Half-Known Life: Male Attitudes Toward Women and Sexuality in Nineteenth Century America* (New York: Harper & Row, 1976), p. 87에서 인용.

67) Shryock, *Medicine in America: Historical Essays*, p. 185에서 인용.

68) Woody, 앞의 책, p. 346에서 인용.

69) 같은 책, p. 361.

70) Shryock, *Medicine in America: Historical Essays*, p. 184에서 인용.

71) Burns, 앞의 책, p. 118에서 인용.

72) 같은 책, p. 116.

73) Markowitz and Rosner, 앞의 책, p. 95.

74) Haber, 앞의 책, p. 264에서 인용.

• 3장

1) Sir William Osler, *Aequanimitas: With Other Addresses to Medical Students, Nurses and Practitioners of Medicine* (Philadelphia: P. Blakiston's Sons, 1932), p. 219.

2) Robert H. Wiebe, *The Search for Order* (New York: Hill and Wang, 1967) and Barbara and John Ehrenreich, "The Professional/Managerial Class," *Radical America*, March—April and May—June 1977 참조.

3) Samuel Haber, *Efficiency and Uplift: Scientific Management in the Progressive Era 1890—1920* (Chicago: University of Chicago Press, 1964), p. 99에서 인용.

4) Richard Hofstadter, *Anti—Intellectualism in American Life* (New York: Alfred A. Knopf, 1963), p. 200에서 인용.

5) Edward A. Ross, *The Social Trend* (New York: Century, 1922), p. 171.

6) Edwin T. Layton, *The Revolt of the Engineers: Social Responsibility and the American Engineering Profession* (Cleveland: Case Western Reserve University Press, 1971), p. 67 에서 인용.

7) Paul F. Boller, Jr., *American Thought in Transition: The Impact of Evolutionary Naturalism 1865—1900* (Chicago: Rand—McNally, 1969), p. 120에서 인용.

8) Sinclair Lewis, *Arrowsmith* (New York: Signet, 1961), pp. 84—85.

9) 같은 책, p. 13.

10) 같은 책, p. 25.

11) Boller, 앞의 책, p. 23.

12) Charlotte Perkins Gilman, *Women and Economics*, Carl N. Degler (ed.) (New York: Harper & Row, 1966), pp. 330—31.

13) Elizabeth Chesser, *Perfect Health for Women and Children* (London: Methuen, 1912), p. 49.

14) Geraldine J. Clifford, "E. L. Thorndike: The Psychologist as Professional Man of Science," in *Historical Conceptions of Psychology*, Mary Henle, Julian Jaynes, and John J. Sullivan (eds.) (New York: Springer Publishing, 1973), p. 234에서 인용.

15) Anna Robeson Burr, *Weir Mitchell: His Life and Letters* (New York: Duffield and Co., 1929), pp. 82—83에서 인용.

16) Lewis, 앞의 책, p. 265.

17) 같은 책, pp. 268-69.

18) William G. Rothstein, *American Physicians in the Nineteenth Century* (Baltimore: The Johns Hopkins University Press, 1972), p. 262.

19) George Bernard Shaw, *The Doctor's Dilemma* (Baltimore: Penguin, 1954), pp. 107-8.

20) John H. Knowles, M.D., "The Responsibility of the Individual," in John H. Knowles, M.D. (ed.), *Doing Better and Feeling Worse: Health in the United States* (New York: W. W. Norton and Co., 1977), p. 63.

21) Samuel Haber, "The Professions and Higher Education in America: A Historical View," in *Higher Education and the Labor Market*, Margaret S. Gordon (ed.) (New York: McGraw-Hill, 1974), p. 264.

22) Allan Nevins, *John D. Rockefeller* (New York: Scribner, 1959), pp. 279-80.

23) Joseph F. Wall, *Andrew Carnegie* (New York: Oxford University Press, 1970), p. 833.

24) 같은 책, p. 67.

25) E. Richard Brown, *Rockefeller Medicine Men: Medicine and Capitalism in the Progressive Era* (Berkeley: University of California Press, in press), p. 99.

26) Brown, 같은 곳.

27) Lewis, 앞의 책, pp. 271-72.

28) Abraham Flexner, *Medical Education in the U.S. and Canada* (New York: Carnegie Foundation, 1910) (available from University Microfilms, Ltd., Ann Arbor, Michigan).

29) Rosemary Stevens, *American Medicine and the Public Interest* (New Haven: Yale University Press, 1971), p. 56.

30) Brown, 앞의 책, p. 138.

31) Gerald Markowitz and David K. Rosner, "Doctors in Crisis: A Study of the Use of Medical Education Reform to Establish Modern Professional Elitism in Medicine," *American Quarterly 25* (1973), p. 83.

32) Rothstein, 앞의 책, p. 265.

33) 같은 책, p. 266.

34) Haber, "The Professions and Higher Education in America," p. 265.

35) J. E. Stubbs, "What Shall Be Our Attitude Toward Professional Mistakes?" *Journal of the American Medical Association 32* (1899), p. 1176.

36) Haber, "The Professions Higher Education in America," p. 266.

37) Harvey Williams Cushing, *The Life of Sir William Osler, Vol. I* (New York: Oxford University Press, 1940), p. 222에서 인용.

38) 같은 책, p. 223.

39) Robert B. Bean, M.D., *Sir William Osler' Aphorisms*, William B. Bean, M.D. (ed.) (New York: Henry Schuman, 1950), p. 114에서 인용.

40) Cushing, 앞의 책, p. 354.

41) Osler, *Aequanimitas*, p. 286.

42) 같은 책, p. 260.

43) Frances E. Kobrin, "The American Midwife Controversy: A Crisis of Professionaliza‐tion," *Bulletin of the History of Medicine*, July–August 1966, p. 350.

44) Molly C. Dougherty, "Southern Lay Midwives as Ritual Specialists," paper presented at the American Anthropological Association Annual Meeting, Mexico City, 1974.

45) Austin Flint, M.D., "The Use and Abuse of Medical Charities in Medical Education," *Proceeding of the National Conference on Charities and Corrections*, 1898, p. 331.

46) Ann H. Sablosky, "The Power of the Forceps: A Study of the Development of Mid‐wifery in the United States," Master's Thesis, Graduate School of Social Work and Social Research, Bryn Mawr College, May 1975, p. 15에서 인용.

47) Ursula Gilbert, "Midwifery as a Deviant Occupation in America," unpublished paper, 1975에서 인용.

48) G. J. Barker‐Benfield, *The Horrors of the Half‐Known Life* (New York: Harper & Row, 1976), p. 63.

49) Sablosky, 앞의 책, p. 16.

50) Barker‐Benfield, 앞의 책, p. 69.

51) Sablosky, 앞의 책, p. 17.

52) Barker‐Benfield, 앞의 책, p. 69.

53) Doris Haire, "The Cultural Warping of Childbirth," *International Childbirth Education Association News, Spring 1972; Suzanne Arms, Immaculate Deception* (San Francisco: San Francisco Book Co., 1976) 참조.

54) Kobrin, 앞의 책.

• 4장

1) Anna Robeson Burr, *Weir Mitchell: His Life and Letters* (New York: Duffield and Co., 1929), p. 289.

2) Charlotte Perkins Gilman, *The Living of Charlotte Perkins Gilman: An Autobiography* (New York: Harper Colophon Books, 1975), p. 96.

3) Gilman, 같은 곳.

4) Charlotte Perkins Gilman, *The Yellow Wallpaper* (Old Westbury, New York: The Feminist Press, 1973).

5) Gilman, *Autobiography*, p. 121.

6) Catherine Beecher, "Statistics of Female Health," in Gail Parker (ed.), *The Oven Birds: American Women on Womanhood 1820-1920* (Garden City, New York: Doubleday/Anchor, 1972), p. 165.

7) Ilza Veith, *Hysteria: The History of a Disease* (Chicago and London: The University of Chicago Press, 1965), p. 216.

8) F. O. Matthiessen, *The James Family* (New York: Alfred A. Knopf, 1961), p. 272에서 인용.

9) Irving H. Bartlett, *Wendell Phillips: Brahmin Radical* (Boston: Beacon Press, 1961), p. 78에서 인용.

10) Leon Edel (ed.), *The Diary of Alice James* (New York: Dodd, Mead, 1964), p. 14에서 인용.

11) 우리에게 자료를 제공해준 의료사학자 릭 브라운(Rick Brown)에게 감사한다.

12) Thorstein Veblen, *Theory of the Leisure Class* (New York: Modern Library, 1934).

13) Burr, 앞의 책, p. 176.

14) Olive Schreiner, *Women and Labor* (New York: Frederick A. Stokes, 1911), p. 98.

15) John C. Gunn, M.D., *Gunn's New Family Physician* (New York: Saalfield Publishing, 1924), p. 120.

16) New York Public Library Picture Collection, 출처 없음.

17) Dr. Mary Putnam Jacobi, "On Female Invalidism," in Nancy F. Cott (ed.), *Root of Bitterness: Documents of the Social History of American Women* (New York: E. P. Dutton, 1972), p. 307.

18) John S. Haller, Jr., and Robin M. Haller, *The Physician and Sexuality in Victorian America* (Urbana, Illinois: University of Illinois Press, 1974), pp. 143–44.

19) 같은 책, p. 168.

20) 같은 재, p. 31.

21) 같은 책, p. 28.

22) Gilman, *The Yellow Wallpaper*, pp. 9–10.

23) G. Stanley Hall, *Adolescence, Vol. II* (New York: D. Appleton, 1905), p. 588에서 인용.

24) Gunn, 앞의 책, p. 421.

25) W. C. Taylor, M.D., *A Physician's Counsels to Woman in Health and Disease* (Springfield: W. J. Holland and Co., 1871), pp. 284–85.

26) Winfield Scott Hall, Ph.D., M.D., *Sexual Knowledge* (Philadelphia: John C. Winston, 1916), pp. 202–3.

27) U. S. Bureau of the Census, *Historical Statistics of the United States, Colonial Times to 1957*, Washington, D.C., 1960, P. 25.

28) Rachel Gillett Fruchter, "Women's Weakness: Consumption and Women in the 19th Century," Columbia University School of Public Health, unpublished paper, 1973.

29) Haller and Haller, 앞의 책, p. 59.

30) Emma Goldman, *Living My Life*, Vol. I (New York: Dover Publications, Inc., 1970, first published 1931), pp. 185–86.

31) Carroll D. Wright, *The Working Girls of Boston* (Boston: Wright and Potter Printing, State Printers, 1889), p. 71.

32) 같은 책, pp. 117–18.

33) Lucien C. Warner, M.D., *A Popular Treatise on the Functions and Diseases of Woman* (New York: Manhattan Publishing, 1874), p. 109.

34) Dr. Alice Moqué, "The Mistakes of Mothers," *Proceedings of the National Congress of Mothers Second Annual Convention*, Washington, D.C., May 1898, p. 43에서 인용.

35) Goldman, 앞의 책, p. 187.

36) G. J. Barker-Benfield, *The Horrors of the Half-Known Life: Male Attitudes Toward Women and Sexuality in Nineteenth-Century America* (New York: Harper & Row, 1976), p. 128에서 인용.

37) Elaine and English Showalter, "Victorian Women and Menstruation," in Martha Vicinus

(ed.), *Suffer and Be Still: Women in the Victorian Age* (Bloomington: Indiana University Press, 1972), p. 43에서 인용.

38) "Mary Livermore's Recommendatory Letter," in Cott, 앞의 책, p. 292.

39) Mary Putnam Jacobi, M.D., in Cott, 앞의 책, p. 307.

40) Haller and Haller, 앞의 책, p. 73에서 인용.

41) 같은 책, p. 47.

42) Haller and Haller, 앞의 책, p. 51에서 인용.

43) Hall, 앞의 책, p. 578.

44) Haller and Haller, 앞의 책, p. 56에서 인용.

45) Hall, 앞의 책, p. 56.

46) 같은 책, p. 562.

47) 같은 곳.

48) Frederick Hollick, M.D., *The Diseases of Women, Their Cause and Cure Familiarly Explained* (New York: T. W. Strong, 1849).

49) Ann Douglas Wood, "The 'Fashionable Diseases': Women's Complaints and their Treatment in Nineteenth-Century America," *Journal of Interdisciplinary History 4*, Summer 1973, p. 29에서 인용.

50) Rita Arditti, "Women as Objects: Science and Sexual Politics," *Science for the People*, September 1974, p. 8에서 인용.

51) W. W. Bliss, *Woman and Her Thirty-Years' Pilgrimage* (Boston: B. B. Russell, 1870), p. 96.

52) Haller and Haller, 앞의 책, p. 101에서 인용.

53) Veith, 앞의 책, p. 205에서 인용.

54) M. E. Dirix, M.D., *Woman's Complete Guide to Health* (New York: W. A. Townsend and Adams, 1869), pp. 23-24.

55) Fruchter, 앞의 책에서 인용.

56) Wood, 앞의 책, p. 30.

57) Baker-Benfield, 앞의 책, pp. 121-24.

58) Ben Baker-Benfield, "The Spermatic Economy: A Nineteenth Century View of Sexuality," *Feminist Studies 1*, Summer 1972, pp. 45-74.

59) Baker-Benfield, *Horrors of the Half-Known Life*, p. 122.

60) 같은 책, p. 30.

61) 같은 책, pp. 96-102.

62) Haller and Haller, 앞의 책, p. 103.

63) Thomas Woody, *A History of Women's Education in the United States,* Vol. II (New York: Octagon Books, 1974).

64) Haller and Haller, 앞의 책, p. 61.

65) Edward H. Clarke, M.D., *Sex in Education, or a Fair Chance for the Girls* (Boston: James R. Osgood, 1873. Reprint edition by Arno Press Inc., 1972).

66) Haller and Haller, 앞의 책, p. 39에서 인용.

67) Vern L. Bullough and Bonnie Bullough, *The Subordinate Sex: A History of Attitudes Toward Women* (Urbana: University of Illinois Press, 1973), p. 323.

68) Wood, 앞의 책, p. 207.

69) Hall, 앞의 책, p. 632.

70) 같은 책, p. 633.

71) Haller and Haller, 앞의 책, p. 81에서 인용.

72) Burr, 앞의 책, p. 374.

73) Woody, 앞의 책, p. 154.

74) Haller and Haller, 앞의 책, pp. 29-30에서 인용.

75) Rosalind Rosenberg, "In Search of Woman's Nature: 1850-1920," *Feminist Studies 3,* Fall 1975, p. 141.

76) Woody, 앞의 책, p. 153에서 인용.

77) Burr, 앞의 책, p. 183.

78) Jane Addams, *Twenty Years at Hull-House* (New York: Macmillan, 1960), p. 65.

79) Burr, 앞의 책, p. 290.

80) Wood, 앞의 책, p. 38에서 인용.

81) Burr, 앞의 책, p. 184.

82) Theodore Roosevelt, "Birth Reform, From the Positive, Not the Negative Side," *in Complete Works of Theodore Roosevelt,* Vol. XIX (New York: Scribner, 1926), p. 163에서 인용.

83) Roosevelt, 앞의 책, p. 161.

84) Hall, 앞의 책, p. 579.

85) S. Weir Mitchell, *Constance Trescot* (New York: The Century Co., 1905), p. 382.

86) Veith, 앞의 책, p. 217에서 인용.

87) Linda Gordon, *Woman's Body, Woman's Right: A Social History of Birth Control in America* (New York: Grossman, 1977) 참조.

88) Carroll Smith-Rosenberg, "The Hysterical Woman: Sex Roles in Nineteenth Century America," *Social Research, 39*, Winter 1972, pp. 652-78.

89) Matthiessen, 앞의 책, p. 276에서 인용.

90) Dirix, 앞의 책, p. 60.

91) Thomas S. Szasz, *The Myth of Mental Illness* (New York: Dell, 1961), p. 48.

・5장

1) Margaret Reid, *Economics of Household Production* (New York: John Wiley and Sons, 1934), p. 43에서 인용.

2) William F. Ogburn and M. F. Nimkoff, *Technology and the Changing Family* (Boston and New York: Houghton Mifflin, 1955), p. 152.

3) U.S. Bureau of the Census, *Historical Statistics of the United States, Colonial Times to 1957*, Washington, D.C., 1960.

4) Elizabeth F. Baker, *Technology and Women's Work* (New York: Columbia University Press, 1964), p. 4.

5) Reid, 앞의 책, p. 52.

6) Caroline L. Hunt, *The Life of Ellen H. Richards* (Washington, D.C.: The American Home Economics Association, 1958), p. 141.

7) Edward A. Ross, *The Social Trend* (New York: Century Co., 1922), p. 80.

8) Thorstein Veblen, *The Theory of the Leisure Class* (New York: Modern Library, 1934), pp. 81-82.

9) Fannie Perry Gay, *Woman's Journal*, November 12, 1889, p. 365.

10) Hunt, 앞의 책, p. 159에서 인용.

11) Olive Schreiner, *Woman and Labor* (New York: Frederick A. Stokes, 1911), pp. 45-46.

12) Robert H. Bremner, *Children and Youth in America, A Documentary History, Volume*

II, 1866-1932 (Cambridge, Massachusetts: Harvard University Press, 1971), p. 365에서 인용.

13) Edmond Demolins, *Anglo-Saxon Superiority: To What Is It Due?* (New York: R. F. Fenne, 1898).

14) Arthur W. Calhoun, *The Social History of the American Family from Colonial Times to the Present, Volume III: Since the Civil War* (Cleveland: Arthur H. Clark, 1919), p. 197.

15) Russell Lynes, *The Domesticated Americans* (New York: Harper & Row, 1957), p. 11.

16) Calhoun, 앞의 책, p. 197에서 인용.

17) Calhoun, 앞의 책, pp. 179-98.

18) Richard Sennett, *Families Against the City: Middle Class Homes of Industrial Chicago 1872-1890* (Cambridge, Massachusetts: Harvard University Press, 1970).

19) Edward A. Ross, *Social Psychology* (New York: Macmillan, 1917), p. 89.

20) Charles H. Whitaker, *The Joke About Housing* (College Park, Maryland: McGrath Publishing, 1969, first published 1920), p. 9.

21) David J. Pivar, *The New Abolitionism: The Quest for Social Purity* (Ann Arbor, Michigan: University Microfilms, 1965), p. 283.

22) Calhoun, 앞의 책, pp. 197-98에서 인용.

23) Editorial, *Ladies' Home Journal*, October 1911, p. 6.

24) Robert Clarke, *Ellen Swallow: The Woman Who Founded Ecology* (Chicago: Follett, 1973), p. 51.

25) 같은 책, p. 12.

26) 같은 책, pp. 32-33.

27) Hunt, 앞의 책, p. 78.

28) Clarke, 앞의 책, p. 157.

29) Hunt, 앞의 책, p. 157.

30) Robert H. Wiebe, *The Search for Order* (New York: Hill and Wang, 1967).

31) Proceedings of the Sixth Annual Conference on Home Economics, Lake Placid, New York, 1904, p. 64.

32) 같은 책, p. 16.

33) Eileen E. Quigley, *Introduction to Home Economics* (New York: Macmillan, 1974), pp. 58-59.

34) Proceedings of the Fourth Annual Conference on Home Economics, Lake Placid, New York, 1902, p. 85.

35) Editorial on "Public School Instruction in Cooking," *Journal of the American Medical Association* 32, 1899, p. 1183.

36) Sallie S. Cotten, "A National Training School for Women," in *The Work and Words of the National Congress of Mothers* (New York: D. Appleton, 1897), p. 280.

37) Mrs. H. M. Plunkett, *Women, Plumbers and Doctors, or Household Sanitation* (New York: D. Appleton, 1897), p. 203.

38) 같은 책, p. 11.

39) Editorial, *Journal of the American Medical Association*, 32, 1899, p. 1183.

40) Helen Campbell, *Household Economics* (New York: G. P. Putnam, 1907), p. 206.

41) Plunkett, 앞의 책, p. 10.

42) Stuart Ewen, *Captains of Consciousness: Advertising and the Social Roots of Consumer Culture* (New York: McGraw-Hill, 1976), pp. 169-70.

43) Campbell, 앞의 책, p. 196.

44) "Squeaky Clean? Not Even Close," Amanda Hesser, *The New York Times*, January 28, 2004.

45) Hunt, 앞의 책, p. 161에서 인용.

46) Harry Braverman, *Labor and Monopoly Capital: The Degradation of Work in the Twentieth Century* (New York: Monthly Review Press, 1974), pp. 85-123.

47) Christine Frederick, "The New Housekeeping," serialized in the *Ladies' Home Journal*, September-December 1912.

48) Samuel Haber, *Efficiency and Uplift: Scientific Management in the Progressive Era, 1890-1920* (Chicago: University of Chicago Press, 1964), p. 2.

49) Reid, 앞의 책, pp. 75-76.

50) Proceedings of the Fourth Annual Conference on Home Economics, Lake Placid, New York, 1902, p. 59.

51) Carol Lopate, "Ironies of the Home Economics Movement," *Edcentric: A Journal of Educational Change*, no. 31/32, November 1974, p. 40.

52) Thomas Woody, *A History of Women's Education in the United States*, Vol. II (New York: Octagon Books, 1974), pp. 60-61.

53) Woody, 앞의 책, p. 52에서 인용.

54) Hunt, 앞의 책, p. 113.

55) Ellen Richards, *Euthenics: The Science of Controllable Environment* (Boston: Whit-comb and Barrows, 1912), p. 154.

56) Letter from "E.W.S.," *Woman's Journal*, September 10, 1898, p. 293.

57) Letter from Mrs. Vivia A. B. Henderson, *Woman's Journal*, November 19, 1898, p. 375.

58) H. B. B. Blackwell, "Housework as a Profession," *Woman's Journal*, August 27, 1898, p. 276.

59) Campbell, 앞의 책, p. 219.

60) Haber, 앞의 책, p. 62.

61) Proceedings of the Fourth Annual Conference on Home Economics, Lake Placid, New York, 1902, p. 36.

62) Charlotte Perkins Gilman, *The Home: Its Work and Influence* (Urbana: University of Illinois Press, 1972, first published 1903), p. 93.

63) 같은 책, pp. 179-81.

64) Calhoun, 앞의 책, p. 180.

65) 같은 책, p. 185.

66) Hunt, 앞의 책, p. 161.

67) Richards, 앞의 책, p. 160에서 인용.

68) Hunt, 앞의 책, p. 163에서 인용.

69) Jane Addams, *Twenty Years at Hull-House* (New York: Macmillan, 1960, first pub-lished 1910), p. 294.

70) Mrs. L. P. Rowland, "The Friendly Visitor," in Proceedings of the National Conference on Charities and Corrections 1897, p. 256.

71) Calhoun, 앞의 책, p. 77.

72) Miss Eleanor Hanson, "Forty-three Families Treated by Friendly Visiting," Proceedings of the National Conference on Charities and Corrections 1907, P. 315.

73) Mary E. McDowell, "Friendly Visiting," Proceedings of the National Conference on Charities and Corrections 1896, p. 253.

74) Reverend W. J. Kerby, "Self-help in the Home," Proceedings of the National Confer-ence on Charities and Corrections 1908, p. 81.

75) Addams, 앞의 책, p. 253.

76) Proceedings of the Seventh Annual Conference on Home Economics, Lake Placid, New York, 1905, p. 67에서 인용.

77) Isabel F. Hyams, "Teaching of Home Economics in Social Settlements," Proceedings of the Seventh Annual Conference on Home Economics, Lake Placid, New York, 1905, pp. 56–57.

78) Isabel F. Hyams, "The Louisa May Alcott Club," Proceedings of the Second Annual Conference on Home Economics, Lake Placid, New York, 1900, p. 18.

79) 같은 책, p. 19.

80) Jessica Braley, "Ideals and Standards as Reflected in Work for Social Service," Proceedings of the Fourth Annual Conference on Home Economics, Lake Placid, New York, 1902, p. 49.

81) Emma Goldman, *Living My Life*, Vol. I (New York: Dover Publications, 1970, first published 1931), p. 160.

82) Proceedings of the Third Annual Conference on Home Economics, Lake Placid, New York, 1901, p. 93에서 인용.

83) 같은 책, p. 69.

84) Subcommittee on Preparental Education, White House Conference on Child Health and Protection, *Education for Home and Family Life, Part I : In Elementary and Secondary Schools* (New York: Century, 1932), pp. 78–79.

85) Hunt, 앞의 책, p. 109.

86) Allie S. Freed (Chairman of the Committee for Economic Recovery)가 1936년 2월 26일 the Cambridge League of Women Voters를 대상으로 한 연설, "Home Building by Private Enterprise".

87) United States Bureau of the Census, Statistical Abstract of the United States, 1973, Washington, D.C., 1973.

88) Heidi Irmgard Hartmann, "Capitalism and Women's Work in the Home 1900–1930," unpublished doctoral dissertation, Yale University, 1974 (available from University Microfilms, Ann Arbor), pp. 212–75.

89) Joann Vanek, "Time Spent in Housework," *Scientific American*, November 1974, p. 116.

90) Reid, 앞의 책, pp. 89−90에서 인용.

91) Christine Frederick, *Selling Mrs. Consumer* (New York: The Business Bourse, 1929), p. 169.

92) "Wonders Women Work in Marketing," *Sales Management*, October 2, 1959, p. 33.

93) Lee Rainwater, Richard P. Coleman, and Gerald Handel, *Workingman's Wife* (New York: McFadden−Bartell, 1959) 참조.

· 6장

1) Richard Hofstadter, *Anti−Intellectualism in American Life* (New York: Alfred A. Knopf, 1963), p. 364.

2) Arthur W. Calhoun, *Social History of the American Family, Volume III: Since the Civil War* (Cleveland: The Arthur H. Clark Co., 1919), P. 131.

3) Michael Lesy, *Wisconsin Death Trip* (New York: Pantheon, 1973)에서 인용.

4) René Dubos, *The Mirage of Health* (New York: Harper, 1959); René Dubos, *Man Adapting* (New Haven: Yale University Press, 1965); Thomas McKeown, *Medicine in Modern Society* (London: Allen and Unwin, 1965); A. L. Cochrane, *Effectiveness and Efficiency: Random Reflections on Health Services* (London: Oxford University Press, 1972) 참조.

5) Linda Gordon, *Woman's Body, Woman's Right: A Social History of Birth Control in America* (New York: Grossman, 1977) 참조.

6) William F. Ogburn and M. F. Nimkoff, *Technology and the Changing Family* (Boston and New York: Houghton Mifflin, 1955), p. 195.

7) John Spargo, *The Bitter Cry of the Children* (New York and London: Johnson Reprint Corp., 1969, first published 1906), p. 145.

8) Spargo, 앞의 책, p. 179에서 인용.

9) Sarah N. Cleghorn. "Child Labor," *Encyclopedia Americana*, Vol. 6 (New York: Americana Corp., 1974), p. 460에서 인용.

10) Dr. W. N. Hailman, "Mission of Childhood," Proceedings of the National Congress of Mothers Second Annual Convention, May 1898, p. 171.

11) Ellen Key, *The Century of the Child* (New York: G. P. Putnam, 1909), pp. 100-01.

12) Theodore Roosevelt, Address to the First International Congress in America on the Welfare of the Child, under the auspices of the National Congress of Mothers, Washington, D.C., March 1908.

13) Lucy Wheelock, "The Right Education of Young Women," speech given at the First International Congress in America on the Welfare of the Child, Washington, D.C., March 1908.

14) Bernard Wishy, *The Child and the Republic: The Dawn of Modern American Child Nurture* (Philadelphia: University of Pennsylvania Press, 1968), p. 117.

15) Declaration of Principles, First International Congress in America on the Welfare of the Child, Washington, D.C., March 1908.

16) Mrs. Theodore W. Birney, "Address of Welcome," *The Work and Words of the National Congress of Mothers* (New York: D. Appleton, 1897), p. 7.

17) Dr. Alice Moqué, "The Mistakes of Mothers," Proceedings of the National Congress of Mothers Second Annual Convention, Washington, D.C., May 1898, p. 44.

18) Mrs. Theodore W. Birney, "Presidential Address," Proceedings of the Third Annual Convention of the National Congress of Mothers, Washington, D.C., February 1899, p. 198.

19) Julia Ward Howe, William L. O'Neill, *Everyone Was Brave: A History of Feminism in America* (New York: Quadrangle/The New York Times Book Co., 1974), p. 36에서 인용.

20) Beatrice Forbes-Robertson Hale, *What Women Want: An Interpretation of the Feminist Movement* (New York: Frederick A. Stokes Co., 1914), p. 276.

21) Mrs. Harriet Hickox Heller, "Childhood, an Interpretation," Proceedings of the National Congress of Mothers Second Annual Convention, Washington, D.C., May 1898, p. 81.

22) Mrs. Theodore W. Birney, "Address of Welcome," Proceedings of the National Congress of Mothers Second Annual Convention, p. 17.

23) John Brisben Walker, "Motherhood as a Profession," *Cosmopolitan*, May 1898, p. 89.

24) Wishy, 앞의 책, p. 120.

25) Eli Zaretsky, *Capitalism, the Family and Personal Life* (New York: Harper Colophon Books, 1976), p. 31.

26) A. A. Roback, *History of American Psychology* (New York: Library Publishers, 1952), p. 129.

27) Dorothy Ross, *G. Stanley Hall: The Psychologist as Prophet* (Chicago: University of Chicago Press, 1972), p. 177에서 인용.

28) Edwin G. Boring, *A History of Experimental Psychology* (New York: Appleton-Century-Crofts, 1950), p. 569.

29) Geraldine J. Clifford, "E. L. Thorndike: The Psychologist as a Professional Man of Science," in Mary Henle, Julian Jaynes, and John J. Sullivan (eds.), *Historical Conceptions of Psychology* (New York: Springer Publishing Co., 1973), p. 242.

30) Mrs. Sallie S. Cotten, "A National Training School for Women," in *The Work and Words of the National Congress of Mothers* (New York: D. Appleton, 1897), p. 280.

31) G. Stanley Hall, "Some Practical Results of Child Study," in *The Work and Words of the National Congress of Mothers*, p. 165.

32) Arnold Gesell, M. D., "A Half Century of Science and the American Child," in *Child Study*, November 1938, p. 36.

33) Wishy, 앞의 책, p. 119.

34) Dr. L. Emmett Holt, "Physical Care of Children," in Proceedings of the Third Annual Convention of the National Congress of Mothers, Washington, D.C., February 1899, p. 233.

35) Winfield S. Hall, Ph. D., M. D., "The Nutrition of Children Under Seven Years," in *The Child in the City*, papers presented at the conference held during the Chicago Child Welfare Exhibit, 1911, published by the Chicago School of Civics and Philanthropy, 1912, pp. 81-82.

36) Mrs. Max West, "Infant Care," in Robert H. Bremner (ed.), *Children and Youth in America, A Documentary History, Volume II, 1866-1932* (Cambridge, Massachusetts: Harvard University Press, 1971), p. 37.

37) Winfield S. Hall, 앞의 책, p. 85.

38) Ellen Richards, *Euthenics: The Science of Controllable Environment* (Boston: Whitcomb and Barrows, 1912), pp. 82-83.

39) Christine Fredericks, "The New Housekeeping: How It Helps the Woman Who Does Her Own Work," *Ladies' Home Journal*, October 1912, p. 20.

40) Mrs. Helen H. Gardener, "The Moral Responsibility of Women in Heredity," in *The Work and Words of the National Congress of Mothers*, p. 143.

41) Heller, 같은 곳.

42) Boring, 앞의 책, pp. 643–44.

43) John B. Watson, *Psychological Care of Infant and Child* (New York: W. W. Norton and Co., 1928), pp. 9–10.

44) 같은 책, pp. 81–82.

45) 같은 책, p. 82.

46) 같은 책, pp. 5–6.

47) 같은 책, p. 6.

48) Isabel F. Hyams, "The Louisa May Alcott Club," Proceedings of the Second Annual Lake Placid Conference on Home Economics, 1900, p. 18.

49) Lillian D. Wald, *The House on Henry Street* (New York: Dover Publications, 1971), p. 111.

50) The Laura Spelman Memorial Final Report, New York, 1933, pp. 10–11.

51) Ruml's remarks in the transcript of the Conference of Psychologists called by the Laura Spelman Rockefeller Memorial, Hanover, New Hampshire, August 26–September 3, 1925 (mimeo) 참조.

52) Orville Brim, *Education for Child Raising* (New York: Russell Sage, 1959), p. 328.

53) Robert S. Lynd and helen Merrill Lynd, *Middletown: A Study in Contemporary American Culture* (New York: Harcourt, Brace, 1929), p. 149.

54) Dorothy Canfield Fisher, "Introduction," in Sidonie Matsner Gruenberg (ed.), *Our Children Today: A Guide to their Needs from Infancy Through Adolescence* (New York: Viking, 1955), pp. xiii–xiv.

55) Lynd and Lynd, 앞의 책, p. 146에서 인용.

56) 같은 책, p. 151.

・7장

1) Mary McCarthy, *The Group* (New York: Harcourt, Brace and World, 1954), p. 178.

2) 이 이야기를 해 준 메리 볼튼(Mary Bolton)에게 감사한다.

3) Lawrence K. Frank, "Life-Values for the Machine-Age," in Dorothy Canfield Fisher and Sidonie Matsner Gruenberg (eds.), *Our Children: A Handbook for Parents* (New York: Viking, 1932), p. 303.

4) Floyd Dell, *Love in the Machine Age* (New York: Octagon Books, 1973, first published, 1930), p. 107.

5) White House Conference on Child Health and Protection, *Report of the Subcommittee on Preparental Education* (New York: Century, 1932), p. 3.

6) Robert Lynd and Helen Merrill Lynd, *Middletown: A Study in Modern American Culture* (New York: Harcourt, Brace, 1929), p. 152.

7) Martha Wolfenstein, "Fun Morality: An Analysis of Recent American Child-training Literature," in Margaret Mead and Martha Wolfenstein (eds.), *Childhood in Contemporary Cultures* (Chicago: The University of Chicago Press, 1955), p. 169.

8) 같은 책, p. 170.

9) Lynd and Lynd, 앞의 책, p. 147.

10) McCarthy, 앞의 책, p. 342.

11) Arnold Gesell and Frances L. Ilg, *Infant and Child in the Culture of Today* (New York and London: Harper, 1943), p. 162.

12) Frances L. Ilg and Louise Bates Ames, *Child Behavior* (New York: Harper & Row, 1951), p. 64.

13) 같은 책, p. 27.

14) 같은 책, p. 37.

15) 같은 책, p. 346.

16) 같은 책, pp. 343-44.

17) 같은 책, p. 82.

18) Gesell and Ilg, 앞의 책, p. 56.

19) Benjamin Spock, M.D., *Problems of Parents* (Greenwich, Connecticut: Crest/Fawcett Publications, 1962, first published 1955), p. 237.

20) Gesell and Ilg, 앞의 책, p. 273.

21) E. James Anthony and Therese Benedek, M.D., *Parenthood: Its Psychology and Psychopathology* (Boston: Little, Brown, 1970), p. 179.

22) McCarthy, 앞의 책, p. 345.

23) Anthony and Benedek, 앞의 책, p. 173.

24) Dr. Theodore Lidz, Angela Barron McBride, *The Growth and Development of Mothers* (New York: Harper & Row, 1973), p. 5에서 인용.

25) Marcel Heiman, M.D., "A Psychoanalytic View of Pregnancy," in Joseph J. Rovinsky, M.D., and Alan F. Guttmacher, M.D. (eds.), *Medical, Surgical and Gynecological Complications of Pregnancy* (second edition) (Baltimore: The Williams and Wilkins Co., 1965), pp. 480-81.

26) Spock, 앞의 책, p. 110.

27) D. W. Winnicott, M.D., *Mother and Child: A Primer of First Relationships* (New York: Basic Books, 1957), p. vii.

28) "Parents' Questions," *Child Study*, Spring 1952, pp. 37-38.

29) Jessie Bernard, *The Future of Motherhood* (New York: Penguin Books, 1974), p. 9.

30) René Spitz, *The First Year of Life: A Psychoanalytic Study of Normal and Deviant Development of Object Relations* (New York: International Universities Press, 1965), p. 206.

31) Anna Freud, "The Concept of the Rejecting Mother," in Anthony and Benedek, 앞의 책, p. 377.

32) Adrienne Rich, *Of Woman Born: Motherhood as Experience and Institution* (New York: W. W. Norton, 1976), p. 277.

33) John Bowlby, *Maternal Care and Mental Health* (New York: Schocken Books, 1966, first published 1951), p. 22.

34) 같은 책, p. 73.

35) 같은 책, p. 67.

36) 같은 책, p. 157.

37) Mary D. Ainsworth 외, *Deprivation of Maternal Care: A Reassessment of Its Effects* (New York: Schocken Books, 1966), p. 206.

38) Dr. David Goodman, *A Parents' Guide to the Emotional Needs of Children* (New York: Hawthorne Books, 1959), p. 25.

39) David M. Levy, M.D., *Maternal Overprotection* (New York: W. W. Norton, 1966, first published 1943), p. 213.

40) 같은 책, p. 150.

41) 같은 책, pp. 262-351.

42) Betty Friedan, *The Feminine Mystique* (New York: W. W. Norton, 1963), p. 191에서 인용.

43) Margaret Mead, *Blackberry Winter: My Earlier Years* (New York: Pocket Books, 1975), p. 275.

44) Joseph Rheingold, M.D., Ph.D., *The Fear of Being a Woman: A Theory of Maternal Destructiveness* (New York, London: Grune and Stratton, 1964), p. 143.

45) Dr. Edward Strecker. Friedan, 앞의 책, p. 191에서 인용.

46) Friedan, 앞의 책, p. 189.

47) Ferdinand Lundberg and Marynia Farnham, "Some Aspects of Women's Psyche," in Elaine Showalter (ed.), *Women's Liberation and Literature* (New York: Harcourt Brace Jovanovich, 1971), pp. 233-48.

48) Goodman, 앞의 책, pp. 51-52.

49) Philip Wylie, *Generation of Vipers* (New York: Holt, Rinehart and Winston, 1955), p. 198.

50) Erik Erikson, *Childhood and Society* (New York: W. W. Norton and Co., 1950), p. 291.

51) William Whyte, *The Organization Man* (New York: Simon and Schuster, 1956), pp. 3-4.

52) David Riesman, *The Lonely Crowd* (New York: Yale University Press, 1961, first published 1950), p. 18.

53) Alan Harrington, "Life in the Crystal Palace," in Eric Josephson and Mary Josephson (eds.), *Man Alone: Alienation and Modern Society* (New York: Dell Publishing Co., 1962), pp. 136-37.

54) Paul Goodman, *Growing Up Absurd* (New York: Vintage Books, 1956), p. 13.

55) Lundberg and Farnham, 앞의 책, p. 244.

56) Levy, 앞의 책, p. 214.

57) Peter Gabriel Filene, *Him/Her Self: Sex Roles in Modern America* (New York: Mentor/New American Library, 1974), p. 179에서 인용.

58) Levy, 앞의 책, p. 121.

59) Dr. David Goodman, 앞의 책, p. 55.

60) 같은 책, p. 33.

61) 같은 책, p. 34.

62) 같은 책, p. 64.

63) McCarthy, 앞의 책, p. 224.

64) Goodman, 앞의 책, p. 35.

65) Diana Scully and Pauline Bart, "A Funny Thing Happened on the Way to the Orifice: Women in Gynecology Textbooks," *American Journal of Sociology 78*, January 1973, p. 1045에서 인용.

66)Henry B. Biller, *Father, Child and Sex Role* (Lexington, Massachusetts: D.C. Heath, 1971), p. 45.

67) Goodman, 앞의 책, p. 56.

68) Lundberg and Farnham, 앞의 책, p. 238.

69) Biller, 앞의 책, p. 24.

70) Biller, 같은 곳.

71) Jules Henry, *Culture Against Man* (New York: Vintage Books, 1963), p. 140.

72) Biller, 앞의 책, p. 107.

73) Benjamin Spock, M.D., *Baby and Child Care* (New York: Cardinal/Pocket Books, 1957), p. 315.

74) Spock, *Problems of Parents*, p. 192.

75) T. Colley. Biller, 앞의 책, p. 97에서 인용.

76) Spock, *Problems of Parents*, p. 194.

77) 같은 책, pp. 187-89.

78) J. Edgar Hoover, *Masters of Deceit: The Story of Communism in America and How to Fight It* (New York: Cardinal/Pocket Books, 1958), p. vi.

79) Eugene Kinkead, *Every War But One* (New York: W. W. Norton and Co., 1959), p. 18.

80) Harrison Salisbury, *The Shook-Up Generation* (Greenwich, Connecticut: Fawcett Publications, 1958), p. 8.

81) Spock, *Problems of Parents*, p. 235.

82) Spock, 앞의 책, p. 244.

83) Ethel Kawin, *Parenthood in a Free Nation*, Vol. Ⅰ: *Basic Concepts for Parents* (New York: Macmillan, 1967, first published 1954), p. v.

84) Barbara Ward, "A Crusading Faith to Counter Communism," *The New York Times Magazine*, July 16, 1950.

85) Hoover, 앞의 책, pp. 313−14.

86) Spock, *Problems of Parents*, pp. 245−46.

87) Kawin, 앞의 책, p. 104.

88) 같은 책, p. 105.

89) Willis Rudy, *Schools in an Age of Mass Culture* (Englewood, New Jersey: Prentice−Hall, 1965), p. 175.

90) Rudy, 같은 곳에서 인용.

91) Eda Le Shan, *The Conspiracy Against Childhood* (New York: Atheneum, 1967), p. 104 에서 인용.

92) 같은 책, p. 105.

93) Albert D. Biderman, *March to Calumny* (New York: Macmillian, 1963), pp. 2−3.

94) Rudy, 앞의 책, p. 131.

95) Lewis Feuer, *The New York Times*, February 14, 1969, p. 24에서 인용.

96) *The New York Times*, September 29, 1968, p. 74.

97) *The New York Times*, October 13, 1968, p. 79.

98) *The New York Times*, November 8, 1968, p. 54.

99) *The New York Times*, May 28, 1968, p. 46.

100) *The New York Times*, November 8, 1968, p. 54.

101) Fred Brown, *The New York Times*, May 12, 1968, p. 52에서 인용.

102) U. S. Education Commissioner Harold Howe, 2nd, in *The New York Times*, May 24, 1968, p. 51.

103) Samuel Kausner, *The New York Times*, July 29, 1969, p. 40에서 인용.

104) *The New York Times*, March 21, 1969, p. 3.

105) Bruno Bettelheim, "Children Must Learn to Fear," *The New York Times Magazine*, April 13, 1969, p. 125.

106) Berthold schwarz, M. D., and Bartholomew Ruggieri, *You CAN Raise Decent Children* (New Rochelle, New York: Arlington House, 1971).

· 8장

1) Helene Deutsch, *The Psychology of Women*. Vol. II, *Motherhood* (New York: Bantam Books, 1973), p. 321.

2) Deutsch, 같은 곳.

3) 같은 책, pp. 308-48.

4) Helen Dudar, "Female-and Freudian," the New York *Post*, July 14, 1973.

5) Marie Bonaparte, "Passivity, Masochism and Femininity," in Jean Strouse (ed.), *Women and Analysis* (New York: Laurel Editions, 1973), p. 286.

6) Ferdinand Lundberg and Marynia Farnham, "Some Aspects of Woman's Psyche," in Elaine Showalter (ed.), *Women's Liberation and Literature* (New York: Harcourt Brace Jovanovich, 1971), p. 245.

7) Bonaparte, 앞의 책, p. 284.

8) Marie Bonaparte, *Female Sexuality* (New York: International Universities Press, 1973), p. 48.

9) Helene Deutsch, "The Psychology of Women in Relation to the Functions of Reproduction," in Jean Strouse (ed.), *Women and Analysis* (New York: Laurel Editions, 1975), p. 180.

10) Hendrik M. Ruitenbeek, M.D., *Psychoanalysis and Female Sexuality* (New Haven: College and University Press, 1966), p. 11.

11) 같은 책, p. 17.

12) 같은 책, p. 14.

13) Howard J. Osofsky, M.D., "Women's Reactions to Pelvic Examinations," *Obstetrics and Gynecology*, 30 (1967), p. 146.

14) Osofsky, 같은 곳.

15) Therese Benedek, M.D., "Infertility as a Psychosomatic Disease," *Fertility and Sterility*, 3 (1952), p. 527.

16) Somers H. Sturgis and Doris Menzer-Benaron, *The Gynecological Patient: A Psycho-Endocrine Study* (New York: Grune and Stratton, 1962), p. xiv.

17) Osofsky, 앞의 책, and Sturgis and Menzer-Benaron, 앞의 책 참조.

18) Dr. David Goodman, *A Parents' Guide to the Emotional Needs of Children* (New York:

Hawthorne Books, 1959), p. 51.

19) Stuart S. Asch, M.D., "Psychiatric Complications: Mental and Emotional Problems," in Joseph J. Rovinsky and Alan F. Guttmacher (eds.), *Medical, Surgical and Gynecological Complications of Pregnancy*, 2nd edition (Baltimore: Williams and Wilkins Co., 1965), pp. 461–62.

20) Marcel Heiman, M.D., "Psychiatric Complications: A Psychoanalytic View of Pregnancy," in Rovinsky and Guttmacher, 앞의 책, p. 476.

21) Heiman, 앞의 책, p. 481.

22) Asch, 앞의 책, pp. 463–64.

23) Louise H. Warwick, R.N., M.S., "Femininity, Sexuality and Mothering," *Nursing Forum* 8 (1969), p. 216.

24) Sturgis and Menzer-Benaron, 앞의 책, p. 237.

25) 같은 책, p. 238.

26) Robert Stein (ed.), *Why Young Mothers Feel Trapped* (New York: Trident Press, 1965).

27) Jean Kerr, *Please Don't Eat the Daisies* (Garden City, New York: Doubleday, 1957), p. 21.

28) Carol Bartholomew, *Most of Us Are Mainly Mothers* (New York: Macmillan, 1966), p. 203.

29) Gabrielle Burton, *I'm Running Away from Home, But I'm Not Allowed to Cross the Street* (New York: Avon Books, 1972), pp. 22–25.

30) Shirley Radl, *Mother's Day Is Over* (New York: Charterhouse, 1973), p. 86에서 인용.

31) Betty Friedan, *The Feminine Mystique* (New York: W. W. Norton, 1963), p. 22.

32) John Keats, *The Crack in the Picture Window* (Boston: Houghton Mifflin, 1956).

33) "Shaping the '60's ... Foreshadowing the '70's," *Ladies' Home Journal*, January 1962, p. 30.

34) "The Ladies ... Bless Their Little Incomes," *Sales Management*, July 16, 1965, p. 46.

35) Helen Gurley Brown, *Sex and the Single Girl* (New York: Giant Cardinal Edition, Pocket Books, 1963), pp. 7–8.

36) Brown, 앞의 책, p. 4.

37) Brown, 앞의 책, p. 3.

38) *The New York Times*, January 19, 1977.

39) *The New York Times*, October 24, 1975.

40) *The New York Times Magazine*, June 5, 1977, p. 85.

41) Walter McQuade, "Why People Don't Buy Houses," *Fortune*, December 1967, p. 153에서 인용.

42) U.S. Bureau of the Census, Statistical Abstract of the United States 1975 (96th edition), Washington, D.C., 1975, p. 67.

43) "One Divorce—Two Houses," *The New York Times*, January 16, 1977.

44) Ellen Peck and Judith Senderowitz, *Pronatalism: The Myth of Mom and Apple Pie* (New York: Crowell, 1974), p. 270에서 인용.

45) Peck and Senderowitz, 앞의 책, p. 266에서 인용.

46) Nancy and Chip McGrath, "Why Have a Baby?" *The New York Times Magazine*, May 25, 1975, p. 10.

47) Linda Wolfe, "The Coming Baby Boom," *The New York Times Magazine*, January 1, 1977, p. 38에서 인용.

48) Judy Klemesrud, "The State of Being Childless, They Say, Is No Cause for Guilt," *The New York Times*, February 3, 1975, p.28에서 Dr. Robert Gould 인용.

49) Jean Baer, *How to Be an Assertive (Not Aggressive) Woman*, (New York: New American Library, 1976).

50) Dr. Joyce Brothers, *The Brothers' System for Liberated Love and Marriage* (New York: Avon Books, 1972), p. 190.

51) Emily Coleman, *How to Make Friends with the Opposite Sex* (Los Angeles: Nash, 1972), p. xii.

52) William C. Schutz, *Joy: Expanding Human Awareness* (New York: Grove Press, 1967), p. 15.

53) 같은 책, p. 10.

54) 같은 책, p. 12.

55) Joel Kovel, M.D., *A Complete Guide to Therapy: From Psychoanalysis to Behavior Modification* (New York: Pantheon Books, 1976), p. 166.

56) Schutz, 앞의 책, p. 223.

57) Thomas A. Harris, M.D., *I'm O.K. - You're O.K.* (New York: Avon Books, 1967), p. 14.

58) Jean Baer, 앞의 책, p. 12.

59) Dr. Jerry Greenwald, *Be the Person You Were Meant to Be* (New York: Dell, 1973), p. 19.

60) Howard M. Newberger, Ph.D. and Marjorie Lee, *Winners and Losers: The Art of Self-Image Modification* (New York: David McKay, 1974), p. 23.

61) Greenwald, 앞의 책, p. 26.

62) Fritz Perls, M.D., Ph.D. and John O. Stevens, *Gestalt Therapy Verbatim* (Lafayette, California: Real People Press, 1969), p. 4.

63) Robert J. Ringer, *Winning Through Intimidation* (Los Angeles: Los Angeles Book Publishers, 1974), p. 96.

64) Baer, 앞의 책, p. 208.

65) Newberger and Lee, 앞의 책, p. 192.

66) 같은 책, p. xiv.

67) Greenwald, 앞의 책, p. 10.

68) Mildred Newman and Bernard Berkowitz with Jean Owen, *How to Be Your Own Best Friend* (New York: Ballantine Books, 1971), p. 74.

69) 같은 책, P. 88.

70) Lynn Z. Bloom, Karen Coburn, and Joan Pearlman, *The New Assertive Woman* (New York: Dell, 1976), p. 11.

71) Brothers, 앞의 책, p. 136.

72) Bloom 외, 앞의 책, pp. 24-25.

73) Elayn Bernay, "Growing Up to Be Chairperson of the Board," *Ms.*, June 1977, p. 80에서 인용.

74) Bloom 외, 앞의 책, pp. 16-17.

75) Baer, 앞의 책, p. 173.

76) Newman, Berkowitz, and Owen, 앞의 책, p. 34.

77) Newberger and Lee, 앞의 책, p. 198.

·후기

1) Barbara Seaman, *The Greatest Experiment Ever Performed on Women: Exploding the*

Estrogen Myth (New York: Hyperion, 2003).

2) Carol Landau, Ph.D., and Michele G. Cyr, M.D., *The New Truth About Menopause* (New York: St. Martin's Griffin, 2003).

3) William Regelson, M.D., and Carol Colmer, *The Super-Hormone Promise* (New York: Simon & Schuster, 1996).

4) Seaman, 같은 곳.

5) *The New Truth About Menopause*에서 언급한 *The New York Times* 기사.

6) Public Citizen's Health Research Group, February 2004.

7) Nat Ives, "Advertising," *The New York Times*, January 30, 2004, C2.

8) Bob Egelko, "Court Backs Coverage for Birth Control," *San Francisco Chronicle*, March 2, 2004, A1.

9) *Harvard Women's Health Watch newsletter*, July 2003.

10) Juliet Schor, *The Overworked American: The Unexpected Decline of Leisure* (New York: Basic Books 1992).

11) U.S. Bureau of the Census, Divorce Statistics Collection, *Divorce Rates*, 2002, Washington, D.C.

12) U.S. Bureau of the Census, *Child Support for Custodial Mothers*, Washington, D.C., 1997.

13) Elizabeth Warren and Amelia Warren Tyagi, *The Two-Income Trap: Why Middle-Class Mothers and Fathers Are Going Broke* (New York: Basic Books, 2003).

14) Rachel Greenwald, MBA, *Find a Husband After 35 Using What I Learned at Harvard Business School* (New York: Ballantine Books, 2003).

15) Dr. Laura Schlessinger, *The Proper Care And Feeding of Husbands* (New York: HarperCollins, 2004).

16) Ann Hulbert, *Raising America: Experts, Parents and a Century of Advice about Children* (New York: Alfred A. Knopf, 2003).

17) Penelope Leach, *Children First* (New York: Alfred A. Knopf, 1994).

18) Philip C. McGraw, Ph.D., *Life Strategies* (New York: Hyperion, 1999).

19) U.S. Bureau of the Census, Statistical Abstract of the United States, *Marriages and Divorce-Number and Rate by State: 1990 to 2001*, Washington, D.C., 2002.

20) Stanley Henshaw and Kathryn Kost, "Abortion Patients in 1994-1995: Characteristics

and Contraceptive Use," *Family Planning Perspectives*, July/August 1996.

21) *Health First: Weight Loss and Wellness for Christians*, 1, First Place The Bible's Way to Weight Loss.

문헌